G. W. F. Hegel Werke in zwanzig Bänden
Vorlesungen über die Philosophie der Religion I

《黑格尔著作集》（二十卷）中文版编委会

主　　编：张世英

副 主 编：杨祖陶　黄书元　张　慎

编　　委：辛广伟　任　超　张小平　陈亚明

　　　　　高宣扬　黄凤祝　燕宏远　邓安庆

　　　　　艾四林　先　刚　刘　哲　朱更生

　　　　　胡怡红　王志宏　柏裕江

编辑统筹：张振明

黑格尔著作集

第 16 卷

宗教哲学讲演录
I

燕宏远 张国良 译

人民出版社

Georg Wilhelm Friedrich Hegel Werke in zwanzig Bänden
16
Vorlesungen über die Philosophie der Religion I

Auf der Grundlage der Werke von 1832-1845 neu edierte Ausgabe
Redaktion Eva Moldenhauer und Karl Markus Michel
Suhrkamp Verlag Frankfurt am Main 1969

"十二五"国家重点图书出版规划项目

黑格尔著作集（二十卷，理论著作版）

第 1 卷　早期著作
第 2 卷　耶拿时期著作（1801—1807）
第 3 卷　精神现象学
第 4 卷　纽伦堡时期和海德堡时期著作（1808—1817）
第 5 卷　逻辑学 I
第 6 卷　逻辑学 II
第 7 卷　法哲学原理
第 8 卷　哲学科学百科全书 I 逻辑学
第 9 卷　哲学科学百科全书 II 自然哲学
第 10 卷　哲学科学百科全书 III 精神哲学
第 11 卷　柏林时期著作（1822—1831）
第 12 卷　历史哲学讲演录
第 13 卷　美学讲演录 I
第 14 卷　美学讲演录 II
第 15 卷　美学讲演录 III
第 16 卷　宗教哲学讲演录 I
第 17 卷　宗教哲学讲演录 II
第 18 卷　哲学史讲演录 I
第 19 卷　哲学史讲演录 II
第 20 卷　哲学史讲演录 III

总　序

张世英

这套黑格尔著作集的中文版,其所根据的版本是二十卷本的"理论著作版"(Theorie-Werkausgabe),即《格·威·弗·黑格尔二十卷著作集》(*G.W.F.Hegel Werke in zwanzig Bänden*),由莫尔登豪尔(E.Moldenhauer)和米歇尔(K.M.Michel)重新整理旧的版本,于20世纪60年代末开始出版。这个版本,虽不及1968年以来陆续出版的历史批判版《黑格尔全集》那样篇幅更大,包括了未曾公开发表过的黑格尔手稿和各种讲课记录以及辨析、重新校勘之类的更具学术研究性的内容,但仍然是当前德国大学科研和教学中被广泛使用的、可靠的黑格尔原著。我这里不拟对黑格尔文集的各种版本作溯源性的考察,只想就黑格尔哲学思想在当今的现实意义作点简单的论述。

黑格尔是德国古典唯心主义之集大成者,他结束了西方传统形而上学的旧时代。黑格尔去世后,西方现当代哲学家大多对黑格尔哲学采取批评的态度,但正如他们当中一些人所说的那样,现当代哲学离不开黑格尔,甚至其中许多伟大的东西都源于黑格尔。在中国,自20世纪初就有些学者致力于黑格尔哲学的介绍、翻译与评论。1949年中华人民共和国成立到1976年所谓"文化大革命"结束,大家所广为传播的观点是把黑格尔哲学看成是马克思主义的三个来源之一,一方面批判黑格尔哲学,一方面又强调吸取其"合理内核",黑格尔是当时最受重视的西方哲学家。1976年以来,哲学界由重视西方古典哲学转而注意西方现当代哲学的介绍与评论,黑格尔哲学更多地遭到批评,其总体地位远不如从前了,但不少学者对黑格尔哲学的兴趣与研究却比以前更加深沉、更多创新。黑格尔无论在西方还是在中国，其名声的浮沉，其思想影响的起伏，正说明他的哲学在人类思想史上所占的历史地位时刻不容忽视，即使是在它遭到反对的时候。他的哲学体系之庞大，著述之宏富，思想内容之广博和深邃，在中西哲学史上都是罕见的；黑格尔特别熟悉人类思想史，他的哲学像一片汪洋大海，融会了前人几乎全部的思想精华。尽管他个人文笔之晦涩增加了我们对他的哲学作整体把握的难度，特别是对于不懂德文的中国读者来说，这种难度当然要更大一些。但只要我们耐心琢磨，仔细玩味，这气象万千的世界必能给我们提供各式各样的启迪和收益。

一、黑格尔哲学是一种既重视现实又超越现实的哲学

一般都批评黑格尔哲学过于重抽象的概念体系，有脱离现实之弊。我以为对于这个问题，应作全面的、辩证的分析和思考。

黑格尔一方面强调概念的先在性和纯粹性，一方面又非常重视概念的具体性和现实性。

黑格尔明确表示，无时间性的"纯粹概念"不能脱离有时间性的人类历史。西方现当代人文主义思想家们一般都继承了黑格尔思想的这一方面而主张人与世界的交融合一。只不过，他同时又承认和允许有一个无时间性的逻辑概念的王国，这就始终会面临一个有时间性的环节（认识过程、历史过程）如何与无时间性的环节（纯粹概念）统一起来的问题，或者用黑格尔《自然哲学》中的话语来说，也就是有时间性的"持久性"与无时间性的"永恒性"之间的鸿沟如何填平的问题。无论黑格尔怎样强调认识和历史的"持久性"多么漫长、曲折，最终还是回避不了如何由"持久性"一跃而到"永恒性"、如何由现实的具体事物一跃而到抽象的逻辑概念的问题。黑格尔由于把抽象的"永恒性"的"纯粹概念"奉为哲学的最终领域，用普遍概念的王国压制了在时间中具有"持久性"的现实世界，

他的哲学被西方现当代哲学家贬称为"概念哲学"或"传统形而上学"的集大成者。但无论如何，黑格尔哲学既是传统形而上学的顶峰，又蕴涵和预示了传统形而上学的倾覆和现当代哲学的某些重要思想，这就是黑格尔哲学中所包含的重视具体性和现实性的方面。

黑格尔早年就很重视现实和实践，但他之重视现实，远非安于现实，而是与改造现实的理想紧密结合在一起的，为此，他早在1800年的而立之年，就明确表示，要"从人类的低级需求"，"推进到科学"（1800年11月2日黑格尔致谢林的信，BRIEFE VON UND AN HEGEL, Verlag Von Felix Meiner, Hamburg, Band 1, s.59）。他所谓要"推进到科学"的宏愿，就是要把实践提高到科学理论（黑格尔的"科学"一词远非专指自然科学，而是指系统的哲学理论的意思）的高度，以指导实践，改造现实。黑格尔在1816年10月于海德堡大学讲授哲学史课程的开讲词里说过这样一些话：一段时间以来，人们过多地忙碌于现实利益和日常生活琐事，"因而使得人们没有自由的心情去理会那较高的内心生活和较纯洁的精神活动"，"阻遏了我们深切地和热诚地去从事哲学工作，分散了我们对于哲学的普遍注意"。现在形势变了，"我们可以希望……除了政治的和其他与日常现实相联系的兴趣之外，科学、自由合理的精神世界也要重新兴盛起来"。为了反对先前轻视哲学的"浅薄空疏"之风，我们应该"把哲学从它所陷入的孤寂境地中拯救出来"，以便在"更美丽的时代里"，让人的心灵"超脱日常的兴趣"，而"虚心接受那真的、永恒的和神圣的事物，并以虚心接受的态度去观察并把握那最高的东西"（黑格尔：《哲学史讲演录》，生活·读书·新知三联书店1956年版第1—3页）。黑格尔所建立的庞大的哲学体系，其目的显然是要为改造现实提供理论的、哲学的根据。黑格尔的这些话是差不多两百年以前讲的，但对我们今天仍有很大的启发意义。针对当前人们过分沉溺于低级的现实欲求之风，我们的哲学也要既面对现实，又超越现实。"超越"不是抛弃，而是既包含又高出之意。

二、黑格尔哲学是一种揭示人的自由本质、以追求自由为人生最高目标的哲学

黑格尔哲学体系包括三大部分：逻辑学、自然哲学和精神哲学。在1949年中华人民共和国成立到改革开放以前的大约30年里，我们的学界一般都只注重逻辑学，这是受了列宁《哲学笔记》以评述逻辑学为主的思想影响的缘故。其实，黑格尔虽然把逻辑学看成是讲事物的"灵魂"的哲学，而自然哲学和精神哲学不过是"应用逻辑学"，但这只是就逻辑学所讲的"逻辑概念"比起自然现象和人的精神现象来是"逻辑上在先"而言，离开了自然现象和精神现象的"纯粹概念"，必然失去其为灵魂的意义，而成为无血无肉、无所依附的幽灵，不具现实性，而只是单纯的可能性。

黑格尔明确承认"自然在时间上是最先的东西"的事实，但正因为自然的这种时间上的先在性，而使它具有一种与人的精神相对立的外在性。人的精神性的本质在于克服自然的外在性、对立性，使之包含、融化于自身之内，充实其自身，这也就是人的自由（独立自主的主体性）本质。黑格尔认为，精神的最高、最大特征是自由。所谓自由，不是任性。"自由正是精神在其他物中即在其自身中，是精神自己依赖自己，是精神自己规定自己"（黑格尔:《逻辑学》，人民出版社2002年版，第72页）。所以精神乃是克服分离性、对立性和外在性，达到对立面的统一；在精神中，主体即是客体，客体即是主体，主体没有外在客体的束缚和限制。精神所追求的目标是通过一系列大大小小的主客对立统一的阶段而达到的最高的对立统一体，这是一种最高的自由境界。黑格尔由此而认为精神哲学是"最具体的，因而是最高的"（ *G.W.F.Hegel Werke in zwanzig Bänden* 10, s.9）。也就是说，关于人生的学问——"精神哲学"是最具体的、最高的学问（比起逻辑学和自然哲学来）。黑格尔哲学体系所讲的这一系列大大小小对立统一的阶段，体现了人生为实现自我、达到最终的主客对立统一

的最高自由之境所经历的漫长曲折的战斗历程,这对于我们中国传统哲学把主体——自我湮没于原始的、朴素的、浑沌的"天人合一"的"一体"(自然界的整体和封建等级制的社会群体)之中而忽视精神性自我的自由本质的思想传统来说,应能起到冲击的作用。

三、"辩证的否定性"是"创新的源泉和动力"

黑格尔认为克服对立以达到统一即自由之境的动力是"否定性"。这种"否定性"不是简单抛弃、消灭对立面和旧事物,而是保持又超越对立面和旧事物,他称之为"思辨的否定"或"辩证的否定"。这种否定是"创新的源泉和动力",是精神性自我"前进的灵魂"。一般都大讲而特讲的黑格尔辩证法,其最核心的实质就在于此种否定性。没有否定性,就没有前进的动力,就不能实现人的自由本质。我以为,我们今天讲弘扬中华传统文化,就用得着黑格尔辩证哲学中的否定性概念。辩证法"喜新",但并不"厌旧",它所强调的是在旧的基础上对旧事物进行改造、提高,从而获得前进。中华文化要振兴、前进,就得讲辩证哲学,就得有"否定性"的动力。

2013年8月27日于北京北郊静林湾

目　录

第16、17卷译者序 …………………………………… 1

导　论 ………………………………………………… 1

A. 宗教哲学与其前提和诸时代原则的关系 ………… 5
 Ⅰ. 宗教与自由、世界的意识的分裂 ……………… 5
 Ⅱ. 宗教哲学对哲学和宗教的态度 ……………… 13
  1. 哲学与一般宗教的关系 ……………………… 13
  2. 宗教哲学与哲学体系的关系 ………………… 16
  3. 宗教哲学与实定宗教的关系 ………………… 19
 Ⅲ. 宗教意识的诸时代原则与宗教哲学的关系 … 24
  1. 哲学与当代对诸特定教条的冷漠 …………… 26
  2. 对诸教条的历史探讨 ………………………… 28
  3. 哲学与直接知识 ……………………………… 29

B. 预先的问题 ………………………………………… 34

C. 分类 ………………………………………………… 42
 Ⅰ. 宗教的普遍概念 ………………………………… 43
  1. 普遍性之环节 ………………………………… 44
  2. 特殊性环节或差别领域 ……………………… 45
  3. 差别的扬弃，或崇拜 ………………………… 47

1

Ⅱ. 判断或特定的宗教 …………………………………… 51

Ⅲ. 启示的宗教 …………………………………………… 58

第一部分　宗教的概念

A. 论上帝 ………………………………………………………… 64
B. 宗教关系 ……………………………………………………… 72
　Ⅰ. 宗教观点的必然性 ……………………………………… 75
　Ⅱ. 宗教意识的诸形式 ……………………………………… 81
　　1. 感觉的形式 …………………………………………… 84
　　2. 直观 …………………………………………………… 98
　　3. 表象 …………………………………………………… 100
　Ⅲ. 宗教关系在思维形式中的必然性和中介 …………… 109
　　1. 表象的辩证进展 ……………………………………… 110
　　2. 宗教意识在其本身中的中介 ………………………… 113
　　　a. 直接知识与中介 …………………………………… 113
　　　b. 作为观察和反思的间接知识 ……………………… 121
　　　　α. 感性实存中的有限性 …………………………… 127
　　　　β. 基于反思观点的有限性 ………………………… 128
　　　　γ. 对有限性的理性考察 …………………………… 136
　　　c. 向宗教的思辨概念的过渡 ………………………… 140
　　3. 宗教的思辨概念 ……………………………………… 144
C. 崇拜 …………………………………………………………… 149
　Ⅰ. 信仰 ……………………………………………………… 150
　Ⅱ. 崇拜的规定性和诸特殊形式 …………………………… 162
　Ⅲ. 宗教与国家的关系 ……………………………………… 173
　　向下一部分的过渡 ……………………………………… 180

第二部分　特定的宗教

分　类 ·· 185
第一章　自然宗教 ·· 191
　Ⅰ. 直接的宗教 ·· 191
　　1. 巫术 ··· 205
　　2. 巫术宗教的客观规定 ··· 210
　　3. 巫术宗教中的崇拜 ··· 223
　Ⅱ. 意识在自身中的分裂 ··· 223
　　形而上学的概念 ·· 226
　　1. 中国宗教或度的宗教 ··· 237
　　　a. 中国宗教的普遍规定性 ···································· 237
　　　b. 中国宗教的历史实存 ······································· 237
　　　c. 崇拜 ··· 244
　　2. 幻想的宗教[印度的宗教] ····································· 245
　　　a. 该宗教的概念 ··· 245
　　　b. 这一阶段客观内容的表象 ································ 252
　　　c. 崇拜 ··· 266
　　3. 已内存在的宗教[佛教，喇嘛教] ···························· 279
　　　a. 该宗教的概念 ··· 279
　　　b. 该宗教的历史实存 ··· 280
　　　c. 崇拜 ··· 287
　Ⅲ. 向自由宗教过渡中的自然宗教 ·································· 291
　　1. 善或光明的宗教[祆教] ·· 295
　　　a. 该宗教的概念 ··· 295
　　　b. 该宗教的实存 ··· 300
　　　c. 崇拜 ··· 304

2. 叙利亚宗教或苦难的宗教 …………………………… 304
3. 谜之宗教［埃及的宗教］…………………………… 307
　　a. 这一阶段的概念之规定 ………………………… 309
　　b. 这一阶段的具体表象 …………………………… 317
　　c. 崇拜 …………………………………………… 323

编辑对第 16 卷和第 17 卷的说明 …………………………… 334

重要术语德汉对照表及索引 ………………………………… 338
人名（或神名）德汉对照表 ………………………………… 344

第16、17卷译者序

宗教哲学是黑格尔哲学体系的有机组成部分,是精神发展的绝对精神阶段(艺术、宗教、哲学)的第二个重要环节。甚至可以说,不理解黑格尔的宗教哲学,也就不可能真正深入地理解黑格尔哲学。

黑格尔宗教哲学思想的产生和发展可以划分为三个阶段。

一是早期神学著作时期。在伯尔尼期间黑格尔就开始研究并写出了第一部关于神学的著作《**民众宗教与基督教**》,在这一著作中,黑格尔反复强调"宗教是心灵的事情",这种旨在"使心灵和幻想得到满足"的民众宗教是黑格尔心中的理想宗教。在继而写出的《**耶稣传**》中,基督是"一位纯粹道德宗教的教师",他的计划是"把道德精神带给他的民族"。同时黑格尔也看到,基督教虽然在产生伊始也曾经是一种民众宗教,但是在以后的发展演变过程中,它却越来越偏离了民众宗教的宗旨而堕落为精神的外在性的桎梏,转变为客观宗教,他在稍晚所写的神学著作《**基督教的实定性**》中把这种凝固为外在性的刻板规范的客观宗教称为"实定宗教"。黑格尔所讲的基督教的实定性,主要指的是基督教的法定性、法规性以及它的强制性、奴役性和压迫性。"实定宗教是以命令形式出现,通过暴力和强力机关强加于人的宗教。"①在这一时期,黑格尔神学思想的最显著的特点就是对立(民众宗教、自然宗教与实定宗教的对立)。1797年初开始的法兰克福时期,黑格尔开始改变对矛盾的消极态度,把矛盾看作思维与存在的共同基础和动力,从而发展了辩证思想的萌芽,并提出了

---

① 薛华:《青年黑格尔对基督教的批判》,中国社会科学出版社1980年版,第2、3页。

许多重要的范畴,如命运、和解、扬弃、对立统一等。在黑格尔这一时期两部重要著作**《基督教的精神及其命运》**和**《1800年体系的片段》**中,爱、生命、精神等概念为他提供了手段,借助它们,黑格尔克服了世界的分裂和对立。黑格尔用表现精神统一性的爱扬弃了思想与现实、普遍性与特殊性之间的对立,以一种更高意义上的和解的道德呈现出来,并用辩证的统一扬弃了形而上学的对立,这正是黑格尔法兰克福时期最有价值的成就。在当时的黑格尔看来,宗教只不过是"情感和情感对于对象的要求"的结合或统一;"人类精神的最高需要,就是向往宗教的冲动";上帝(神)就是精神。这时黑格尔已经有了后来《宗教哲学讲演》中的基本思想雏形,其中包含着其最成熟的哲学思想的原始萌芽和秘密。正是在对宗教的批判性的深入研究中,产生了黑格尔哲学,费尔巴哈称黑格尔哲学为"理性神学",这也意味着,黑格尔哲学实际上正是从他的神学中诞生的。

二是《精神现象学》时期。1805—1807年黑格尔完成**《精神现象学》**。在这里,黑格尔已经有关于宗教的纲领性论述,并通过概念思维扬弃了早期神学思想中的直观神秘主义和情感主义,进而形成宗教哲学的一般体系,与其后来的宗教哲学讲演大体一致,同样可视为其导论和雏形。在《精神现象学》中,宗教与哲学共同构成了绝对精神。他把宗教分为"自然宗教"、"艺术宗教"和"启示宗教"。一般宗教的发展具体表现为各个特定宗教形态的阶段性运动,一个特定的宗教具有一个特定的现实的精神。宗教的特定的形态从精神的每一个环节的形态那里抓取出一个合适的形态,分派给宗教的现实精神。黑格尔宗教哲学的基本思想,如**上帝就是精神**,宗教与哲学具有同一个内容,理性与启示在上帝(神)或精神的自我认识中的统一等等,在《精神现象学》中已经得到了系统阐述。在《逻辑学》、《哲学入门》等著作中也谈到宗教哲学。黑格尔将宗教视为知识的特殊形态,但宗教也为哲学这一较高的认识形态所扬弃。

三是《哲学全书》以及宗教哲学讲演时期。在《哲学全书》中,黑格尔谈到"艺术宗教"和"启示宗教",其中指出:"理想的意义是作为自然与精神的同一而具体的本质的实体性,这样的具体的本质被称为上帝。"[1]在这一时期,黑格尔主要在宗教哲学讲演中从概念自身运动的角度论证了上帝(神)就是精神,启示宗教是绝对精神在自身中的启示,宗教哲学是理性与信仰、概念内容与表象形式的绝对统一。

这里新翻译出的两卷《宗教哲学讲演录》是依据德文版《黑格尔20卷著作集》(苏尔卡普理论著作1969年版)中的第16卷(《关于宗教哲学的讲演Ⅰ》)与第17卷(《关于宗教哲学的讲演Ⅱ》),它们共同构成黑格尔宗教哲学讲演的整体。因为这两卷以及其他各卷是编者莫尔登豪尔(Eva.Moldenhauer)和米歇尔(Karl Michel)在黑格尔1832—1845年诸著作(大多数为黑格尔的学生所记的听课笔记)的基础上整理新编辑的版本,所以中文译名就冠以《宗教哲学讲演录》。这个版本虽不及1968年以来陆续出版的至今最权威的"历史批判版"《黑格尔全集》更准确、更丰富,但这个理论著作版仍是德国学界广泛认可的普及版本,编辑对黑格尔"友人版"中某些错误的纠正以及对黑格尔原作的理解和阐释也许都会对一般研究者和读者有所裨益。

从1821年起,黑格尔在柏林大学开始作**关于宗教哲学的讲演**。较之青年时期,黑格尔对基督教的批判大为减弱,甚至在哲学上与基督教和解。

关于宗教哲学的讲演,黑格尔在柏林大学作过四次:第一次在1821年夏,第二次在1824年,第三次在1827年,第四次在1831年。

编者莫尔登豪尔和米歇尔在**编辑说明中指出:关于宗教哲学的讲演**,黑格尔作了四次:1821年、1824年、1827年和在他去世那一年,即1831年——每一次讲演都改变了形式,对段落作了修改——这种情况反映了其思想的发展。在黑格尔自己的笔记中只有第一次讲演的草稿(1821年)。在他看来,这一草稿作为补充之备用,也为第二次讲演(1824年)作

---

[1] 黑格尔:《哲学科学全书纲要》,薛华译,商务印书馆2002年版,第319页。——译者注。

草案之用。他的一位听众,豪普特曼·封·格里斯海姆(Hauptmann von Griesheim)从这次讲演的笔记中搞出一个手稿,黑格尔在1827年都在使用这个手稿。一位来自瑞士叫迈尔(Meyer)的先生记录下了第三次讲演,黑格尔重又作最后一次讲演时(1831年)就是以这次讲演为依据,他的儿子卡尔·黑格尔从这最后一次讲演中搞出一个笔记。

编者莫尔登豪尔和米歇尔进一步指出:当菲利普·马尔海奈克(Philipp Marheineke)在黑格尔去世后开始出版由"已故者朋友圈子"所搞到的**全集**版本(也叫"友人版")中的各个讲演时,他手头有这些笔记和其他几个手稿,其中有黑格尔遗作的笔记。它们于1832年作为第一版**全集**第XI卷和XII卷出版,1840年出版了第二版,即大大作了变动的扩充版,这一版基本上由布鲁诺·鲍威尔负责。就新材料而言,布鲁诺·鲍威尔使用了1821年(v. Henning)、1824年(Michelet, Förster)、1827年(Droysen)、1931年(Geyer, Reichenowr, Rutenberg)黑格尔讲演的笔记,而且首先是黑格尔遗作的一捆文件及其为诸讲演的个别题目亲手写的笔记,鲍威尔把这些讲演都补进了新版中。此后又相继出版了格罗克纳、拉松编辑的《黑格尔全集》。

德文版《黑格尔20卷著作集》的文本就是在黑格尔1832—1845年诸著作的基础上、遵循"友人版"即第一版《黑格尔全集》的文本整理编辑出来的。这里译出的中文版黑格尔《宗教哲学讲演录》(第16、17卷)就是依据这套德文版《黑格尔20卷著作集》中的第16卷和第17卷的原文译出来的。

黑格尔《宗教哲学讲演录》(第16、17卷)包括:导论、宗教概念、特定的宗教、绝对的宗教以及附件关于上帝定在证明的讲演,共五个部分。

关于宗教哲学这一门课程的整个安排,黑格尔按照概念的三个环节(即普遍性、特殊性和个体性)的分化与统一,也就是按照其《逻辑学》概念中的概念本身、判断和推论诸范畴的辩证发展,分为以下三个步骤:

首先,在其普遍性方面考察宗教概念,也就是考察宗教概念本身。

其次,考察宗教的普遍概念之特殊定在,也就是特定宗教,即有限的宗教。

最后,考察宗教概念辩证发展的最高阶段,即绝对宗教。

《宗教哲学讲演录》蕴含着极为丰富的思想内容。这里仅仅简略介绍以下两个方面的独特思想:

一、宗教哲学及其任务。

黑格尔在"导论"里首先指出,宗教哲学是这样一个领域,"在这个领域里,世界的所有谜团都解开了,更深刻思索中的所有矛盾都被揭示出来了,感觉的所有痛苦都消失了——这是永恒真理、永远寂静、永久和平的领域。"与人及其精神有关的一切领域(包括认识、科学、艺术以及其他各种各样的联系,人在其中寻求他的幸福、荣誉、自尊),都以宗教,以关于上帝的思想、意识和感觉,为自己的最后中心。因此,"上帝就是一切之始和一切之终,犹如一切源出于此一样,一切也复归于此;而且上帝也是一个中心——上帝使一切拥有生命,他激励一切,并赋予所有那些形态以灵魂,保持其实存。在宗教中,人将自己置身于与这一中心的关系中,他所有别的关系,也都会合于这一中心,而人借此就提升到意识的最高层次"。(原德文版第16卷,第11—12页,以下同)

但是,直至黑格尔时代,精神(包括认识、意识、思想、观念等)已发展到分裂为二的状态:一方面是局限于经验世界和现象世界的知识,另一方面是局限于意志、情感世界和神秘直观中的宗教。这样一来,"精神把**认识、科学**局限于**世俗方面**,而把感觉、信仰留给宗教范围。"(第16卷,第18页)所以,上帝与精神是分裂的,上帝被看作是客观的绝对本质,精神则被狭隘地理解为主观的自我意识。这种分裂也造成了近代宗教与哲学的对立。在这种分裂和对立中,科学攻击宗教的空泛,宗教则指责科学的肤浅。这种对立已达到了双方谁也不能用自己的片面性来淹没另一种片面性的程度,于是和解的要求就出现了。在和解中双方各自放弃自己的独立性而达到辩证的统一。这种辩证的统一就是返回自身的精神。在黑格尔看来,只有在思辨哲学中,直观与反思的抽象对立才被扬弃,"思辨的工作"恰恰就在于在差别、对立中抓住统一。"思辨哲学就是理念的意识"，而这"理念的意识"同样也是宗教的内容，"宗教本身就是自在自为存在的真理之意识的观点；因此它是精神的阶段，在这一阶段上，对意识来说，**思辨的内容**一般就是**对象**。"（第16卷，第30—31页）这正是黑格尔宗教哲学所要解决的课题。

如上所述，知识与宗教是同一的，所以，知识（认识、哲学以及科学）在以后的发展中，精神之返回自身就在基督教中得以实现。在基督教里，关于绝对本质的各个表象自在地或直接地就是必然展开的各个思想，而这种表象与思想（或概念）的统一就是黑格尔的宗教哲学。

既然上帝（神）就是精神、自我意识，那么说明宗教与哲学的这种内在同一性，就是宗教哲学的使命。宗教哲学就是要在关于上帝（神）的表象形式中揭示出精神的概念内容，在信仰背后揭示出知识内容，或者说，在上帝或精神的"显示形式"与"思想形式"之间建立同一性。一言以蔽之，宗教哲学就是对宗教表象的哲学反思，这种反思使思维从表象深入到概念，从而产生关于上帝或精神的知识。对于黑格尔来说，宗教哲学就是达到反思式的自我理解的宗教。这样一来，这种自在自为的精神或上帝就是宗教和哲学的共同内容和对象。

哲学和宗教是同一的；然而其差别就在于，哲学以**特有的方式**存在，不同于人们对宗教习惯称之为的那种方式。它们的共同之处就在于都是宗教，其差别仅在于宗教的方式方法上。在对上帝的研究特点上，二者是不同的。（第16卷，第29页）在黑格尔看来，宗教是属于**常识**或**普通头脑**的，因此它只能用表象的形式来反映思想的内容；而哲学对于常识头脑来说则是难于理解的，它仅仅是思辨头脑的专利，它可以直接用思想的形式（概念）来反映思想的内容。就此而言，只有在哲学中，形式与内容才真正地达到了统一。宗教与哲学的内容都是同一个思想、概念、真理，然而它们表达这个内容的形式却迥然而异。

宗教哲学的对象就是在宗教表象背后运动发展的精神和概念。这种精神和概念经历了一个从纯粹的思想状态或概念向实存的转化，并扬弃有限的实存形式而达到绝对精神的过程。这个过程在《宗教哲学讲演录》中以宗教的形式表现为宗教的普遍概念、特定宗教和绝对宗教发展的三段式,在这里,形式虽然是不同的,但是作为出发点的概念或精神,以及所用的方法却是同一的。宗教哲学的"整个运动在于:概念成为判断,并在推理中完成自身","在这一运动的每一领域里,将出现诸环节的同一发展。"(第16卷,第65页)这就是精神发展进程中产生的诸宗教之不同形态。

二、上帝(神)是理念,是精神,是思想,或者是自我意识。

黑格尔在"导论"里首先指出:"如果我们从上帝的表象开始,那么宗教哲学就必须考察表象的意义,即上帝是理念。"(第16卷,第33页)在此之后的一些地方又明确断言:"对于思维的理性来说,上帝不是空洞无物者,而是精神。""按照哲学概念,上帝是精神。""上帝不是最高的感受,而是**最高的思想**;即使他降至表象,这种表象的内容仍然属于思想的领域。""上帝自在地就是精神;这就是我们关于上帝的概念。"(第16卷,第38、52、67、85页)

黑格尔在第一部分"宗教的概念"中反复指明:"上帝就是精神,是绝对精神"。"上帝本质上就是精神,是作为**知**的精神。"精神与精神的关系是"宗教的基础"。宗教是"绝对精神的自我意识。"上帝本质上就是自我意识。(第16卷,第94、102、197页)

黑格尔在"宗教概念"以后的其他许多地方进一步论证道:"上帝本质上存在于思维之中。""上帝的真实感觉""应归功于思想的教化","信仰的真正原因是精神。"(第16卷,第129、130、210页)

在谈到己内宗教(佛教)时,黑格尔指出:"宗教本身就是精神关于自身的自我意识,而且精神自己使自我意识本身诸不同的、展示精神的诸阶段成为意识的对象。对象的内涵就是神,就是**绝对的总体**。""在向自身的永恒复归中,神就是精神。"(第16卷,第412、423页)

在谈到埃及的宗教时又指出:"当神生出自己之子,生出自己的他者,设定他自己的他者时,神就是精神。"(第16卷,第420页)

在谈到"向自由宗教转变中的自然宗教"(波斯宗教、叙利亚宗教、埃及宗教)时指出:"神在所有宗教中都是精神。""一方面,神作为自然的东西而存在,但是神在本质上就是精神,而且这就是一般宗教的绝对规定,并因此是基本规定,是每一宗教形式中的实质基础。"(第16卷,第392、393页)

在谈到印度教时也指出:"那种看来对神的肯定规定,即他**存在**,部分自为地仅仅是存在完全空洞的抽象概念,所以也只是一种主观的规定","所以也属于梵……神是自在自为的主体。"又说:在现代反思的信仰这种训练出来的反思中,"神的世界像所有内容一样仅仅是一种由我设定出来的东西。"(第16卷,第348、349页)

在谈到犹太教时又再次强调:"上帝是精神"。在谈到绝对的宗教(基督教)时"把宗教规定为对上帝的自我意识","上帝是精神"。在关于上帝定在证明的讲演部分中《1827年宗教哲学讲演中对目的论和存在论证明的发挥》更明确地说:"上帝的概念本质上包含着上帝就是**精神**这一点。"(第17卷,第74、187、223、522页)

在第二部分"**特定的宗教**"里,黑格尔又进一步指出:自我生产的精神这一过程,包含着**不同的环节**。"由于精神实质上是自我创造的这种活动,那么由此就产生出其意识的一些阶段"。"这些阶段就产生出特定的宗教"。"**历史上的**宗教就是宗教的**特殊**形态。由于在各阶段的进程中,在宗教的发展中,显示出各主要环节,正像这些阶段也在历史上实存着一样,这就形成宗教的一系列形态,即一部宗教史"(第16卷,第80页)。

黑格尔进一步认为,历史上出现的诸神形态(Göttergestalten,或译为神像),诸宗教形态,就是"理念在辩证发展中先后相继出现的各个不同阶段"①。

黑格尔把宗教分为两大类:一类是特定的宗教,一类是绝对的宗教。

(一)特定的宗教。

在特定的宗教中又包括自然宗教(直接宗教、意识在自身中的分裂、

---

① 参见黑格尔:《逻辑学》,梁志学译,人民出版社2002年版,第169页。

向自由的宗教过渡中的自然宗教)和精神个体性的宗教(犹太教、希腊宗教、罗马宗教)。属于"意识在自身中的分裂"这一类宗教的有中国古代的宗教,幻想的宗教——印度教,已内存在的宗教——佛教、喇嘛教。而善或光明的宗教——祆教、叙利亚宗教或苦难的宗教以及谜的宗教——埃及的宗教,则属于向自由的宗教过渡中的自然宗教。

黑格尔在《宗教哲学讲演录》中具体而详细地介绍和评论了以下 10 种特定的宗教:

在始初的自然宗教中,"意识还是自然的、感性渴求的意识。"因此,意识是"直接的"。在这里,"还不存在意识在其自身中的**分裂**"。(第 16 卷,第 253 页)自然性和直接性是这种宗教的特点。个别的自然者,例如天、太阳、某个动物、某个人,都被看作是神。因此,自然宗教的第一个规定、开端就是,精神以实存的直接个别的方式存在。自然的宗教表现在东方三种实体的宗教中。

1.直接的宗教——巫术(或法术)。直接的宗教是历史上第一个宗教。它是"最不完善的",但却是"最真正的宗教"(第 16 卷,第 260 页)。只要宗教的环节存在于其中,而提升的环节还被包括进自然性之中,那么在这种情况下,就有了比仅仅作为某种直接的东西更高的某种东西。这就是**巫术**。一般来说,巫术的本质在于,"人按其自然性、欲望把祈祷控制在自己手中"。(第 16 卷,第 280 页)

巫术是宗教的最古老方式,是最野蛮最粗鲁的形式。这种宗教开始于非自由的自由,以致个别的意识知道自己高于诸自然物,而这种知首先是直接的。这种宗教没有任何中介,被认为是**爱斯基摩人**那里的粗野意识。他们有称为安伽科克的巫师施行法术。他们还处于精神意识的最低级阶段,但他们相信自我意识高于自然的力量。这种巫术在非洲传播得最为广泛,蒙古人的萨满完全与巫师相似。这些巫术的主要规定就是通过意志、自我意识以直接控制自然。在黑格尔看来,巫术是还不能真正称为宗教的最初形式。从巫术中就发展出巫术宗教。巫术曾存在于所有民族中和每一个时代。

2.中国古代的宗教。在**中国的**宗教中,**天**是自在自为存在者的客观直观,是至高无上者,但却不只是在精神的、道德的意义上。它更表明了整个未规定的、**抽象的普遍性**,是心理的和道德的一般**关系**的整个未规定的总和。然而其次,**皇帝**是地上的君主,皇帝统治一切,而**他**只是与这种**天**有关联。皇帝在地上统治着一切。在中国,"只有皇帝是统治者"。"法则的维护是皇帝的事情,他是天之子(天子)"。(第16卷,第320、322页)

中国的宗教可以称之为一种**道德**宗教。道德宗教大多都来自于孔夫子。孔子完全是一位道德哲学家,无任何思辨。天,由于皇帝的力量而成为现实的这种普遍的自然力量,是与道德关系联系在一起的,而这种道德的方面,首先由**孔子**臻于完成。

在中国人中间,自然宗教第一个形态是,直接的自我意识把自身了解为至高者,了解为驾驭者,是**意识回归自身**,要求意识在自身中沉思冥想;这就是**道家**。这一学说首先得归于**老子**。

黑格尔看到:在古代中国,天是统治者,但它只是抽象基础,而皇帝则是这种基础的现实,是真正的统治者(第16卷,第329页)。

3.印度教。印度人称之为**梵**(Brahman)的这种单一实体是,作为普遍者,自在存在的威**力**,它"寂静地、不引人注意地在自身中反思"。(第16卷,第340页)印度最高的神就是梵。

梵是空洞的本质。"梵是所有精神的始祖,是实存者和非实存者的始祖"。(第16卷,第345页)梵是思维。只要人设身处地地集中心思于自身,那么他即是梵。对于印度教徒来说,意识的完全沉思冥想和意识的衰退就是最高境界。

印度教徒被分为许多教派:一些教徒敬奉毗湿奴,另一些教徒敬奉湿婆。在印度教的反思中,"神的世界像所有内容一样仅仅是一种由我设定出来的东西。"(第16卷,第349页)

4.佛教——己内存在的宗教。"**思维本身**正是己内存在的本质,而这种思维就是**自我意识**的真正**本质者**。"(第16卷,第375页)己内存在(Insichsein)的宗教就是精神的聚集和安静。

在历史上,这种宗教作为**佛教**而存在;它是中国北方和西方的蒙古人、藏人的宗教,此外也是缅甸人和锡兰人的宗教,但是在那里,就是此外也叫做"佛"、被称为"佛陀"的那种东西。一般来说,它就是我们在**喇嘛教**的名称下所了解的宗教。

这种宗教及其更明确特征之表象如下:①绝对的基础是**己内存在**的清静;②无和非存在是最终者和最高者。一切均来自于无,又复归于无。无是独一者,是一切的始与终;③上帝被理解为无,被了解为**佛、佛陀、达赖喇嘛**。

5.善或光明的宗教(袄教),也即**波斯**的宗教。善或光明的宗教(袄教)就是"摩尼教",它强调"光明就是善,而善就是光明——这一不可分割的统一"。这种光明或直接善的宗教,是古代袄教徒的宗教,为琐罗亚斯德所创立。在黑格尔时代还有信仰这一宗教的乡镇居民,如在孟买和巴库地区的黑海沿岸,火是他们崇敬的对象。"善是光明的象征"。(第16卷,第400、402页)

主张善恶二元论的古波斯宗教,是从多神教到宗教观念较高发展阶段的过渡形态。善与恶相对立,光明与黑暗相对立。善的本原的代表,是阿胡拉·玛兹达(奥尔穆兹德);恶的本原的代表是阿赫里曼。两者的争斗不息,是该教的基本特征。王者被视为奥尔穆兹德的代表。**奥尔穆兹德就是光明**。

6.叙利亚宗教或苦难的宗教。在这种宗教中,苦难的斗争不再仅是外在的对立,在**某一主体**及其**自我感觉**中,苦难的斗争就是苦难的客体化。有限性、苦难、斗争、胜利的过程是精神本性中的一个环节。在这一领域里,"**威力**将自身进一步规定为**精神的自由**"。(第16卷,第406—407页)

这种规定在**腓尼基**的宗教和**前亚洲**的宗教中一般都获得了形态。在这些宗教中,神之衰亡、异化及其复活在腓尼基的宗教中被突出出来。这一宗教所敬奉的神是阿多尼斯(Adonis)。

7. 埃及的宗教。这种宗教是从斗争中**挣脱出来**,继续进至对自由精神的真正规定,战胜恶,完成向自由精神宗教的过渡。(第 16 卷,第 394 页)

在**埃及人**的宗教中,出现了无限多种多样的形象。**奥西里斯**(Osiris)**与提丰**(Typhon)相对立。在埃及的宗教中,奥西里斯是表象的神,是按其内在的规定被表象的神。提丰,即恶,被战胜了,同样,痛苦也被战胜了,而奥西里斯则是依据权利和正义的法官。

"奥西里斯意味着精神,不仅是自然者;他是立法者,他制定了婚姻制度,他教会了世人农耕和技艺"。奥西里斯"在精神的、理智的世界中,变成了中心点"。(第 16 卷,第 427 页)奥西里斯的历史就是太阳的历史。奥西里斯意味着太阳,太阳也意味着奥西里斯。"奥西里斯的含义是太阳、尼罗河"。埃及宗教就存在于埃及人的诸**艺术作品**中。埃及的**斯芬克斯**,其"谜底就是**人**,**自由的**、**自知的精神**。"(第 16 卷,第 429、441、442 页)

8. 犹太教——崇高的宗教。犹太人的上帝排他地是独一者,他之外没有其他的神。因此,他不仅被规定为自在存在者,而且也被规定为自为存在者。(第 16 卷,第 347 页)上帝从无中创世的观念,是犹太教的特征。

上帝被规定为**一种主体性**,纯粹的主体性,正因此就自身而言是**普遍**的**主体性**。"上帝仅仅为**思想**而存在。""上帝被规定为**独一者**。"(第 17 卷,第 51、52、53 页)"上帝是一作为**前提的主体**。""上帝是第一者",是"初始者",是"自身创造者",但是在这里,"上帝还没有被理解为精神"。

"崇高就是上帝在世界中的那种显现和显示。"(第 17 卷,第 64 页)崇高是"上帝的**特性**"。上帝就是犹太民族**排他**的**主和上帝**。"崇敬上帝的就是**这个民族**,而且因此上帝就是这个民族的上帝,也就是这一民族的主。"(第 17 卷,第 82、84 页)

9. 希腊的宗教——美的宗教。在美的宗教中,居于主导地位的是空洞的必然性。"美的宗教在实存上就是**希腊**的宗教,……人们因为其友

善、优美和可爱而喜欢停留在这上面。"(第17卷,第96页)

美的宗教之基本规定是作为**自我规定的力量之主体性**。最后的规定终究是本质的自我意识与有限的自我意识、本质的精神与有限的精神的对立之规定。(第17卷,第97—100页)

宙斯就是"精神主体性之上帝"。希腊诸神作为精神的原则已被提升到统治地位,并战胜了自然的东西,这是他们本质的行为,而且是希腊人关于他们的**本质意识**。希腊人的原则其实是主观的自由,然而另一方面,这种自由的主体性还不是**绝对自由**的主体性,也就是说,它还不是**普遍的、无限的主体性**。我们仅仅处在导向那里的阶段上。(第17卷,第103—105页)

被视作提坦神的**普罗米修斯**(Prometheus)是一位重要的有趣人物形象。普罗米修斯是自然力量;但当他教会了众人最初的技艺时,他也是众人的行善者。

黑格尔指出:"诸神都是由人的幻想**创造出来**的,他们以**有限的**方式产生出来,由诗人、缪斯女神(Muse)创造出来。"(第17卷,第119页)。在希腊的宗教(美的宗教)中,统一作为抽象的主体性居于统治地位。

10.罗马的宗教。罗马宗教领域的"神圣本质都是一些实际的神"。罗马人都把皇帝奉为神。皇帝,这非凡的个人曾经是掌控诸个人、城市和国家的生活与福祉的力量;他曾拥有广泛权力。他掌控一切。在这里,"专制君主是独一者,是真正的、当前的神。**皇帝**就是神,是神人"。(第17卷,第182页)

在古罗马宗教中,个人绝对服从帝国的大业。罗马的帝王作为世界的统御者成为罗马之神。这样一来,罗马的世界统治,体现于独裁者一身。古罗马宗教的重要性和必然性在于:在这一宗教中,一切世界目标与罗马帝国相适应,个人的神话成为普遍苦难之因,这种苦难成为基督教赖以产生的基础。罗马人征服了伟大的希腊、埃及等等,他们劫掠寺庙;因此,罗马就成为所有宗教、即希腊宗教、波斯宗教、埃及宗教、基督教、密特拉弥撒的聚集地。(第17卷,第171—173页)

罗马的世界是向**基督教**发展的最重要的**过渡点**,是不可缺少的中间环节(第 17 卷,第 179 页)。黑格尔所描述的这 10 种宗教的顺序排列,展示了古代宗教从低级到较高级的发展过程,同时也表明了精神的发展进程。

(二)绝对的宗教。

在谈到绝对的宗教(基督教)时,黑格尔断言:关键在于有进行反思的、能动的精神。对上帝的规定因此就是:"他是**绝对理念**,这就是说,他是**精神**。正是神性与人性之**统一**甚至就是**绝对精神**。上帝就是精神。"(第 17 卷,第 205、223 页)

绝对的宗教是完善的宗教,是精神自为存在的宗教,是自身在其中已变得客观的宗教,即**基督教**。在此宗教中,普遍的与个别的精神、无限的与有限的精神不可分割;它们的绝对同一即是该宗教及其内容。(第 17 卷,第 189 页)

在基督教中,神与人终于和解,宗教臻于自我意识。这一宗教就是启示的宗教。启示的宗教,为精神的精神,本身就是**精神之宗教**。自身是启示的宗教不仅是启示的,而且可称之为**被启示**的宗教;这里可理解为,一方面,这种宗教是被上帝启示的,上帝已使人们知自身,另一方面也在于,这种宗教在其从外面来到人心里、被赋予人的意义上是被启示的,是**实定的宗教**。(第 17 卷,第 194 页)。黑格尔看到实定宗教的问题之所在,所以认为,"只有自为的**概念**才真正彻底摆脱那种实定者;因为在哲学和宗教中,存在着这种最高的自由,即思维本身。""绝对的宗教就是真理和自由的宗教。"(第 17 卷,第 201、203 页)

黑格尔进一步看到:基督教社团已陷入内在的分裂中,处于不和谐的气氛中,神圣者遭到亵渎,普遍的政治生活陷入绝境、失去信任,特殊的幸福被提升为目的。在此,客观命令的严厉,表面的遵守,国家的权力,都会一事无成。"于是,衰落已不可挽救。当福音不再布道给穷人,当精英变得愚蠢了,一切基础被悄无声息地抽走时,那么民众对其内心的渴望就不知所措。最近还有无限的痛苦;但在此情况下,对某种爱之爱和对毫无痛苦的某种享受之爱被颠倒了,于是民众就看到自己被其导师们所遗弃。

导师们虽然通过反思得以自救,并在有限性中、在主体性及其精湛技巧中、正因此而在爱虚荣中得到了其满足,然而民众的那种实质内心在其中并不能得到其满足。

"这种不和谐气氛为我们解决了哲学的认识,而本讲演的目的正在于,使理性与宗教和解,认识到宗教在其杂多的形象中是必然的,并在启示的宗教中重获真理和理念。但该和解本身只是个局部的和解,并无外在的普遍性"。(第17卷,第343页)

从黑格尔宗教哲学讲演中可以清楚地看到,黑格尔宗教哲学的核心思想就是要通过概念自身的辩证运动来论证理性和宗教、知识与信仰的同一性,把上帝等同于精神和理念本身,把真理说成是人对上帝的认识或上帝在人身上的自我认识,从而实现哲学与神学的统一。黑格尔宗教哲学的主要特点正在于,对神秘的东西进行理性化的阐释。在黑格尔看来,宗教教义所表述的东西不过就是精神、理念自身发展的表象形式。所以,从根本上说,"黑格尔的宗教哲学是属于无神论史的。它必然代替启蒙运动者的幼稚的无神论,那些启蒙运动者把宗教仅仅看作是欺诈和招摇撞骗。"[1]黑格尔关于宗教的学说,堪称为欧洲自由思想史中极为重要的环节。所谓"从内部摧毁宗教"——这正是黑格尔宗教哲学的实质所在。

在《宗教哲学讲演录》中,黑格尔对宗教信仰的历史进行了广泛而深入的思考,视之为统一的、有规律的过程。诸神生生灭灭的巨幅画卷,展现在人们面前。在黑格尔看来,在宗教发展过程中上帝(神)的形象愈益人格化,上帝就愈接近于人;上帝的内容史本质上也就是**人类史**,是上帝向人的运动,和人向上帝的运动。(第16卷,第235—236页)

这样,对于把上帝与人、上帝的本质与人的本质相对立的启蒙运动的

---

[1] 参见古留加:《黑格尔的宗教哲学》,载《国外黑格尔哲学新论》,中国社会科学出版社1982年版,第403—404页。

批判必然导致黑格尔的宗教哲学，而对于把上帝与人、上帝的本质与人的本质相同一的黑格尔宗教哲学的批判也必然会引出费尔巴哈和马克思的无神论。

费尔巴哈认为，上帝的本质无非就是人的本质，就是人的异化了的自我。人的所谓上帝，就是他自己的**精神**、**灵魂**，因而，"属神的本质之一切**规定**，都是**属人的**本质之规定"。基督教和一切宗教所敬拜的神就是人的本质的异化：人把自己的本质当作与人相对立的另一个本质、当作神来加以崇拜，"人使他自己的本质对象化，然后，又使自己成为这个对象化了的、转化成为主体、人格的本质的对象。这就是宗教的秘密。"① 因此，不是上帝按照他的形象创造了人（像《圣经》上所说的），而是人按照自己的形象创造了上帝。因此，"**神学就是人本学和自然学**"②。

马克思正是从费尔巴哈批判的终结处开始自己的批判的。马克思把费尔巴哈的抽象的人转变为历史的人和社会的人，从对宗教产生的人性根源的考察转向对宗教产生的社会经济根源的考察，并把唯物主义实践观引入哲学，从而不仅说明了异化产生的社会原因，而且为异化状态的最终扬弃提供了思想武器。

宗教哲学讲演在黑格尔哲学中占有十分重要的地位。然而至今还没有完全依据德语原文《黑格尔20卷著作集》第16、17卷《宗教哲学讲演》出版的中译本。因此在翻译过程中，必然遇到不少难点，有的得请教有关专家甚至德国学者，有的则参照了以往黑格尔著作的译本，如采用贺麟先生的译法，把"Dasein"译为"定在"，把"Verstand"译为"知性"，把"Existenz"译为"实存"，把"Reflexion"译为"反思"，把"Idee"译为"理念"，把"Vorstellung"译为"表象"等；"Schein"和"scheinen"采用梁志学先生的译法"映像"和"映现"；"positiv"采用薛华先生的"实定的"之译法。德语"Gott"一词，一般情况下，特别是涉及信仰基督教的国家时都译为

---

① 《费尔巴哈哲学著作选集》下卷，商务印书馆1984年版，第38、39、56页。
② 同上书，第523页。

"上帝"。但在涉及古希腊、罗马以及东方国家（如中国、印度以及埃及等）的宗教时，则译为"神"。"der Einer, das Eine"参照《圣经》中有"独一的上帝"一说，故这里也译为"独一者"。"Macht"在书中出现上百次之多，故涉及"上帝"、"神"及其他等更强大的力量时就译为"威力"，一般情况则与"Kraft"一样都译为"力量"。

为便于查找德语原文，在每页边框上标明德语原文书的页码。难译词汇术语附有德语原文。为帮助读者理解，个别难点之处有译者注释，其中部分采用或吸取了魏庆征参考本书英译本、俄译本及其他资料所编的部分注释。此外书后还附有德汉重要名词对照表和汉德人名对照表。

本译稿所依版本为莫尔登豪尔和米歇尔编辑的德语原文《黑格尔20卷著作集》。第16卷的翻译始于2007年，结束于2010年，其中湖南师范大学公共管理学院哲学系外国哲学研究生张国良翻译了第16卷第二部分中的"中国宗教或度的宗教"和"幻想的宗教（印度的宗教）"以及第17卷中"编辑对第16卷和第17卷的说明"，第16卷其余部分均由燕宏远负责翻译。第17卷的翻译始于2010年，结束于2014年。第二部分"特定的宗教"中第二章"精神个体性的宗教"由燕宏远译出；第三部分"绝对的宗教"由德国波恩大学在读哲学博士郭成译出；最后一部分（关于上帝定在证明的讲演）由山东社会科学院哲学研究所张松副研究员译出。每位译者都对各自翻译的文字作了反复修改，全部译文均由燕宏远负责校对定稿。

北京大学著名教授张世英先生作为这套黑格尔著作集的主编对全书的翻译工作作了整体谋划和精心指导，人民出版社政治编辑一部张振明主任对我们的翻译以及整个出版工作作了很好的具体安排，责任编辑安新文女士非常认真仔细地审读了该著作集的第16、17卷（宗教哲学讲演录）的译稿，提出了很多很好的修改意见，中国社会科学院哲学研究所张慎研究员对书稿提出了许多宝贵的修改意见。首都师范大学政法学院李怀涛博士、上海财经大学人文学院张东辉博士、济南大学张梅博士以及唐基灼、万玲等同志分别审读、校对部分书稿,做了有意义的工作,在此一并向他们表示衷心感谢。

由于译者水平有限,错误之处难免,恳请行家及读者指正。

燕宏远
2015年3月于长沙岳麓山下
自朴斋

导　论

　　我认为有必要使宗教独自成为哲学考察的对象,并把这一考察作为一个特殊的部分纳入整个哲学。不过,为导论之目的,我将首先表述 A.**意识的分裂**(Entzweiung)——它将激起我们的科学必须加以满足的那种需要——,并将描述我们的科学与哲学和宗教的**关系**以及与宗教意识的各时代准则的**关系**。然后,在我论及了 B.几个**预先提出的问题**——它们产生于我们科学的那些关系——之后,我将给出 C.这一科学的**分类**。

　　一般来说,首先必须想到的是,在宗教哲学上我们面临哪些**对象**,我们关于宗教的**表象**又是哪些。我们知道,在宗教中我们将脱离时间性,而且,宗教对我们的意识来说是那样一个领域,在那个领域里,世界的所有谜团都解开了,更深刻思索中的所有矛盾被都揭露出来了,感觉的所有痛苦都消失了——,这是永恒真理、永远寂静、永久和平的领域。一般来说,人之所以为人,是由于他是思想,是具体的思想,更确切地说,人是精神;于是,各种科学、艺术的多种多样产物、人的政治生活的兴趣、涉及人的自由和意志的种种关系,都产生于作为精神的人。但是,人的关系、活动、享受的所有这些多种多样产物及其他错综复杂的情况,对人具有价值和尊严的一切——他从中寻求其幸福、荣誉、自豪——,都在宗教中,在对上帝(或神)的思想、意识、感觉中,找到自己的最后中心。因此,上帝就是一切之始和一切之终,犹如一切源出于此一样,一切也复归于此;而且上帝也是一个中心——上帝使一切拥有生命,激励一切,并赋予所有那些形态以灵魂,保持其实存。在宗教中,人将自己置身于与这一中心的关系中,他所有别的关系,也都会合于这一中心,而人借此就提升到意识的最高层

[11]

[12]

次，并提升到摆脱与他者之关系的领域，人是全然自足者、无限制者、自由者，而且是自为的最终目的。

因此，作为致力于这一最终目的的宗教，完全是自由的，而且是目的本身，因为在这一最终目的中，直至对自身适用的所有其他目的，都在这一最终目的的面前消失了。任何其他目的都经受不住同这一终极目的的抗衡，而且唯有在这一最终目的中，任何其他目的才能得以实现。在精神致力于这一目的的领域里，精神摆脱一切有限性，并获得最终的满足和解脱；因为在这里，精神不再与某些他者和有限制者发生关系，而是与无限制者和无限者发生关系，而这是一种无限的关系，一种自由的关系，而不再是依赖的关系；在这种情况下，精神的意识是绝对自由的，且自身是真正的意识，因为它是绝对真理的意识。当感觉是一定的时候，自由的关系就是我们称之为极乐的享受；作为活动，此情况之所以发生，无非显示上帝的荣誉，并启示他的壮丽。而在这一关系中，人的行为不再是为了自身，即为了自身之兴趣和荣耀，而是为了绝对目的。所有民族都知晓，宗教意识就是他们在其中拥有真理这种宗教意识，他们一向都把宗教视为自己尊严及其生活之节日。激起我们疑惑和恐惧的事情，一切忧虑，一切担心，一切有限的兴趣，我们把它们都抛弃在那尘世的沙滩上；而且，犹如

[13] 我们站在山巅之上，远离尘世那所有特定的景象，沉静地俯瞰所有有限的风景和世界一样，用精神的眼光，人在消除这一现实的严酷无情之后，就仅仅把它看作是一种映像（Schein），这种映像在这一纯洁领域里，仅仅在精神的太阳照耀下把其深浅程度、各种区别和光亮都减弱、映照为永恒的平静。饮取忘川之水的心灵（Psyche）①在精神的这一领域里涌流，将所有痛苦淹没于其中，在此，这生活之黑暗就淡化为梦幻，并美化为永恒者光芒的纯洁轮廓。

绝对者的这一形象，会使宗教虔诚呈现出或多或少的当代活力、确信

---

① "忘川"是古代希腊神话中的阴间河名，即冥河斯提克斯。此处的"普叙赫"（Psyche），意为"心灵"，传说逝世者饮它的水，就会忘记过去的一切。希腊神话中作为人类心灵（Psyche）化身的少女女神，与爱神厄洛斯相恋。——译者注

和享受,或被表现为所渴望的、所希望的、被远离的和彼岸的东西,但这一形象始终是确定无疑的,并作为神圣之光射进当代尘世,而且除了在这一尘世领域里仍然使心灵痛苦充满恐惧以外,还有关于真理有效的意识。信仰把这一形象认作真理,是现有实存之实体,而虔诚的这一内容,则是当代世界的灵魂赋予者,在个人的生命中起着作用,并支配个人的意愿和行为。这就是宗教普遍的直观、感受和意识,或者如我们愿意叫它的那样。考察、研究和认识宗教的本性,就是这些讲演意图之所在。

但是,关于我们的目的,我们首先得有明确的意识:哲学关心的不是在某个主体中产生出宗教;倒不如说,宗教已被假定为每一个人中的基础。**按照实体**,不应有**什么新东西**引入人之中;这一点就像有人通过让一条狗啃书本而想把精神放进狗脑里一样,也是错误的。谁不从有限事物的活动中走出来扩大自己的胸襟,谁不在对永恒者的渴望、预感或感觉中完成对自己本身的提升,并看清心灵的纯粹以太(Äther)①,谁就不具有这里应加以理解的素质。 [14]

可能有这样一种情况:宗教将在心灵中为哲学认识所唤醒;但是,这并非是必然的,而且不必促成这样的哲学意图,即它必须在这一或那一主体中产生出宗教,这跟它必须以此**经受住考验**一样稀少。因为哲学也许必须阐发和理解**自在自为宗教的必然性**,即精神得从其愿望、表象和感觉的各其他方式进一步达到这种绝对的方式;但是,哲学这样经受**精神的普遍命运**,不同于使**个体的主体**提升到这种高度。个人的任性、错误和软弱,会影响普遍精神本性的必然性,偏离它,并试图提供特有的观点,而且坚持这同一观点。这种在谬误观点上而让自己听其自然地懒惰,或者同知识和愿望一起停留在同一观点上的可能性,都是由于主体的自由而发生的,而恒星、植物和动物则不会偏离其自然的必然性,不会偏离其真理,

---

① "以太"(Äther)概念在古希腊哲学中就已出现,如泰勒斯把以太看作是空气的蒸发。毕泰戈拉学派称气为冷的以太,称海和潮湿为厚的以太,灵魂是以太的一个片断等。随着近代自然科学的发展,哲学中的"以太"概念,逐渐为科学的"物质"概念所取代。——译者注

并成为它们所应是的东西。但是，在人的自由中，存在和应该是分离开的，人的自由蕴含着任性，它能够脱离其**必然性**，能够脱离其规律，并抵制其规定。因此，如果说**认识**可能看到了宗教观点的必然性，如果说参与现实的**意志**导致其分离毫无意义，那么这一切并不妨碍这种意志未能坚持其**执拗**并保持远离其必然性和真理。

[15] 　　按照通常的肤浅方式，有人把下面一点作为反对认识的论据提出来了：说这个人和那个人尽管没有变得虔诚，但却具有关于上帝的认识，并始终远离宗教。然而，这种认识并非想而且也不应该导致、而是应该认识到是**定在**的宗教并没有感动这个人和那个人，即这个经验的个别主体（如果他自身不拥有或不想拥有什么宗教）首先达到宗教。

　　但是，实际上并没有人如此堕落，如此失望，并如此恶劣，而且，我们不会把任何人视为如此不幸，以致他自身根本就不会有什么宗教，即使情况只是，他可能惧怕宗教，或渴望它或仇恨它；因为即使在后一种情况下，他已在内心里研究它，并卷入其中。作为人，他觉得宗教是根本性的，是一种他并不陌生的感受。但是，这主要取决于**宗教与他的其余世界观的关系**，而与此有关并起主要作用的是哲学上的认识。在这种关系中，就有反对精神原来绝对渴望成为宗教之分裂根源，而意识的多种多样的诸形式和这些形式与宗教兴趣的各种各样的关系也形成了。在宗教哲学能够聚集成其独特的概念之前，它得通晓所有那些错综复杂的时代需求，这些需求当前已集中于宗教领域这个大范围内。最初，时代准则的运动还处在哲学的认识之外；但这种运动自身发展到那样一种程度：它同哲学进行接触、斗争和对立，而且，如果我们研究了这种对立，并看到了这种对立如同它还处在哲学之外一样发展至其完美——在这里，这种对立就把哲学的认识引入自身之中——那么这种对立及其解决，我们就必须予以考察。

A. 宗教哲学与其前提和诸时代原则的关系 [16]

Ⅰ. 宗教与自由、世界的意识的分裂

a）在宗教本身就其直接性来说与人的其他意识所具有的关系中，已经有分裂的萌芽，因为两方面已处于相互**分离**之中。它们已经在其不受约束的关系中形成两种活动，两种意识领域，其中一种与另一种只是轮流**变换方式**。因此，人在自己真正的、世俗的行为中，有一系列工作日，这时，他忙于其特殊的兴趣、一般世俗目的和满足其需要，而然后就有一个星期日，此时，他把这一切放到一边，潜心于自身，摆脱埋头于有限繁忙，献身于自身和在他身上存在的更崇高的东西，献身于其真正的本质。

α）我们首先来考察一下笃信上帝的人、也就是真正应得到这个名字的人的宗教吧。信仰还被假定为**无所顾忌的**和**无对立的**。因为信仰上帝，就其简单性而言，有点不同于人们用反思和意识（他者则与这种信仰相对立）说：**我信仰**上帝；在这里，已经出现辩解、推理、论战的需要。无偏见的、笃信上帝的人的那种宗教并没有与他隔绝开来，也没有与他其余的定在和生活分离开来地保持下去，而是把宗教的情绪传播到他所有的感觉和行为上，而他的意识则使**其世俗生活的所有目的和对象**与作为统一生活无限和最后源泉的**上帝**联系起来。他把其有限的定在与活动、苦与乐的每一环节，都从其有限制的领域予以提升，并在这种提升中产生出对自己永恒本质的想象和感觉。他的其余生活也处于信赖、风俗、顺从、习惯的方式中；他就是情况和自然把他所造就成的那种东西，而他像他接受了一切一样，把他的生活、他的关系和权利作为一种未被理解的命运来 [17]

5

对待:**事情就是如此**。或者,随着与上帝的关系,他感激地或者也是自由地把自己的东西作为任意恩赐的礼物奉献给上帝。其余的意识则是如此**自然地听命**于那种更高的领域。

β)然而,从**尘世**方面来看,差别就在那种与**对立**的关系中产生出来。虽然这一方面的发展没有不利地触及宗教,而且所有的行动在这里都好像**局限**于那一方面,按照显而易见的确认,宗教也还被视为至高无上者;但是,事实上,情况却是另一种样子,而从尘世方面来看,**堕落和分裂在慢慢地接近宗教**。一般我们可以把这种差别的发展称之为知性和人类目的的教化。由于在人类生活和科学中萌生出知性,而反思变成了独立自主的,意志就设定出一些绝对目的,例如法权、国家、应该自在自为存在的对象;这样,研究也就认识到诸自然物和活动诸规律、特性、秩序和特点以及精神的产生。因此,这些经验和认识,以及那些目的的愿望和现实,就是人及其知性和意志的**作品**。他将此视为其**所有物**。即使他从所存在的、他所发现的东西出发,他也不再仅仅**是**在这种情况下知道、**具有**这些权利的那个人;而且他用认识和意志中所发现的东西来**做**出什么东西,这就是**他的**事业,**他的**作品,而且他意识到他创造了它。所以诸生产构成他的尊严和他的骄傲,并创造出巨大的、无限的财富——他的见解、他的认识、他的外部所有物、他的权利和行为的那个世界。

[18]

这样,精神就进入对立状态,虽然还没有偏见,开始不知道这一点,但它也成为一种**有意识的**对立。因为现在精神在两方面之间运动,其区别就真实地显示出来了。一方面是它在其中知道它自身的方面,在此处于它的诸目的和利益之中,而且不依赖地、独立自主地从自身决定自己。另一方面是这样一个方面:在这里它承认更高的威力,即绝对的义务,没有真正权利的义务,而它为厉行它的义务而接受的东西,仍然只是恩赐。在那里,精神的独立是基础,在这里,精神是谦恭的,从属的。因此,精神的宗教与独立的那一领域的区别在于,精神把认识、**科学**局限于**尘世方面**,而把感觉、信仰留给宗教领域。

γ)但是,**独立的**那一方面也包含着这样一点:它的行为是一种有条

A. 宗教哲学与其前提和诸时代原则的关系

件的行为,而且认识和意愿必须**了解**这种制约性。人要求他的权利;权利对他来说是否成为真的,这一点不依赖于他,而他在这方面是指他者。他在认识方面,从机构设施和自然秩序出发,而这就是一种**给定的东西**。他的诸科学的内容则是他之外的素材。这样,两方面,即独立的方面和有条件的方面就处于**相互联系**之中,而这种联系引导人**承认,一切都是由上帝创造的**,这一切就是构成人认识的、他所占有和为其目的而用作手段的万物,以及他本身、精神和他用来(如他所说的那样)获得那种认识的诸精神能力。 [19]

然而,这种承认是冷冰冰的和无生气的,因为其中缺乏构成这种意识的**活力**的东西——在这里,意识跟自身在一起,而且就是自我意识——,这里缺乏这种**洞见**和认识。宁可说,一切**被规定的东西**都属于**认识和人类自我设定的目的**的领域,而在这里,也只有自我意识的特有活动是现有的。因此,那种承认也是徒劳的,因为它停留在**抽象的普遍者**那里,即在此停止不前,一切都是上帝的作品;而在各种不同的对象(诸星辰的运行及其规律,蚂蚁,人)那里,那种关系就停留在这一切上,一切都是上帝创造出来的。由于各个别对象的宗教关系总是同一种内容,而且是单调的,那么如果它**在每一个个别事物那里**一再重复的话,那它就是无聊的和令人厌烦的。所以,人们就用上帝创造了万物**这样一种**承认来做事情,以此来**一劳永逸地**满足这一宗教方面,而在认识和追求诸目的的过程中就没有继续想到这一点。于是,那种承认只能好像是为此而作出来的,为的是摆脱这一点,也许是为了这一方面似乎对外所作的保护,简言之,这可能是认真的或者是不认真的。

笃信并没有因在所有人和每一个人那里提高对上帝的洞察力而使自己沮丧,尽管笃信每天每时都按同一种方式行事。但是,作为笃信的感受,笃信完全寓于**个别细节中**,它在每一个环节中,**完全**是其所是者,而且没有反思和比较意识。相反在这里,即在认识和自我规定都适用的地方,这种**比较**和那种**单一性**的意识基本上是现有的,而在这种情况下,普遍命题就被彻底表达出来。一方面,知性使自己的本质起作用;另一方面,它 [20]

又具有依赖性的宗教感觉。

b)即使笃信也并不来自陷入分裂的命运。宁可说,分裂在它之中就已经依自身现实存在了,以致于它的**真实内容**是一种非常**多种多样的、偶然的内容**。笃信和比较知性的二者关系,尽管它们显得不同,却具有共同之处,即上帝与意识另一方面的关系是**不确定的和普遍的**。那些关系的第二方面,在所引用的"上帝创造了万物"这一说法中已直截了当地提出并表达出来了。

α)但是,考察方式致力于笃信,并由此给予笃信的反思以一种更大的详尽性,这种考察方式在于,它根据**目的关系**来考察诸特性和安排,同样也把个别生活的所有偶然情况,如历史的诸重大事件,看作是从上帝的目的出发的,或者是指向那里,且是转向往事。因此在这里,它这种考察方式并没有停留在一般的神圣联系上,而是这种联系变成**一定的联系**,而且因此出现一种更进一步的内容;各种各样的素材被置于相互关系之中,而上帝则被看作是这种关系的实现者。人们发现诸动物及其周围环境被安排得非常妥当,以致于它们能够有食物,能够抚养幼崽,能够武装起来抵御有害的东西,能够忍受冬天的寒冷,能够抗御敌人以自卫。人们在人生中发现,人怎样经过这种或那种表面上的偶然事件,比方说一桩不幸,被引导至其幸福,不管它是永恒的还是暂时的。简言之,上帝的行为、意志,在这里将在一定的行为、自然情况、事件以及诸如此类的情况中予以考察。

[21]　但是,这种内容本身,这些目的,一种有限的内容,都是**偶然的**,仅仅瞬间就被接受了,它们本身立即就**以前后不一致的方式**消失不见了。例如,如果说上帝的智慧在自然中惊奇于诸动物是武装起来的,部分为了获得其食物,部分为了反对敌人以保护自己,那么,在经验中立即就表明这些武器帮不了什么忙,而被当作目的的诸生物则被他者作为手段来使用。

那么,实际上,进一步的认识——它贬低和排斥这种外在的目的考察——即是首先至少要求**前后一致**的更高认识和被认为是神圣目的的这类目的,被作为次要的、有限的目的来认识,被作为某种东西来认识,这种

A. 宗教哲学与其前提和诸时代原则的关系

东西自身在同一经验和观察中证明其无意义,而未证明是永恒的、神圣意志的对象。

那种考察,如果它被接受,而且以此撤开其前后不一致,那么,它就正好因此是不确定的和表面的,因为所有内容和每一个内容——不管它如何存在都无所谓——都会在其中被接受下来;因为没有什么东西,没有什么自然安排,没有什么事件,不能由其指明某一方面的益处。而笃信完全不再是**无偏见的**、感觉到的笃信,而是它从某一目的、某一善的**普遍思想**出发,并且由于它在这些**普遍思想**之下概括诸现有事物而理性地思维。然而,随着这种理性推理,笃信就陷入困境,即它在自然诸事物的这种直接现象中指示出多少目的和多少好处,也就能在其中反过来给它同样多的无目的以及同样多的损害。所以,对一个人有利的东西,对另一个人就带来不利,这一点是不合目的的:对生命以及对与定在连在一起的诸兴趣的保持,在一种情况下得到促进,在另一种情况下也受到危害和遭到毁灭。因此,**在自己本身中的某一分裂**在于,违背上帝的永恒作用方式,有限的事物就被提升为本质的目的。上帝及其作用方式是普遍的和必然的,那种前后不一致就与上帝的表象相矛盾,而且那种前后不一致甚至破坏那种普遍的规定。 [22]

如果笃信考察各外在的目的和事情的外表——按照这一点,这种笃信有益于他者——,那么,虽然由此出发的**自然规定性**好像只是**为他者**而存在,但是,如果更仔细地加以考察,这就是它自己的关系,它自己的本性,**相关者的内在本性**,它的**必然性**。这样,对笃信来说,向他者方面的**真正过渡**就在顺利进行,他者方面以前曾被称之为**利己者**的环节。

β)因此,笃信就从其理性推论中被排除掉了,而由于一开始就曾致力于思维和思维关系,那么思维就必须首先要求和探索属于它的东西所是者,即首先是前后一致性和必然性,并与偶然者的那种观点相对立。因此,利己的原则就同时完全发展起来。我,作为简单的、普遍的,作为思维,就是关系一般;当我为我、为自我意识而存在时,诸关系也应是为我的。我使各思想、各表象成为我自己的,我给它们以规定,而我自己就是

9

这种规定。我就是这种简单的点,而且我想在这种统一中认识什么是为我而存在的东西。

[23] 就这点而言,认识指向**存在**的东西,而且指向这种东西的**必然性**,并在原因和效果、根据和结果、力量与其表现(类的普遍者,与正好属于偶然者领域的诸个别实存①相反)的关系中把握这种必然性。认识和科学以这种方式把形形色色的素材放置于相互关系中,对这种素材由于其直接性而具有的偶然性给以规定,而且,当认识和科学考察丰富的有限现象所具有的诸关系时,它们就把有限的世界包括进自身之中,从而成为一个**宇宙体系**,以致除了这个体系之外,认识对同样的体系就没有什么必要了。因为,某一事物**是**什么,它按其本质规定性来说是什么,都是在对其感觉和观察之后产生的。人们从各物的性状出发,继续进至它们的关系,在这里它们处于同一他者的关系中,但不是处于偶然的、而是**被规定的关系**中,而且,在此它们显示出自己是一种派生事物所出自的原有事物。因此,人们就询问诸事物的根据和原因,而这一问题在此就具有这样的意义,即它想知道**特殊**的原因。因此,把上帝说成是闪电的或者罗马共和制衰落的或法国革命的原因,就不再令人满意了;在这儿人们不久就发现,这种原因只是完全**普遍的**,也不做出所要求的解释。人们也想从某种自然现象中,或者从作为效果或后果的这种或那种法则中知道这种根据是作为**这种**现象的根据,也就是说,不是知道适合于**一切**的根据,而是知道**仅只**适合这种**确定事物**的根据。因此,这样一些特殊现象的根据和**这样一种**根据就必定是**最近**的根据,在**有限事物**中被寻求和被采纳,而本身也必定是**一**有限的根据。所以,这种认识并不超出有限事物的领域之外,也不要求超出这一点之外,因为它知道在其有限的领域里认识所有事物,而

[24] 且对于所有事物也知道怎么办。因此,科学就构成一个**认识的宇宙**,这宇宙自身并不需要上帝,它处**在宗教之外**,且跟宗教简直毫不相干。在这一

---

① 《黑格尔全集》(第一版即友人版)(下同):"表现,即一般者、类和诸个别实存。"根据黑格尔手稿所作的改变(拉松版)。——德文版编者注

10

A. 宗教哲学与其前提和诸时代原则的关系

领域里,认识漫游在自己的关系和关联中,并因此拥有自己方面的**所有特定的素材和内容**,而对于另一方面,即无限事物和永恒事物来说,什么东西都没有剩下。

γ)这样一来,两方面就在其对立中充分发展起来。心灵在宗教方面充满了神圣的东西,但是没有自由,没有自我意识,也没有关于被规定者的前后一致;这被规定者宁可说具有偶然东西的形式。被规定者前后一致的联系属于认识方面,这种认识在有限者中是当地的,并在有多种多样联系的思想规定中自由运动,但只能创造一个没有绝对纯粹性、没有上帝的体系。绝对的素材和目的属于宗教方面,但只是作为一种抽象的肯定事物。认识占有了所有有限的素材,并把它们纳入其范围,所有被规定的内容都归之于此;然而,即使认识不给予素材以必然的联系,它也不能给它以绝对的联系。由于科学终于占有了认识,并且是关于有限者必然性的意识,那么,宗教就变成无知识的了,并萎缩为简单的感觉,萎缩为精神向永恒者的无内容的提升,但关于永恒者却什么都未能说出来;因为认识可能是的一切,就是把这永恒者向下拉入有限者的领域和联系中。

如果两个如此被发展了的方面相互联系起来,那么一个方面对另一个方面就是**不信任的**。宗教感觉不信任处于认识中的有限性,并责备科学空洞无用,因为在科学中,主体保持自在,是在自身中,而且自我作为认识者对于所有外在者来说,是自为的。另一方面,认识不信任感觉坚守其中、并把所有扩展和发展混在一起的**总体**。如果认识接受感觉的要求,并无条件承认它不一定认识到的某一真理,那么它就担心失去其自由。而如果宗教感觉离开其普遍性,给出目的,过渡为**确定的东西**,那么认识在其中就只会看到**专断的随意性**,而假如它同样过渡为确定的东西,那它就会看到自己被委身于**偶然**。所以,如果反思作为有教化的反思必须进入宗教,那么它在其中就不会坚持下去,并对宗教的所有规定都不耐烦起来。

[25]

c)如果对立达到了这样的发展,在这里,这一个方面当另一个方面接近它时,就总是把对方作为其敌对者加以拒斥,那么就出现**一种和解的**

11

需要，为了这种和解，无限者就在有限者中、而有限者就在无限者中表现出来，而且不再是双方中的每一方形成一个**特殊的领域**。这一点可能就**是宗教的、纯正的感情与认识和智力的和解**。在这种和解中，必须符合认识和概念的最高要求，因为这些丝毫不会牺牲其尊严。但是，**绝对内容**同样也不会丧失什么东西，它同样也不会被拉入有限性之中，而且面对它，知识的有限形式就得自行放弃。

然而在基督教中，这种和解的需要必然多于其他宗教。因为

α）当基督教把精神的自然统一撕裂，并把自然的宁静予以破坏时，它本身就开始**绝对的分裂为二**，而且开始痛苦。人在分裂中显得本来就是恶的，因此在其内心深处就是对自身的一种否定，而精神，犹如它回到自身里一样，发生了与无限的、绝对的本质之分裂。

[26]

β）其需要在这里被提高至极致的**和解**——首先为**信仰**而出现，然而并非如这种信仰只能是一种无偏见的信仰一样。因为精神**违反其直接的自然性**而**回归自身**，作为有罪的是**与真理相对立的一他者**，它与真理疏远，同它相**异化**。我，置身于这种分离中，并不是真理，所以，真理也就作**为表象的独立内容**是被给予的，而且真理首先依据权威来表象。

γ）然而，如果我由此置身于智力世界——在这里，上帝的本性、上帝的诸规定和行为方式就呈现给认识，不管这依据于他者的直观和确信是否是真的——，那么我确实同时指向了**我**，因为**在我之中**就有**思维**、认识、理性，在罪恶和对罪恶的反思中，我的自由，对我也是一目了然的。所以，**认识**就在基督教本身中。

我应该在基督教里保持自己的自由，或不如说在其中成为自由的。在其中，主体、灵魂的拯救，个别人作为个别者（不只是类）的援救，乃是本质的目的。这种主体性，**利己**（不是自私），正是认识本身的原则。

因为主体性存在于认识的原则中，基督教就使自己的内容得以**发展**，因为关于普遍对象的各表象是直接的或是自在的**思想**，且必须作为这些思想传播开来。然而另一方面，因为内容对表象来说是本质的，所以它就同直接的看法和直观分离开来，它就经历了分离。简言之，与主体性相

12

反，内容被视之为绝对的内容，自在自为存在的内容。所以，基督教本身触及感觉、直接直观与反思和知识的**对立**。它基本上在它自身中就拥有认识，并促使认识在其整个前后一致中作为**形式**和**形式的世界**发展着，而且因此同时与形式（在其中有那种内容作为**被给予的真理**）相对立。我们时代的分裂就是由此而产生的。　　[27]

迄今为止我们已经在形式上考察了诸对立的形成，在此它们还没有发展成真正的哲学或者还处在哲学之外。所以问题首先就在于：1.哲学究竟如何对待宗教，2.宗教哲学如何对待哲学，3.对宗教的哲学考察与实定的宗教有何种关系？

II. 宗教哲学对哲学和宗教的态度

1. 哲学与一般宗教的关系

如果我们上面说过，哲学使宗教成为它考察的对象，而且如果这种**考察**似乎有了态度，即哲学与其对象是不同的，那么显然，我们还处在那种关系中，在这里，两方面相互都是独立的，而且仍然是分开的。然后，我们将在这种考察的关系中，从宗教所是的虔诚和享受的那种领域中走出来，而对象和考察，作为思想的运动，将会是不同的，例如，数学中的空间图形就不同于被考察的精神。如果认识还处在与宗教方面的那种分裂中，并且是**有限的**分裂，那这只是像它开始所显现的那种关系。更确切地说，如果我们仅仅更仔细地观察一下，那么事情就表明，实际上，哲学的内容、需要和兴趣与宗教的内容、需要和兴趣乃是共同的东西。　　[28]

宗教的对象同哲学的对象一样，都是客观性本身中的**永恒真理**，是上帝，而且只是上帝，以及对上帝之阐明。哲学不是世界之智慧，而是对**非世界东西**的认识，并非对外在物质、对经验的定在和生活的认识，而是对永恒者、上帝所是者和从其本性中流出者的认识。因为这种本性必定显示出来，并发展着。所以，哲学只有当它阐明宗教时才阐明自身，而且当

13

它阐明自身时,它就在阐明宗教。作为对自在自为存在的永恒真理的研究,也即是作为进行思维的精神(不是专断和特殊的兴趣)对这种对象的研究,哲学是宗教所是的同一活动;而作为哲学的思考,精神以相同的活力潜心于这一对象,而且当精神深入其客体时,它也放弃其特殊性,如宗教意识所做的那样,这种意识也未想有什么特殊者,而只是想潜心于这种内容。

这样一来,宗教和哲学就正好一致起来;实际上,哲学本身就是侍奉上帝的,就是宗教,因为它是在对上帝的研究中对主观想法和见解的同一放弃。因此哲学和宗教是同一的;然而其差别在于,它以**特有的方式**存在,不同于人们对宗教习惯称之为的那种方式。它们的共同之处就在于都是宗教,其差别仅仅在宗教的方式方法上。在对上帝的研究特点上,二者是不同的。然而困难就在于此,这种困难显得如此之大,以致哲学可能[29]同宗教是一致的这件事情本身被视为是不可能的。所以,就出现了神学对哲学的疑虑,宗教对哲学的敌视看法。按照这种敌视看法(如神学所认为的那样),哲学好像损坏地、破坏地、亵渎地作用于宗教的内容,而它对上帝的研究似乎全然不同于宗教。这就是我们已经在希腊人那里看到的这种古老的对立和矛盾;在雅典人,即这个自由的、民主的民族那里,一些著作被烧毁了,苏格拉底被判了死刑。然而现在,这种对立被视为已得到承认的东西,而更多的是被视为刚才已断言的宗教和哲学的统一。

但是,这种对立有多古老,哲学和宗教的联系也就有多古老。对于还处在非基督教世界之内的新毕达哥拉斯信徒和新柏拉图信徒来说,民族之诸神已非幻想之神,而是已成为思想之神。此后,那种联系就在最优秀的一些教父那里产生了,当他们从这种前提(神学是跟有思维的、力求理解的意识在一起的宗教)出发时,他们就以其虔诚采取从本质上加以理解的态度。基督教教会将基督教教义内容的最初开端归因于他们的哲学教养。

宗教和哲学的这种结合在中世纪已经更多地进行了。人们很少相信,理解性的认识不利于信仰,人们把这种知识视之为能从本质上深化信

A. 宗教哲学与其前提和诸时代原则的关系

仰本身。这些伟人,安瑟伦(Anselmus)、阿伯拉尔(Abälard),就已经从哲学出发进一步提高了信仰的规定。

认识,像它本身面对宗教曾建造了自己的世界一样,仅仅掌握了**有限的内容**;然而犹如认识进一步发展为真正的哲学那样,它同宗教一样具有同一内容。不过,如果我们现在暂时寻找宗教和哲学的**差别**,犹如此差别在这种**内容统一**中显得突出那样,那认识就是如下的差别了。 [30]

a)思辨哲学是理念的意识,以致一切都被理解为理念;然而,理念就是思想中、而不是纯直观或表象中的真理。更进一步地说,思想中的真理就是这种真理,**它是具体的**,**在自身中被设定为分裂的**,也就是说是如此的,以致被分裂者的两个方面就是一些**相反的思维规定**,理念则不得不被理解为这些规定的**统一**。思辨地进行思维,就意味着对现实者进行化解,并且使这种现实者与自身相对立,以致诸差别按照思维规定都是相互对立的,而对象则被理解为二者的统一。我们的直观面临对象的整体,把我们的反思区别开来,理解不同的方面,认识到它们之中的多样性,并将它们一分为二。在这些差别方面,反思没有抓住同一些差别的**统一**,有时候忘记整体,另一些时候则忘记差别,而当反思面临二者时,它就从对象中把其特性分离开来,并这样来放置二者,使得在其中二者是一致的东西成为某一**第三者**——它**不同于**对象及诸特性。在属于外在性的那些机械对象中,这种关系就会发生:对象只是诸差别的僵死根基,而对象作为一(eins)的质,则是外在材料的集合。但是,在真正的客体——它不只是材料,一种表面上被拼合起来的复多体——中,对象是具有诸不同规定的一,而且首先是**思辨**,这种思辨**在这样一种对立本身中被理解为统一**。一般来说,思辨的获得就是,它在思想的形式中来理解纯粹思想、自然和精神的所有对象,并这样把它们理解为**差别的统一**。

b)现在宗教本身就是自在自为存在的真理之意识的观点;因此,它是精神的阶段,在这一阶段上,对于意识来说,**思辨的内容**一般就是**对象**。 [31] 宗教不是一些个别对象中关于这一或那一真理的意识,而是关于绝对真理的意识,关于作为普遍者、包罗万象者的真理的意识,除此之外就再没

15

有什么了。此外,宗教意识的内容是普遍的真理——它是自在自为的,是自己规定自己,而非从外面来规定。一方面,有限者需要一个他者成为其规定性,另一方面,真理在自身中就有自己的规定性、界限和终点,无需通过一个他者被限定,而他者则属于其自身。这思辨者就是在宗教中被意识到者。在任何别的领域里,也许就包含了真理,但不是最高的绝对真理,因为这种真理仅仅存在于**规定的完美普遍性**中和自在自为被规定的存在中,这种状态不是与一个他者相反的简单规定性,而是在其自身之中包含差别的他者。

c)宗教仿佛是作为**意识状态的**这种思辨者,这种意识方面不是**简单的**、而是**具体充实了的思维规定**。这些环节无非是**思维的环节**、**能动的普遍性**、思维的效力,和作为**直接的**、**特殊的自我意识**之现实。

一方面,在哲学中,这两方面的强硬由于**思想中的和解**而消失,因为**两方面都是思想**,并非一个方面是纯粹的普遍思维而另一个方面是经验的、个别的性质,所以,只是由于宗教把这两个强硬的极端从分裂中凸显出来,予以研究和结合,宗教才达到统一的享受。然而,由于宗教使其两极失去分裂为二的形式,使普遍性之环节中的对立成为流动的,并达到和解,因此,它即使按照形式和运动也总是近似于思想,而哲学则作为完全能动的且使对立结合起来的思维直接地移近了宗教。

对宗教的思维考察,现在已把宗教本身的诸特定环节提到思想的高度,而问题在于,这种**对宗教的思维考察**作为**哲学体系中的一个环节**究竟如何来对待这种哲学。

2.宗教哲学与哲学体系的关系

a)在哲学中,最高者被称为绝对者、**理念**;在这里进一步追溯和举出这最高者在沃尔夫哲学中被称为 ens(物),是多余的,因为这立即就预示一种这样的抽象,这种抽象很少符合我们关于上帝的表象。近代哲学中的绝对者并非如此充满抽象,不过因此还未同我们称之为上帝的东西具

A. 宗教哲学与其前提和诸时代原则的关系

有相同的意义。为了使人注意到差别本身,我们必须首先考察**意味**本身意味着什么。如果我们问道:这或那意味着什么?那么就是询问两者,也就是说,询问截然相反的东西。首先,我们称我们所指的东西为含义、目的、那种表达的普遍思想、艺术作品等等;我们寻问内在的东西。这就是我们想予以表象的东西;它就是**思想**。如果我们这样询问:何谓上帝?上帝这个词意味着什么?我们因此所要的就是思想;也许我们拥有表象。因此意义就在于,概念应该予以指明,而因此**概念**就是意义。绝对者就是思想中所理解的上帝的本性,就是我们想拥有的同一东西的逻辑知识。这就是意义的一种意义,而且就此而言,我们称为绝对者的东西,就与 [33]
"上帝"这个词具有相同的意义。

b)但是,我们还就截然相反的东西所要求的第二种含义进行询问。如果我们从纯粹的思想规定而不是从表象开始,那么事情就会是,精神在其中未觉得令人满意,其中未有在家之感,并询问,这种纯粹的思想规定应意味着什么。例如,这样就产生出主体者和客体者的统一、现实者和理念者的统一之规定;人们可以理解自为的每一种事物,知道何谓统一、客体者、主体者等等,而且人们很可能会说,人们未理解这种规定。如果我们在这样一种情况下询问,那么意义就是事先截然相反的东西。也就是在这里,要求思想规定有一种表象,即事先仅仅在思想中所拥有的相反的一个例子。如果我们难以找到一种思想内容,那么困难就在于,我们没有关于此的表象;通过例子,它使我们就变得清楚了,这样精神自身就首先现存在于这种内容中。

如果我们从上帝的表象开始,那么宗教哲学就必须考察表象的意义,即上帝就是理念,是绝对者,是在思想和概念中被领会的本质,而这样一来宗教哲学就与**逻辑哲学**有了共同之处;逻辑理念就是上帝,犹如它是自在的一样。然而上帝就是这样的,不仅自在存在,它也在本质上是自为的,绝对精神不仅是在思想中保持不变的本质,而且也是**显现者**,给予自己以**对象性**的东西。

c)因此,在宗教哲学中考察**上帝之理念时**,我们同时也面对**其表象**

17

[34] **方式**:上帝自己仅仅表象自身。这就是绝对者的**定在**方面。因此,我们在宗教哲学中拥有绝对者作为对象,但不仅仅以思想的形式,而且也以其显示的形式。因此一般来说,普遍理念必须在**本质性**之完全具体的意义中来理解,也必须从其活动中设定出来,**显现出来**,**表露出来**。我们通俗地说:上帝是自然界和神灵界的主宰;他是二者的绝对和谐和这种和谐的创造者与实现者。在这方面,既不缺少思想和概念,也不缺少思想和概念的显现,即其定在。然而,定在的这一方面本身必须重新(由于我们是在哲学中)在思想中加以领会。

因此,哲学首先把绝对者作为逻辑理念来考察,像其在思想中的、像其内容本身所是的思想规定的理念一样。此外,理念表明绝对者是在其活动中、在其产生中;而且这就是绝对者为自己本身而变易、通向精神的道路,而上帝因此就是哲学的成果,从这样的成果中就认识到,它不仅仅是成果,而且持续不断地产生出来,是先行者。成果的片面性将在成果本身中被扬弃。

自然、有限精神,意识、理智和意志的世界,都是神圣理念的一些具体化,但它们是一些特定的形态,是理念现象的一些特殊方式,在其中,理念为了作为绝对精神而存在还尚未深入自身。

但是在宗教哲学中,我们不仅仅考察自为存在的逻辑理念,像它作为纯粹思想是被规定的那样,而且像它**自在地**在思想中存在并同时像它显现的那样,也不在诸有限的规定中(在这里它以其现象的某一有限方式存在)显现出来,但却在无限的现象中作为在自身中反思的精神显现出来;未显现出来的精神并不**存在**。在现象的这种规定中也包含了**有限的**

[35] 现象——这是自然的世界和有限精神的世界;但是,当它们从自身中和从它们中产生出来时,精神则作为它们的威力而存在。

这就是宗教哲学对哲学其他部分的看法。上帝是其他诸部分的成果;在这里,这一终点成为了开端,成为了我们的特殊对象,作为完全具体的**理念**及其**无限的现象**,而这一规定就涉及宗教哲学的**内容**。然而,我们却用思维的理性来考察这一内容;而这就涉及形式,并引导我们按照宗教哲学的态度来对待宗教,如同这种宗教作为实定宗教所显现的那样。

3. 宗教哲学与实定宗教的关系

众所周知,教会的信仰,更确切地说,新教的信仰,已被确认为**教义概念**。这种内容已普遍被视为真理;而且这种内容已经把Credo(**信经**)①称为上帝所是者以及人在与上帝的关系中所是者的规定,在主观的意义上已被称为所信仰者,而在客观上则是基督教信徒应知道的内容和上帝已启示的东西。现在,作为普遍确认的教义,这一内容部分地在使徒信经(Symbolum)中、部分地在后来的信条神学著作中已被记载下来。与此同时,在新教中曾起作用的是这一规定:圣经是教义的本质基础。

a)现在,在对教义内容的认识和规定中,**理性**已开始使自己被视为理性**推论**。虽然这一点开始还这样发生过,以致教义内容和圣经应该作为同一理性推论的实定基础继续存在下去,而作为**圣经注释**的思维则应该仅仅采纳圣经的思想。但是实际上,知性曾预先为自身确定了其看法,其思想,而后去查看,圣经的诸词语是如何按此予以解释的。圣经的诸词语是非系统的讲述,是基督教,像一开始就已出现的那样;精神则是理解、阐明内容的精神。通过这种圣经注释向理性的请教,于是就出现了一种所谓的理性神学——它将同那种教会的教义概念对立起来——得以完成,部分是关于它本身的,部分是关于它与之对立的东西。在这种情况下,圣经注释就采纳已写下的词语,阐明它,并借口仅仅提出**词语的理解**,愿意一直忠实于它。

但是,如果无论是更多地仅仅为了名誉,或者实际上以完全严肃认真的态度,圣经都被当作了基础,那么解释性说明的本性导致的就是,思想在这种情况下就参与起作用;思想自为地包含一些规定、原则、前提,于是

[36]

---

① Credo(信经),基督教权威性的基本信仰纲要,是信徒受洗入教的必读经文。Credo为拉丁文,原意为"我信",一些古老信经的经文常以此词开头,后演化为对这类经文的称谓。16世纪宗教改革运动后,一些新教教会不赞成有固定条文的信经。——译者注

它们就在解释的事务中产生效果。如果解释不仅仅是对词语的说明,而是对含义的说明,那么它就必须把自己的思想带进作为基础的词语中。对词语的单纯解释只能如此,以致于要用有相同意义的另一词语来取代某一词语;但是,进一步的思想规定将说明性地与此联系起来,因为一种发展就是进一步思想的进展;表面上,人们停留在含义上,但实际上却阐发着进一步的思想。关于圣经的诸注释与其说使我们熟悉圣经的内容,不如说包含着其时代的表象方式。虽然应该指明词语包含着什么样的含义,但是含义的指明就意味着把含义引进**意识**,**引进表象**,然后**不一样被规定的表象**就会在对含义所应是者的表述中产生效果。即使在表述一种在自身中已经发展了的哲学体系,例如柏拉图或亚里士多德的哲学体系,也是这种情况:诸表述按照从事此事的那些人们已经在自身中被规定了的表象方式而得出不同的结果。所以,从圣经中,相反的意见在注释上由神学得到了证实,这样,这一所谓的圣经就变成了一个蜡鼻子。① 所有异教都同教会一样引用圣经。

b)但是,这样产生的理性神学并没有停留在只是还以圣经为基础的注释这一点上,而是作为**自由的认识**,它一般与宗教及其内容有关。在这种比较普遍的关系中,研究工作和成果只能是:认识获得在宗教方面是一**被规定者**的一切。因为,关于上帝的学说继续变为上帝的某些规定、特性、行为。认识获得这种被规定的内容,并表明,后者**属于前者**。认识一方面**按照其有限的方式把无限者**理解为**被规定者**,理解为**抽象的无限者**,然后另一方面也发现,所有特殊的特性都**不适合于**这种无限者。认识借此按照自己的方式使宗教的内容破灭,并使绝对的对象完全贫乏。被认识引入其领域里的有限者和被规定者,虽然为了这种认识而指向**彼岸世界**,但是它本身却按照**有限**的方式把这一彼岸世界理解为**抽象的**、**最高的本质**,且根本就没有什么性质适合于这一本质。启蒙运动——这一运动是刚才被描述的有限认识的圆满完成——如果把上帝称为无限者,那意

---

① 比喻可以随意塑造的玩意儿。——译者注

A. 宗教哲学与其前提和诸时代原则的关系

思就是把上帝摆得相当高——对于这样的无限者,所有的称号都是不合适的,且都是没有道理的拟人说。不过,如果它把上帝理解为最高的本质,它实际上已经使上帝变得空洞、毫无内容和贫乏。

c) 如果看起来,宗教哲学同启蒙运动的这种理性神学一起处在同一基础之上,并因此同宗教的内容处于同一种对立之中,那么,这就是一种会立即消失的表面现象。

α) 因为那种对宗教的理性考察仅仅曾是抽象的知性形而上学,上帝曾被这种考察理解为一个抽象概念——它是空洞的理想性,并外在地与有限者相对立,因此,从这种观点来看,**道德**作为特殊科学,就构成这样一种东西之知,这种东西就行为和举止来考虑则属于实际主体的方面。在这种情况下,人与上帝的联系方面就自为地处在分离的状况中。与此相反,思维着的理性——它不再抽象地保持下去,而是从人对其精神尊严的信仰出发,并为真理和自由的勇气所激励——把真理理解为**具体者**,理解为丰富的内容,理解为理想性——在这种理想性中,包含着**规定性**,包含着作为环节的有限者。对于思维着的理性来说,上帝不是空洞无物者,而是精神;而且对于思维着的理性来说,对精神的这种规定,不仅仅仍然是一个词语,或一表面的规定,而且是精神的本性,当它从本质上认识到上帝是三位一体时,它就为思维着的理性而发展。这样,上帝就被理解为它怎样成为它自身的对象,然后对象就在它与上帝的这种区别中始终是同一的,上帝在其中爱自身。没有**三位一体**的这种规定,上帝就不是精神,而精神就是空洞的词语。但是,如果上帝被理解为精神,那么这个概念就把主体的方面包括在自身中,或者自身发展为同一方面,而作为对宗教有思维考察的宗教哲学,则包含着宗教整个的**特定**内容。

β) 但是,至于思维着的考察那种形式——它遵循**圣经**的词语,并主张用理性说明同一词语——,宗教哲学也同这种考察形式一起只是表面上站在共同的基础上。因为那种考察,从自己的力量完美来看,把**它的**理性推论作为基督教教义的基础,而且,即使它还让圣经词语存在下去,部分看法依然是被假定的圣经真理必须服从的主要规定。所以,那种理性

[38]

[39]

推论保持着其前提，并在反思的诸知性关系中运动，没有让这些前提服从一种批判。但是，宗教哲学作为理性的认识，是与这种理性推论的任意专断相对立的，而且是力求统一的**普遍者之理性**。

因此，哲学如此远离了那种理性神学和这种注释推理的普遍轨道，以致宁可说这些倾向大多都否定哲学，并企图怀疑它。它们向哲学提出抗议，不过仅仅为了保持其推理的专断。它们把哲学称之为某种**个别者**（Partikulares），然而这哲学无非是理性的、真正普遍的思维。它们把哲学看作是某种幽灵般的东西，从中人们不知道它是什么，因此它根本不是可怕的；但它们借助这种表象仅仅在表明它们觉得适于留在其无规则的专断的反思中，哲学则不让这些反思起作用。但是，如果那些神学家们——他们以其推理忙于注释——在其有任何想法时都引用圣经，如果他们反对哲学，否认认识的可能性，已经走到如此远的地步，并且如此很地贬低了圣经的威望，以致，如果情况真是这样，且按照对圣经的正确说明，对上帝本性的认识就是不可能的，那么精神为了获得一种内容丰富的真理，就不得不寻找另一来源。

γ）因此，在那种知性形而上学和推理注释的方式中，宗教哲学不会与实定宗教和还保留其内容的教会教义相对立。不如说，事情将表明：与乍一看起来相比，宗教哲学无限地更接近于实定的教义，真的，被知性归结为最低限度的教会教义的重建，甚是宗教哲学的工作，以致于宗教哲学正好由于其这一真实的内容而被纯粹明智的理性神学诋毁为使精神变得暗淡。知性的恐惧及其对哲学的仇恨，来自于这样的担心：知性看到，哲学把知性的反思活动归之于这一原因，即回到反思活动毁灭于其中的肯定者，并在所有内容似乎已被扬弃之后，哲学获得一种内容，即获得对上帝本性的一种认识。对于这一否定的倾向来说，每一种内容都显现为精神的昏暗，而否定的倾向却只想停留在它称之为启蒙的黑夜中，并在这种情况下当然就不得不把认识之光看作是怀有敌意的。

[40]

关于宗教哲学和实定宗教的臆想对立，这里只要指出以下情况就够了：不会有**两种理性**和**两种精神**，不会有一种上帝的理性和一种人的理

A. 宗教哲学与其前提和诸时代原则的关系

性,不会有一种上帝的精神和人的精神——它们是**完全不同的**。人的理性,即其本质的意识,是理性一般,即人之中神圣的东西;而精神,只要它是上帝之精神,就不是彼岸星辰界、彼岸世界的精神,而是上帝就在眼前,无所不在,并作为所有精神中的精神存在着。上帝是一活生生的上帝,他是起作用的和能动的。宗教是神圣精神的产物,不是人的发明,而是人身上神圣作用和创造的作品。如果我们不假定,上帝也与宗教相关联,而且神圣的精神在同一宗教的规定和形态中发生作用,那么上帝管理作为**理性的**世界这一说法,就是**非理性的**。但是,在思维中完成的理性训练,并没有与这种精神相对立,因此,这种训练也不会与精神在宗教中已经创造的作品全然不同。人愈多地在理性思维中让本身的事业在自身中起支配作用,放弃其个别性,表现为**普遍的**意识,人的理性不去寻求在一特殊者的意义上的它所属者,他的理性就将愈少地陷入那种对立之中;因为它,**理性**,本身就是**事业**,精神则是神圣的精神。如果教会或神学家们的教义变得理性的话,他们可能会蔑视这种援助(Sukkurs),或对此见怪;他们甚至会用高傲的讽刺拒绝哲学的努力(尽管这些努力没有敌视宗教,而是想探究其真理),并且会嘲笑"已造就出来的"真理。但是,如果认识的需要和认识与宗教的冲突已经产生,这种蔑视就不再有什么用处,而且是种虚荣。在这种情况下,认识就有了其无论以任何方式都不会再被拒绝的权利,而洞见(die Einsicht)的胜利就是对立的和解。

[41]

所以,虽然作为宗教哲学的哲学非常不同于那些根本敌视宗教的诸知性思潮,而且完全不是如通常人们对它所想象的那样是一种幽灵般的东西,但我们现今还是看到哲学和宗教的强烈对立被设定为时代的"示播列"①。宗教意识的所有原则——当前它们已经形成——尽管其形式非常相互有别,但却在这样一点上取得了一致,即它们都敌视哲学,试图在任何情况下都阻止对宗教的研究;而这样一来,就哲学与这些**时代准则**

---

① "示播列"原为希伯来语的音译。英语为"Shibboleth",基督教《圣经》考验用词,用于甄别。德语作 Schibboleth,意译为识别记号,源出自《圣经》"旧约全书·士师记"(12:6),载《圣经》,联合圣经公会 1997 年版,第 395 页。——译者注

23

[42] 的关系来考察哲学,仍然是我们的工作。我们能够期待这种考察有更多的成功,因为将会表明的是,在对哲学的所有那种敌视上,它也可能来自更多的方面,甚至来自当前意识的几乎所有方面,但是,哲学一部分会按照无偏见的方式,一部分会按照成功的和有成效的方式研究宗教的时代现在已经到来。因为,那些反对者要么是我们上面考察的已分裂为二的意识的那些形式;它们部分站在知性形而上学的立场上,在这种知性形而上学看来,上帝是一个空洞者,内容也消失了,部分则站在感觉的立场上,这种感觉在绝对内容丧失以后已退回到其空洞的内心深处,但在结果中却与那种形而上学相一致,即每一规定都不适合于永恒的内容——因为这种内容的确只是一种抽象概念。要么,我们甚至将看到,哲学的诸反对者的各种主张如何包含着无非是哲学对于其原则和作为其原则的基础所包含的东西。这种矛盾在于,哲学的诸反对者是被哲学所战胜的宗教反对者,而他们在其反思中确实自在地具有哲学认识的原则,这种矛盾的根据是,他们是历史的**环节**,从这样一种环节里已形成完善的哲学思维。

Ⅲ. 宗教意识的诸时代原则与宗教哲学的关系

如果哲学在我们的时代由于其研究宗教而受到敌视,那么这自然就不会引起我们对时代普遍特性的注意。每一个试图研究上帝之认识并思维地理解上帝之本性的人,都必须期待:人们或者对此不予以注意,或者反对他,并联合起来反对他。

[43] 当诸科学的扩展变得几乎无边无际,而且知识的所有领域已被扩大得无法估计时,那么对**诸有限物**的认识就越扩展开来,关于上帝的知识范围就变得越狭小。已经有过一个所有知识都是**关于上帝**的科学的时代。与此相比,我们的时代拥有了优越之处,知道所有的东西和每一个东西,知道无限多的对象,只是对上帝毫无所知。过去,精神的最大兴趣就是知道上帝,并探究其本性,它曾不从事这一工作就无法休息,也安静不下来,如果它未能满足这一需要,它就会感到不幸;诸精神斗争——它们在内心

里引起对上帝的认识——曾经是精神所知道并在自身中所了解并知悉的最崇高斗争,而所有别的兴趣和认识都被认为是微不足道的。我们的时代已经使这一需要及其辛劳和斗争平静下来,我们已经**完成了此事**,而且事情已**了结了**。塔西佗(Tacitus)①说过古德国人是无神民族(securi adversus deos),在考虑到认识时,我们又成了:有神民族(securi adversus deum)。

我们的时代不再因为对上帝一无所知而感到忧虑,倒不如说,对上帝的认识甚至是不可能的这一点被看作是最高的洞见。基督教把"你们应该认识上帝"宣布为最高的绝对命令,被看作是一种蠢行。耶稣说:"你们要完全,像你们的天父完全一样。"②——对于我们时代的智慧来说,这样高的要求是一句空话。这要求把上帝变成了一个离我们遥远的无限幽灵,同样也把人的认识变成了有限的空虚幽灵,或者变成了一面只有影子、只有现象落入其中的镜子。因此,如果说:"你们应该完美,像你们的天父是完美的一样",这是由于我们对完美一无所知,我们的知识和愿望仅仅完全指向了**现象**,而真理应该绝对地而且始终应该是一种彼岸的东西,那么我们还应如何尊重命令和领会其含义呢?而且,我们必须进一步询问,如果上帝是不可理解的,那么究竟还有别的有什么东西值得费力去理解呢?[44]

按照**内容**,人们必须把这种观点视之为人的**贬抑**的最后阶段,在这一阶段上,他自然同时也会高傲,何况他自以为这种贬抑是最高的东西及其真正的规定。然而,虽然这样一种观点直接跟基督教的伟大本性相反,因为按照这种本性,我们应该认识上帝、他的本性和他的本质,并把这种认识视为至高者——这种知是通过信仰、权威、启示还是通过理性获得的,

---

① 塔西佗(Cornelius Tacitus),约公元55—120年,又名盖攸斯(Gaius)。古罗马历史学家、政治家、文学家。出身旧贵族家庭。早年为律师,后任会计官、司法官、行政总督、执政官、亚细亚行省总督等职。倾向共和,反对帝制。著作有《编年史》、《历史》等。——译者注

② 《圣经》《新约全书·马太福音》(5:48)。——德文版编者注。载《圣经》"新约全书·马太福音",联合圣经公会1997年版,第9页。——译者注

这种区别在这里是无关紧要的——也就是说，虽然这种观点，既对付得了启示关于上帝的本性所给予的内容，也对付得了理性的东西，但它却已不敢在其所有低劣的歧路之后在其所特有的盲目狂妄中，转而反对哲学——它就是离开那种可耻贬抑状况的**精神解放**，并使宗教走出它在那种观点上不得不经历的最深苦难阶段。甚至仅仅还安于那种爱虚荣状态中的神学家们，也不敢由于其**破坏**倾向而指责哲学，这些神学家们**不再拥有什么可能被破坏的内容**。为了驳回这些不仅是毫无根据的、而且还更为草率轻浮和丧尽天良的责难，我们只需要粗略地看一下，神学家们怎样为了消除宗教的**确定东西**，宁愿干了一切：1.他们把诸信条置于次要地位，或者把它们宣布为无关紧要者，或者 2.把同一些信条仅仅看作是**他人的一些陌生规定和一种以往历史的单纯现象**。因此，如果我们已经反思并看一看**内容**方面，哲学如何重建这种内容，并在神学毁掉之前把它保存起来，那么 3.我们将会反思那种观点的**形式**，并在这里看一看，从形式出发敌视哲学的思潮关于自己本身是多么的**无知**，以致于它甚至不知道它本身正好把哲学的**原则**包含在自身之中。

[45]

1. 哲学与当代对诸特定教条的冷漠

因此，如果哲学与宗教的关系受到指责，说启示的实定宗教（明确是指基督教）的教义内容被哲学贬低，说它破坏和诋毁基督教教义，那么，这一障碍已被最近的神学本身所排除。往昔教会信仰体系所留下的很少教义，更多地具有过去赋予它的重要性，也没有设定任何其他教义来取而代之。如果人们考察教会教义现今真正起什么作用，那就不难确信，在普遍的宗教信仰中，对往常被视为基本的一些教义学，如今已表现出广泛的、几乎是普遍的冷漠。一些例子将会表明这一点。

虽然基督还经常作为调停者、调解者和救世主成为信仰的核心，但过去通常称为拯救事业的东西，现在却获得了一种很平淡的、而且只有心理上的意义，以致于尽管使人虔诚的词语被保留下来，但从古老教会教义中

A. 宗教哲学与其前提和诸时代原则的关系

被消灭的,正是本质的东西。

"性格的巨大力量,在于它没有把自己的生命视之为信念中的坚定性",——这些就是普遍的范畴,由于这些范畴,基督降到了虽非一般日常的、但却是一般人的行为和道德意图的基点上,进入即使一些异教徒（如苏格拉底）也能做得出的行为方式的范围。尽管在很多人那里,基督在更深刻的意义上是信仰和敬奉的核心,整个基督教仍局限于敬奉的方面,而关于三位一体①、身体复活的诸重要教义,《旧约全书》和《新约全书》中的奇迹,都作为无关紧要的东西而被忽视,并失去其重要性。基督的神性,基督教特有的教义,——或者被排除,或者被归结为某种只是普遍的东西。是啊,这不仅仅发生在启蒙运动方面,而且也发生在**比较虔诚的神学家们**那里。这些人跟那些人说,三位一体由亚历山大里亚学派、新柏拉图主义者引入了基督教教义。然而,尽管必须承认教父们研究了希腊哲学,但是首先,那种学说来自何处,并不重要。问题仅仅在于:它是否**自在自为地真**;然而这并未加以探讨;但那种学说却是基督教的基本规定。

[46]

如果促使一大部分神学家扪心自问,他们是否把对三位一体的信仰视之为达到极乐之绝对必要,他们是否相信没有这一信仰就入地狱,那么何谓答案,就会是毋庸置疑的。

即使"永享极乐"和"永入地狱"是人们在美好社会里不可使用的一些词语,它们都被认为难以启齿($ἄρρητα$),被认为人们羞于说出的词语。即使人们不想否认这件事情,如果人们被明确促使表示肯定的看法,他们将感到不自在。

在这些神学家们的教义学中,人们将会发现,尽管这些神学家们总是喋喋不休,诸教条在他们那里已变得十分微弱,而且减少了。

[47]

如果人们摆出大量的宗教书籍和布道集（其中应阐明基督教的基础）,并认真评论这类著作的大部分,而且问人们是否发现这一大部分文

---

① 三位一体(Dreieinigkeit),即基督教中圣父、圣子和圣灵之三位一体。——译者注

27

献中在正统意义上明确正当地包容和表达了基督教的基本教义,那么答案同样也是不可怀疑的。

情况看来是这样:往常实定基督教基本教义被赋予了重要性,当这种基本教义也被视为如此时,只有当这些基本教义由于不确定的映像而被弄得模糊不清时,神学家们自身才会按照他们大多数人的普遍教养,把这样的重要性赋予它们。如果哲学过去总被认为是教会教义的对手,那么现在它就不会再是对手了,因为这些似乎已为哲学所败坏的教义,如今在一般的信念中已不再起作用了。因此,按照这一方面,如果哲学对那些教义进行理解性的考察,那就应该为它消除一大部分危险。它可以更无任何成见地对待教义,而神学家自身则已大大降低了其对教义的兴趣。

2. 对诸教条的历史探讨

但是,这些教义失去其重要性的最主要标志使我们认识到,对它们主要从历史上予以探讨,并将之置于这样一种关系中,即它们是属于**他者**的信念,它们是**不在我们精神中**发生、不占用我们精神需要的历史。令人感[48]兴趣的是,它与他者的关系如何,在他者那里如何行事,这是偶然发生的东西和现象;关于人们自身有什么信念的问题,则令人感到惊异。

在进行历史探讨时,这些教义从精神的深处**产生的绝对方式**以及这些教义还对**我们的**精神所拥有的必然性、真理,都被推到一边去了:这种探讨以许多热情和渊博的学识忙于这些教义,但不是忙于内容,而是忙于这一点的争论形式以及与外在的产生方式相联系的热情。在这种情况下,神学已由于自身而被贬得够低了。如果**对宗教的认识仅仅从历史上**加以把握,那么我们就必须把已作这种把握的神学家们与商行的办事员一视同仁了,他们只是为别人的财富计账、结算,为别人做生意,而自己并没有富有;他们虽然得到薪水,但他们的贡献仅仅在于为他人效力,登记别人的财富。这样的神学根本就不能再置身于思想的领域,不能再致力于无限的思想本身,而只能将无限的思想作为有限的**事实**、意见、表象等等来对待。历史致力于**曾是**真理的真理,即对**他人**来说的真理,而非致力于成为研究此的人们所有的真理。那些神学家们根本就不研究真正的内容,不研究对上帝的认识。他们对上帝的认识知之甚少,正如盲者观画,也只能触摸画框而已。他们仅仅知道,某一特定的教条是怎样由这一或那一次宗教会议所规定,这样一次宗教会议的与会者对此拥有那些理由,这种或那种观点怎样占了统治地位。对此,人们也许总是研究宗教,但却不是对此应加以考虑的宗教本身。关于一幅油画的画家的故事、关于该幅油画本身的命运,在不同的时代它有何种价格,它落入何人之手,他们向我们讲了很多,但他们却不让我们看看这幅画本身。 [49]

但是,在哲学和宗教中,要做的重要事情是,精神使本身与最高的兴趣发生内在关系,不仅致力于某些它感到陌生的东西,而且从本质的东西中吸取其内容,并自认为无愧于这种认识。在这种情况下,人所关心的就是其**自身**的精神的价值,他不可谦卑地置之度外,且到远处闲荡。

3. 哲学与直接知识

如果由于上述所考察的这种观点**空无内容**,可能好像就是这样:为了明确表达出反对这种观点,我们仅仅**提到**这种观点对哲学所提出的责难;我们怀有、而不是放弃这一目的:做与那种观点视为最高目的的东西相反的事情,即认识上帝,那么他就其**形式**而言就确实拥有自在的一个方面,在这里他对我们来说真的就必定有一种**理性的兴趣**,而按照这一方面,神学的新近态度还更为有利于哲学。也就是说,所有客观的规定性都已集中于**主体性的内在性之中**,与此相联系的是信念,即上帝**直接启示**于人,宗教就在于这一点:人直接知道上帝;人们把这种**直接之知识**称之为理性,也称之为信仰,但却是在不同于教会所想象的信仰的意义上。按照这种观点就意味着,所有的知识,所有的信念、虔诚,都基于如下一点:**在作为这样一种精神的精神中,关于上帝的意识直接与精神本身的意识同在。**

a)这种直接意义上的论断——它不同哲学进行论战——被视为不

[50] 需要任何论证、证实的这样一种论断。这种普遍表象现在已经变成先入之见——它包含着这样一种规定,即最高的宗教内容**在精神本身中**显示出来,精神在精神中、也就是**在这种我之精神中**显示出来,这种信仰在我的最深刻的特性中有其源泉、根源,而且它是我的特点,并作为这样一种特点同纯粹精神的意识是不可分离的。

由于知直接在我本身之中,所有**外在权威**,所有外来认证就都被取消了;应该对我有价值者,必在我的精神中有其证明,而我的精神的证明,则属于我相信这一点。它也许可能来自外部,但是外在的开端是无关紧要的;如果它起作用,那么这种效用就只能在所有真实者的基础上、即**在精神的证明中**形成。

这一原则就是**哲学认识本身的简单原则**,而哲学不仅不否弃它,而且它是哲学自身中的基本规定。一般来说,它以这种方式被看作为一种得益,一种幸运:哲学基本原则本身活在普遍的表象中,并成为普遍的先入之见,以致哲学的原则能更容易指望得到普遍教养的赞同。所以,在时代精神的这一普遍素质中,哲学不仅赢得一种外在有利的地位——哲学决不关心外在的东西,至少在它和从事于它本身的研究工作作为国家机构而实存的情况下——,而且,如果哲学的原则已经靠自身作为前提活在精神和情感中,那也内在地有利于哲学。因为哲学与那种教养的共同之处就在于,两者都将理性视为上帝向人启示的精神场所。

b) 但是,直接知识的原则并未停留在这一简单的规定性、这一无偏见[51] 的内容上,它不仅肯定地表现出来,而且**论战式地反对认识**,尤其反对对上帝的认识和理解:这种原则不仅要求这样被信仰和直接地知,不仅被断言对上帝的意识与自我意识相关联,而且宣称,与上帝的关系**仅仅**是直接的。这一关系的直接性,被视为仅仅反对中介的其他规定,而且因为哲学是间接的知识,于是就有人在背后议论哲学只是关于有限者的有限之知。

然后,这种知识的直接性就应该停留在这一点上,即知上帝存在**这一点**,而不知上帝是**什么**;上帝的表象之中的内容、充实,被否定了。我们称之为认识的是这样一点,即不仅知道一个对象存在着,而且也知道它是**什**

A. 宗教哲学与其前提和诸时代原则的关系

么;而且不仅仅一般知道它是什么,以致于人们有某些了解、确信它存在,而且关于它的规定、即它的内容的知必定是**充实的**、证实的知,其中就知道了**这些规定相互联系的必然性**。

如果我们对直接知识的论断中所含有的东西更准确地加以考察,那么意识就应该与其内容相关联,其采取的方式是:意识本身和这一内容、即上帝是不可分离的。其实,这一关系,即关于上帝的知和意识与这一内容的这种不可分离性,就是我们一般称之为宗教的东西。然而,即使在那种论断中就有这样一点,即我们应该停留在对**这样的宗教**的考察上,进一步说,停留在**涉及上帝**的考察上,而不应进到对上帝的认识上,即不应进到上帝的内容,正如这一内容**在上帝本身**上是本质的一样。

在这种意义上,人们进一步言道,我们只能知道我们同上帝的关系,而非上帝本身是什么。而且只有我们同上帝的关系,才属于一般被称为宗教的东西。因此就出现了这种情况:现今我们仅仅听到谈论宗教,并没有发现如下的研究:上帝的本性是什么?上帝本身是什么?上帝的本性必须怎样予以规定?上帝本身并没有自己变成对象;知识没有在这一对象内扩大,而且在其中没有显示出不同的规定,以致这种对象本身会被理解为这些规定的关系和**自身中的关系**。上帝不在我们面前作为认识的对象存在,而只是我们与上帝的关系,即**我们与上帝的关系**;当关于上帝的本性的论述愈益减少时,现在却仅仅要求,人应该有宗教,应该坚持宗教,而不应该前进至上帝之内容。

[52]

c)但是,倘若我们要揭示出,什么在直接知识的命题之中,以此直接说出来的是什么,那么上帝就是在**与意识的联系中**表达出来的,以致这一联系是**不可分离的**,或者我们必须考察这**两方面**。因此,我们首先就要承认包含于宗教概念中的**本质差别**——一方面是**主观的意识**,另一方面是**作为自在对象的上帝**。然而同时,需要说明的是:这是这两方面之间的**本质联系**,而且重要的就是宗教的这种不可分的联系,而不是人们关于上帝所指者或突然所想起者。

那么,这一论断作为自己本来的、真正的核心所包含的东西,就是**哲**

学理念本身，只是这种理念被直接的知识抑制在一种由哲学所消除并以其片面性和非真实性所显示的局限性中。按照哲学概念，上帝是精神，是具体的；如果我们更仔细地询问精神是什么，那么关于精神的基本概念就是其发展构成整个教义的这种概念。暂时我们可以说，精神就是这种东[53]西：自己显示自己，**为精神而存在**。精神为精神而存在，也就是说，不仅仅以外在的、偶然的方式存在，而且只有当它为精神而存在时，它才是精神；这构成精神的概念本身。或者，为了更多地从神学上加以表达，只要上帝存在于其社团之中，上帝本质上就是精神。人们说过，世界，感性的宇宙，必须有观众，并为精神而存在，因此，上帝必定为精神而存在。

因此，考察不能是片面的，不能仅仅按其有限性、按其偶然生命来对主体进行考察，而是只要主体有无限的、绝对的对象为内容，就对它进行考察。因为若对**自为的主体**进行考察，那就要**在有限的知识**、在关于有限者的知识中对它进行考察。同样也可以断言：另一方面，人们应该考察不自为的上帝，人们**仅仅在与意识的关系中**了解上帝，——因此，**两种规定**（关于上帝之知与自我意识）**的统一和不可分离性**，就以在同一性中所表达的自身为前提。而且，正是在其中包含了令人担忧的同一性。

这样，我们确实看到哲学的基本概念作为普遍的**环节**现存于时代的教养中，而这里也表明，犹如哲学未在形式上高居于其时代之上一样，哲学是某种完全不同于其普遍规定性的东西；而是**一种精神贯穿于现实和哲学思维之中**，只是，后者是**对现实事物的真正的自我理解**。或者，承载时代及其哲学的是**一种**运动；差别仅仅在于：时代的规定性还作为偶然现存的显现出来，不是**完全合理的**，这样也就可能同**真正本质的**内容还处于**一种不可调和的**、**敌对的关系**中，而哲学作为对原则的辩解，也就是**普遍**[54]**的安慰与和解**。像路德的宗教改革把**信仰**追溯至最初几个世纪一样，直接知的原则则把基督教的**认识**追溯至**最初的基本概念**。然而，如果这种追溯仍然首先导致**本质内容的消失**，那么哲学就把直接知的这一原则本身作为**内容来认识**，并作为这样的内容前进至其**自身中的真正扩展**。

但是，对自身与哲学对立起来的东西之毫无意识，就达到了极点。有些论断看起来是为了驳斥哲学,而且以为与之针锋相对,正是这些论断表明,如果人们仔细观察以下它们的**内容**,就其自身而言,则与它们所反对的东西相一致。与此相反,对哲学研究的结果是,应该绝对分离开的这些隔阂,正变得显而易见;如果我们察看一下原因,那么我们就在人们认为有最大对立的地方发现有绝对的一致。

B. 预先的问题

在能够去讨论我们的对象本身之前,似乎有必要解决几个**预先的问题**,或者更确切地说,似乎有必要在以下意义上着手对这些问题的研究:一般来说,这样一种讨论,即对宗教的一种理性认识是否**可能**,首先取决于这些研究的结果。对这些问题的研究及其回答之所以似乎是绝对必要的,是因为它们特别引起了对我们时代思考的哲学兴趣和通俗兴趣,而且因为它们涉及各种原则,由于这些原则,就产生出关于宗教内容及其认识的时代的观点。如果我们**忽略**这样一些研究,那至少有必要指明,这种忽略不是**偶然**发生的,我们之所以有**权利**这样做,是因为那种研究的本质的**东西属于我们的科学本身**,而所有那些问题只能在科学中予以解决。

所以,我们在这里仅仅敢于正视那样一些障碍,使这些障碍与有权利理解性地认识宗教对立起来的,是至今所考察的时代的教养和见解。

1.首先,我们面临的,不是作为对象的一般宗教本身,而是**实定的宗教**。关于这种实定的宗教,已经被确认,它是由上帝给予的,它依据高于人的权威,所以显得在人的理性范围之外,并高于人的理性。这方面的第一个障碍就是这样一点:我们得事先证实理性有致力于这样一种宗教的真理和学说之权限和能力,据说这种宗教已脱离人的理性领域。然而,理解性的认识得以产生,必须与实定的宗教联系起来。也就是说,人们说过,而且仍然在说:实定的宗教是自为的,我们不讨论实定的宗教的教义,但我们尊重和重视它;理性和理解性的思维则在另一方面,而且**两者都不应相互关联**,理性也不应涉及那种教义。过去,人们曾想这样来保留哲学研究的自由。人们说过,它是一种自为的事业,这种事业不应对实定的宗教有所损害,后来,人们甚至也许已使其成果从属于实定的宗教的教义。然而,我们不想以这种态度来对待我们的研究。认为二者,即信仰与自由的哲学研究可以安然共处,这就有点错了。如果理性已确信了相反的看法,对实定的宗教内容的信仰会坚持下去,这是没有根据的;所以,教会一贯正确地不让以下情况发生:使理性与信仰对立起来,并能使自己屈服于信仰。人的精神在其内心深处并非能如此分裂为自相矛盾的两种东西。如果洞见和宗教之间已产生**纷争**,如果它没有**在认识中**得到调解,那么它就不会导致**和解**,而会导致绝望。这种绝望是**片面实施的和解**。人们抛开这一面,仅仅抓住另一面,然而并没有获得真正的安静。接着,就不是在自身中分裂的精神抛弃**洞见的要求**,并想回到无偏见的信教感情。但是,只有当精神对自身实施**威力**时,它才能做到这一点;因为意识的独立性要求自我满足,不允许自己被力量所抛弃,而且,健全的精神也不会放弃独立思维。这样,信教感情就变为**渴望**、**虚伪**,并保持着**不满的因素**。另一种片面性就是**对宗教采取漠不关心的态度**,或者把它抛在一边,听其自然,或者与之斗争到底。这就是有肤浅灵魂的人的结果。

[56]

因此,这是第一个预先的问题,据此就可以证明理性有对宗教的这样一种教义加以研究的权利。

2. 在先前的领域里只是断言,理性不能认识上帝本性的真理;对它来说,认识其他真理的可能性并没有被否认,只是对它来说,最高的真理据说是不可认识的。然而,根据另一种论断,理性能认识**一般真理**完全被否认了。有人断言,如果认识涉及自在自为的精神、生命、无限者,那就只会产生错误,而且理性必须放弃以肯定的方式理解某种无限者;无限性则被思维所扬弃、被降低为有限者。对理性考察的结果,即对理性的否定,甚至应是理性认识本身的结果。据此,我们必须首先研究理性本身,看看它是否有能力认识上帝,以及宗教哲学是否可能。

[57]

3. 与此相联系的是,对上帝之知不应该放入理解的理性之中,而是对于上帝的意识仅仅从**感觉中**涌流出来,而人与上帝的关系仅仅存在于感觉的范围之内,不能移入思维中。如果上帝从理性的洞见、即必然的实体

35

的主体性领域中被排除出去,那么诚然剩下来的就只是,给它指定偶然主体性的领域,即感觉的领域,与此同时,人们感到惊奇的就只能是,上帝竟然还被赋予了**客观性**。其中就有唯物主义的诸观点,或者像它们通常所可能被说明的那样,有经验的、历史的、自然主义的、至少是较为始终不渝的观点,由于它们把精神和思维视之为某种物质性的东西,并归之于感觉,它们也把上帝视之为感觉的产物,并否认上帝具有客观性;那么其结果就是无神论了。这样一来,上帝就是软弱、恐惧、愉快或自私自利希望或拥有欲和统治欲的一种历史产物。仅仅扎根于我的感觉的东西,就仅仅为我、为我的事情而存在,而非它自身独立自在自为地存在着。据此而言,似乎有必要首先指明,上帝不仅仅根源于感觉,不仅仅是**我的**上帝。因此,从前的形而上学总是必须证明,上帝存在着,而不仅仅有对上帝的感觉。因此也就产生了**证明上帝**的宗教哲学要求。

[58] 事情会显得是这样,似乎其他诸科学较之哲学有一种优点,就是它们的内容事先就得到了承认,它们无需证明其内容的存在。算术方面的数,几何学方面的空间,医学上的人体、疾病,一开始都毋庸置疑,而且也没有对它们提出过高的要求,例如证明空间、身体和疾病之存在。所以,哲学本身似乎就有一种不利的情况,即在它开始研究自己的对象之前首先就必须保证其对象的存在;如果人们让哲学必要时**有**一个世界,那么相比之下,当它想把非形体者的现实、即摆脱物质的自由思维之现实,还有精神之现实,作为前提时,马上也就会要求它这样做。但是,哲学的对象并不属于、也不应是那样一种东西,即它仅仅应**被视为前提**。因此,哲学,更详细地说是宗教哲学,首先必须证明自己的对象,并致力于它在自己实存之前就证明自己存在着;它必须在自己实存之前就证明自己的存在。

这些就是似乎首先必须加以解决并在其解决中首先就存在宗教哲学可能性的先行问题。然而,如果这样一些观点起作用,那么宗教哲学马上就不可能存在,因为为了指明其可能性,首先就得消除那些障碍。这一点乍看起来似乎就是如此。但是,我们得把它们放在一边;为了消除这些困难,我们必须就其主要方面简短地提一下为什么我们这样做。

第一个要求就是,在人们**认识**之前,首先就要研究理性,**认识能力**。人们把认识想象成这样,人们想掌握真理似乎借助于某一**工具**就能实现。然而,仔细考察起来,要求首先对这一工具进行认识,是笨拙的。批判认识能力,是康德哲学的态度,也是时代及其神学的一般态度。人们相信在这方面已经有了伟大的发现;然而人们迷惑的是,这一点怎么在世界上常有发生。因为,如果说人们突然有一种他们认为明智的想法,那么通常他们在这一点上是最愚蠢的,而失败后的明智做法是,他们为其愚蠢和无知找到一种极好的说法。整个来说,如果事情取决于因其懒惰而使自己有一种善的良知并远离这件事情,那么他们就有无穷尽的说法。[59]

我们应当对理性加以研究,——如何研究呢?对它应当**理性地**加以研究、加以认识;然而,这一点本身又**只有通过理性的思维**才有可能,用任何别的办法都不可能,因此就提出一个自己扬弃自身的要求。假如说我们没有理性地认识到理性就不应该去从事哲学思考,那么根本就不应该开始,因为当我们认识到它时,我们才能理性地理解它;然而,由于我们正应该首先认识理性,我们才应该放弃这一点。这是那些夸夸其谈者(Gascogner)所提出的同一要求:不想下水就能学会游泳。不是理性的人,事先就不能研究理性的活动。

在宗教哲学这里,上帝、理性本身更进一步成为对象,因为上帝本质上是理性的,是作为自在自为精神存在的理性。由于我们现在对理性进行哲学的思考,所以我们就研究认识;只有我们这样做,我们才不致于认为,我们在对象之外,**事先**就想完成这种认识,而理性的认识正好成为事情所取决的**对象**。精神只是为精神而存在的这种认识;于是,有限的精神就被设定出来,而**有限的精神即有限的理性与神圣的精神之关系**,就在宗教哲学本身之内产生出来,并必须在其中详细加以讨论,也就是说,在它自身首先产生的必要之处详细加以讨论。这就使某一科学与关于某一科学突然产生的想法区别开来。这些突然产生的想法是偶然的;然而,只要它们是涉及事物的某些思想,它们就必定属于学术考察本身;那么它们就 [60]

不是偶然的思想泡沫。

使自身成为对象的精神,本质上给自己以**显现**的形态,作为某种东西以较高的方式来接近有限的精神;因此之故,精神成为实定的宗教。精神在表象的形态中、在他者的形态中成为自为的;而且为了精神所为之存在的他者,**宗教的实定的东西**就被产生出来。同样,理性之规定也处于宗教之内,按此规定,理性是**认识性的**,是理解和思维的活动;认识的这种观点和感觉的观点一样,都属于宗教领域。感觉是主观的东西,它属于作为这种个体者的我,并为此我援引我作证明;即使这种观点,只要上帝赋予自身以**这种**感觉东西的最后个体化,它也就属于宗教概念的发展,因为这种感觉中有一种精神关系,即精神性。即使上帝**存在**的规定,也是本质上属于宗教考察范围之内的规定。

然而,一般来说,宗教是人类意识最终的和最高的领域,无论它是见解、意志、表象、知、认识,是绝对的结果,是这样的领域,人进入其中就是进入绝对真理的领域。

为了这种**普遍**的规定起见,就必定出现这样一种情况,即意识在这一领域中高于一般**有限者**,高于有限实存、条件、目的、利益以及高于有限的思想、各种形式的有限关系;为了当前处于宗教领域中,人们就得把这些排除掉。

[61]　然而,尽管即使对于通常的意识来说,宗教也已经高于有限的事物,仍然会发生违反基本规定的情况,如果谈论的是反对一般哲学,尤其是反对关于上帝、关于宗教的哲学,那么为了论战的演讲,就会提出**一些有限的思想**,一些有限性的关系,一些有限事物的范畴和形式。从有限事物的这样一些形式中就产生出反对哲学,尤其是反对最高的哲学,即宗教哲学的意见。

我们只想稍微涉及这一点。因此,例如知识的直接性,意识的事实,就是一种有限的形式;这样一些范畴就是有限者与无限者、主体与客体的对立。仅仅这些对立,即有限者**或**无限者、主体**或**客体,就是一些抽象的形式——它们并不适合于这种绝对丰富的、具体的内容,如同宗教不适合自己的地位一样。更确切地说,在精神中,即在与宗教有关的情感中,完全另外一些规定是作为有限性等等实际存在着的,但是基于这样一些规定的,是在宗教中所应取决于的那种东西。固然,由于这些规定是以宗教为依据的那种**本质关系的一些环节**,这些规定就必然会出现;但是,首要的事情是,它们的本性事先就得加以研究和认识:如果我们在科学上与宗教相关联,那么,这种首先是逻辑的认识就得退居次要地位,人们早就必须解决处理好这样一些范畴了。然而,人们通常是从这些范畴中提出反对概念、理念、理性认识的理由。那些范畴被无任何批判地、完全任意地加以使用,好像不曾有过康德的《纯粹理性批判》似的,它可是至少反对过这些形式,并按其方式得出结论:人们通过这些范畴只能认识现象。但是在宗教中,人们就不是同现象打交道,而是同绝对的内容打交道。然而,对于那种推理来说,康德哲学似乎仅仅就在于此,以便人们可以更加大胆地对待那些范畴。[62]

用诸如直接性、意识的事实这些范畴**反对**哲学,并对它说,无限者不同于有限者,客体不同于主体,好像某一个人、某一个哲学家不知道这一点或必须首先学习这样一种平庸似的,这是完全不合适的,甚至是无聊的。但是,人们还是恬不知耻得意洋洋地对待聪明,好像人们因此有一个新的发现似的。

我们在这里只是注意到这一点:诸如有限者和无限者、主体和客体这样一些规定——它们总是构成那种如此聪颖和自作聪明的流言蜚语的基础——全然是**不同的**,但也是**不可分离的**。在此我们可以以物理学上的北极和南极为例。因此我们也可以说,那些规定像天和地一样是不同的。这是正确的;它们是完全不同的,然而,如同提供出来的情景已经指明的那样,它们也是不可分离的:没有天,人们就不能指出地;反之亦然。

和这样一些反对宗教哲学并认为能战胜它的人进行交往是困难的;因为他们直截了当地这样表明,即直接性恰恰有些不同于中介,然而在这方面却显得太无知,完全不明白诸形式和范畴——在这些方面他们对它进行抨击,并对它大放厥词。他们没有对这些对象加以思索,或者没有彻

39

[63] 底地查看其意识即精神的外在本性和内在经验,就毫无拘束地担保这些规定是如何在其中出现的。在他们看来,**现实**并不在场,而是陌生的和不为人熟悉的。所以,他们敌视哲学的流言蜚语都是进入空无内容范畴的**学究式夸夸其谈**,然而我们并不是在所谓的学校,而是**在现实世界中**与哲学同在,而且并没有借助于同一现实世界的丰富规定而有一个我们受束缚的桎梏,而是在其规定中自由的运动。于是,反对和诋毁的那些人由于其有限的思维甚至没有能力理解某一哲学原理,即使由于他们大体重复这一哲学原理的词语,他们也把它们弄颠倒了。因为他们没有理解它的无限性,而是把自己**有限的关系**带进去了。哲学是非常坚持不渝的,它花大力气仔细研究其对手何所是。当然,按照哲学概念,这是必要的,而且如果哲学认识到二者、即自己和与其相反者(verum index sui et falsi),它就仅仅满足于其概念的内在渴望;但是,据说它可以期望作为报答的回报,即对立面放弃其敌意,并冷静地认识到哲学的本质。可是,现在这并未发生,而哲学愿意承认对手的宽宏大量并甘愿蒙受屈辱,对自己毫无帮助,因为对手并没有保持安静,且固执己见。只是,如果我们看到对立面像个幽灵一样烟消云散,那么我们就只想**为我们自己和理解的思维作出辩解**,不只是保留**反对他者**的权利。而且完全说服对手,给他以个人影响,是不可能的,因为他在自己的诸有限范畴中停滞不前。

思维着的精神必须超越反思的那些形式之外,它必定知道反思的本性,知道存在于那些形式中的真实关系,也就是在其中扬弃了其有限性的**无限关系**。于是也显示出,直接的知如同间接的知一样是完全片面的。
[64] 真理乃是它们的统一,同样也是被中介的直接的知,是被中介的知,这种知也简单在自身中是与自身的直接关系。由于片面性通过这样的联系而被扬弃了,真理就是无限性的关系。在这种情况下,就有这样一种联合,在其中那些规定的差异性已被扬弃了,就像它们同时在理念上被保存下来拥有更高的规定一样,来充当活力的脉搏,充当精神的和自然的生命的冲动、运动、不安。

由于我们在以下的论文中开始阐明宗教,即最高的和终极的东西,那么我们就可以假定那些关系的空洞早已被消除了。然而与此同时，因为我们并不是从一开始就研究一般的科学，而是特意考察宗教，那么也就必须在宗教之内顾及习惯在它那里特别对于知性关系来说所考察的东西。

随着这样指点读者参阅以下论文本身，现在我们马上就要提供出一般的概览，即我们科学的**分类**。

C. 分　　类

在所有科学中只能有**一个**方法,因为方法无非是自我阐明的概念,而且这种概念只有一个。

所以,按照概念的诸环节,宗教的阐述和发展,分为三部分。首先,我们在**普遍**中考察宗教概念,然后在其**特殊性**中将它视为与自身分开和与自身区别的概念,这一概念是判断、局限性、差别和有限性的方面,第三是考察自身跟自身结合起来的概念,考察概念从自己规定性中作出的推论或复归于自身,——在这一规定性中,它并不等同于自身——,以致于概念与其形式等同起来,并扬弃其局限性。这是精神本身的节奏,是精神本身纯粹的、永恒的生命;如果它没有这一运动,它就要死亡。精神就在于:使自身成为其对象;这就是其显示;然而,它首先在这里是对象性的关系,而在这一关系中,它是有限者。第三个环节在于:精神是自己的对象,**其存在的**方式是它在对象中跟自身和解,跟自己本身在一起,并因此达到其自由,因为自由就是与自己本身在一起。

然而,我们科学的**整体**和概念的整个发展在其中运动的这一节奏,也**在上述三个环节的每一个环节中复现**,因为其中每一个在其规定性中**自在地**是**总体**,——直至这一总体在最后一个环节中**被设定为这样一种总体**。因此,如果概念首先以普遍性形式,然后以特殊性形式,最后以个别性形式表现出来,或者,如果我们科学的整个运动在于:概念成为判断,并在推理中完成自身,那么,在这一运动的每一领域里,将出现诸环节的同一发展。只是在**第一个**领域里,这种发展集合在普遍性的规定性中;在**第二个**领域里,发展则集合在特殊性的规定性之中,它使诸环节独立地表现

[65]

出来,而只有在个别性的领域里,这种发展才复返真正的推论,而推论则在**诸规定的总体**之中中介自身。

因此,这一分类是精神本身的运动、本性和活动,对于精神,可以说我们仅仅予以注意。分类借助于概念是必要的;然而,上述进程的必然性只有在发展本身中才自己表现、阐释和证明自身;因此,分类仅仅是历史的,我们想比较确定地阐明分类的各个不同的部分和内容。

Ⅰ.宗教的普遍概念

[66]

第一位的东西是其**普遍性**中的概念,继而才是作为第二位的东西,即概念的**规定性**,是在其被规定的形式中的概念;这些形式必然与概念本身相关联。在哲学考察方式中并不是这种情况:为了表示尊重,普遍者,概念,被摆到了前面。否则,权利、自然的概念就是被摆到前面去的普遍规定,而由于这些规定,人们真的陷入困境;然而,人们也并没有严肃地对待它们,于是就想象,重要的不是这些规定,而是真正的内容,诸各个事情。所谓的概念并没有继续对这种其他内容发生影响,以致于它只是大概地指明人们就这些材料而言所依据的基础,并阻止人们不从其他的基础来考察内容;例如磁、电这样的内容适用于物品,概念则适用于形式的东西。然而,就这样一种考察方式而言,被放在前面的概念,例如权利,也会成为最抽象的、最偶然的内容的一个单纯名字。

在哲学考察时,也从概念开始;然而,它就是内容本身,是绝对事物、实体,如同幼芽,由此可以长成大树。在这一大树中包含着所有的规定,树的整个本性,树液的种类,其枝条的样式,然而并不是用以下方式预先就形成的:即用显微镜就能看到微小枝条、树叶,而是以精神的方式预先形成的。因此,概念就包含着对象的整个本性,而认识本身无非是概念的发展,自在地包含于概念之中,但尚未进到实存,还未予以阐明,还未予以解释。这样,我们就从宗教概念来开始。

1. 普遍性之环节

[67]

宗教概念中的第一位的东西,本身又是纯粹**普遍的东西**,即在其完全普遍性中的思维环节。被思考者不是此者或彼者,而是**思维思维自己本身**;对象是普遍的东西,这普遍的东西作为能动的就是思维。作为向真理的提升,宗教就是离开感性的、有限的对象;如果这只是向他者的过渡,那么它就是向无限者的不正确前进和停滞不前的空话。但思维却是从局限者向绝对普遍者的提升,而宗教则只有通过思维并在思维中才能存在。上帝不是最高的感受,而是**最高的思想**;即使他降至表象,这种表象的内容仍然属于思想的领域。我们时代最愚蠢的错误空想是这样一种看法,即思维对宗教是有害的,而且思维放弃得愈多,宗教就愈有把握地坚持下去。之所以出现这种误解,是因为有人从根本上错误认识了更高的精神境况。因此,考虑权利,有人就把自为的善良意志想象为与理智对立的某种东西,并相信人思考得愈少,就有愈多真正善良的意志。更确切地说,权利和伦理仅仅在于,我是一个思想者,也就是说,我并不认为我的自由是适合作为**特殊者**的我的经验个人的自由,在此我可以通过欺诈手段和暴力使他者屈服,而是我把自由看作是一种**自在自为的存在者**,普遍的东西。

如果我们说,宗教包含**其完全普遍性中的思维环节**,而无限制的普遍的东西则是**最高的、绝对的思想**,那么我们在此还没有**在主观的思维和客观的思维之间**作出区别。普遍的东西是对象,而且是地地道道的思维,但还没有在自身中得到发展和作出进一步的规定。在其中,所有的区别还不存在并被扬弃;在思维的这种以太中,所有的有限者都过去了,一切都消失了,同时也被囊括于其中。但是,普遍的东西这一环节还没有详细地加以规定;从这种水中和这种透明性中,还没有形成什么东西。

[68]

进一步的过程在于,这一普遍的东西自为地规定自身,而这一自我规定则构成上帝的理念的发展。在**普遍性的领域**里,**理念本身**首先是**规定的素材**;而进一步的过程则显现在一些神圣形态中;但他者、形态,则保持在神圣理念中——这种理念还保持在其实体性中,而在永恒性的规定中,这一他者仍然停留在普遍性的母腹(Schoss)中。

2. 特殊性环节或差别领域

因此,还留在普遍者领域中的特殊者,如果它真的作为这样一种特殊者显现出来,那么,它就构成**与普遍性这一极端相对立的他者**,而这一他者的极端就是在其这样的个别性中的意识,就是在其直接性中的主体,作为这一主体,尤其按照其整个经验的时间性质来说,具有其需要、情状、罪孽等等。

在宗教中,我本身就是在这样一些规定中的两个方面之**联系**。自我,就是思维者,就是这个使我提升者,就是**能动的普遍者**,而且自我,就是**直接的主体**,就是**同一个自我**;此外,这些彼此完全对立的方面——完全有限的意识、存在和无限者——之联系,在宗教中都**为我**而存在。我思维地把自己提升为高居于所有有限者之上的绝对者,而且是**无限的意识**,同时,我也是**有限的自我意识**,而且按照我的整个经验的规定;两方面及其联系,都为我而存在。两方面相互寻求,又相互规避。例如,我强调我的经验的、有限的意识,并将自身与无限性对立起来;在另一种情况下,我将自己从自身中排除出去,严厉谴责自己,并使无限的意识占据优势。推论的中项无非包含着两个极端本身的规定。它并非彼此完全对立的赫格立斯(Herakles)石柱①。我就是这抗争和这统一,它们**在我之中**为我而存在;我在我自身之中,被规定为无限的,与作为有限的我相对立,并被规定为有限意识,与作为无限意识的我之思维相对立。我乃是这统一和这抗争的感觉、直观、表象,而且是诸抗争者的**结合**,是这种结合的努力和心灵完全控制这种对立面的工作。

[69]

---

① "赫格立斯"为古希腊神话中的大英雄,相传曾在北非北端和西班牙南端竖立两座石柱,在直布罗陀海峡东,南北形成对峙的石柱岬角。故称为"赫格立斯石柱"。——译者注

因此,我是这两方面的联系,这两方面并不像"有限的和无限的"那样抽象规定,而是每一个方面本身都是**总体**,这两个极端的每一个,自身就是**自我**,即联系者;而这结合,联系,本身就是这在独一者中与自己作斗争者和这在斗争中自我统一者。或者,**我就是斗争**;因为斗争正是这抗争,这抗争并不是**两方面作为不同者的莫不相干**,而是两方面**被束缚在一起**。我不是参与斗争者的一方,而我却是**双方**的斗争者和斗争本身。我是相互接触的火与水,而且是完全相互逃避者的接触和统一;而正好这种接触本身,是这种二重性的、现抗争着的联系,作为时而分离开来,分裂为二,时而和解,并与自身统一之联系。

[70]　但是,作为两端的这种联系的形式,我们将了解

　　a) 感觉,

　　b) 直观,

　　c) 表象。

在我们进入这些联系的整个范围之前,只要它作为有限意识向绝对者的提升完全包含宗教意识的诸形式,我们将必须在其**必然性**中认识这一整个范围。当我们探寻宗教的这种必然性时,我们将不得不把这必然性理解为是**由他者设定的**。

虽然在这一中介(如果说它向我们打开了进入意识那些形式范围的途径)中宗教将表明为**一种结果**,这种结果**作为结果**恰恰**扬弃**自身,但它将因此表明是使一切得以中介和一切他者所依赖的初始者。因此,我们将把这种中介者看成是向前又后退的运动和必然性的反冲击。然而,必然性的这种中介也必须**在宗教之内**加以设定,以便宗教精神所包含的两方面的**关系和本质联系**被了解为**必然的**。感觉、直观、表象的诸形式,如同它们是一个从另一个产生出来的一样,它们也继续达到那样一个领域,在这个领域里,**其诸环节的内部中介**显得是必然的,也就是说,达到**思维的领域**,在这个领域里,**宗教意识**将包含在其**概念**中。所以,**必然性的这两个中介**——其中之一**通向宗教**,另一个则发生**在宗教自我意识本身之内**——包含着宗教意识的诸形式,犹如它**显现**为感觉、直观和表象一样。

3. 差别的扬弃,或崇拜　　　　　　　　　　　　　　　　　　　　　[71]

在上述范围中的运动,其实就是自身成为客观的上帝、理念的概念的运动。我们在表象的表达中立即就感觉到这一运动:上帝就是精神。这一精神并非一种个别的精神,而是,只要精神对自身来说是对象性的,并在他者中作为自身来直观自己,它就只是精神。精神的最高规定,是包含这种**对象性**于自身的**自我意识**。上帝作为理念,对客观者来说是主观者,而对主观者来说则是客观者。如果主体性的环节继续规定自身,以致于在作为对象的上帝和意识到的精神之间作出了**区别**,那么在这种区别中,主观的方面就自我规定为属于有限性方面的那一方面,而且两方面自身就首先如此对立起来,以致于分离就形成有限性和无限性的对立。但是,这种无限性,因为其尚有对立,就不是真正的无限性;对于自为存在的主观方面来说,绝对的对象尚是一**他者**,而且与这对象的联系并非自我意识。然而在这种情况下也存在这种**联系**:有限者在其分离中自己知道自己是**无意义者**,并知道它的对象是绝对者,即它的**实体**。这里首先发生了恐惧对绝对客体的关系,因为对这种客体来说,个别性只知道自己是偶然者或暂时者、消失者。不过,分离的这一观点并非真实者,而是自身知道自己是虚无,所以也是被扬弃者,而它的态度不仅是一种**否定**的态度,而且在自身中是**实定的**。主体同时把扬弃于其中的绝对实体,了解为**其本质**,了解为**其实体**,因此自我意识就自在地保持在其中。主体及其自我意　　[72]
识的这种**统一**、**和解**、复原,分享和参与那种绝对者的肯定感觉以及也真正把与这绝对者的统一给予自己,分裂为二的这种扬弃,都构成崇拜的范围。崇拜包括这整个内在的和外在的行为,这行为以复原统一为目的。我们通常仅仅在比较有限的意义上来理解"崇拜"这一用语,即仅仅把它理解为外在的、公开的行为,并未十分强调心灵的内在行为。但是,我们将把崇拜理解为这种包括**内心深处**和外在表现的行为,这行为产生出复原与绝对者的统一,因此从本质上说也是**精神和心灵的一种内在改过自新**。例如,基督教的崇拜不仅包括圣事、教会礼仪和义务,而且包括所谓的救世之道,作为完全内在的历史和分阶段的心灵行为,特别是首先发生和应该发生在灵魂中的运动。

然而,我们将经常在宗教的每一阶段**相应地**找到自我意识、也就是崇拜的这一方面和意识或表象的方面。如同上帝之概念的内容或**意识**是规定的一样,主体与上帝的关系也是如此,或者,崇拜中的**自我意识**也是被规定的;一个环节始终是另一个环节的复印,一个环节指明另一个环节。两种方式——其中之一仅仅坚持客观意识,另一个则坚持纯粹的自我意识——都是片面的,而每一个都自在地自己扬弃自身。

因此,如果以前的自然神学把上帝仅仅理解**为意识的对象**,那么这是片面的。对上帝之理念的这种考察——对这种考察来说,上帝本来就只能是本质——,尽管它说到精神或个人,那也是不彻底的,因为真正实行下去,它必然导致另一主观的方面,即自我意识的方面。

[73]

同样,把宗教仅仅理解为某种主观的东西,并因此使主观的方面真正成为唯一的方面,那也是片面的。于是,在这里,崇拜完全是空洞的、无内容的,其行为是一种停滞不前的运动,其向着上帝的方向就等于零和毫无目的。然而,即使这种只是主观的行为,就自身而言也是不彻底的,并必然自我消散。因为主观的方面也应只是以某种方式予以规定,因此存在于精神概念中的就是意识,而且**对它来说**,**其规定性**将成为**对象**。心灵越是丰富,越多地被规定,那么对它来说,对象必然也越丰富。此外,应该是**实体性**的那种感觉的绝对性,必然正好包含**自身摆脱其主体性的感觉**;因为对它来说应该是自身的实体者正好是针对意欲和倾向的偶然事物,其实也是自在自为的固定不变者,是**不依赖于**我们感觉、我们感受的**东西**和自在自为存在的客观的东西。如果实体者始终仅仅包含在心中,那么它就没有被承认为更高者,而上帝本身就只是某种主观的东西,而主体性倾向至多始终是在空中画一条线。因为同时还可能被表达出来的对更高者的承认,就是对未规定者的承认,这些依此划出的线没有支撑物,没有客体者的联系,而**我们的**行为、我们的路线,即主观的东西,现在是而且始终是片面的,而有限者也没有达到我们自身真正的、现实的外化,与此同时,

C. 分　类

在崇拜中,精神相反却应摆脱自己的有限性,并在上帝中感觉到和知道自己。如果没有自为存在者,而在涉及我们时又没有承担责任者,那么所有的崇拜就减弱为主体性。崇拜基本包含着对某一更高者的行为、享受、保证、证明和应验;然而,这样一种**规定的行为**,**这样一种真实的享受**和保证不可能有什么位置(如果它们缺少客观的、有联系的环节的话),而如果主观的方面被理解为整体的话,崇拜真的就被消灭了。因而,意识到客观知之路和从主观心思到**行动**之路就都被切断了。一个与另一个极密切相关联。人在涉及上帝时认为必须做的事情,与其关于上帝的表象相关联,与其意识相适应的是其自我意识,相反,如果他不知道、尤其没有关于上帝的一定表象作为对象或认为如此,那么他就不会认为必须考虑到上帝来做某些被规定的东西。只有当宗教真的是关系,即包含意识的区别时,崇拜才作为对分裂者的扬弃形成了,而且是活生生的过程。但是,崇拜的这种运动并不仅仅局限于内心深处——在其中,意识摆脱其有限性,意识是其本质的意识,而主体作为在上帝中知自身者,进入了其生命的基础——,而这种崇拜之无限的生活,也**向外**发展;因为,即使主体所过的尘世生活,也有那种实体性的意识作为其基础,而且,主体在尘世生活中规定其目的的方式方法也取决于其对本质真理的意识。这就是这样一个方面,按照它,宗教把自身反映到**尘世**中,**关于世界的知**也表现出来。对宗教来说,进入现实世界是至关重要的,而在进入世界的这一过渡中,宗教作为**涉及国家**及其整个生活的**道德性**表现出来。民族的宗教性质如何,其道德和国家宪法的性质也就如何。这些完全取决于一个民族是否仅仅理解了关于精神自由的有限表象或是否具有自由的真正意识。

[74]

[75]

对于我们来说,**被作为前提的统一**的环节、分离的范围和**在分离中恢复自身的自由**,将作为崇拜进一步的各规定产生出来。

a)因此,崇拜完全是主体设定自身与其本质同一的永恒过程。

扬弃分裂为二的这一过程好像仅仅属于**主观方面**,而这一规定也**在意识的对象中**被设定出来。通过崇拜就获得了统一;但是,不是本原一致的东西,不会被设定为统一。作为行为、作为其结果显现出来的这种统一,也必须被认作是**自在自为存在的**。因为,意识的对象就是绝对者,而其规定就是,它是**其绝对性与特殊性的统一**。因此,这统一就在对象本身中,例如在关于上帝人化的基督教表象中。

一般来说,这一自在存在的统一,更确切地说,就是人的形象,上帝的**人化**,乃是**宗教的本质环节**,而且必定出现**在其对象的规定中**。在基督教中,这一规定完全形成了,但也出现在较低级的宗教中,尽管只是这样:无限者以同有限者在一起的方式出现在统一中;它作为**这一**存在、作为这一直接的定在出现在天体和动物中。此外,属于此的还有这样一点,即上帝只是短暂显示出定在的人的或别的形象,它外在地显现出来,或内在地在梦中或作为内心的呼声启示出来。

[76] 这就是**预先设定的统一**之环节,这统一必然存在于上帝之概念中,以致于意识的对象(上帝)把宗教的整个概念在其内容上显示出来,而且本身就是总体。这样,宗教概念的各环节就出现在结合的规定中。真正理念的各方面,其每一方面本身,就是作为整体的同一总体。因此,两方面中内容的各规定,并非自在是不同的,而仅仅其形式是不同的。所以,对于意识来说,绝对的客体把自己规定为与自己统一的总体。

b)现在,这种总体也出现在**分离和有限性**的形式中,这种形式作为另一方面与那种就自身统一的总体而言的形式相对立。因此,整个概念的内容环节在这里就以分离即区别的方式被设定为抽象者。这一不同方面的第一个环节就是**自在存在**,与自身同一的存在,无形式的东西,一般的客观性。这就是作为中性者、无所谓持续存在的**质料**。对这个存在也可以赋之以形式,但仍然在抽象的自为存在中。于是,我们就把它称之为世界,这世界在涉及上帝时部分显现为他的外表、外衣、形态,或者与他相对立。

那么,与无差别的自在存在这一环节相对立的就是**自为存在**,一般**否定者**,形式。这种否定者,就其最初未规定的形式而言,显现为世界中的否定者,而这世界就是肯定者,持续存在者。与这一持续存在者、与这种自我感觉、定在、保持相对立的否定性,就是**恶**。面对上帝,面对自在存在和自为存在的这一和谐统一,就出现了这种区别:作为肯定的持续存在之世界和在其中的毁坏与矛盾;而在种情况下就出现了属于所有宗教及其或多或少发展了的意识之诸问题,即恶应如何与上帝的绝对统一一致起来,而恶之源又何在。这种否定者首先表现为世上之恶;然而它自身也复归于与自身的同一,在此同一中,它是**自我意识的自为存在**,即**有限的精神**。

[77]

自己关注于自身的否定者,现在自身重又是一肯定者,因为它仅仅与自身相关联。作为恶,它显现**在**与肯定的持续存在之**纠纷中**。但是,自为的、不在应该持续存在的某一他者身上而现有的否定性,即**自己在自身中反思的、内在的、无限的否定性**——它自身就是对象——,就是一般的**自我**。在这种自我意识及其内在运动中,**有限性**就得以产生出来,而与自身的**矛盾**则属于自我意识。这样一来,在自我意识中就有干扰;恶就在其中显露出来,而这种恶就是**意志之恶**。

c)但是,自我,这种自由者,可以从所有中抽象出来;这种否定性和分离构成我的本质。恶并不是主体的整体;确切地说,主体也具有**与自身的统一**,这种统一构成**自我意识**的肯定方面(**善**)和绝对性,即其**无限性**。这就是精神孤独之本质环节,即我可以从所有直接者、所有外在者中抽象出来。这种孤独是从暂时性、世界本质之变化和更迭、恶和分裂中得知的,而作为自我意识的绝对性,它呈现于关于**灵魂不朽**的思想中。其中突出的规定首先是**时间上的延续**;然而,对威力和变化更迭的这种摆脱,被表象为已经**自在地原初**就属于精神,不是先**通过和解**才被中介。因此,就有了另一种规定,即精神的自我意识就是**永恒的生命中永恒的、绝对的环节**,如果自我意识已被**纳入统一与和解**中,而且两者在意识的对象中都被**假定**为原本就是现有的,这种自我意识就超越时间,超越变化的这种抽象,并超越变化的现实事物,超越分裂为二,被移入那永恒的生命。

[78]

Ⅱ. 判断或特定的宗教

如果说我们在宗教的第一部分是就其概念来考察宗教,即宗教的简单概念,并考察内容的规定性,即普遍者,那么现在将必须从普遍性这一领域进至**规定性**。这概念本身是还被包含在内的概念,其中包含了各规定、各环节,但尚未被解释,且尚未获得其**区别开**的权利。只有通过判断,它们才获得正当性。当上帝、即概念作出判断,且规定的范畴出现时,这时我们才有了**实存的**宗教,同时有了**特定实存的**宗教。

从抽象者到具体者的过程,是基于我们的方法,基于概念,不是因为现有特别更多的内容。我们的观点与此完全不同。绝对的、最高的存在所适合的精神仅仅作为活动(只要它自己设定自身)自为地存在着,并自己创造自身。然而,在精神自己的这种活动中,精神是**知者**,而且它仅仅作为知者,是其所是者。这样一来,对宗教来说,重要的不是仅仅存在于其**概念**中,而是作为概念所是者的**意识**存在着;而概念仿佛作为计划所实行于其中的、它在其中所占有的、相适应形成于其中的材料,就是人的意识;例如权利,也只有当它实存于精神中,支配人们的意志,而且他们知道作为意志规定的权利时,它才存在。这样,理念首先现实化,而它以前自己首先仅仅作为概念的形式才被设定出来。

[79]　精神完全不是直接的;诸自然物是直接的并保留在这种存在中。精神的存在并非如此直接,而是仅仅作为自身是生产性的,通过作为主体的否定而自己创造出自己,否则,精神就仅仅是主体;而精神的这种复归自身,就是运动、活动和它自身同自己的中介。

石头是直接的,是完成了的。但是,有生命的东西就是这种活动;因此,植物的最初生存就是幼芽的这种微弱生存,它必须由这种幼芽发育,才长大。最后,植物在其发展中结出种子;植物的这种开端也是其最后的成果。同样,人首先是小孩,并作为自然物经过这一循环,产生出一他者。

在植物那里,有两种个体:开始的这个种子,是不同于这一发展成熟至其生命终结的那个种子。然而,精神却正是这样,因为它完全是活生生的,仅仅自在或首先存在于其概念中,然后才进入实存、发展、创造,臻于成熟,产生出它自身自在的概念,以致于自在所是者就是其自为本身的概念。小孩还不是理性的人,他只有天赋,先仅仅是自在的理性、精神;通过其教化、发展,他才是精神。

因此,这也称之为自我规定,进入实存,为他者而存在,对其诸环节加以区别,并作出自我解释。这些区别并非不同于概念本身包含于自身内的规定。

这些区别的展开和由此产生的诸倾向的过程,就是精神达到自身的途径;然而,精神本身就是目的。精神认识自己、领会自己、自己把自己作为对象的绝对目的,如同它依自己本身而存在、完全认识自己本身一样,这一目的首先是其真正的存在。自我生产的精神的这一过程,即这精神的途径,包含着**不同的环节**。但是,途径还不是目的,而精神在没有经历过途径前是不依目的而存在的,它并非原来就依目的而存在;最完美者为了达到目的,就必须经历达到目的的途径。在其发展过程的这些阶段中,精神还未完美,其对自身的知、意识,并非真正的,而且**它自己还没有显示出来**。由于精神实质上是自我创造的这种活动,那么由此就产生出其意识的一些阶段;但它自己始终是适应于这些阶段而有意识的。那么,这些阶段就产生出特定的宗教;在这种情况下,宗教就是还未**作为绝对自为的**而存在的**普遍精神的意识**。在任何阶段上的精神的这种意识,都是其自身的**特定意识**,是精神的教育途径。因此,我们应该考察特定的宗教,它正好作为精神途径上的阶段是不完善的。[80]

宗教诸不同的形式、规定,一方面是**整个宗教的环节**,或者是**完美宗教的环节**。但它们也有这种独立的形态,宗教在它们内部,在时间中和历史上已发展了自己。

宗教,只要它是特定的,且还没有经历过其规定性的范围,以致于它是有限的宗教,作为有限的宗教实存着,那么**历史上的**宗教就是宗教的**特殊**形态。由于在各阶段的进程中,在宗教的发展中,显示出各主要环节,正像这些阶段也在历史上实存着一样,这就形成宗教的一系列形态,即一部宗教史。

由概念所规定的东西,必定实存着,而各宗教,像它们前后相继一样,并不是以**偶然的**方式产生的。精神就是支配内心活动的精神,而按照历史学家的方式,在这里仅仅看到偶然性是愚蠢的。

[81]　　宗教概念的**诸本质环节**显现和出现在宗教概念仅仅实存过的每一阶段中;之所以产生了与概念的真正形式的区别,仅仅是由于这些本质环节还没有**在同一概念的总体中**被设定出来。特定的各宗教虽然不是**我们的**宗教,但作为本质的宗教(尽管作为绝对真理不可缺少的从属环节),它们仍包含在我们的宗教之内。因此我们必须在其中不与某一异己者而是**与我们的东西**相关联,而且如此之认识就是真宗教与假宗教的和解。这样,在发展的低级阶段,宗教概念的诸环节还作为预感显现出来,并像天然的花儿和形成物一样偶然长出来。不过,这些阶段的连贯规定性就是每个阶段都不会缺少的**概念本身的规定性**。例如人化的思想都经历了所有的宗教。即使在精神的其他领域里,这样普遍的概念也起作用。伦理关系的实体者,如财产、婚姻,对君主和国家的保卫,和存在于主体性中的、对为了整体必须做的事情的最后抉择,这一切也在不发达的社会中像在完善的国家中一样是现有的,只是这些实体者的诸特定形式在其教化的各阶段上是不同的。然而,这里特别重要的是,概念**就其总体来说**也**被显示地知晓**,而且按照这种知的现有情况,宗教精神的阶段也是较高的或较低的,较丰富的或较贫乏的。精神可以拥有某种财富,但它并没有关于此财富的发达意识。精神**具有**其直接的、自己的本性,因而有其物理的有机本性,但它并非在自然的规定性和真实性上知道这种本性,而关于此只有一种大致的、一般的表象。人们生活在国家中,他们本身就是国家的活

[82]　力、活动、现实;然而,对国家所是的东西的**设定**,对国家所是的东西的意识,并不是现有的,而首先①完善的国家才是:自在在其中、即在其概念中的一切是发展的、设定出来的,成为权利、义务和**法规**。这样,在特定的宗教中就**有**概念的各环节,现存在于直观、感觉、直接形态中,然而,对这些环节的**意识**尚未发展起来,或者,它们还未提高到**对绝对对象规定**的高度,而上帝还没有置于宗教概念总体的这些规定中。

---

① 《黑格尔全集》:"正是"。——德文版编者注

C. 分　类

各民族的特定宗教诚然常常向我们足够地表明了崇拜中关于神圣本质的表象和关于义务及行为方式的完全被曲解了的和最稀有的畸形产物。但是,我们不可使自己极轻率地处理这件事,极肤浅地来理解它,以致于我们认为这些宗教表象和风俗就是**迷信**、**错误和欺骗**,或者仅仅在其中看到它们来源于虔诚,并使之被视为**某种虔诚的东西**,否则,它们就可能是像它们想要的那种样子。我们也不可能仅仅满足于收集和研究**外在的东西和显现的东西**。确切地说,更高的需要是认识意义、**真理**和与**真理的联系**,简而言之,就是认识其中**合乎理性的东西**。有些人突然想到了这样一些宗教;因此,其中必定有**理性**,并在全部偶然性中有**较高的必然性**。我们必须公正地对待它们,因为人的、理性的东西在其中也是**我们的东西**,即使在我们较高的意识中也**仅仅作为一个环节**而存在。在这种意义上来理解宗教的历史,就意味着也要同其中出现的可怖的事情、可怕的事情或愚蠢的事情**和解**,并为之**加以辩解**。我们决不应该认为它们是正确的或真的,如同它们在其整个直接的形态中出现的那样——对此根本就未谈到——,然而,至少应该认识到开端,即**根源**是它们所出自的一种**人性的东西**。这是同这一整个方面的和解,是在概念中完成自身的和解。连续产生的各宗教是由概念决定的,并非从外部来规定的,确切地说,是由进入世界中、自己意识到自身的精神的本性来规定的。由于我们按照概念对这些特定宗教作出考察,那么,这就是对存在者的一种纯哲学考察。哲学根本不考察非存在的东西,而且它也不与将来有力量继续存在下去的非常软弱无能者相关联。

[83]

在这样的发展中,只要发展还没有达到目的,概念的诸环节就还是破碎的,以致于**现实还不同于概念**,而**这些环节**的历史现象就是**各有限的宗教**。为了就其真理来理解这些宗教,必须从两方面考察它们:一方面,上帝是如何被知道的,它是如何被规定的,而另一方面,主体自己如何因此知道自身。因为对于两方面(客观的和主观的)的进一步规定来说,只有**一个基础**,而两方面都为一个规定所贯穿。

人关于上帝所具有的表象,与人关于自身、关于其自由所具有的表象

[84] 相适应。由于人在上帝中知道自己,他因此在上帝中就知道自己永不会忘却的生活,他知道自己存在的真理;因此,关于**灵魂不朽**的表象作为一个本质环节就进入到宗教的历史中。关于上帝和不朽的诸表象,具有一种必然的相互联系:如果人真的知道上帝,那么他也真的知道自己,这两方面是相互适应的。上帝首先是某种完全不确定者;然而在发展过程中,上帝何所是的**意识**逐渐进一步形成,越来越失去最初的非规定性,因而真正**自我意识**的发展也在继续推进。属于这一继续发展领域里的,还有**关于上帝定在的诸证明**,这些证明的目的在于指明向上帝的必然提升。因为在这种提升中被归因于上帝的诸规定的不同是通过出发点的不同来设定的,而这种不同又是基于现实自我意识每一历史阶段的自然本性。这一提升的不同形式将始终给予我们以每一阶段的**形而上学精神**,与这种精神相适应的是关于上帝的**现实表象**和**崇拜**领域。

如果我们暂时也从特定宗教这一领域给出更详细的分类,那么这里就特别取决于**神圣显现的方式**。上帝显现,但不仅仅是一般的显现,而是作为精神的东西,他把自己规定为自己本身显现;也就是说,它并非一般的对象,而是自己本身的对象。

1.至于一般现象或**抽象的显现**所涉及的,就是一般的**自然性**。显现乃是为他者之存在,是相互不同者的外在性,而且是直接的外在性,还没有在自身中反映出来。这种逻辑的规定,在这里,就其较具体的意义来理解,就是自然的东西。为一个他者而存在的东西,正好因此以感性的方式而存在。为了另一个思想而存在的思想,应该被设定为在存在上有不同的思想,即被设定为对立于那种思想的独立主体。对于这种思想来说,只有通过符号、说话的感性媒介,总之通过身体的中介,才是可传达的。

[85] 但是,由于上帝本质上仅仅作为**自我显现的**而存在,所以,人与**自然**的每一抽象的关系就不属于宗教,而自然事物在宗教中仅仅是**神圣事物的环节**,因此,如同它为宗教意识而存在一样,它也必定依据它同时具有**精神方式的规定**;因此,它自身并不包含在其丰富的、自然的因素中,而是保持着寓于其中的神圣事物的规定。人们崇拜太阳、海洋、自然,这是说

不上什么宗教的;由于他们崇拜这些东西,对他们来说,这些正好因此就不再是为我们而存在的平淡的东西了;由于这些对象对他们来说是神圣的,那么它们虽然还是自然的,但由于它们成为宗教的对象,它们同时就以精神的方式表象出来。对太阳、星辰等等作为**这些自然现象**的考察,存在于宗教之外。所谓平淡的自然观,如同它为知性的意识而存在一样,首先是一种较晚的分离;它是现有的,属于此的是一种溯源于深刻得多的反思。只有当精神独立地为自己摆脱自然而设定自己时,这一自然对精神来说才作为他者、外在者而出现。

因此,显现的**第一种**方式,即自然性,仅仅**一般地**以上帝之主体性、智慧为中心。所以,这两个规定还没有以反思的方式发生关系。这一点所发生的,就是**第二种**方式。

2.上帝自在地就是精神;这就是我们关于上帝的概念。但是,正因为如此,他也必须被设定为精神,也就是说,他显现的方式本身必须是一种**精神的显现**,因此也是对自然事物的否定;属于此的是:他的规定性、理念的实在性方面,都与概念相同,而如果精神作为精神而存在,也就是说概念,还有实在性,作为这种精神而存在,那么实在性与上帝的概念的关系就告完成。然而,我们首先看到,自然性构成了**关于上帝的概念的**那种规**定性**或理念的实在性方面。所以,精神性、主体性从自然性中显露出来,仅仅首先作为**两方面的斗争**表现出来,这两方面在斗争中还相互缠绕在一起。所以,即使特定宗教的这一阶段,仍然还始终停留在自然性的范围内,并同先前的一般阶段一起构成**自然宗教**的阶段。

〔86〕

3.在一系列特定宗教中,精神的运动还试图**把规定性与概念等量齐观**;但这种规定性在这里还作为**抽象**的规定性显现出来,或者概念还作为**有限**的概念显现出来。这些尝试(在其中,先前阶段的原则,即本质,力求把自己概括进无限的精神世界中)就是:a) **犹太教**,b) **希腊宗教**,c) **罗马宗教**。犹太人的上帝是唯一性,这种唯一性本身还仍然保持着**抽象的统一**,还没有在自身中成为具体的。这个上帝虽然是精神中的上帝,但还没有**作为精神存在**,他是一个非感性者,一个思想之抽象,在自身中尚不具备使之成为精神的充实。概念在希腊宗教中力图自我发展以达到**自由**，它尚生活在**本质的必然性**的王权之下，而概念，如同它在罗马宗教中所显现并想获得其独立性那样，是**狭隘的**，因为它与面对的外部世界相关联(在其中，它只应是客观的)，而且是**外在的合目的性**。

这些就是在这里作为精神实在方式显现出来的各主要规定性。作为**某些规定性**，它们并不适合于精神的概念，而且是些**有限性**，也就是有一上帝这种无限性，这种抽象的肯定。如果想将意识中的显现即上帝的这种规定，作为独一者(Eine)的纯理想性，作为对外在显现多样性的消除，与作为真理的自然宗教对立起来，那么，确切地说，它本身就只是与精神概念总体相对立的**一种**规定性。它与总体的符合程度像其对立面一样少；因此，这些特定宗教根本还不是真正的宗教，而上帝在这些宗教中还没有在真理性上被认识到，因为它们缺少精神的绝对内容。

[87]

III. 启示的宗教

显示、发展和规定并没有**无限地进行下去**，也没有**偶然停止**；确切地说，真正的进展在于，概念的这一反思由于**真正复返自身**而在自身中自我中断。这样，**现象**本身就是**无限的**现象，内容与精神的概念相适应，而现象就如同精神一样是自在和自为的。在宗教中，宗教概念**自身**变成了**对象性的**。自在和自为存在的精神，在其发展中不再面对个别的形式、规定，知道自己不再是某一规定性、局限性中的精神；而如今，它已克服了那些限制，克服了这种有限性，而且是自为的，正像它是自在的一样。自为精神的这种知，像它是自在的一样，是知的精神之自在和自为的存在，是完善的、**绝对的**宗教，在其中，何谓精神、上帝，这是启示的；这便是**基督教**。

精神在宗教中，正像在所有者中一样，必须经历其整个过程，这在精神的概念中是必然的：精神只有通过作为所有有限形式的否定、作为这种绝对理念而自为存在，才是精神。

我有一些表象、直观；这是一种肯定的内容：如这所房子等等，它们是我的直观，对我显现；然而，如果我把这种内容不放进我之中加以把握，而且不把它放在我之中以简单的、理念的方式加以设定，我就不能想到它们。**理想性**意味着，这外在的存在，即空间、时间、物质，相互外在地被扬弃了；由于我知道这外在的存在，它就不是彼此外在存在着的一些表象，而是以简单的方式把它们概括在我之中。 [88]

精神就是知；然而，属于知存在着这一点的是，精神所知者的内容获得了这种**理念的**形式，并以这种方式遭到了否定；精神所是者必须以这样一种方式成为其自身者，精神必须经历完这一循环；而那些形式、区别、规定和有限性，必须已经存在，精神才使它们成为它自己的东西。

这就是精神达到了其特有概念（它自在地所是的东西）的途径和目标；而它只有以这种方式才能达到目标，这种方式在抽象的环节中已被暗示过了。被启示的宗教就是**启示**宗教，因为在它之中，上帝成了完全启示的。这里，一切都与概念相适应；上帝不再有什么秘密。在这里，关于发展了的精神概念之意识，关于和解之意识，不是在美好、快活中，而是在**精神**中。启示宗教（然而，往常它一直还是被掩盖的，并不在其真理中）的时代已经到来；这不是一个偶然的时代，不是随心所欲，不是突发奇想，而是用上帝本质的、永恒的意旨，也就是用上帝永恒的理性、智慧被规定的时代；它是事业的概念，是神圣概念，上帝本身的概念，这概念规定自己趋向这种发展，并设定了这种发展的目标。

宗教的这种发展过程是真正的护神论（或神正论）；它表明了精神的所有产物、其自我认识的每一形态都是必然的，因为精神是活生生的，起作用的，而且是冲动，通过其一系列显现深入到作为所有真理的自我意识。

第一部分

宗教的概念

我们必须开始的是这样一个问题:我们必须怎样确定一个**开端**？所有科学的、特别是哲学的一个至少是正式的要求是,其中没有什么东西是未被**证明**的。表面意义上的证明意味着,一内容、一命题、一概念,将被指明为某种先行事物的结果。 [91]

不过,当开始时,人们尚未作出证明,因为人们还没有拥有某种结果,还没有某种被中介的东西,由他者所设定的东西。在开端时,人们拥有直接的东西。其他各科学在其本性上都有这样一个方便之处,因为对于它们来说,对象就是一个给定的、现有的东西;例如在几何学中,是从空间、点开始的。在此不谈论对象之证明,人们直接承认对象。

在哲学中,不允许用"有、存在"来开端,因为在哲学中,我们不应该以对象为前提。鉴于一般哲学,这一点可能构成某种困难。但是在这里,我们在哲学上并非从头开始;宗教科学是哲学中的一个科学,就这点而言,是以其他哲学学科为前提的,因而是某种结果。从哲学方面来看,我们在这里已经有了从某些前提得到的一个结果,这些前提现在已经落在我们后面。但是,我们可以求助于我们的日常意识,接受被承认者、即按主观方式被作为前提者,并从此开个头。

宗教的开端,按其一般内容,是还被包装着的宗教概念本身,即上帝是绝对真理,是一切的真理,而且只有宗教才是绝对的真知。因此,我们必须讨论上帝,从而开个头。 [92]

A. 论 上 帝

对于信教的我们来说,何谓上帝,是一种众所周知的事情,是主观意识中现有的内容;但是科学地加以考察,上帝首先是一普遍的抽象名字,这名字尚没有真实的内容。因为,宗教哲学首先是对何谓上帝者的阐发、认识,由于这一阐发、认识,人们才以认识的方式得悉何谓上帝。上帝是这种非常清楚**被**承认的表象,但却是一种在科学上还没有解释明白、尚未**被**认识清楚的表象。

随着指出这种在我们的科学中本身所表明是正确的发展,我们首先把以下一点作为一种保证来接受:哲学的结果是这样一点:上帝是**绝对真者**(das absolute Wahre),是**自在和自为的普遍者**,是囊括一切者、包含一切者和使一切持续存在者。而且,鉴于这种保证,我们可以同样首先依据于宗教的意识,这种意识确信上帝是绝对真者一般,一切都始于它,一切又复归于它,一切都依赖于它,而且除此之外,其他者都不具有绝对的真正独立性。这就是开头的内容。

这种开端在科学上还是抽象的;胸中愈是可能充满了表象,在科学上就愈不能关心胸中的事情,而是关心作为意识的对象所设定出来的东西,更详细地说,就是思维着的意识,——已经达到思想形式的东西。给这种丰富的东西以思想、概念的形式,是我们科学的工作。

[93]　　a)因此,作为抽象的开端,作为最初内容的开端,即**普遍性**,还仿佛具有一种**主观的看法**,好像普遍者仅仅对于开端来说才是如此普遍的,而并不始终待在这种普遍性之中。不过,内容的开端本身应该如此来理解,以致于在这种内容的所有进一步发展中——当这一普遍者本身将显示为

一绝对具体者、充满内容者、丰富者时——，我们并没有同时超出这种普遍性，以致于我们按照形式所离弃的这种普遍性（当它经历一定的发展时），并没有作为**绝对的**、**持续存在的基础**保持下去，并没有被视之为纯粹主观的开端。

对我们来说，由于上帝是普遍者，他在发展方面就是封闭于自身者，是在与自身的绝对统一中。如果我们说：上帝是闭锁者（Verschlossene），那么这被表达出来的就是我们所期望的与某一发展的关系；但是，被我们称之为上帝之普遍性的封闭性，就与上帝本身、与内容本身的这种关系而言，不应该被理解为某种抽象的普遍性，外在于这种普遍性，与这种普遍性相对立，特殊者还是独立的。

因此，这种普遍性就应被理解为某种绝对丰满的、被充实的普遍性。上帝作为这种普遍者、在自身中具体者、丰满者，就是此者：上帝仅仅是**独一者**（Einer），不与众神相对立；而它只是独一者，上帝。

诸事物，自然世界和精神世界的诸发展，都是各种各样的形态，无限多形态的定在；它们有不同程度、不同力量、不同强度、不同内容的存在。但是，所有这些事物的存在都是这样一种存在，这种存在并不是独立的，而完全只是一种载物的、被设定的存在，不具有真正的独立性。如果我们赋予各特殊事物以存在，那么，这只是一种借来的存在，只是一种存在的映像，不是上帝所是的绝对独立的存在。

在其普遍性中的上帝，这个其中无局限、无有限性、无特殊性的普遍者，乃是绝对的持续存在，且仅仅是持续存在；而且它仅仅在这个独一者之中有其根源，有其持续存在。如果我们这样来理解这最初的内容，那么我们就可以这样说：上帝乃是**绝对的实体**，是唯一真的现实。所有是现实的他者，并非自为是现实的，不具有自为的持续存在；只有上帝才是唯一绝对的现实；因此，他就是绝对的实体。

[94]

如果人们如此抽象地坚持这种思想，那么这当然就是斯宾诺莎主义。实体性，实体本身，还根本没有与主体性区别开来。然而，属于已造成的前提的还有这样一点：上帝就是精神，是绝对精神，永远简单的、本质上与自身一起存在着的精神。精神的这种理想性、主体性,就是关于所有特殊者的透明性、理想性,同样也是这种普遍性,是与自身的这种纯粹关系,是绝对地与自身一起并保持自身。

如果我们说到"实体",那么这便在于,这普遍者还没有被理解为在自身中是具体的;如果它被理解为在自身中是具体的,那么它就是精神;这精神就其较具体的规定而言,在自身中也仍然是与自身的这种统一,就是我们刚才称之为实体的这**一种**现实。一种进一步的规定是,实体性,绝对现实与自身的统一,仅仅是基础,是上帝作为精神之规定中的**一个**环节。对哲学的诋毁首先从这一方面开始:有人说,如果哲学是彻底的,它就必定是斯宾诺莎主义,因而它也是无神论和宿命论。

[95] 但是在开始时,人们还没有不同的规定:独一者和一个他者:在开始时,人们仅仅与独一者在一起,不与他者在一起。从这样的开始起,我们首先拥有尚在实体性的形式中的内容。即使我们说"上帝,精神",这仍是些未加以规定的言词、表象。问题在于什么已进入意识之中。首先是简单的东西、抽象的东西进入意识。在这种最初的简单性中,我们拥有还在普遍性的规定中的上帝,然而我们并未停留于此。

然而,这种内容仍然还是基础;在所有进一步的发展中,上帝并没有脱离其与自身的统一。当他像人们平常所说的那样,创造了世界,并没有产生独立自主的非依赖的恶者,他者。

b)这种开端就是**我们**的对象或在我们心中的内容;**我们**拥有这种对象。因此,直接的问题就是:我们是谁?我,精神,本身就是一种极具体的东西,各种各样的东西:我凝视,我看,我听等等。我就是一切,就是这感觉、观看。所以,这一问题的较详细意义就是:按照那些规定中的哪一种规定,这一内容为我们的各知觉而存在?是表象、意志、幻想、感觉吗?何者是这种内容、对象在家的地方?何者是**这一内容的基地**?

如果人们在这种考虑中想到各个通常的答案,那么就信仰、感觉、想象、知而言,上帝就在我们心中。特别是就与这一点本身的关系而言,以后我们必须较详细地考察我们的这些形式、能力、方面,即感觉、信仰、表象。现在我们不寻求某一种方式的答案,不按照我们在感觉中有上帝等等这样一些经验、观察来行事;我们首先坚持我们面前有的东西,即这个独一者,**普遍者**,这个丰满者,就是这种自身始终不变的、透明的以太(Äther 或译为精气)。

如果我们把这个独一者放在我们面前并且问道:这个独一者,绝对的普遍者,为我们的何种能力、何种精神活动而存在呢?那么我们就只能把我们精神的相应活动称之为这样一种基地,在这种基地上,可以有这种在家的内容。这就是**思维**。

思维独自是这内容的基地,是**普遍者的活动**,是在其活动、发生作用中的普遍者;或者,如果我们把思维表达为对普遍者的**理解**,那么,普遍者为之而存在的东西,就始终是思维。 [96]

可以由思维生产出来并为思维而存在的这种普遍者,可以是完全抽象的;因此,它就是无法度量者、无限者,是对所有限制、特殊性的扬弃。这首先是否定的普遍者只有在思维中才有其位置。

如果我们思上帝,那么我们此时也就表达了这一进程,即我们使自己高居于感性事物、外在事物、个别事物之上;这里表达的是向纯粹者的一种提升,与自身一致起来。这种提升,就是超越于感性者和纯粹感觉,进入普遍者的纯粹领域,而这一领域就是思维。

按照主观的方式来说,这就是这一内容的基地。这内容就是这绝对的未分离者、不间断者、始终停留于自身者、普遍者,而思维就是这普遍者为其而存在的方式。

于是,我们就有了思维和我们首先称之为上帝的普遍者的区别;这是一种首先仅仅适宜于我们反思、**尚未完全自为包含在内容中**的区别。这是哲学的一种结果,就像上帝是唯一真正的现实这样的宗教信仰一样。在这样一种现实和纯粹透明中,这种现实和我们称为思维者的区别还没有什么地位。

我们面前所拥有的东西,就是这**一个绝对者**。我们还不能把这一内容、这一规定称之为宗教;主观精神、即意识属于宗教。思维是这种普遍者的场所,但这一场所首先存在于这个独一者、永恒者、自在自为存在者之中。在只是还未发展、尚未完成的这一真正、绝对的规定中,上帝在所有发展中才始终是绝对的实体。

[97] 　　这一普遍者就是开端和起点,但全然是这持续的统一,不是从中产生出区别的单纯基地;而所有的区别仍继续包含进这一普遍者之中。然而,它也并不是一惰性的、抽象的普遍者,而是绝对的母腹、无限的冲动和源泉,从中产生出一切,一切又复归于此,并永远在其中保持不变。

　　因此,这普遍者从未从自身具有的相同性和依自身而存在的这种以太中涌现出来。上帝不会作为这一普遍者实际上存在于某一他者那里,说是映像的一种表演,不如说是这一他者的持续。面对这种纯粹的统一和清澈的透明性,物质绝不是什么看不透者,而精神、自我,并不具有可塑性,以致它似乎自为地具有真的实体性。

　　c) 人们曾想用**泛神论**这一名字来称呼这一表象;人们似乎会更正确地称呼它:实体性之表象。在这种情况下,上帝首先仅仅被规定为实体;绝对的主体,精神,也始终是实体,但它不仅仅是实体,而且在自身中也被规定为主体。那些说思辨哲学是泛神论的人们通常对这种区别毫无所知;他们总是忽视主要的事情,而且,他们通过从哲学中弄出某些赝品来诽谤哲学。

　　泛神论在这种指责中通常具有以下意义:所有,万物,宇宙,**所有实存者的这种总合**,这些无限**多**的**有限事物**,就是上帝;对哲学作出的这种指责是,它断言,**所有者**就是上帝,也就是说,诸个别事物的这种无限多样性,不是自在自为存在着的普遍性,而是在其经验实存中的诸个别事物,就像它们**直接**存在一样。

[98] 　　如果人们说:上帝就是**这**所有者,就是这纸,如此等等,那么这就是泛神论,像它在每一指责中被理解的那样,也就是说,上帝是所有者,是所有的个别事物。如果我说"类",那么这也就是普遍性,但却是一种完全不同于全体性的普遍性,在这种全体性中,普遍者只是作为对所有个别实存的概括,而存在者是基础,是真正的内容,是所有个别事物。

68

A. 论 上 帝

说在任一宗教中都有这样一种泛神论这一事实,是完全错误的;决没有一个人想起说:所有者就是上帝,也就是说,是在其个别性、偶然性中的诸事物;在一种哲学中,这种断言就更少了。

此后,我们将在特定的宗教中了解东方国家的泛神论,或者更确切地说,了解斯宾诺莎主义。作为这样一种泛神论的斯宾诺莎主义以及还有东方国家的泛神论,包含有这样一种说法,即在所有中,神圣者仅仅是某一内容的**普遍者**,是诸事物的**本质**,以致于这一本质也被表象为诸事物的特定本质。

如果梵天说:"我就是诸金属的光辉、发光者,我就是诸河流中的恒河,我就是生物中的生命"等等,那么因此**被扬弃**的就是个别者。梵天没有说:"我就是金属,我就是河流,我就是各个别事物本身,像它们直接实存着一样。"光泽并不是金属本身,而是从个别者被提高的普遍者、实体者,不再是 πᾶν ①,不再是作为个别者的所有物。在此人们就不再说人们称之为泛神论的东西,而是说在这样一些个别事物中的本质。

时间性、空间性属于生物;但这里只是强调这种个别性方面的不朽者。在生命这一领域里,"生物的生命"是无局限者、普遍者。但是,如果说所有者就是上帝,那么个别性就按其所有局限、有限性、短暂性而被接受下来。泛神论的这种表象来自于,人们把抽象的统一,而不是把精神的统一加以强调;而后,在宗教的表象中(在这里,只有实体、独一者被看作是真正的现实),那些人忘记了,正是与这独一者相反,诸个别的、有限的事物就消失了,人们并没有把现实归因于它们,而是除了独一者以外还更唯物地保留这种现实。他们不相信埃利亚派学者们,后者说过:"只有独一者",并明确补充道:"而虚无根本就不存在"②。所有有限者都将会是独一者的限制、否定;但是无、限制、有限性、界限和被限制者,根本就不存在。 [99]

---

① πᾶν,希腊文,意即"所有"或"一切"。——译者注
② 参见《巴门尼德》,迪尔斯-克兰茨编,第28B2。——德文版编者注

有人指责斯宾诺莎主义是无神论;但是,在斯宾诺莎主义中,世界,这"所有物"根本就不**存在**。也许好像是,人们谈论的是它的定在,而我们的生活就存在于这一实存之中。而在哲学的意义上,世界根本就没有什么现实性,它根本就没有。没有什么现实性归因于这些个别性;它们是一些有限性,而人们所说的这些有限性,它们根本就不存在。

普遍的指控是,斯宾诺莎主义就是这种结论:如果所有就是一,那么这样的哲学就断言,善与恶就是一致的,**善与恶之间就没有什么区别了**,因而,所有宗教就都被扬弃了。有人说,就自身而言,善与恶之间的区别不起什么作用,因此,人们是否善与恶,就无所谓了。可以承认的是,善与恶之间的区别,**自在地**,也就是说**在上帝中**、唯一真的现实中被扬弃了。在上帝那里,没有什么恶;只有当上帝是恶时,才有善与恶之间的区别。然而,不能承认,恶就是一肯定者,而且这一肯定者就在上帝中。上帝就是善,而且只是善;在这个独一者中、这个实体中,恶与善的区别不是现有的;这种区别只有与**一般的区别**一起才会出现。

[100]　　上帝是独一者,绝对坚持自身不变者;在实体中,没有什么区别。善与恶的区别是跟上帝与世界,尤其是与人的区别一起出现的。在斯宾诺莎主义中,在考虑到上帝与人的这种区别时,就有这样一种基本规定,即人必须仅仅以上帝作为自己的目的。在这种情况下,对于区别来说,对于人来说,上帝之爱就是规律,仅仅专注于对上帝之爱,不使其区别有价值,不要固执于这一区别,而是仅仅以上帝为方向。

最崇高的道德就是,恶是无意义者,而人不应让这种区别、这种无意义有价值。人可能想固执于这种区别,促使这种区别与上帝,即自在自为的普遍者对立起来,这样一来,人就是恶的。但是,他也可以把他的区别看作是无意义的,将他的真理仅仅设定于上帝中,并以上帝为其方向,于是,他就是善的。

诚然,在斯宾诺莎主义中,出现了善与恶的区别——上帝与人相对比——,并随着把恶看作是无意义者这种规定一起出现。在上帝本身中,在作为实体的这种规定中,区别是不存在的;但是对人来说,这种区别是

A.论上帝

存在的,善恶之间的区别也是存在的。

与哲学论战的这种肤浅见解也宣称,哲学是**同一性体系**。完全正确的是:实体乃是这样一种与自身的同一性;然而同样,精神也是如此。所有事物最终都是与自己的同一性,统一。然而,如果人们谈论同一性哲学,那么人们就坚持**抽象的同一性**、即一般的统一,而且不考虑事情仅仅所取决的东西,不考虑**这种统一在自身中的规定**,即它是否被规定为实体或者精神。整个哲学无非就是对统一的诸规定之研究;同样,宗教哲学就是一系列的统一,始终是统一,然而这样一来,这种统一就始终不断地被规定下去。

[101]

在物理事物中,有许多统一。将水和土放在一起,这也就是一种统一,但这是一种混合。如果我有碱和酸,并从中产生出盐、结晶体,我也有了水,但我看不到它,没有一点点潮气。在这种情况下,水与这种物质的统一就是一种与我把水和土混合时完全不一样的特定统一。主要的事情就是这种规定的区别。上帝之统一始终是统一;但是,这完全只取决于**这种统一之规定**的方式和方法;统一的这种规定被忽视了,而正因此恰恰忽视了关键之所在。

最初的东西就是这种神圣的普遍性,是完全在其不确定的普遍性中的精神,对于这种精神来说,完全没有什么区别。但是,在这种绝对的基础上——我们首先还把这表达为事实——,一般的区别这时也显露出来,这种区别作为**精神上的**区别就是**意识**,而**宗教本身**,首先就由此开始。当绝对的普遍性进展到判断,也就是说,进展到自我设定为规定性,而且上帝作为精神的精神而存在时,我们就有了这样一种观点,即上帝使意识的对象与开头普遍的、不同的思维有了**关系**。

71

B. 宗教关系

[102] 在关于上帝的教义中,我们完全仅仅自为地面对作为客体的上帝;当然,还有上帝与诸人的关系,而按照以前的通常表象来说,当这一点显得本质上不属于这一点时,近代神学相反却更多地论及作为上帝的宗教:所要求的只是,人应该有宗教。这是主要的事情,而人们关于上帝是否知道或不知道些什么,甚至就被设定为是无所谓的;或者认为,这只是某种完全主观的东西,人们本来就不知道上帝是什么。与此相反,在中世纪,人们已更多地考察和规定了上帝的本质。我们不得不承认这样一种真理,这种真理在于,不能离开主观精神来考察上帝,但只是并不来自于这样一种原因,即上帝是不可知者,而是因为,上帝本质上就是精神,是作为**知**的精神。因此,这是精神与精神的一种关系。精神与精神的这种**关系**是宗教的基础。

假如我们摆脱了必须以证明上帝存在着这一点为开端,那么我们就得证明**有**宗教,而且它是**必然的**;因为哲学没有把对象作为一个对象给出来。

虽然人们可以说那种证明是不必要的,而且可以以**所有**民族都有宗教这一点为依据,但是,这一点只是某种假定的东西,况且,用"所有者"这种说法并不特别好。此后,也确有些民族,人们很难能说他们有宗教:他们的最崇高者(也许被他们所崇敬),是太阳、月亮,或者是其他在感性世界里使他们感到引人注目的东西。也有教化的一个极端现象,即上帝的存在完全被否定了,同样,宗教也是精神的真实性;人们在这一极中断言,教士们由于给人某一宗教,他们都只是骗子,因为他们只是打算使人们屈服于自己。

一个进一步的尝试就是证明宗教的必然性，这一尝试仅仅获得**外在的**、**有条件的必然性**，在这种必然性中，宗教成为**手段**和某种有意图的东西，然而，宗教因此就降低为某种**偶然的东西**，这种偶然的东西并不是自在自为地有价值，而是可以由我任意抛弃，同样也可以有意图地加以利用。真实的观点，实体的关系，和虚假的关系，在这里都彼此十分接近，而后者不完全正确的东西似乎只是前者轻易变动的[结果]。 [103]

在古代和近代，都有人说过，这个城市、这个国家、这些家庭或个人，都由于蔑视诸神而毁灭了；相反，敬诸神并对之敬畏，则使国家得以保持，并使之幸福，而各个人的幸福和进步则由于其笃信宗教而得到提升。

诚然，正直首先成为某种稳固的东西，而厉行诸义务，如果它们以宗教为根据，那就证明是合适的。人之最内心的东西，即良心，在这方面首先有绝对的义务和对这种义务的担保。因此，国家是以宗教为依据的，因为在宗教中，信念、义务对国家的安全，才是绝对的。义务的每一其他方式，都知道弄来某些借口、例外、反对的理由，都知道贬低政府和当局的法律、机构和个人，把它们置于下述观点之下：由于这些观点，人们可以摆脱对这些东西的尊重。因为所有这些规定都不单单是它们自在和在自身中存在的东西，而是它们同时具有一种当前的、有限的实存，它们具有这样一种性质，即它们承载反思对它们的研究，对它们指责，同样也为它们辩解，因此也号召可以免除对它们的主观考察。只有宗教能消除所有这种主观的判断和权衡，使之破灭，并导致一种无限的、绝对的义务。简言之，敬上帝或敬诸神，有益于各个人、各个家庭、各个国家；蔑视上帝或蔑视诸神，就使权利和义务、家庭和国家的联系瓦解，并导致它们堕落。 [104]

这一点诚然是一种最真正的和最重要的考察，这种考察包含着**本质的**、**实体的联系**。如果现在从那种作为经验结果的命题中得出结论说：因此宗教是必要的，那么，这就是一种外在的推论，而它在仅仅考虑到主观认识时还是有缺陷的，以致于因此还未给**内容**以一种不确切的措辞或地位。但是，如果这一推论的内容现在是如此：就是说，宗教**对于**各个人、政府、国家等等的**目的**是有利的，那么因此就引进这样一种关系，即在这种关系中，宗教被设定为**手段**。但是，在宗教方面，人们与颇多机敏的精神相关联。不管机体在其疾病中对药物（尽管它对机体必然有作用）的**特性**多么**不关心**，并有一系列药物可供**选择**，精神还是更多地把它作为手段所拥有和可以使用的东西降低为某种**特殊者**，并拥有其可以使用这种手段或其他手段的自由意识。

如果宗教是手段，那么精神就知道，它可以使用它们，然而它也可以采取另一些手段；是的，精神与宗教如此相对立，以致它会愿意信赖自己。此外，精神**对于自己目的的选择拥有自由**——它的力量、狡计，对人们意见的掌控等等，也是手段——，而且，正是在选择**自己**目的的自由——这种自由正在于，**它的目的**应该是**有价值者**，而宗教应该仅仅是手段——中，精神有自由把自己的力量和统治变成为目的，也就是说，自己设定一些目的，在这些目的方面，精神不能**缺少**宗教，或者这些目的正好与宗教**相对立**。更确切地说，这取决于精神对这样一些目的作出的决定，或者有责任知道，这些目的同轻视其他**任意一些**目的，一般同牺牲**特别的**目的一起，客观地、**自在自为地**起作用。一些客观的目的要求放弃主观的兴趣、爱好和目的；而且当人们说敬上帝将建立个人、民族和国家的真正幸福时，其中也就有这种**否定的东西**。如果这是那敬上帝的结果，那么敬上帝就是主要的事情，就有其自为的规定和规定性，并调整人们的目的和观点——它们作为特殊的目的不是**始初者**、自为应规定自身者。这样一来，反思态度的某种轻微改变，将完全改变和损坏那最初的意义，并使必然性成为纯粹的有用性——它使自己过渡为偶然的。

更确切地说，这里谈论的是**内在的**、自在自为存在的必然性，任性、恶诚然也许可以与这种必然性相对立；但是，这种任性**外在地**属于自我的方面——这一自我可以作为自由地把自己置于其自为存在的首位——，而且不再属于必然性本身，也不再是同一必然性**自身转变的本性**，犹如它仅仅被理解为有用性这种情况那样。

Ⅰ.宗教观点的必然性

概念的**普遍必然性**现在这样发展着,以致于宗教 1.被理解为**结果**,但 2.却被理解为同样也自我**扬弃**、作为结果存在的结果,而 3.就是**内容本身**,这内容依自身并通过自身,逐渐过渡到自我设定为结果。这是**客观的必然性**,然而却不是一种纯主观的事情;并非**我们**使这种必然性运动,而是它就是**内容本身的行为**,或者对象自己产生自身。例如,主观的推导和认识的运动,就发生在几何学中:三角形并不自己经历我们在认识和证明中经过的途径。

[106]

但是,在作为**精神东西**的一般宗教里,直接就是这种情况:这种宗教在其**定在**中本身就是这一**过程**和这一**过渡**。在自然物中,例如在太阳那里,我们看到一种直接的、**宁静的**实存,而在这种实存的直观或表象中,并不包含对某一过渡的意识。相反,宗教的意识就自身而言就是直接者、有限者的**分离**和**抛弃**,而且是向理智的过渡,或客观地予以规定,就是短暂者向其绝对的、实体性的本质的聚集。宗教是自在自为的真理**在感性的、有限的真理和感知的对立中**的意识。据此,它是直接者、感性者、个别者的**提升**、反思、过渡,因为,直接者就是最初者,因此也就不是提升,——那么,就是一种起始并继续趋向于一**他者**,但不是趋向于一第三者,等等,因为他者本身如此又是一**有限者**,不是一他者,——所以就继续趋向于一个第二者,然而这样一来,一个第二者的这种继续进展和创作就自己扬弃自身,而且更确切地说,这个第二者就是**最初者**、真正的直接者和**非被设定者**。宗教的观点在这种过渡中显示为真理的观点,在这种真理中包括了全部丰富的自然世界和精神世界。在这种情况下,这种丰富实存的所有其他方式,必定表明是现实之外在的、贫乏的、可怜的、且自相矛盾的和毁坏自身的方式,这种现实具有真理的终结,即真理的非真理方面,而且只有在宗教的观点上才能回归其根据和根源。那么,在这种证明中,就创立了这样一种认识,即精神决不会停留和保持在那任何一个阶段,而此后,宗教才是**自我意识**的真正**现实**。

[107]　至于这种必然性的证明，有如下一点可能就足够了。

因此，从**一他者**出发，这就在于应该指出某种东西是必然的。这里真正神圣存在的这一他者，就是**非神圣的存在、有限的世界、有限的意识**。如果现在从作为直接者、有限者、非真实者的这种存在出发，也就是从作为我们知之对象的存在出发，而且犹如我们把它直接理解为它以其特定的质存在的东西——也就是说，以这一方式从最初者开始，那么，显示在继续发展中的，就**不是**直接表现出来的那种最初者的**存在**，而是自我摧毁**地、变易地**、自我继续转化地成为一他者。所以，从我们由之开始的有限者出发，不是**我们的**反思和考察及我们的判断告诉我们，有限者有真实者趋向其根据，不是**我们**弄来其根据，而是有限者依据其自身表明，它化为一他者，化为高于它本身存在的更高者。我们遵循对象，犹如它为了自身而回归于其真理的源泉一样。

当由之开始的对象在其真理中趋向毁灭，并自我献身时，它并未因此而**消失**，其实是在**其理想性的规定**中设定了其内容。就意识而言，我们有这种扬弃和理想性的例子：我与某一对象有关，继而考察这对象，即它是如何存在的。我使之同时与我区别开来的对象，是独立的；我并未造就出它，它并没有期待于我，以便它存在下去，而且，尽管我不理睬它，它仍旧存在着。因此，两者，我和对象，是两个独立者；但意识同时是这两个独立者的相互关系，在这种相互关系中，两者被设定为独一；当我知道对象时，在我的简单规定性中，这两者，我和他者，就存在于独一者中。如果我们

[108]　真正地理解了这一点，那么我们就不仅仅有了**否定的结果**，即独一存在和两者独立存在都自我扬弃。扬弃不仅仅是空洞的否定，而且是我由以出发的否定者。因此，虚无只是**二者独立性的虚无**，是两种规定被扬弃和在理念上包含于其中的虚无。

如果我们想在这种方式中看到，自然的和精神的宇宙如何回到其真理、回到宗教的观点中，那么对这种回复的详细考察就构成哲学科学的整个范围。我们在此必须从自然开始；这自然就是直接者；于是，与自然对

立的就是精神,而且两者只要它们相互对立,就都是有限的。

现在,在此就可以对**两种考察方式**加以区别了。

首先我们可以考察,什么是**自在**的自然和精神。这种考察将表明,它们自在地在**这一理念中**是同一的,而且两者只是同一种理念的反映,或者它们在理念中有其**一种**根源。然而,这本身还将是一种**抽象**的考察,这种考察局限于那些对象**自在存在**的东西,而且并不根据**理念**和**实在性**来理解它们。实质上属于理念的诸**区别**,并未受到关注。这种绝对的理念是必然者,是两者即自然和精神的**本质**,其中取消了构成其区别、其界限和有限性的东西。精神和自然的**本质**,是同一个东西,而在这种同一性中,它们不再是它们就其分离和质而言所是的东西。然而,在这种考察中,**我们进行认识的活动**,将去掉和扬弃它们这两者的区别,并扬弃其有限性。它们这两者是受限制的世界,它们的界限在是其统一的理念中消失,这些情况处在这些受限制的世界之外。界线的这种消失是一种离去,这种离去属于我们进行认识的活动。我们扬弃着其有限性的形式,并达到其真理。理解这种方式,就这点而言,更多地具有**主观的**性质,而且显得是这种有限性之真理的东西,则是自在存在的理念——斯宾诺莎主义的**实体**或**绝对者**,犹如谢林所理解的那样。人们从诸自然物和精神世界中指明,它们是有限的,真理就是**它们的界限消失**在绝对实体中,而这种实体乃是二者即主体者和客体者、思维和存在的绝对统一性。但是,它只**是**这种同一性。形式规定性和质已被我们所摒除,并不属于实体了,因此,这实体就是僵硬的、冰冷的、**不动的必然性**,在这种必然性中,认识、主体性不会自我满足,因为认识未在主体性中重新找到其活力和区别。即使在通常的虔诚中,也有这种现象:人们高出于有限性之上,忘记这有限性;但因为人们忘记了它,它就还没有真正被扬弃。

[109]

第二是必然性的观点,即有限者的自我扬弃和绝对者的设定具有**客观的**本性。从自然和精神中必定显示出来的是,它们按其概念自己扬弃**自身**,而其有限性不仅仅通过主观上去除其界限而被消除。于是,思维的运动也是事物的运动,而这就是从中产生出真理的自然和精神本身的过

程。因此，

　　a)**自然**被视之为它就其自身而言所是的东西,被视之为其最后的真理就是向精神过渡的**过程**,以致于精神表明是自然的真理。自然自我献身,自我烧尽,以致于从这种燔祭(Brandopfer)中产生出心灵,而理念则升至其自身的组成部分,升至其自身的以太,这便是自然的自身规定。自然的这种自我献身是其过程,更进一步说是这样一种规定,即它通过一个等级而显现为继续发展,在此就有了**彼此外在存在**形式的诸种区别。联系仅仅是一种内心的东西。理念以自然的外表经历的诸环节,是一系列独立的形态。自然是理念自在而且**只**是自在的理念,而其定在的方式是,以完善的外表**存在于自身之外**。但是,自然继续发展的进一步方式是这样一种方式,即隐藏在自然之中的概念突然冒出,将外在于自身而存在的外皮移入自身,使之理想化,而且,当这一概念使结晶体的外皮显而易见时,它本身就显露出来。内在的概念成为外在的,或者相反:自然本身深入自身,而外在的东西则成为概念的方式,因此,外在性就显露出来,其本身就在理念中并在概念的统一中被展示出来。这就是自然的真理,就是**意识**。在意识中,我就是概念,而为我而存在者、即我有所意识者,是我的整个定在。这在自然中并不是被知者,只是一外在者,而精神才知道外在性,并设定它与自己的同一。在**感觉**中,即在自然的最高点和结局中,就已经包含了自为存在者,以致于某物所具有的规定性,同时也是理念的,并回归于主体。某一块石头的诸品质相互是外在的,而我们关于此的概念并不在它之中。相反在感觉中,不是作为这样一些外在的品质,而是它们在自身中的反映,而在此,心灵,即主体性,就开始了。在这种情况下,作为重力只是内在动力和应有的同一性,进入了实存。在重力中始终还存在着彼此外在者,诸不同的点相互排斥,而感觉所是的这某一点,即已内存在,并未显露出来。但是,自然的整个涌动和生命,都趋向感觉和精神。当精神在这种继续发展中通过自然而显现为必然的,显现为通过自然而被中介时,这种中介就是自身也自我扬弃的这样一种中介。从这种中介中产生出来的东西,表现为它所来自的那种东西的原由和真相。对于哲学认识来说,继续发展是一条河流,以**相反的方向**趋向他者,然而因此也是反作用的,以致于与其说是作为最初者、作为根据而表现出来的那种东西,不如说是作为最终者,即作为以前者为根据而表现出来的那种东西。

b) 精神本身首先是直接的;它之所以是自为的,是因为,它归结为自身,而它的活力就是它通过自身而成为自为的。在这一过程中,本质上有两个方面必须加以区别:一方面,什么是**自在自为的**精神;第二方面,什么是**其有限性**。首先,精神是**无联系的**、理念的、隐藏在理念中的;就第二个方面而言,就其有限性而言,精神就是意识,并由于他者为精神而存在,精神就处于关系中。自然仅仅是现象;在思维的考察中,自然对我们来说就是理念;因此,这种对自然本身的美化,即精神,就处于自然之外。相反,精神的规定则是,理念处于精神本身之中,而绝对者,即自在自为的真理,则为精神而存在。就其直接性而言,精神还是有限的,而这种有限性具有形式,即首先,它**自在自为**所是的东西,是**有别于**属于其**意识**的东西的。不过,精神的**规定**和无限性就是,它的意识和它的理念相互**等同**。精神的这种完美和那种关系的区别之消除,可以根据自在自为存在和这种存在的意识这两方面加以理解。二者首先是不同的:自在自为存在的东西,并非为意识而存在;而这种意识,对精神来说还具有他者的形态。但是,二者也因此处于相互作用之中,以致于其独一者的继续发展同时也是另一独一者的继续形成。在《**精神现象学**》中,这种精神在其现象中被视为意识,并被视为其继续进至绝对观点之必然性。这样一来,精神的诸形态,即它产生的诸阶段,就像它们属于精神的意识一样得到了考察。但是,精神所知道的,即它作为**意识**所是的东西,只是一种;另一种则是精神所知道的和为它而存在的东西的**必然性**。因为独一者——其世界为精神而存在——正好仅仅存在着,并表现为偶然的;他者,即这一世界为精神而**变易了**的偶然性,并不是为了在意识的这一阶段上的精神而存在,这种偶然性秘密地先于精神,仅仅是为了哲学的考察,并属于精神按其**概念**所存在的东西的发展。在这种发展中,出现了这样一个阶段,在这里,精神达到

[112]

其**绝对的意识**,在这个阶段上,**理性**作为一个**世界**为精神而存在;而当精神在另一方面按意识的方式发展成为世界自在自为存在者的意识时,这里就是这样一个点,在此,首先是不同的两种方式恰好相合。意识的完美就是,**真正的对象**为它而存在,而对象、实体者、实体的完美,就是这样一种完美,即它为自己而存在,也就是说,自己与自身相区别,并将自身作为对象。意识继续趋向于实体者的意识,而后者,精神的概念,则继续趋向于现象,并趋向于为自己而存在的关系。两方面运动同时发生所在的这一最后之点,就是**合乎伦理的世界**,即国家。在这种情况下,作为一种必然性和定在的世界,精神的自由——它在其途径中犹如太阳一样独立地继续运行——,是一现有的、已发现了的对象。同样,意识在此也是完善的,而且每一个人都准备好适应国家这一世界,并在其中有自己的自由。意识、自为存在和实体的本质,都得到了平衡。

[113] c)然而,神圣生活的这种现象本身还存在于有限性中,而对这种有限性的扬弃,就是**宗教观点**,就此而论,上帝作为绝对威力和实体——自然世界和精神世界的全部财富都溯源于此——,就是意识的对象。宗教观点作为自然宇宙和精神宇宙的发展,则产生于作为**绝对真者和初始者**——它之后没有什么东西作为一**始终存在**的前提,而是耗尽了整个的财富于自身——的这一进展中。更确切地说,必然性就是,这整个的财富深深进入了其真理之中,即深深进入了自在自为存在的普遍者之中。但是,当这普遍者被**自在自为地**加以规定,并作为具体的、作为理念本身就是自己排斥自己的这普遍者时,它就从自身中发展出**规定性**,并为**意识**设定自己。

普遍者的这种发展和自我规定的诸形式,就是逻辑的主要环节,这些环节同样也构成所有前面已提到的丰富的诸形式。因此,上帝在其本身中的发展,就是同一逻辑的必然性,这种必然性就是宇宙的必然性,而这一宇宙,就自在而言,只要它在每一阶段上是这一形式的发展,它就是神圣的。

首先,当这一发展在**纯粹的普遍性**中先行仅仅给出一些**神圣形态**和环节时,这一发展鉴于**材料**虽然是不同的,然而在**有限性**的领域里却是一些有限的形态和领域。因此,就此而言,不管必然性的形式是同一形式,这种材料及其诸形态都是完全不同的。不过此外,这两种材料——上帝在自身中的发展和宇宙的发展——并不是绝对不同的。神圣理念具有这样一种意义,即它是绝对的主体,是自然世界和精神世界之宇宙的**真理**,不只是一**抽象的他者**。所以,它是同一材料。它是有理智的、神圣的世界,是在自身中发展着的神圣生活;但是,神圣生活的这些范围,与**尘世生活**的诸范围是同一的。这种尘世生活,现象方式中、有限性的形式中的神圣生活,以其永恒的形态和真理而存在于那永恒的生活中,在永恒的形式下(sub specie aeterni)被直观到的。因此,我们就有了有限的意识,有限的世界,在现象世界中出现的自然。总而言之,这构成了他者与理念的对立。在上帝中,也出现了单纯理念的他者,这种理念还存在于其实体性中;然而,在这种情况下,这种他者却保持着其永恒性的规定,并始终保持在爱和神性中。不过,这种始终保持在**自在自为存在**状态中的他者,就是**他者的真理**,犹如它显现为有限的世界和**有限的意识**那样。所以,我们对其必然性作了考察的材料,是自在自为本身的同一材料,犹如它显现为有限的世界那样,因为这个世界只有在理念的那个世界中才有其真理和美化。

[114]

如果宗教观点从自然世界和精神世界的前述阶段中得出,那么必然性似乎就成了宗教观点的后盾,这样一来,这种必然性如我们现在看到的,就在宗教观点自身中设定自身,并这样被设定为其内在的形式和发展。当我们过渡到这一发展时,我们本身就又从**现象**的形式开始,并首先考察**意识**,犹如它在这种观点上显现于**关系**中以及它**研究**和发展这种关系的诸**形式**那样,直至**内在**的必然性在**概念**本身中得以发展和完成。

II. 宗教意识的诸形式

具有心理本性的宗教关系诸形式,是在宗教精神现象领域里予以考

81

[115] 察的第一种宗教意识,它们属于有限精神的方面。普遍者首先是关于上帝的意识;这种意识不仅是意识,而且进一步也是确信。只要确信在信仰中或如果关于上帝的这种知就是**感觉**并在感觉中,那么这种确信的进一步形式就是信仰;这涉及主观的方面。

第二种意识是客观的方面,即内容的形式。上帝首先为我们而存在其中的形式,就是**直观**、**表象**的方式,最后是**思维**的形式。

因此,第一种意识就是关于**上帝的意识一般**,即他对我们来说就是对象,我们有关于他的一般表象。但是,这种意识不仅仅是,我们有一个对象和一种表象,而且,这种内容也**存在**,不仅仅是一种表象。这种意识就是对上帝的**确信**。

表象,或某种对象存在于意识中,这意味着,在我之中的这种内容就是**我的**内容。我可以有关于一些完全虚构的、幻想的对象的一些表象;这种内容在此是我的内容,但**仅仅**是我的内容,仅仅存在于表象中;同时我知道这种内容现在并不存在。在梦中,我也有意识,拥有一些对象,但它们并不存在。

不过,我们这样来把握关于上帝的意识,以致于内容就是**我们的表象**,而且同时(也就是说,内容不仅仅是我的内容)**存在**于主体中,存在于我、我的表象和知之中,内容是**自在自为的**。这就存在于这种内容本身之中:上帝是这种自在自为存在的普遍性,不仅仅是为我而存在的普遍性,——它外在于我,不依赖于我。

于是,这里就有两种规定是联系着的。同样,这种内容,当它是**独立的**时候,是与我**分不开的**,也就是说,它是我的内容,同样又不是我的内容。

确信是**内容与我之间的这种直接关系**;如果我想强烈地表达这种确信,那么我就说:当我本身存在时,我非常确凿地知道这一点。两者,即对[116] 这种外在存在的确信和对我的存在的确信,是**一种**确信,而且,如果我扬弃我的存在,我将扬弃那种存在,将不知道我了。确信的这种统一就是这种内容(与我是不同的)和我本身的不可分离性,是两个彼此不同者的不可分离性。

人们可以停留于此,也可以断言,不必停留在这种确信上。不过,人们立即就作出(而且这在所有人那里都产生着)这种区别:某事物可以**确信**;另一个问题是,它是否是**真的**。人们把真理与确信对立起来;就某事物是确信的这一点而言,它还不是真实的。

这种确信的直接形式就是**信仰**的形式。信仰本来在自身中就有**对立**,而这种对立或多或少是不确定的。人们把信仰与知对立起来;如果信仰与知是根本对立的,那么它就是一种空洞的对立:我所相信者,我也知之;这是我的意识中的内容。信仰是一种知;然而,人们通常认为只是一种间接的、认识到的知。

更进一步的东西是,人们把某一确信称之为信仰,部分是就这一信仰不是某一**直接的**、**感性的**确信而言的,部分是就这种知也不是某一内容**必然性的一种知**而言的。我在我面前直接看到的东西,这我知之:我不相信,天就在我上方;我看到天了。另一方面,如果我对某一事物有理性认识,那么我们也就不说:例如我相信毕达哥拉斯定理。在这种情况下,人们就假定,某一个人并不只是从权威中接受关于这一点的证明,而是认识了它。

在近代,人们接受信仰,是在确信的意义上,这种确信与对某一内容的认识处于对立之中。这特别是指**雅科比**所倡导的信仰的意义。雅科比这样说道:我们仅仅相信,我们有一个身体;但我们并不了解它。这样一来,了解就具有这种更进一步的意义:对必然性的认识。也就是说,我看到这一点——雅科比说道,这只是一种信仰,因为我注视、感觉到了;因此,一种感性的知是完全直接的,无中介的,没有什么原因。在此,信念完全是**直接确信**之意义。

[117]

因此,首先确信有个上帝,只要人们没有认识到这一内容的必然性,人们就由这种确信来使用"信仰"这一表达方式。就这一点而言,信仰是某种**主观的东西**,而就人们把内容的必然性、被证明者称为客观的东西而言,信仰就是客观的知、认识。只要人们没有认识上帝是他所是者这一内容的必然性,人们就信仰上帝。

人们之所以按通常语言用法说"信上帝",是因为我们没有关于上帝的直接的、感性的直观。人们也许会谈论信仰之原因,但是言外之意是说:如果我有一些原因,也就是说,有一些客观的、真正的原因,那么对我来说,[信上帝]这件事就得到证实。但是,诸原因本身可能具有主观本性;因此,我让我的知**被视为**已被证实的知,而且,只要这些原因是主观的,那我说的就是信仰。

这种主观理由的第一个最简单的、而且还是最抽象的形式,就是这样一种形式,即在**自我的存在**中也包含了**对象的存在**。在**感觉**中已经有对象的这种根据和这种现象作为始初者和直接者。

1. 感觉的形式

在这些首先适用的如下规定中:a)我们知道上帝,而且是**直接的**;上帝不应被领悟;关于上帝,不应该说多余的话,因为这同理性认识不会有什么关系。b)我们得询问这种知的立足点。我们仅仅在我们心中知之,[118]因此它只是主观的;所以人们询问原因,即上帝存在的地方,并且说,上帝在感觉中。这样,感觉就有了在其中给出**上帝存在**的**根据**。

这些话是完全正确的,而且没有一个人会否定它们;然而,它们是如此之平庸,以致于不值得在此谈论之。如果宗教科学局限于这些话,那就不值得拥有它们,也不必弄清楚,究竟为什么有神学。

a)我们直接知上帝存在着。这句话首先具有完全无偏见的意义,然而也具有不无偏见的意义,即这样一种意义:这种所谓的直接知是关于上帝之唯一的知;而就这方面而言,现代神学既跟被启示的宗教相反,也跟理性认识相反,理性认识同样也否认命题。

关于这一点的真理,应作更进一步的考察。我们知道上帝存在着,而且直接知道这一点。何谓**知**? 它与**认识**是不同的。我们有"确信"这种表达方式,并使确信与真理对立起来。知,表示的是主观的方式,在其中,某物为我而存在,在我的意识中存在,以致于它具有某一存在者的规定。

因此,总而言之,知就是这样一点,即对象**是他者**,而**它的存在与我的存在是联系在一起的**。我也会知道它是什么,从直接的直观或作为反思之结果而得出;但是,如果我说:"我知此",那么我只是知道它的**存在**。这一存在自然不是空洞的存在;我也知道这一存在之进一步的规定、特性,然而也仅仅知道**有**这些规定。人们也把知作为"有表象"来使用,但是,原因始终仅仅在于**有**内容。因此,知是抽象的行为和直接的关系,而"真理"这一表达方式则是回想起确信和客观性之相互区分开,并回想起二者之中介。相反,如果我们知道**某一普遍者**,然而也按照其**特殊的规定**并作为**某一自身中的相互关系**来理解它,那么我们说的就是**认识**。 ［119］

我们认识自然、精神,但并非就是这所房子,并非就是这个个人;前者是普遍者,后者是特殊者,而且,我们按照其相互的必然关系①认识到前一普遍者的丰富内容。

进一步的考察表明,这种知就是**意识**,但却是完全**抽象的**,也就是说,是**自我的抽象活动**,而意识本来就包含着进一步的内容规定,并把作为对象的这些内容规定与自身区别开来。因此,这种知只是这样一种知,即任何一种内容都**存在着**,因此,它是自我与对象的抽象关系,内容则可能是它需要的内容。或者,直接的知无非是被视为完全抽象的思维。然而,思维也是自我与自身同一的活动,因此总而言之,是直接的知。

更仔细地说,思维是在其中它的**对象**也具有某一**抽象者**的规定的东西,即普遍者的活动。这种思维包含在所有者之中,人们还可以采取非常具体的态度;但是,只要内容具有一抽象者、即普遍者的规定,人们就仅仅把它称之为思维。

这里,知并不是关于某一物体对象的直接之知,而是关于上帝的直接之知;上帝是完全普遍的对象,不是任一个别性,最普遍的个性。关于上

---

① 拉松版(G.拉松编辑的《黑格尔全集》,下同):"其诸规定相互间的关系"。——德文编者注

帝之直接知,是关于一对象——它是完全**普遍的**——之直接知,以致于只有产物是直接的;因此,它是关于上帝的**思维**,因为思维是普遍者为之而存在的活动。

[120] 　　上帝在这里还不具有内容,没有进一步的意义,他只是没有什么感性的东西、普遍的东西,关于此,我们仅仅知道它不属于直接的直观。事实上,思维作为**中介的运动**,当它从他者开始,经过他者,并在这一运动中把它变为普遍者时,它才是完成的。然而在这里,思维就把纯粹的普遍者、即**未确定的普遍者**作为对象,也就是说,把一规定、即它**本身所是**的一内容作为对象,在这里它正好是直接的,也就是说,就自己本身而言是抽象的。思维是发亮之光,但除了光之外,它没有别的内容。如果我问:感觉感觉到什么,直观直观到什么?那么这正好就是这种直接性,而且只能回答:感觉具有感觉,直观就是直观之。对于这种同义反复来说,关系就是直接的。

　　因此,关于上帝之知,无非是想说,我思上帝。应进一步补充的东西是:思维的这种内容**就是**这种产物,就是一存在者;上帝不仅被思,而且存在着,它不仅仅是普遍者之规定。从概念中可以进一步作出说明,并可以看到,普遍者在多大程度上获得规定,即它存在。

　　至此我们从逻辑中必须把握住,什么是存在。存在是就其空洞的、抽象的意义上的普遍性,是**涉及自身的纯粹关系**,无需向外或向内作出进一步反应。存在是作为抽象普遍性的普遍性。普遍者实质上是与自身的同一性;这也就是存在,它是单纯的。也就是说,普遍者的规定立即就包含与个别者的关系;我可以把这种特殊性想象为在普遍者之外,或更确实地说,把它想象为在同一普遍者之内,因为普遍者也是涉及与自身的这种关系,是特殊者中的这种普遍性。但是,存在摈除所有关系;每一个是具体的规定,是没有进一步的反思,**没有涉及他者**的。因此,存在就包含在普

[121] 遍者之内,而如果我说:普遍者存在,那我也因此只是说出其与自身的干巴巴的、纯粹的抽象关系,即这种贫乏的直接性,此直接性就是存在。普遍者不是这种意义上的直接者,它也应该是一特殊者,普遍者应该存在于

它本身之中,这一使自己成为特殊者的活动,并非抽象者、直接者。相反,抽象的直接者,与自身的这种贫乏关系,是用存在表达出来的。因此,如果我说:这一对象存在,那么因此表达出来的就是干巴巴抽象的最终极点;它就是最空洞的、最贫乏的规定。

知就是思维,而这思维就是普遍者,并包含着**抽象普遍者**的规定,即**存在之直接性**①。这便是直接知的意义。

因此,我们就存在于抽象的逻辑中;如果人们认为,人们在具体的基地之上,在直接意识的基地之上,那么这就始终如此;但是,这种基地正是思想最贫乏的基地,而其中所包含的思想就是最贫乏、最空洞的思想。

如果人们以为,直接的知是在思想的领域之外,那就是最大的无知;人们纠缠于这样一些区别;若进一步考察,那这些区别就一起消失了。即使按照直接知的那种最贫乏的规定,宗教也属于思想之列。

然后我们就进一步问,通过什么,我在直接的意识中所知的东西**与我所知的他者是不同的**。除了普遍者存在之外,我尚一无所知。对于其他内容来说,上帝拥有什么,对此应随后谈及。直接意识的观点不再作为说明了的存在产生出来。人们不可能认识上帝这一点,是启蒙运动的观点,而这一点与关于上帝的直接知恰好相契合。然而,上帝也是**我的意识**的**一对象**,我把他与我**区别开来**;他是我的一他者,而我则是他的一他者。如果我们按照我们关于其他一些对象所知道的东西这样来比较其他一些对象,那么我们关于它们也就知道这一点:它们**存在**,而且是一些不同于我们的他者,是为自己而存在的;此外,它们是普遍者,或者也不是,它们是普遍者,同时又是特殊者,具有任何一规定的内容。墙壁存在,是一物;物是一普遍者,而关于上帝,我们也知道得如此多。对于其他一些物,我们所知要多得多;然而,如果我们脱离了同一些物的所有规定,如果正像关于墙壁,我们只是说:"它存在着",那么,我们关于它与关于上帝所知道的就一样多。因此,人们就抽象地把上帝称之为存在。但是,这一存在

[122]

---

① 拉松版:"直接性,存在"。——德文版编者注

是最抽象者,对此,其余的实体(entia)则要充实得多。

我们已经说过:上帝存在于直接的知之中。我们也是如此;**存在的这种直接性**也应归于**自我**。所有其他具体经验的事物都是如此,都是与自身同一的;抽象地说,这就是其作为存在之存在。这种存在**与我一起**是共**同**的;但是,我知之对象是如此之性质,以致于我也从其中**得出**其存在。我表象它,相信它;但仅仅**在我的意识中**,这一被相信者才是一存在。因此,它使**普遍性**和**直接性**的这种规定相互分离开来,而且必定如此。这种反思必定发生,因为我们是二,而且必定是不同的,否则我们就是一;也就是说,必须给予这一种不归于他者的规定。一种这样的规定就是存在。我存在;所以他者,对象,则不存在。我承担存在,我方面承担存在;我不怀疑我的实存,它在他者那里则被取消。当存在只是对象之存在,以致于对象只是**被知道的存在**时,对象就没有了自在自为的存在,而对象只有在意识中才获得存在;存在仅仅作为**被知道的**存在是被知道的,不是作为自在自为存在着的存在是被知道的。只有自我存在,对象不存在。我也许可以怀疑一切,但不怀疑我本身的存在,因为自我是怀疑者,是怀疑本身。如果怀疑成为怀疑的对象,怀疑者去怀疑怀疑本身,那怀疑就消失了。自我是与自身的直接关系;自我之中就有存在。因此,**直接性**就是针对普遍性被确定下来的,并属于**我方**。在自我中,存在完全在我本身之中;我可以不考虑一切,我不能不考虑思维,因为抽象本身就是思维,它是普遍者的活动,是与自身的简单关系。存在就存在于抽象本身之中。我虽然可以自杀,但这是不考虑我的定在的自由。我存在:自我中已包含[我]存在。

当人们指明对象、即上帝,如他所是的存在那样时,人们因此就为自己设想了存在;自我已要求归还了存在,对象已失去存在。如果对象仍然还被说成是存在着的,那么就得指出**根据**。必须指明上帝,他就在我的存在中;而要求的内容也如此:由于我们在此处于经验和观察中,就应该指明这样一种**状况**,在这种状况中,上帝在我心中,我们不是两者,应该指明一可被观察者——在这里,差别被取消,在这里,上帝就在对我来说保持

B. 宗教关系

不变的这种存在中，——这是一个地方，在此，普遍者在作为存在者的我心中，并同我是分不开的。这个地方就是**感觉**。

b）人们谈到**宗教感觉**，并说道，在这种感觉中，我们已经有了对上帝的信念；感觉就是我们完全确信上帝存在所依据的这种最内在的基础。确信我已经谈过了。这种确信就是，在反思中，把两种存在设定为**一种存在**。存在是与自身的抽象关系。它是两个存在者；但它们只是**一种存在**，而且，这一分不开的存在就是**我的**存在：这就是**确信**。这种确信跟某一内容一起，就具体的方式来说，就是感觉，而且这种感觉被说成是关于上帝的信仰和知的根据。在我的感觉中所存在的东西，我们称之为知，而且因为上帝就如此**存在**；因此，感觉就获得根据的地位。知之形式是始初者，然后是区别；随之也就产生了二者之间的差别，而存在是我的存在之反思，则应归于我。因为在这种情况下，也就有了这样的需要，即在我归之于我的这一存在中也有对象：因为这就是感觉。这样一来，就指向了感觉。

我感觉到坚硬者；如果我这样说，那么自我就是独一者，第二者就是某物：它们两者都存在。意识之表达，即共同的东西，就是坚硬。坚硬存在于我的感觉中，而对象也是坚硬的。这种共同性实存在感觉中；对象触及到我，而我则充满了其规定性。当我说道：我和对象时，那两者就还独自存在着；只有在感觉中，双重的存在才消失。**对象的规定性**成为**我的**规定性，而且在很大程度上就是我的规定性，即对客体的反思首先被完全略去；只要他者始终是独立的，那它就不被感知、不被感觉到。然而，我在感觉中是被规定的我，**直接地**处于其中，我在感觉中作为这种**个别的**、**经验的自我**存在着，而**规定性**则属于**这种**经验的自我意识。

因此，在感觉中就**自在地**包含了某种**差别**。一方面是我，普遍者，主体，而这一透明的纯粹流动性，对自身的这一直接反思，因某一**他者**而变得模糊不清；但是，在这一他者中，我在自身方面完全保持着自我，他者的规定在我的普遍性中成为流动的，而对我来说是他者的东西，我则**使之成为我的**。如果另一种质放入无生命者中，那这一物就获得了另一种质；然

[124]

[125] 而，我作为感觉者，在进入我之中的他者中保持着自身，并始终在我的规定性中。感觉的区别首先是一**内在于自我的本身中的区别**，它是我的**纯粹流动性**之中的我与我的**规定性**之中的我之间的区别。然而，当反思加入时，这一内在的区别同样在很大程度上被设定为这样一种区别；我从我的规定性中将我取消，并把它作为**他者**与我对立起来，而主体性则自为地存在于与客体性的**关系之中**。

人们常说，感觉只是某种**主观的东西**；但是，当我使一他者与我对立起来时，我仅仅对直观或表象的某一客体而言才是主观的。因此，感觉之所以似乎如此，是因为在感觉中，主体性和客体性的区别还没有产生出来，故不能被称为主观的感觉。然而，实际上存在着这种分裂为二，即我是主体，与客体性相反，存在着同时与这种**区别**不同的一种**关系**和**同一性**，而在其中，**普遍性**就开始了。当我与他者相比，并在直观和表象中把对象与我加以区别时，我也就是这二者，即我和他者的关系，而且其中设定了某种同一性的一种区别，而我对待对象就具有**决定性的意义**。与此相反，就作为对象的感觉而言，我存在于这种直接的简单统一性中，存在于这种为规定性所充满的状态中，而且还未超出这种规定性之外。然而，我因此就作为感觉的是完全特殊者，完完全全专心致志于规定性，并在原本的意义上在没有客体性和普遍性时只是主观的。

如果基本的宗教关系存在于感觉中，那么这种**关系**就与我的**经验本身**是同一的。作为普遍者的无限思维的规定性和作为完全经验的主体性的我，是在我心里的感觉中概括出来的；我是直接的统一和二者斗争的消解。但当我认为我是如此被规定为这种经验的主体，并发现我在对立中如此被规定为升入一个完全**不同的**领域，且感觉到从某一事物过渡到另一事物及这二者的**关系**时，**我就发现我正好在其中与我本身是对立的**，或[126] 者把我规定为跟我是不同的；也就是说，在我的这种感觉本身中，我由于这种感觉的内容而被迫**进入对立之中**，促使反思以及把主体与客体区别开来。

这种向反思的过渡不只为宗教感觉所特有，而且为一般的人类感觉所特有。因为人就是精神,就是意识,就是表象;不在自身中包含这种向反思过渡的感觉,是没有的。然而,在每一其他的感觉中,仅仅有事物趋向反思的**内在必然性**和本性,仅仅有自我与其规定性区别开来的这种必然性。与此相反,宗教感觉在其**内容**中、在其**规定性本身**中,却不仅包含**必然性**,而且包含对立本身的**现实性**,因此也包含**反思**。因为宗教关系的内涵就是普遍者的思维,这思维本身就已经是反思,然后就是我的经验意识的其他环节和二者的关系。所以,在宗教感觉中,**对我本身来说**,**我被外化了**,因为普遍者,自在自为存在的思维,是我的特殊的、经验的实存之否定,与此相反,这种实存则显现为仅仅在普遍者中有其真理的虚无。宗教关系是同一性,但包含着判断的力量。当我感觉到经验实存的环节时,我就感觉到普遍者、否定那方面是某种属于**我之外**的规定性,或者当我在这种规定性中时,我感觉到我在我的经验实存中与我异化了,我是被否定的,我的经验意识也是**被否定的**。

因为已包含在宗教感觉中的主体性是经验的、特殊的,所以就感觉而言,它存在于特殊的兴趣中,尤其存在于**特殊的规定性**中。宗教感觉本身包含着这种规定性:经验自我意识的规定性和普遍思维的规定性以及它们的关系和统一,所以,它浮动于其对立与其一致和满意的规定性之间,并依此是不同的,犹如当我正好实存着时,我的主体性与普遍者的关系受我的兴趣的**特殊**方式影响一样。依此,普遍者和经验自我意识之关系就会具有非常不同的性质:诸极端之最紧张关系与极为敌视以及最大一致。在**分离**的规定性——在其中,普遍者是**实体者**,对此,经验意识感觉到自己及其**本质的虚无**,但还愿意按其所是的肯定的实存**继续存在下去**——中,在此情况下就有**恐惧**的感觉。自身的、内在的**实存**和信念(自我感觉为虚无),同时也有普遍者方面的自我意识以及那该死的恐惧,都产生了**关于自己后悔和痛苦**的感觉。自我意识的经验实存,基本上或按照任一方面都感觉受到了促进,而且也许并不通过自己的自我活动,而是通过某种外在于其力量和聪明的联系和力量——它被想象为自在自为存在的普遍者,每一要求都归因于它——,产生出**可感激**之感觉等等。我的自我意

[127]

识特别同普遍者的高度一致,对这种同一性的确信、肯定和感觉,就是**爱**,就是**极乐**。

c)然而,如果在感觉变为**反思**这种进展时,以及对**自我与其规定性加以区别**时,给予感觉以地位,以致于这种区别以内容和对象表现出来,它**自身**就是**内容的根据**而且是其**存在**或**真理**的证明,那么我们就可以发觉以下情况。感觉会具有各种各样的内容;我们有关于公正、不公正、上帝、颜色、仇恨、敌视、愉快等等的感觉;其中有最矛盾的内容:最卑鄙者和最高贵者、最高尚者都在其中有其位置。经验表明,感觉有**最偶然的**内容;这内容可以是最真实的和最低劣的。倘若上帝存在于感觉之中,那么他就没有什么胜过最卑劣者之处了,而是在同一土地上,除了异常蔓生的杂草就是繁盛的贵重鲜花了。内容存在于感觉中,这一点对**它本身**来说并不构成什么优越之处。因为,不仅何所是者,进入我们的感觉,不仅实在者、存在者,而且虚构者、捏造出来的东西、所有好的东西和坏的东西、所有真实者和不真实者,都存在于我的感觉中,完全相反的东西亦在其中。我对所有想象的一些对象都有感觉,对最不体面者也可以有热情。我拥有希望。希望是一种感觉;在希望中犹如在恐惧中一样,有未来的东西,直接就有还未存在的这样一种东西,也许会有,也许永不会有。同样,我可以对已过去者有热情,然而也可以对未存在过、将不会存在的这样一种东西有热情。我可以想象自己是一位能干的、伟大的、高尚的、优秀的人,有能力为正义、为我之意见献出一切,我可以想象我已大有益于世,已大有作为,但是问题在于,这是否是真实的,当我想象我存在时,我的**行为**是否确实非常高尚,而且真**是**非常能干。我的感觉是否具有真实性,是否是好的,这取决于其**内容**。内容**一般**存在于感觉中,这并不重要;因为,即使最坏的东西也在其中。内容是否实际存在,同样也不取决于它是否存在于感觉中。因此,感觉是所有可能内容的形式,而这一内容并不包含什么可能涉及其**自在自为存在**的规定。感觉是其中内容被设定为完全偶然的形式,因为内容也完全可以由我之意愿、我之任性来设定,犹如可以由本性来设定一样。因此,内容就在感觉中具有这样一种形式,即内容并不

[128]

B. 宗教关系

是自在自为地被规定的，不是由普遍者，不是由概念来设定的。所以，它 [129]
就其本质而言是**特殊者**、**有限制者**，而它是否是这一内容，是无所谓的，因
为即使另一内容也可能存在于感觉中。这样一来，如果上帝之存在被证
明在我的感觉中，那么此存在在其中如同这一存在所可能适合的每一其
他存在一样也是偶然的。然后我们就把这称之为主体性，然而却是在最
简单意义上的主体性；个性、自我规定、精神在自身中的最高紧张程度，也
都是主体性，但却是在一种更高的意义上，在一种更自由的形式上；不过，
在这里，主体性仅仅称为偶然性。

如果诸根据说完了，那么人们就常常依据于其感觉。这样，人们就一
定会让一个人固执己见，不同他进行争论，因为随着诉诸自己的感觉，我
们中间的**联系**就突然中断了。相反，依据于思想、概念，我们就是依据于
普遍者、理性；在这种情况下，我们就看到事情的本质，对此我们也会予以
理解，因为我们使自己从属于事情，而事情对我们来说是共同的东西。然
而，如果我们转入感觉，那我们就离开这种共同的东西，而且我们就回到
我们的偶然性领域，并注视着事情此时如何发生。然后，在这一领域里，
每个人都使事情成为**其**事情，成为其个别部分，而如果这一个人要求：你
应该有这样一些感觉，那么另外一个人就会回答说：我甚至不曾**有**过这样
一些感觉，我恰好**是**并非如此；因为那种要求真的只涉及我的偶然存在，
它可能本来就是如此。

此外，感觉是人与动物有共同之处者；它是动物性的、感性的形式。
这样一来，如果权利、伦理、上帝所是者在感觉中显示出来，那么这就是最
简单的方式，在其中，这样一种内容就可以得到证明。上帝本质上存在于
思维中。怀疑**通过**思维仅仅**存在于**思维**中**，这怀疑必定由于只有人才有
宗教而向我们显示出来，动物则没有。

人（思想是其基础）之一切都可以被赋予感觉的形式。然而，权利、 [130]
自由、伦理等等在更高的规定中有其根源，由于此，人不是动物，而是精
神。所有这种属于更高级规定的东西，都可以具有感觉的形式；但是，感
觉只是属于某一完全不同基础的这种内容的**形式**。因此，我们就具有权

93

利、自由、伦理的感觉,但是,感觉的内容就是这种真正的内容这一点,并不是感觉的功劳。有教养的人可以有关于权利、上帝的真实感觉,但这并非来自感觉,而是他应该把这种感觉归功于思想的教化,由于思想,表象的内容以及如此之感觉才是现有的。把真理、善归之于感觉是一种错误。

但是,不仅某一真实的内容**会**存在于我们的感觉中,它也**应该而且必定**这样;犹如人们往常所说的那样:人们内心中必定有上帝。**内心已经多于感觉**;这感觉只是瞬间的、偶然的、易失的。然而,如果我说,我内心中有上帝,那么这里所表达出来的感觉就是**我的实存持续下去的、固定不变的方式**。内心就是我所是者,——不仅是我目前所是者,而且是我一般所是者,是我的性格。于是,作为普遍者的感觉形式,就是我的存在的准则或习惯,是我的行为方式的固定特性。

但是,在圣经中,恶明确归之于内心;因此,内心也是同一种恶之所在,是这种**自然特殊性**。然而,善、伦理的东西并不是,人使其特殊性、利己主义、自私起作用;如果他这样做,那他就是恶的。利己就是我们一般称内心之为恶。如果人们这样说,上帝、权利等等也应该在我的感觉中,在我的内心中,那么人们以此仅仅表达的是,它不仅仅应是由我所表象者,而且应**是与我不可分的同一**。我作为现实者、**此者**,应完完全全如此被规定;这种规定性应是我特有的性格,应是我的现实的一般方式,而且因此重要的是,所有真实的内容都在我的感觉中,都在内心中。这样一来,宗教就应该进入内心中,到此就必然在宗教上对个人加以教化。内心、感觉必须加以净化和教化;这种教化意味着,一他者、更崇高者就是真实者,而且将成为真实者;然而**因此**,内容就在感觉中,它还不是真实的,还不是自在自为的,自身还不是善的、非常出色的。如果在感觉中的东西是真实的,那么一切就必定是真实的,是对阿庇斯(Apis)①的侍奉等等。感觉是主观的、偶然的存在之地点。所以,它是个体给予自己的感觉以真

---

① 阿庇斯(Apis),古埃及宗教所崇拜的公牛,原是尼罗河神哈庇的化身。崇拜中心在孟菲斯。——译者注

实内容的事情。但是,如果感觉尚与具有内容的思想没有关系,那么仅仅描述感觉的神学就始终停留在经验、历史以及这样的偶然性中。

　　有教养的表象和认识并不排除感觉和感受。相反,感觉不断地**通过**表象而得以培养、改进,并重新借助于这种表象而活跃起来,并燃起热情。同样,当愤怒、不满、仇恨回忆起其诸对象同样多种多样的关系,因而作为爱、好感、愉快而活跃起来时,它们也忙于通过所遭受的各种各样的不公和敌视的表象而得以消遣。犹如人们所说,不**想**到仇恨、愤怒或爱的对象,感觉和爱好就将消失。如果对象从表象中消失,那么感觉就将消失,而每一**来自外部的诱因**将重新引起痛苦和爱。如果人们使精神**分散**,使精神去直观和表象**别的对象**,并把精神置于别的形势和情况之中——在其中,那些各种各样的关系对于表象来说并不是现有的——,那么减弱感受和感觉就是一种手段。表象应该**忘记**对象,——而对于仇恨来说,遗忘好于原谅,以及在爱中,遗忘好于只是变得不忠实,而被遗忘则好于仅仅闻所未闻。人是作为精神存在的,因为他不只是动物,在感觉中同时在本质上是知者,是意识,而且当他从与规定性的直接同一中返回自身时,他仅仅知道自己。所以,如果宗教仅仅作为感觉而存在,那么它就会渐渐熄灭,成为**无表象者**和无行为者,并失去所有特定的内容。

[132]

　　是的,感觉距离如下一点是如此之遥远:我们可以在其中仅仅真正地发现上帝,我们从别处一定会**了解**这一内容,如果在其中**发现**它的话。而如果说,我们不能认识上帝,我们关于他毫无所知,那么我们怎么能说上帝存在于感觉中呢?此外,我们必须首先在意识中寻找与自我不同的内容之规定,然后,只要我们同样在其中**重新找到**内容的这些规定,我们首先就能证明感觉是信教的。

　　在近代,人们不再谈论内心,而是谈论**确信**。有人还在用内心来表达其直接特性;然而,如果人们按照确信谈论行动,那么原因就在于,内容就是支配我的一种力量;内容就是我的力量,而我就是内容;但是这种力量在内心深处控制我,它已经更多地以**思想**和洞见为中介。

　　至于还特别涉及的东西,即内心是其内容的**胚芽**,对这一点可以完全

95

[133] 予以承认；但这并非言过其实。内心是源泉，这也许意味着：内心是这样的内容在主体中**显现出来**的**最初方式**，是其最初的地点和位置。人也许首先具有宗教的感觉，或许也没有这种感觉。当然，在任何情况下，内心都是胚芽；不过，如在植物的种子那里，这种胚芽是植物生存未发育的方式那样，感觉也是这种被包裹在内的方式。

但是，植物生命所开始的这种子，甚至仅仅存在于现象中，**以经验的方式**是最初者；因为它同样也是产物、**结果**、**最终者**，它是树木完全发展的生命结果，并把树木自然的这种完整发展包括在自身之内。因此，那种本原性仅仅是**相对的**。

因此，即使在感觉中，这整个内容也是以这种被包裹在内的方式存在于我们主观的现实中；但是，完全不同的是，作为**这样的内容**属于这样的感觉。像上帝一样的这样的内容是一种自在自为的普遍内容，同样，关于权利和义务的内容也是理性意志的规定。

我是意志，不仅仅是欲望，不仅仅有爱好。我是普遍者，然而，作为意志，我存在于我的自由中，存在于我本身的普遍性中，存在于我的自我规定的普遍性中，而且，如果我的意志是理性的，那么它的整个规定就是一种普遍的规定，是按照纯粹概念的一种规定。理性的意志非常不同于按照偶然冲动、爱好之偶然意志、意愿；理性意志**按其概念**规定自己，而概念，意志的实体，则是纯粹的自由，而且所有的理性规定都是自由的某些发展，而从诸规定中产生出来的诸发展，都是一些义务。

[134] 这样的内容属于理性；该内容是借助、按照纯粹概念的规定，并因此也属于思维；意志，只要它是思维的，它就仅仅是理性的。所以，人们必须放弃日常的表象，按照这种表象，意志和智力是两种专长，而意志没有思维就会是合乎理性的，而且因此就会是合乎伦理的。这样一来，上帝也就被想起，这一内容同样也属于思维，这一内容同样也被理解和被制造出来所依据的基础，就是思维。

如果我们已把感觉称之为地点——在此地点应直接指明上帝的存在——，那么我们在其中就见不到**存在**、**对象**、上帝了，犹如我们已要求它的那样,即不当作**自在自为的存在**。上帝有之,他是自在自为独立的,是自由的;我们在感觉中发现不了这种独立性,即这种自由的存在,犹如很少发现内容是自在自为存在的内容一样,而它却可以是其中的每一特殊内容。如果感觉是真实的,具有真正的本性,那么它就一定由于其内容而是这种感觉;然而,作为这样的感觉并未使其内容具有真正的本性。

这便是感觉的基础本性和属于感觉的诸规定。它是某一内容的感觉,同时也是自我感觉。因此,我们在感觉中自己也享受着**我们关于事业的实现**。所以,感觉就是某种非常被喜爱者,因为人在其中发现其**个别性**。谁生活在事业中,生活在科学中,生活在实际事物中,只要感觉是其自身的相似之处,谁就在其中忘记自身,谁就没有这方面的感觉,而且他就在那种忘记其自身时与其特殊性一起成为一最小值。相反,爱虚荣和自鸣得意对什么都不会比对保存自身更喜欢,而且仅仅想停留在其自身的享受中,诉诸其自己的感觉,所以并没有达到客观的思维和行动。仅仅同感觉有关系的人,还不是成熟的,他在知识、行动等等中还是新手。

因此,我们必须寻求另一基地。在感觉中,我们无论按其独立的存在,还是按其内容,都找不到上帝。这一对象并不曾存在于直接的知中,而是其存在进入知情的主体中,这主体在感觉中发现这种存在的根据。

然而,我们已经从自我的规定性——它构成感觉的内容——中看到,它不仅不同于纯粹的自我,而且也非常有别于在其自身运动中的感觉,以致于自我发现**自己被规定为与自身相对立**。这种区别也应作为这样一种**区别被设定出来**,以致于自我的**活动**开始把其规定性不作为其规定性予以清除,将其置之于外,并使之成为**客观的**。此外,我们看到,自我自在地在感觉中**将自身外化了**,并在他所包含的普遍性中,自在地拥有**对其特殊的、经验的实存之否定**。当自我从自身设定出其规定性时,他就**将自身加以外化**,特别把其直接性加以扬弃,而且进入了普遍者的领域。

但是,精神的规定性、对象,首先被设定为**外在**的对象一般,而且在外在于**空间**和**时间**的完全客观的规定中被设定出来,而在这种外在中对精神加以**设定**并与精神相关的意识,就是**直观**,这里,我们应把这种直观在

[135]

其圆满完成中看作为**艺术直观**。

2. 直观

艺术是由绝对的、精神的需要创造出来的,这种需要在于,神圣的东西,精神的理念,作为意识而且首先是直接直观的**对象**而存在。艺术的规则和内容是真理,犹如它在精神中所显现的那样,因此是**精神性的真理**,但是与此同时,它也是**直接直观**的一种**感性真理**。这样一来,真理的表述就由人创造出来了,但却是被外在地设定出来的,以致于它是由人以感性的方式设定出来的。犹如理念在自然界中直接显现出来,而且也在精神的关系中和在分散的多样性中拥有真理一样,理念还未集聚于现象的**某一中心**,而且还以相互外在的形式显现出来。在直接的实存中,概念的**显现**尚未同**真理**一起被和谐地设定出来。与此相反,艺术所创造出来的感性直观,必然是一种**由精神创造出来的东西**,是非直接的感性形态,并拥有理念作为其生气勃勃的中心。

在我们算作艺术范围的那种东西中,也可以包含不同于我们正好指明的那种东西。在这种情况下,真理具有双重的意义;第一是**正确性**的意义,即表述与通常所知的对象相一致。在这种意义上,艺术是**形式上的**,而且是对某些给定对象的**模仿**,内容可能是它想要是的内容。在这种情况下,艺术的准则就不是**美**。但是,即使只要这种美就是规则,艺术就还可以被视之为形式,此外也可以拥有一**有限的**内容,如同真正的真理本身那样。然而,在其真正意义上的这种真理,就是**对象与其概念的和谐一致**,就是**理念**;而理念作为概念未被偶然性和任性所扭曲的自由表达的意见,就是艺术自在自为存在的内容,确切地说,就是这样一种内容,即它涉及**自然与精神的实体的**、**普遍的各环节**、本质和力量。

艺术家必须这样来表述真理,以致现实——在其中,概念有其力量,并占统治地位——也是一感性者。因此,理念就存在于感性形态和个体化中,对此不会缺少感性者的偶然性。艺术作品**在艺术家的精神中得以**

接受,在其中,概念和现实的结合是**自在地**发生的;然而,如果艺术家允许自己不去思考外在的东西,而且作品已经完成,那他就**放弃**这一作品。

因此,艺术作品作为为直观所设定的,首先是一完全常见的**外在对象**,它自己感觉不到自身,而且自己不知道自身。艺术家赋予其作品的形式、主体性,仅仅是**外在的**,不是知道自身者、**自我意识**的绝对形式。艺术作品缺少完善的主体性。这种自我意识属于**主观的意识**,属于直观的主体。所以,与艺术作品——它就自身而言是非知者——相反,自我意识的环节是**他者**,但却是这样一个环节——它完全属于他者,而他者知道被表述者,并把它表象为**实体的真理**。艺术作品作为自己不知道自身者的艺术作品,就自身而言是未完成的,而且因为自我意识属于理念,它就需要艺术作品由自我意识与它的关系而得到的补充。此外,属于这种意识的,是艺术作品因此而终止仅仅是对象的**过程**,而自我意识则与自己一起**同一地**设定出对它来说显现为一他者的那种东西。这是扬弃外在性——在这里,真理出现在艺术作品中——、消除和产生直接性的这些僵死关系的过程,直观的主体则产生出在对象中有**其本质**的有意识感觉。由于从外在东西进入自身的这种规定属于主体,在这种主体和艺术作品之间就有一种**分离**;主体可以完全从外部考察作品,可以把它打碎,或者对此作出好奇的、美学的和学术的评论,——但那种对直观来说**重要的**过程,对艺术作品的那种必要补充,重新扬弃着这种平淡的分离。

[137]

在东方国家的意识实体性中,尚未发展到这种分离的地步,所以艺术直观也就不是完善的,因为这种直观以自我意识的更高自由为前提,而这种自我意识可以使其真理和实体性与自身自由地对立起来。詹姆斯·布鲁塞(Bruce)①曾在阿比西尼亚指给一位土耳其人看一幅鱼画,可是这位土耳其人却说:"这鱼在末日审判时将会控告你,你未曾赋予他灵魂。"东方人不仅想要形象,而且也想要灵魂;他继续留在统一之中,而并不继续

[138]

---

① 詹姆斯·布鲁塞(Bruce), *Travels to Discover the Sources of the Nile in the Years 1768-1773*(1768—1773年发现尼罗河源头之旅),5Bde.,1790——德文版编者注

99

进到分离和过程的境界,在此过程中,一方面,真理有躯体,却没有灵魂,另一方面是直观的自我意识,它又重新扬弃这种分离。

如果我们回过头来看看在迄今的发展中宗教关系所引起的进步,并拿直观与感觉作一比较,那么就可以看到,虽然真理在其**客体性**中产生出来,但其显现的弱点在于,当真理首先在直观的主体中获得**主体性**和**自我意识**时,它仍保持在感性的、**直接的独立性**中,也就是说,它不是自在自为地存在于自我重新扬弃自身的那种东西中,而且也证明自己是由**主体创造出来的**。在直观中,**宗教关系的总体**、对象和**自我意识**瓦解了。其实,宗教过程仅仅属于直观的**主体**,但在这种主体中却不是**完整的**,而是需要感性的、被直观的对象。另一方面,**对象**就是**真理**,但为了成为真实的,它就需要**外在于它**的自我意识。

现今是必然的进步在于,宗教情况的总体将真正被设定为这样的总体和**统一**。真理将获得**客体性**,就此而言,其内容作为自在自为存在着的,不是一**仅仅被设定者**,但在**主体性**本身的形式中是本质的,而整个过程则发生在自我意识的要素中。

因此,宗教关系首先就是**表象**。

[139] ### 3. 表象

我们将对什么是形象(Bild)、什么是表象很好地加以区别;不管我们说,我们具有关于上帝的某一形象或者具有关于上帝的某一表象,都是有某种不同的;在感性的对象那里,则是同一情况。**形象**从感性领域获取其内容,并以其实存的直接方式、以其个别性及其**感性显现**的任意性来表述其内容。然而,由于无限多的个别者,犹如其在直接的定在中是现存的那样,即使通过最详细的表述,在一整体中也不会被复述出来,所以,形象就始终是一**有限的**形象,而在宗教直观——它仅仅知道在形象中来表述其内容——中,理念分裂为**一系列形态**,在其中,理念是有局限性的,并变狭隘了。所以,普遍的理念——它在这些有限形态的范围内、然而仅仅在它们之中显现出来,仅仅是它们的依据——**本身**始终是隐蔽的。

相反,表象就是形象,犹如形象被提升为**普遍性**的**形式**、思想的**形式**一样,以致于这**一基本规定**——它构成对象的本质——被抓住不放,并浮现在表象的精神中。例如,如果我们说世界,那么我们就在这一声音中集合和集中了这一无限繁多丰富的整体。如果将对象的意识归结为这种简单的思想规定性,那么表象为了显现自身就仅仅还需要**言语**,需要这一留在自己本身中的单纯表现。表象所简化的各种各样的内容可以来自内心深处,来自自由,因此我们就具有关于权利、伦理、恶之表象;或者,这种内容也可以出自于外部的现象,犹如我们有关于一般战役、战争的表象一样。

如果宗教提升为表象的形式,那么它很快就具有某些**论战性的东西**。[140] 内容不是在感性直观中,不是以形象的方式直接来理解的,而是**间接地**用抽象的方法来理解的,而感性的东西,形象的东西,则被提升为普遍的东西;然后,对形象的东西的否定态度必然与这种提升联系起来。然而,这种否定的倾向不仅涉及形式,以致于直观和表象的区别仅仅存在于这种形式中,而且这种形式也触及**内容**。对于直观来说,**理念和表述方式**如此紧密地联系在一起,以致于二者显现为**一**,而形象的东西所具有的意义在于,理念可以与这形象的东西有本质的联系,而且不会与它分离开来。与此相反,表象的出发点在于,绝对真实的理念不能通过一形象来把握,而形象的方式则是对内容的限制;所以,它扬弃直观的那种统一,摒弃形象与其意义的一致,并为自己而强调这种意义。

宗教表象最终具有真理、**客观内容**的意义,因此也是与**主体性的其他方式**相反的,不只是与形象的方式相反。宗教表象的内容是自在自为有价值的东西,它在实体方面始终与我的意见和看法相反,与我翻来覆去的意愿、喜爱相反。

这涉及一般表象的本质。就更详细的规定性而言,可记住如下情况。

a) 我们看到,在表象中,本质的内容被设定进思想的形式,然而因此,它尚未**作为**思想被设定出来。所以,如果我们说,表象是针对感性者

[141] 和印象者的论战,并对此采取**否定的**态度,那么还未包含其中的就是,表**象绝对地摆脱感性者**,并以完善的方式从**理念**上把感性者设定出来。这一点只有在现实的思维中才能达到,这种思维把内容的诸感性规定提升为普遍的思想规定,提升为内在环节和理念特有的规定性。由于表象并不是这样把感性者具体提升为普遍者,表象对感性者的否定态度无非就是:表象并不是真正摆脱了感性者,它还在**本质**上与感性者**纠缠在一起**,而且为了自身存在,它需要感性者和反对感性者的这种斗争。这样一来,感性者在本质上就属于表象,尽管表象也**决**不让感性者被视**为独立的**。另外,表象所意识到的普遍者,只是其对象的**抽象普遍性**,只是非规定的**本质**或其本质之**近似者**。为了规定普遍者,表象又需要感性-被规定者、形象者,但是给予这种作为感性者的是形象者**不同于意义**的地位,而且不应停留于形象者那里,形象者仅仅有助于使真正不同于它的内容表象出来。

因此,表象处于直接的感性直观和真正的思想之间的持续不安中。规定性具有感性的特性,取自于感性事物,但是,思维置于自身之中,或者,感性事物被用抽象的方法提升为思维。然而,二者,感性者和普遍者,在内部并不相互渗透,思维还未完全克服感性的规定性,而且,尽管表象的内容是普遍者,它仍然还有感性者的规定性,并需要自然的形式。但是,感性者的这一环节总是不被看作自身。

[142] 这样,在宗教中就有许多形式,我们从中知道,它们并不是在真正的理解中获取的。例如,"儿子"、"生身父亲"只是取自自然关系的一种形象,我们从中也许知道,它不是在其直接性中所应指的,意义更确切地说仅仅是**大致**存在的关系,这种感性的关系就自身而言最符合在上帝那里**其实**所指的关系。此外,如果谈到上帝的愤怒、他的后悔、报复,那我们很快就知道,这不是在真正的意义上获取的,只是相似、譬喻而已。然后,我们也就发现详细的形象。例如我们听到认识善与恶之树。在吃果实时开始变得模棱两可,是否应将这树视之为原来的、历史的树,视之为历史的东西,吃也是这样。或者,是否可以把这树视之为一种形象。如果人们说

到认识善恶之树,那么就形成强烈的对比,以致于很快就会有这样的认识,即它不是感性的果实,而这树不应该在原来的意义上来看待。

b) 即使考虑到感性者,不只是作为映像、而且也作为**这种历史的东西本身**来看待的东西,也属于表象的方式。某种东西可以用历史的方式陈述出来,但我们并未由此采取相当认真的态度,并未询问,这是否当真。对荷马关于朱庇特(Jupiter)①及其他神向我们讲述的东西,我们采取同样的态度。

然而,随后也就有历史的东西,历史的东西就是**神圣的历史**,以致于它在真正的意义上应是一种历史:**耶稣基督史**。这种历史不仅被看作是按照诸形象的方式的神话,而且被看作是某种完善的历史事件。因为这是对表象而言的,但是这也还有另一个方面:它以**神圣者**、即神圣的行为、神圣的**永恒的**历史事件、绝对的神的行为为其内容,而这种行为是这种历史的内在者、真实者、实体者,而且正好是理性的对象所是的东西。这种双重性的东西,尤其存在于每一历史中,犹如一神话在自身中具有某一意义一样。当然有一些神话,在这里,外在的显现是主要者:然而,这样一种神话通常包含着一种比喻,犹如柏拉图的神话一样。

每一种真正的历史都包含着这些外在的一系列事件和行为;而这些事件和行为就是一个人、一种精神的事件。一个国家的历史就是一种普遍精神、一种民族精神的行为、活动和命运。这样的精神在自身中就自在自为地具有一种普遍者;如果人们在表面的意义上来对待这种普遍者,那么就可以说:人们可以从每一种历史中获取一种道德。

由此得出的道德至少包含着**本质的伦理力量**,这种力量同时起了作用,并产生了这种东西。这种力量是内心深处的东西、实质性的东西,因此,历史就具有这一个别的方面、个别者,直至最终的个体化者;然而,其中各普遍法则、伦理之力量也是可以认识的。这些并非为了这样的表象

[143]

---

① 朱庇特(Jupiter),罗马和意大利的主神,相当于希腊的宙斯。是天空的主宰。他保佑人类,象征明确的道德观念,也象征良心、义务感及端正品行。在整个罗马共和国时期,朱庇特庙都是罗马崇拜的中心。——译者注

而存在:为了这种表象,历史以这样的方式存在着,犹如它作为历史显现出来,并存于现象中一样。

然而,在这样的历史中,某种东西本身是为人而存在的,人的思想、概念还未获得一定的发展;人在其中感觉到这些力量,并对它们有一种模糊的①意识。宗教以这样的方式基本上是为日常意识而存在的,是为其日常形成中的意识而存在的。这是首先在感性上显示出来的内容,是一系列行为、感性的规定,这些行为、规定在时间上是前后相继的,而在空间中则是并列的。内容是经验的、具体的、各种各样的,然而也具有内在的方面;其中就有作用于精神的精神:主观精神首先通过模糊的承认,给予在内容中存在的精神以证明,不需要这种精神为意识而产生出来。

[144] c)所有精神的内容,一般的关系,最终都是借助形式的表象,来把握内容的各内在规定,犹如它们**仅仅与自身相关联并存在于独立的形式中**一样。

如果我们说:上帝是全知、至善、公正的,那么我们就有了一些特定的内容;然而,这些内容规定的每一个规定都是个别的和独立的;"和"、"也"都是表象的连接方式。全知、至善也都是概念,它们不再是一形象、感性的东西,或历史的东西,而是精神的规定;然而,它们还未在自身中被分析过,还未被设定出区别,犹如它们相互关联一样,而是仅仅在与自身的抽象的单纯关系中被看待了。只要内容确实已经在自身中包含着各种各样的关系,而这种关系又只是外在的,那么**外在的同一性**因此就被设定出来了。"某物是彼,然后是此,继而它即是如此";因此,这些规定首先就具有了偶然性之形式。

或者,如果表象包含着已经更接近于思想的一些**情况**,例如上帝创造了世界,那么表象就还在**偶然性**和**外在性**之形式中来理解这种情况。这样一来,在关于创世的表象中,上帝一方面始终是自为的,世界始终在另一方面,但是这两方面的关联并未设定进偶然性之形式中;这种关联不是

---

① 拉松版:"思维着的"(denkendes)。——德文版编者注

B. 宗教关系

根据自然的生活和事件之相类似被表达出来的,就是,如果它被称之为创世,被称之为这样一种关联,那么这种关联对于自身来说就应该是完全特有的和不可理解的。然而,如果人们使用"活动"这一表达方式——世界就是从中产生出来的——,那么这一表达方式也许是一种更抽象的东西,但还不是概念。本质的内容是以单纯普遍性之形式为自身确定下来的,这种内容被包裹于这种普遍性之中,**这种内容由于自身而过渡为他者**,它缺少自己与他者的同一性,它仅仅**与自身**是**同一**的。各个别之点缺少必然性之联系及其区别之统一。

所以,表象一开始理解本质的**联系**,它就使这种联系处于**偶然性**之形式中,而且在这里它并未继续前进到这种联系的真正自在及其永恒的、贯穿自身的统一中。因此,在表象中就有天意的思想,而历史的诸运动则被概括和奠基在上帝的永恒意旨中。然而在这种情况下,联系就立即被移入这样一个范围里,在此,对于我们来说,联系应是不可理解的和难以探究的。因此,普遍者的思想并未在自身中被予以规定,而且如同它被表达的那样,立即又被放弃了。

[145]

在我们看到表象的普遍规定性之后,这里就是触及近代教育问题——宗教是否可以**教授**——的地方,老师们不知道他们应该用宗教教义开始做什么,所以他们就认为宗教课程是不必要的。只有宗教才具有必须以对象的方式表象出来的**内容**。其中有这样一种情况,即这一被表象出来的内容可以被告知,因为一些表象是可以通过言辞告知的。抚慰心灵,激起情感,则是另一回事;这不是教义,这是我的主体性对某种东西的兴趣,而且也许可以有一种由演说家所作的布道,但不会是教义。如果人们虽然从**感觉**出发,把这种感觉设定为初始者和本原者,然后又说,宗教表象来自感觉,那么,一方面,只要**本原的规定性**存在于精神自身的本性中,这就是正确的。可是另一方面,感觉是如此之不确定,以致于一切皆会存在于其中,而存在于感觉中的东西之**知**,并不属于这种感觉本身,而是只有通过表象所告知的教育和指导才会产生出来。那些教育者都渴望孩子们和一般的人始终都主观感受到爱,而且他们都想象到上帝之爱,

[146] 犹如父母对孩子们的爱那样,他们爱孩子们,也应该爱孩子们,犹如他们所是的那样,他们自豪地留在上帝之爱中,并蔑视所有神圣的和人的法规,而且认为并宣称,他们并没有损害爱。但是,如果爱是纯洁的,那么它就必然事先自愿放弃自私自利,自己解放自己,而精神只有当它**外在于自我**,并把实体者一下子看作是**一与精神相反的他者**、更高者,它才被解放出来。只有当精神对绝对力量、**非凡客体**采取了反对的态度,在这种客体中置自身之外,自己摆脱了自己,放弃了自身,它才真正回归到自身,也就是说,**对上帝敬畏**,是真爱的前提。自在自为的真实者所是者,必然向情绪显现为一独立者,在其中,情绪放弃自身,而且只有通过这种中介,通过重建其自身才能获得真正的自由。

如果客观真理是为我而存在的,那么我就把自我外化了,为自我就没有保留下来什么东西,同时也就把这一真理理解为**我的真理**。我与此就一致起来,并保持在其中,但却是作为纯洁的、无欲望的自我意识保持在其中。这一关系,作为内容与我绝对同一的**信仰**,就是宗教感情所是的同一种东西,然而因此,它就同时表达出**绝对的客观性**,这种客体性具有为我的内容。教会和改革家们很可能都知道,他们希望信仰什么。他们并没有说过,人们通过感觉、感受、感情就会变得幸福,而是通过信仰就会变得幸福,以致我在绝对的对象中就有了自由,这自由本质上包含着放弃我的个人判断和部分信念。

[147] 由于在与感觉的比较——在其中,内容作为主体的规定性而存在并因此是偶然的——中,对于表象来说,内容就被提升为对象性,那么已经属于对象性方面的就是,一方面,**内容自身有权为自己做某种事情**;而另一方面,内容与**自我意识**有**本质联系**的必然性就得以阐发。

仅仅就首先涉及自为内容的东西而言,这种内容就在表象中被看作是一**已给定者**,关于这一已给定者,人们仅仅知道它**如此存在着**。那么,面对着这种抽象的、直接的客体性,内容与自我意识的**联系**就首先显现为还具有**纯主观**本性这样一种联系。这就是说,内容自在地合我的胃口,而**精神的见证**教导我,承认它是真理,是我的本质规定。例如,上帝的人化

B. 宗教关系

之无限理念——这一思辨的中心点——就在这人化中具有某种非常大的力量，以致它不可抗拒地进入经过反思还未失去的情感中，但是因此，我与内容的联系还没有真正得以阐发，而它仅仅显现为某种**出于本能者**。如此转向内容的自我，不仅仅需要这种单纯的、无偏见的自我存在，它已可以在自身中多次修正自己。这样一来，开始的**反思**——它超出紧紧抓住已给定者之外——就已经会把我弄糊涂了，而这一领域中的混乱，比由于它合乎伦理的东西和所有别的支撑物在我之中和生活之中、在行动中和国家中变得不稳定，更加危险和可疑。我由于反思自己不能对我有所帮助，特别是自己不能依靠自己本身的经验，以及我确实还要求某种稳定者的情势，这些都使我离开反思，并引导我去坚持形态中的内容，犹如它是已有的一样。但是，这种向内容的复返，并不以内在必然性之形式为中介，而只是一系列的**绝望**，即我不知如何是好，无非通过那种步骤能得以自助。或者是谋求宗教如何惊奇地传播开来，数以百万计的人又如何在宗教中找到安慰、满足和尊严。有人宣称脱离这种权威是危险的，而且相反，自己看法的权威却被搁置一旁。即使仅仅这一点也还是不利的过渡，因此，自己的信念就屈服于普遍者的权威，并与此相反而得以安静下来。安慰仅仅在于**估计**，如同数以百万计的人对它所考察的，它因此也许一定是正当的，而始终可能的是，如果人们**再一次**考察它的话，事情就显得不同了。[148]

所有这些过渡都可能被带入**证明宗教真理的形式**中，而且它们都从辩护者们那里获得了这种形式。只是以此仅仅把**合理性论辩**和反思的形式带了进来，一种并不涉及自在自为真理的形式，仅仅指明可信性和可能性等等，这种形式不在其自在自为存在中显示真理，而只能在与**其他**情况、事件和状况的**联系**中理解真理。然而事情总归是，虽然辩护与其合理性论辩转向**思维**和**推论**，并想提出某些不同于权威的一些**根据**，但其主要根据又只是一种**权威**，即**神圣的权威**，上帝则把应表象出来的东西启示给了人们。没有这种权威，辩护甚至连**一瞬间**都不能有所举动，而对于其观点来说，思维、推论和权威的这种不断**混乱出现**，是本质的。但是，犹如推

107

[149] 论必定**进入无限者中**,要立足于这种观点之上是不可避免的一样,即使那种至高的、神圣的权威又是这样一种权威,即它本身首先需要根据,并以某种权威为基础。因为当上帝进行启示时,我们并不在场,也没有看见上帝。总是只有**其他人**向我们讲述和许诺此事,而其他人经历了历史的东西,或者首先从目睹者那里知悉了此事,据说,正是这些他人的诸见证,按照那种辩护把确信同在时空上与我们分离开来的内容联系起来。但是,即使这种中介也不是绝对可靠的;因为事情在此取决于我们和内容之间存在的媒介,即对其他中介的感觉具有何种性质。察觉到能力,这要求**无诗意的知性**及其教养,也就是在古人那里尚未存在过的条件,因为古人缺少能力按其**有限性**来理解历史和挖掘出其中具有**内在意义**的东西,那时对他们来说,尚未以其完全的尖锐性设定出诗意的东西和散文的东西之对立。而如果我们把神圣的东西设定成历史事件,那我们就总是陷入所有历史事件所特有的摇摆和不安之中。与耶稣使徒所报道的奇迹相对抗的,是无诗意的知性和无信仰,而就客观方面来说,奇迹和神圣者并不相称。

然而,即使把表象内容与自我意识的联系介绍出来的所有那些智者们**一下子**达到其目的,如果辩护性的合理性论辩同其根据一起使**有些人**获得了确信,或者我随同我内心的诸种需要、冲动和痛苦一起在宗教的内容中找到了安慰和平静,那么此事这样发生了,这仅仅是**偶然的**,而且取决于,正是反思和情感的这种观点还不是不安的,而且还未在自身中唤起对某一更崇高者的预感。因此,此事就取决于某种偶然的**缺陷**。

[150] 然而,我不仅仅有这种内心和心灵,或者有这种温和的、服从理智辩护的和无偏见迎合的反思——只有当这种反思听说与此相适应和允诺的诸根据时,它才能感到愉快——,而且,我还有其他更高的需要。我也还是按照某一完全**简单的**、**普遍的**方式被具体规定出来的,以致我的规定性**是纯粹的**、**简单的规定性**。也就是说,我是绝对具体的自我,有在自身中自我规定的思维——我作为**概念**而存在。这是我具体存在的另一种方式;在这种情况下,我不仅寻求对我内心的安慰,而且概念也在寻求满足,

而与这种概念相反的则是,宗教的内容以表象的方式保持外在性之形式。尽管有些重要的和丰富的心灵和有些深刻的感觉在宗教真理中得到了满足,但这是概念,是这种自身中具体的思维,此思维还未得到满足,并首先作为理性认识的冲动起作用。如果就自身而言还未规定的言词"理性、理性认识"不仅归结为我心中的某些东西作为外部的规定是肯定无疑的,而且思维把自身规定到这种程度,以致对象对我来说自为地固定下来,并**奠基于自身之中**,那么这就是作为**普遍思维**的概念,此概念在自身中自我特殊化,并在特殊化中保持与自身的同一。关于意志、知性,我在理性中具有何种别的内容:这始终是实体性的东西,我知道这样的内容如此作为在自身中是有根据的,以致于我在其中具有**概念的意识**,也就是说,我不仅具有信念、确信和与其他被视为真的原理——我把这种概念归于这些原理——相适应,而且我在其中,在真理的**形式中**——在绝对具体者和自身全然纯粹和谐者的形式中,拥有**作为**真理的真理。

这样一来,表象就化解为思维的形式,而**形式**的那种规定就是对真理的哲学认识予以补充的那种规定。然而由此可知,对哲学来说,无非就是取消宗教,也许就是断言,宗教的内容不会是自为的真理,更确切地说,宗教正好是真实的内容,只是以表象的形式存在,而哲学既不应该首先提供实体的真理,人类也不必首先等待哲学,以接受真理的意识。

[151]

Ⅲ. 宗教关系在思维形式中的必然性和中介

表象的内容在思维中的内在联系和绝对必然性,无非是其**自由**中的概念,以致所有内容都是概念的规定,并与自我本身保持一致。规定在此完全是我的规定;精神在其中拥有**其本质**自身作为对象,而已给定存在、权威和与我相对立的内容外在性,则正在消失。

因此,思维给予自我意识以绝对的自由关系。表象还保持在**外在必然性**的范围中,因为所有其诸环节,当它们相互联系时,就如此做到这一点,以致于它们并不放弃其独立性。与此相反,这些形态在思维中的关系则是**理想性**之关系,以致于没有任何形态处于自身分离开来的独立状态,更确切地说,每一形态都是与其他方式相对立的某一**映像**之方式。因此,每一区别,每一形态,都是某一显而易见者,而不是昏暗不明的和看不透的自为存在者。因此,诸区别并不是自为独立地一个与另一个相对抗的区别,而是在其理想性中被设定出来的。不自由的关系,无论是**内容**的关系还是**主体**的关系,现在都消失了,因为**内容**和形式之绝对适应性已经出现。**内容在自身中是自由的**,而其在自身中的映现,则是其绝对的形式,而在对象中,**主体**则面临理念、自在自为存在的概念的行为(即行为**本身**)。

[152]　当我们表述思维及其发展时,我们就必须首先看到,1.思维在与表象的关系中,或者更确切地说,作为**表象的内在辩证进展**表现出来,然后 2.思维作为**反思**,试图**介绍**宗教关系的诸本质环节,最后 3.思维作为思辨的思维在**宗教的概念**中圆满完成,并在理念的自由必然性中扬弃反思。

1. 表象的辩证进展

a)这里首先应该考虑,思维**化解着**表象中内容所在的简单者的这种形式,而如果人们说,哲学没有让表象形式经受住考验,而是改变它或者使它离开内容,那这正是人们通常对哲学所作的指责。而后,因为对于一般意识来说,真理与那种形式紧密相连,所以,如果形式被改变,那么一般意识就认为自己失去了内容和对象,并宣布那种改变为破坏。如果哲学把表象形式中存在的东西变为概念的形式,那么自然就出现与某一内容、即作为思想存在的这样一种内容与属于这样一种表象的内容分离开来的困难。单单化解表象的简单者,首先仅仅意味着在这种简单者中理解和指明**不同**的规定,以致这种简单者就被了解为一种自身多种多样者。如果我们问,这是什么?那么我们立即就有了答案,蓝色是一种感性表象。如果有人问,蓝色是什么?那么人们也许就借助获得这一直观来指明蓝色;然而,这种直观已经包含在表象中。更确切地说,如果当真是指的直观,那么人们借助那一问题就是想知道概念,想把蓝色了解为其自身中有不同规定的关系和关于此的统一。按照歌德的理论,蓝色是一种明与暗的统一,而且,暗是基础,而使这种暗再暗起来者则是一他者,带来明亮者,是我们借以看见这种暗的媒介。天空是夜,是黑暗的,大气是明亮的;通过这种明亮的媒介,我们看到蓝色。 [153]

因此,上帝作为表象的内容,还存在于单纯性之形式中。现在我们思考这种单纯的内容;于是,就应该指明不同的规定,它们的统一,可以说是总和,进一步构成其同一,对象。东方人说:神是无限多的名称(即规定),人们不可能说尽它是什么。但是,如果我们理解上帝的概念,那就必须给出不同的规定,把这些规定归结为狭小的范围,通过这些规定及其统一,对象就是完整的。

b)一个进一步的范畴是:只要某物被思考,那它就**在与一他者的关系中**被设定出来,对象或者在自身中被了解为不同者的相互关系,或者被了解为其与另一他者(即我们在这他者之外所知道的)的关系。在表象中,我们始终具有不同的规定,它们属于一个整体,或者是相互分离开来的。

但是,在思维中,同时应该构成**独一者**的诸规定之**矛盾**被意识到了。如果它们相互矛盾,看来它们不会归于独一者。例如,如果上帝是善的,而且也是公正的,那么诸善就与公正相矛盾。同样,上帝是万能的和明智的,也是如此。因此,上帝一方面是威力,一切在他面前都要消失,不复存在;然而,对一切被规定者的这种否定则与智慧相矛盾:这种智慧想要某种被规定者,有某种目的,是对威力所是的非规定者的限制。在表象中,一切都同时寂静地有其位置:人是自由的,也是不独立的;世界上有善,也有恶。在思维中,这一切都相互关联,矛盾因此就显露出来。 [154]

如果反思的思维之行为表现为**抽象的知性**,并指向表象,犹如表象以感性的、自然的或一般**外在的方式**标明诸内在的规定和关系那样,那么它就是特有的。像反思的知性通常总有**有限性**之前提,承认这种前提的绝对效用,使之成为规则或标准,并推翻与有限性相反的理念和绝对真理一样,这种知性也就使诸感性的和自然的规定性——然而在其中,表象却想同时了解被承认的**普遍者的思想**——成为完全被规定的、**有限的关系**,抓住这种有限性,并宣布表象为错误。在知性的这种活动中,部分还包括**表象的自身辩证进展**,而启蒙运动(即那种知性行为)对于思想启蒙的巨大重要性就在于此。然而,表象的辩证进展也部分因此超出了其真实的范围之外,并移入**形式上的任性**领域内。

例如,在原罪的表象中,思想的内在关系同时也在自然事物的规定性中被理解了;然而,如果表象这样来表露,那么它就想知道用"原罪"一语蕴涵于遗产之规定中的**自然事物**已被提升进普遍者的领域。相反,知性则以有限性之方式来理解关系,并**仅仅**想到自然的财富或遗传病。在这一领域内,人们当然承认,对于孩子们来说,偶然的是,父母曾拥有财产或曾身患有病;在这种情况下,孩子们就在没有功绩和罪过的情况下继承贵族称号、财产或弊端。然后,如果进一步反思,自我意识的自由已经超出偶然性这一关系之上,并在善的绝对精神领域中,每个人都在他所做的事情(**他的行为**)中有**他的**过错,那么就容易指出这种矛盾:绝对属于我的自由的事情,会从别处以自然的方式无意识地并在表面上落到我身上。

[155]

如果知性指向三位一体的表象,那情况也十分相似。即使在表象中,内在的思想关系也以外表的方式得以理解,因为数是外表之绝对规定中的思想。但是,知性**仅仅**抓住外观,停留于数数,并认为三人中每一个人都完全从外表上反对另一个人。如果人们把数的这种规定性变成为关系的基础,那么确实又完全矛盾的就是,这些相互完全外在的东西就应同时是独一。

c)最后也来谈谈**必然性**之范畴。在表象中**存在**,就**有**一空间;思维要求知晓必然性。这种必然性在于,在思维中,不是一内容仅仅被视为**存在着的**,仅仅被视为在单纯的规定性中、在与自身的这种单纯的关系中,而是被视为本质上在与他者的关系中,以及被视为**不同者之关系**。

我们把这称之为必然的:如果有独一者,那么他者也就因此而被设定出来;只要后者存在,前者的规定性就存在,反之亦然。对于表象来说,有限者就是**存在者**。对于思维来说,有限者立即只是这样一种不是自为的存在者,而是要求一他者趋向其存在,借助一他者而存在。对于一般的思维来说,对于一定的思维来说,更进一步对于理解来说,并没有什么直接者。**直接性**是表象的首要范畴,在这里,内容就其与自己的单纯关系而被知晓。对于思维来说,只有这样一种东西,在其中,中介是本质的。这就是诸抽象的、普遍的规定,是宗教表象和思维的这种抽象区别。 [156]

如果我们就与我们领域里问题的关系而言进一步考察这一点,那么在顾及这一方面时,直接知识的所有形式、信仰、感觉等等就都属于表象。至此就产生出这样一个问题:宗教,关于上帝之知识,是一种直接的知识还是间接的知识?

2. 宗教意识在其本身中的中介

当我们转向思维和必然性之规定,并因此转向中介时,这样一种被中介的知识之要求就与直接的知识对立起来,而且首先就得在这种对立中对此加以考察。

a. 直接知识与中介

它是一种非常普遍的意见和确信,关于上帝之知识只以直接的方式存在;它是**我们的意识的事实**,它是如此**存在着**;我们有一种关于上帝之表象和[确信],即这种表象不仅是主观的,存在于我们之中,而且上帝也**存在着**。人们说:宗教,关于上帝之知识,只是信仰,被中介的知识必须被排除掉,它使确信、信仰的可靠性和信仰的内容消失。这样一来,我们就有了直接知识和间接知识的对立。思维,具体的思维,理解,都是间接的知识。但是,知识之直接性和中介,都是一种片面的抽象,这一种知识像另一种知识一样。它并非意见、前提,好像正确性、真理应该归于排除另一种知识的这一种知识,归于一种自为的知识,或归于与二者隔绝的另一种知识似的。此外,我们还看到,真正的思维,理解,二者统一于自身,并 [157]

113

不排除二者中之一。

α）由一种知识到另一种知识的**推论**，某一规定依赖于另一种规定，某一规定为另一规定所制约，**反思**的形式，都属于**被中介**的知识。直接的知识消除掉所有区别，消除掉联系的这些方式，并仅仅有某一**简单者**，某种联系，知识，主观形式；而然后：它存在着。只要我肯定知道上帝存在着，知识就是我与这种内容的联系，就是我的存在——像我是肯定的一样，上帝也是如此肯定的——，我的存在与上帝的存在是**一种**关系，而关系就是存在；这一存在是一简单者，同时是一双重者。

在直接的知识中，这种关系是非常简单的；相互关系的所有方式都消失了。我们自己首先想以经验的方式理解这种关系，也就是说，我们站到直接的知识所依据的同一看法上。一般来说，这种知识就是我们称之为经验的知识的东西：我正好知道它，这是意识的事实，我在我心中发现上帝的表象，而且他是存在的。

这一看法在于：只有**经验的东西**有价值，人们不应超出人们在意识中所发现的东西之外；人们并未被问，为什么我认为它是必然的。这一点导致认识，而这正好是妨碍认识的弊端。在这种情况下，经验的问题就是：**有直接的知识吗？**

必然性之知识属于直接的知识；必然的东西，都有某一原因，它必定存在；它本质上是它借以存在的一他者，而当这一他者存在时，它本身就存在，——在这种情况下，就存在区别者之关系。只有当中介只是**有限的**中介时，这中介才能存在。例如，效果在某一方面被视为某种东西，在另一方面，原因则被视为某种东西。

[158] 有限者是对一他者的**依赖者**，是非自在自为、通过自身的；属于它实存的，是一他者。就肉体而言，人是不独立的；对此，他必有一外在的自然，一些外在的物。这些外在的物不是由人设定的，显现为自身与人对立地存在着，而他只有当一些外在的物存在并可用时，才能勉强地维持其生活。

概念、理性的更高中介，是同自身的一中介。属于中介的，是关于二者的区别和关系,以及这样一种关系,即此者只有当他者存在时才存在。那么,这种中介就以直接性之方式被排除在外。

β) 然而,即使我们只采取草率的、经验的态度,也**决没有什么直接者**,没有什么只有直接性之规定所适合的东西;而是,直接的东西也是被中介的,而直接性本身本质上就是被中介的。

一些有限物就是被中介的;一些有限物,星辰、动物,都是被创造出来、被制造出来的。是父亲的人,像儿子是被中介的一样,也是被生产出来的。如果我们向父亲询问,那么这位父亲首先就是直接者,而儿子作为被生产者就是被中介者。

然而,所有生物,当它们是生产者,被规定为开始者、直接者时,它们就是被生产者。直接性就是存在一般,就是与自身有关的这种单纯关系;只要我们清除这种关系,它就是直接的。如果我们把这种实存规定为在关系中是这关系诸方面的一个方面这样一种实存,规定为效果,那么,无关系者就被认为是被中介的这样一种东西。同样,原因仅仅在于,它有效果,因为否则,它就根本不是原因;仅仅在这种关系中,因此仅仅在这种中介中,它才是原因。实存着的所有物——我们还没有谈到与自身的中介——,由于它们对于其存在来说,也就是对其直接性来说,必须有他者,就此而言,它们都是被中介的。

逻辑的东西就是辩证的东西,在此,存在被视为作为直接者是非真实的这样一种东西。存在的真理就是变易;变易是**一种**规定,是与自身有关的,是一种直接者,是一种完全单纯的表象,然而却包含着两种规定:存在和非存在。没有什么直接者,这种直接者,更确切地说只是一种学究智慧;只有在这种坏的知性中才有直接者。[159]

直接的知识,特殊的方式,直接性之方式,也是如此:没有什么直接的知识。直接的知识,存在于我们没有中介**意识**的地方;然而,意识是被中介的。我们有一些感觉,这是直接的;我们有直观,这以直接性之形式显现出来。然而,如果我们研究**思想的规定**,那么人们就不能在这方面停留下来,即某个人**首先**觉得如何,而且问,事情是否**确实**如此。

如果我们考察一种直观，那么自我、知识、直观就存在着，而且，如果自我、知识、直观不被理解为客体者，而是被理解为主体者，那么就存在一他者、一客体，或者一种规定性；我只有通过客体、通过我的感觉的**规定性**，才在感觉中是被中介的。自我、知识、直观始终是一种**内容**，两个方面都属于此。知识是完全单纯的，但我必定知道**某种东西**；如果我只是知，那么我就什么都不知道。纯粹的看也是这样：在这种情况下，我就什么都没有看见。人们可以直接地称为纯粹的知识。这种知识是单纯的；然而，如果知识是一种现实的知识，那么就有知者和被知者；在这种情况下，就有了**关系**和**中介**。

更进一步地说，宗教的知识也是这样，即它本质上是一种间接的知识；但是，我们不可片面地把纯粹间接的知识视为一种可靠的、真实的知识。当人们在每一宗教中时，每个人都知道，他在其中被教育，在其中得到教导。这种教导，这种教育，使我获得我的知识，我的知识是通过教导、教育等等获得的。

[160] 本来，当人们说到实定的宗教时，它就是被启示出来的，也就是说，是以外在于个人的方式被启示出来的；因此，宗教的信仰本质上是通过启示获得的。这些情况——教义、启示——都不是偶然的、非本质的，而是本质的。诚然，它们涉及外在的关系；但是，这种关系是外在的关系，所以它不是非本质的。

如果我们回顾一下另一内在的方面，并忘记信仰、坚信因此是一中介者，那么我们就是站在这一看法上，即把信仰、坚信视之为自为的。至此就特别出现了直接知识之论断：我们直接知道了上帝，这是我们心中的一种启示。这是我们必须基本坚持的一条伟大准则；原因在于，实定的启示并不会这样引起宗教，以致它是一种被机械制作出来的东西、从外面起作用的东西和在人心中被设定的东西。

柏拉图所说的旧东西就属于此：人并未学什么东西，他只是回忆起，旧东西是人原来在自身中所具有的某些东西；按外在的而不是哲学的方式来说就是，他回忆起他从前在某一先行情状中所知道的某一内容。在那里,旧东西被神秘地表述出来;但这就存在其中:宗教、权利、伦理,所有精神的东西,都仅仅在人心中活跃起来;他是自在的精神,真理就在他心中,而问题仅仅在于,真理被意识到了。

精神给精神以证明;这种证明是精神自身的内在本性。这一重要的规定在于,宗教不是外在地进入了人心中,而是在他自身中,在他的理性中,特别在他的自由中。如果我们从这种关系来抽象和考察这种知识是什么,这种宗教感觉,精神中的这种启示怎么样,那么这也许就是直接性,如所有的知识一样,然而,直接性也包含中介于自身之中。因为,如果我给我表象上帝,那么这立即就是被中介的,虽然这种关系完全直截了当地、一直通向上帝。我作为知而存在,而后就是一对象,上帝,因此就是一种关系,而作为这种关系的知识,就是中介。我作为宗教的知者,只是**借助这种内容的**这样一种知者。

γ) 如果我们进一步考察宗教之知识,那就不仅显示出我与对象的单纯关系,而且这种知识也是一种具体得多的关系;这种完全的单纯性,关于上帝之知,是**自身中的运动**,进一步地说,是向上帝的**提升**。我们从本质上把宗教表达为从一种内容到另一种内容、从有限的内容到绝对的、无限的内容之**过渡**。

这一过渡——其中中介所特有的东西被确定地表达出来了——具有双重性:第一是从有限物,从世界之物,或者从我们意识的有限性和我们自称的这种一般有限性——自我,这种特殊的主体——,向无限者的过渡,这种无限者进一步被规定为上帝。过渡的第二种方式,是按照更深刻、更抽象的对立所显示的一些更抽象的方面。在这种情况下,即这一个方面被规定为上帝,一般的无限者被规定为被我们所知者,而我们所过渡到的另一方面,是作为一般客体者或作为存在者的规定性。在第一种过渡中,共同的东西就是存在,而两方面的这种内容,则被设定为有限的和无限的;在第二种过渡中,共同的东西就是无限者,而这种无限者在主观东西和客观东西的形式中被设定出来。

现在应对知上帝在自身中的情况作一考察。知识是在自身中的关系,是被中介的,要么是通过他者的中介,要么是在自身中的中介;之所以一般来说是中介,是因为在这种情况下发生了我与一个对象即作为一个他者的上帝的关系。

[162]　　我与上帝,是相互**不同的**;如果二者是一,那么直接的、无中介的关系,就是无关系的、即无不同的统一。当二者是不同的时候,它们就不是他者所是的一;然而,如果它们确是相关的,在其有不同的同时又有同一性,那么这种同一性本身就不同于其不同存在,是与这两者不同的某种东西,因为否则它们就不是不同的。

二者是不同的;它们的统一并不是它们本身。它们是一所在其中的此者,是它们不同的所在其中的此者;然而,它们是不同的,因此它们的统一不同于其不同性。就此,中介进一步在一个**第三者**中是与不同者相对立的;因此我们就有一种推论:两个不同者和把它们联系起来的一个第三者,在其中,它们是被中介的、同一的。

因此,只要谈论上帝之知识,立即就要谈到一种推论的形式,这不仅容易理解,而且也是事情本身。二者是不同的,而这就是二者通过一个第三者设定进"一"所在的一种统一:这是[一种]推论。因此,应更详细地讨论在自身中被中介了的关于上帝之知识的本性。关于上帝之知识的更进一步的形式出现在关于上帝定在之**证明**形式中:这就是被表象为间接知识的关于上帝之知识。

只有一所是、抽象地是一的东西,才是非中介的。上帝定在的诸证明,在表象着上帝之知,因为这种知识把中介包含在自身中。这是宗教本身,是关于上帝之知识。对被中介的这种知识的阐明,就是对宗教本身的阐明。但是,如果把这种知识表象为关于上帝定在的证明,那么证明的这种形式,就它本身而言,当然就有某种走了样的东西。针对那种走了样的东西,人们进行了批判;但是,形式的片面环节——就这种间接的知识而言,它是存在的——并没有使整个事情化为乌有。

[163]　　所以,当我们去掉关于上帝定在的证明的不适当之处时,就应该给这种证明重新恢复名誉。我们拥有上帝及其定在——定在是一定的、有限

B. 宗教关系

的存在,上帝之存在并不是按某一方式的某一有限的存在;实存也在一定意义上被看待——,因此我们就拥有上帝,是就其存在、现实性、客观性而言的,而证明①则有向我们指明两种规定之间关系的目的,因为它们是不同的,不是直接的一。

每个事物就其涉及自身而言,作为上帝的上帝,作为存在的存在,都是直接的。证明就是,这些开始的不同者也具有某种联系,具有同一性,——不是纯粹的同一性,这似乎是直接性,单一性。指明联系,意味着一般地证明;这种联系可以有不同的性质,而在证明时,不确定的是,谈论何种方式之联系。

有的联系是完全外在的、机械的:我们看到,某一屋顶对于墙壁是必要的;房屋具有抵挡风雨等等的用途;人们可以说:房屋必须有屋顶,已被证明了;用途就是把墙壁与屋顶联系起来。这也许属于一个整体,存在着联系,但我们同时意识到,这种联系并没有涉及这些对象的存在;木料、瓦构成屋顶,如果它们的存在与什么都毫不相关,那么对于它们来说,联系就只是外在的。这里存在于证明中的就是:指明这样一些规定之间的某种联系,对于这些规定来说,联系本身是外在的。

然后,就有了事情、内容中的其他联系。例如几何定理中的情况就是这样。如果有一个直角三角形,那么马上就存在弦斜边的平方与股边的平方之关系。这是事情的必然性;这里不是外在的关系所属的这样一些规定的联系,而是在这里,这一个没有另一个就不能存在,借助于这一个,另一个在这里也被设定出来了。

[164]

但是,在这种必然性中,我们对必然性认识的方式,是不同于事情本身中诸规定的联系的。我们作出证明的过程,并不是事情本身的过程,而是不同于事情本性中存在的过程。我们划定辅助线;没有人会想到说,为了使三角形的三个角等于两个直角,就采取延长其诸角的一个角的过程,而只有这样,才能获得这一点。在这种情况下,我们所讨论的中介才存

---

① 拉松版:"意识"。——德文版编者注

119

在，而事情本身中的中介才是相互不同的。建构和证明仅仅是我们主观认识的使命；事情通过这种中介达到这种关系不是以客观的方式，而只是我们通过这种中介来获得认识；这是纯粹的主观必然性，而非对象本身中的关系、中介。

在考虑到关于上帝之知识、上帝在自身中诸规定的联系和我们关于上帝之知识及其规定的联系时，这一类证明，这些联系，对自身来说，马上就是不能令人满意的。不满意的东西，进一步显示如下：**在主观必然性**的那种过程中，我们的出发点是最初的某些规定，我们已经知道的这样一种东西。在这种情况下，我们就具有**某些前提**，某些条件，——三角形、直角的**存在**。某些联系发生在前，而我们就在这样一些证明中指明：如果这种规定存在，那么那种规定也存在；这就是说，我们使结果依赖于一些已有的、已经现存的条件。

[165] 这种关系就是：我们所考虑的东西，被表象为依赖于某些前提。作为纯知性的几何证明，诚然是最完善的证明，被最彻底地做出了知性的证明，以致某种东西被指明是依赖于某种别的东西。当我们把这一点运用于上帝之存在时，这时立即就显示出想在上帝那里指明这样一种联系的不合适性。因为这特别出现在我们称之为向上帝提升的最初过程中，以致当我们把这一点理解为证明的形式时，我们就有了这种关系，即有限者就是上帝之存在从中得到证明的**基础**；在这种关系中，上帝之存在显示为结果，显示为依赖于有限者的存在。

在这种情况下，我们称为证明的这种进展同我们表象为神圣东西的不合适性就显示出来，上帝恰恰是不被推导出的东西，是完全自在自为的存在者。这是走了样的东西。然而，如果人们认为，通过这样的评论，人们一般就指明了这一过程是正确的，那么这同样是一种片面性，这种片面性立刻就与人们的普遍意识相矛盾。

人考察世界，并提升自己，因为他是有思想、有理性的，因为他在诸事物的偶然性中没有得到满足，没有从有限者进到绝对的必然者，而且表明：因为有限者是一偶然者，所以必定是一自在自为的必然者——它是这种偶然性的根据。这是人的理性、人的精神的过程,而关于上帝定在的证明无非是对这一向无限者提升的描述。

同样,众人将始终经历更具体的进程:因为世界上存在着生物——它为了自己的活力,是作为生物在自身中组织起来的,它是其诸不同部分的这样一种协调一致,而且这些生物同样也需要独立于人的外在的对象、空气等等,——因为这些对象并非是由众人自己设定的,它们如此地协调一致,所以必定存在着这种协调一致的内在根据。 [166]

这就是自在自为的协调一致,而且它以其所产生的活动、以按照目的的某一活动者为前提。这就是人们列举自然界中上帝之智慧加以钦佩的东西,即有生命的机体这一奇妙者和某些外在对象与上帝的协调一致:人从这种协调一致提升至上帝之意识。如果人们认为,万一关于上帝定在的证明形式被怀疑,这些证明即使按其内容来说已经陈旧,那么人们就是弄错了。

但是,内容当然并未以其纯洁性被表述出来。这种缺陷也可以使人觉察出来。人们说,在证明时,人们始终是清醒的,人们应同对象的内容打交道,人们也许会看清:这和那都存在着;但是,认识是外在的,这种看清始终只是某种外在的东西,这一过程太客观了,它是冷静的信念,这种认识不在心中,信念必在心灵中。

由于对缺陷的这种责难而发生的事情是,恰恰这一过程该是我们自己的提升,即不是我们对某些外在规定的联系采取考察的态度,而是主导的、信仰的精神,一般的精神应该提升自己。**精神的运动**,我们自身的运动,我们的知识,也应该存在于其中,而且如果我们说,这是关于某些规定的一种外在联系,那我们就有所失地感觉到这一点。

但是,**对象的内容之提升和运动**实际上属于一,属于**思维**。我本身作为思维着的,就是这种过渡,这种精神的运动,而且现在,思维就应该被看作是这种运动。然而,思维首先是**经验的观察和反思**。

b. 作为观察和反思的间接知识 [167]

一般为我们的时代所特有的这种立场,都按照经验的心理学来行事,接受日常意识中出现以及如何出现的东西,**对现象予以观察**,并将**现象观察**设定于**无限者**在其中所是的同一类东西**之外**。

站在这种立场上,宗教是人关于一更高者、彼岸者、外在于他且超越于他的存在者之意识。也就是说,意识的产生是有所依赖的、有限的,而在人的这种感觉中,只要意识以它所依赖的并被他视为本质的一**他者**为**前提**,它就是意识,因为它本身已被规定为否定者、有限者。

这种观察和反思,如果我们首先在其**普遍的形式**中对它们予以考察,它们就以以下形态发展下去。

在意识中,只要我知道一个对象,并在我心中对这一对象做出了反思,那我就知道**对象**是**我的他者**,所以**我**受到对象的**限制**,而且是**有限的**。我们发现我们是有限的;这就是这种规定;关于此,似乎进一步什么都没有说。我们处处都发现一种终结;独一者的终结就在一他者开始的地方。在这开始的地方,我并不存在,因此是有限的。我们已经通过我们有一客体而是有限的。我们根据多方面知道我们自己是有限的。根据物理的方面,我们知道:生命是有限的;作为生命,我们外在地依赖于他者,有需要等等,并有这一范围的意识。我们与动物同有这种感觉。植物、矿物也是有限的,但是它们对自己的界限没有感觉;这是有生命者的优点,它知晓其限度,还有有精神者有更多的优点;它有畏惧、害怕、饥渴等等,在它这种感觉中,有某种中断、否定,以及有对此的感觉。如果人们说,宗教以依赖的这种感觉为依据,那么动物也有宗教。对于人来说,这种限度只有当他超越于此时才存在;超越于此的存在置于界限的感觉、意识中。这一感觉是人之**本性**与这一瞬间人之**定在**的比较;人之定在并不与其本性相符合。

对我们来说,岩石是有限的,不为自身而存在;我们超出于它的规定性之外;它与它所是的东西直接是同一的;对它来说,构成其一定存在的东西,并非作为非存在而存在。动物对界限的感觉是其普遍性与其在这一特定瞬间的定在之比较。作为有生命者的动物,自身是普遍者;它感觉自己的局限是被否定的普遍性,是需要。人,本质上也是否定的统一,是

B. 宗教关系

与自身的同一,并具有与自身统一的确信,有对自身、自己与自己关系的自我感觉;与这种感觉相矛盾的是对自身中某一否定的感觉。主体也感觉到自己是对其否定的力量,并扬弃这一偶然者,也就是说,主体满足于其需要。人像动物身上的所有本能一样,都是对其自身的这种肯定,而因此在这里动物就与自身中的否定相抵牾。有生命者仅仅存在于对限制的扬弃中,而它在其中则与自身和解。它的这种困境同时表现为外在于它的客体,这客体为它所强占并因此而重新确立其自身。

因此,对我们来说,有限的界限,只要我们超越于此,它就存在。这一非常抽象的反思并非按照意识的这种立场来进行,而是意识**停留在限度内**。客体是意识的非存在;因此,意识被设定为不同于自我的东西,属于此的是,意识**不**是自我所是的东西。我是有限者。这样一来,就存在着超越诸界限之外所是的**无限者**;它是作为被限制者的**一他者**;它是无限制者,无限者。因此,我们就具有了**有限者**和**无限者**。

[169]

然而其中已经包含了,两方面是相互**联系在一起的**,而且必须看到这种联系如何被规定出来;这是按照十分简单的方式被规定出来的。

无限者,作为我的对象,是非有限者,非特殊者,是无限制者,是普遍者;与无限者有联系的有限者,已被设定为否定者、依赖者——它溶化在与无限者的关系中。当二者聚集在一起时,由于**扬弃独一者**、即**有限者**而产生出某种**统一**,这有限者未能坚持与无限者相对立。这种关系,作为感觉表达出来,就是**恐惧**、**依赖**的感觉。这是二者的关系;但是其中还有另一种规定。

一方面,我把自己规定为有限者;另一方面,我在关系中并未消失,我与我本身发生关系。我有之,我存在着,我也是**肯定者**;一方面,我把我了解为虚无,另一方面,我也知道我是肯定的,是有价值的,以致无限者听我自便。人们称这一点为无限者的**善良**,犹如对有限者的扬弃可以被称为**公正**一样,按此,有限者必然被显示为有限者。

这就是观察所超越不了的被如此规定的意识。有人说,如果人们达到如此之程度,那么其中就包含了整个宗教。然而,我们也可以进一步认

123

[170] 识到，人们能够认识上帝；然而这一点仿佛是任意在此被抓住的，或者，因为人们只想采取观察的态度，所以人们就必定停留在意识的规定上。观察只能朝向主体，而不能继续进行下去，因为观察仅仅经验地进行工作，仅仅想遵循直接现有者、已存在者，而上帝并不是自身让观察的这样一种东西。所以，这里只能有这样一种对象，它在**我们**心中作为这样的对象存在着，而且是我们作为**诸有限者**所是者，对于这种观点来说，上帝仅仅把自己规定为无限者，规定为有限者的他者，规定为有限者的**彼岸者**；只要上帝存在，我就不存在；只要上帝触及到我，有限者便消失。因此，上帝是用绝对显现出来的一种对立被规定出来的。人们说：有限者不能抓住、达到、理解无限者，人们不能超越这一观点。人们说：我们在其中拥有了我们需要知道关于上帝和宗教的一切，而关于此所是的东西，就是来源于恶。人们自己还可以观察到，我们能够认识上帝，我们知道他有丰富的活力和智力；但这却来自于恶。

如果人们已立足于经验处理、观察的观点，那么人们就真的不能继续前进了；因为**观察**就意味着将观察的内容置于自身**之外**；然而，这一外在者、受限制者，是**针对某一他者而外在的有限者**，而这一他者作为无限者乃是其**彼岸者**。如果我进一步从意识的某一精神上更高的观点开始来考察，那么我就发现自己不再是观察者，而是我忘记我进入客体中；当我试图认识、理解上帝时，我将专心致志于其中；我在其中放弃自身，而如果我做这件事，那么我就不再存在于经验意识、观察的关系中。对我来说，如果上帝不再是一彼岸者，那么我就不再是纯粹的观察者。因此，只要人们想观察，那么人们就必须坚持这一立场。而这就是我们时代的全部智慧。

人们一直停留在**主体的有限性**上；这种有限性在这里被看作是至高者、最终者，被看作是不可动摇者、不可改变者、坚固者，而与主体相对立的则是一他者，靠它，主体就有一目标。这一他者，被称为上帝，只不过是[171] 我们在我们有限性的感觉中寻找的一彼岸者，因为我们牢固而绝对地存在于有限性之中。

对超越限度的反思，也许已被允许；但是，这种超越仅仅是一种尝试，是一种反思所寻求的东西达不到的纯粹**渴望**;企及客体、认识客体,真的就意味着放弃我的有限性;然而,它是最终者,不应该被放弃,而且我们在其中完成了、满足了,并与此和解了。

现在我们还必须更进一步地考虑这整个立场,并察看什么构成了其普遍的规定性,而且必须判断其本质者。其中就有我的有限性、我的相对性的规定性;无限者与这种本质者相对立,不过是作为彼岸者与此相对立。我的肯定,即我有的规定,与我本质上被规定的否定**交替出现**。我们将会看到,二者,否定与肯定合而为一,自我的绝对性也将出现。

1.一方面,这里是超越于我的有限性而趋向于一更高者,另一方面,我已被规定为这一更高者的否定者;只要规定应具有某一客观的意义,这一更高者就始终是一他者,是不能由我来规定的、达到的。现有的只是我向外,作为朝着远处的方向;我始终在此岸,并具有对某一彼岸的渴望。

2.应该觉察到,这一朝着一彼岸者的方向完全只是**我的**,我的行动,我的志向,我的同情,我的愿望,我的追求。如果我把谓语仁慈地、全能地用作关于这一彼岸的规定,那么它们只是**在我心中**有意义,一种主观的意义,而不是有客观的意义,而且,它们仅仅完全属于**我的志向**。我的绝对的、固定的有限性,妨碍我到达彼岸;放弃我的有限者和到达彼岸是一码事。**没有**到达彼岸和保持**我自身**的兴趣是同一的。

3.由此可知,双重的否定性,即我作为有限者和与我对立的无限者之否定性,在自我本身中有其位置,一方面,只有某一分裂在我心中是规定,即我是否定者;然而另一方面,否定者也被规定为与我对立的他者。这第二个规定同样也属于我;它有不同的志向,一种是向着我的,一种是向外的,但也**属于我**;我趋向彼岸的志向和我的有限性,都是我的规定;我在其中坚持不改变**我本身**;这样一来,自我本身就成为**肯定的**了,而这就是构成这种观点另一方面的东西。我的肯定就是这样表现出来的:我存在着。这是与我的有限性的一个区别,也是对我的有限性之扬弃。

[172]

考虑到渴望、追求、义务,这一般就意味着**我是我所应是者**,即我性本善,也就是说,我存在着,更确切地说,就此而言,我**直接**就是**善的**。在这一考虑中，要做的仅仅是如此保持我自身；虽然在我心中也有涉及他者、罪孽、错误等等的可能性，但是，这立即就被规定为稍晚者、外在的**偶然者**。我存在着——这是与我的一种关联，一种肯定；我如同我所应是的那样存在着。有缺陷的东西就是自我所不是者，而这并不根源于我，而一般来说是一种**偶然的错综复杂情况**。

因此，在肯定的这种立场中，也许包含着我也会对某一外在者采取态度，善会变得模糊不清。然后，就与这样一种不公正的关系而言，我的肯定成为被中介的、从这样一种个别情况中产生出来的肯定，这是通过对自在仅仅是偶然的有缺陷性的扬弃来实现的。我本性善回到了与自己本身的一致；然后，这种和解并**未摈除什么内在者**，没有触及之，而是仅仅除掉外在者。世界，有限者，以这种方式与自己本身和解。因此，如果往常说，上帝已使世界与自身和解，那么这种和解现在就**作为有限者**发生**在我心中**；我作为**个别者**是善的；在陷入错误中时，我仅仅需要抛弃偶然者，而且我已同我和解了。内在者仅仅在其表面上变得模糊不清，但是这种模糊不清并没有达至根基的地步；**精神**并未与此联系起来，它待在游戏之外；内在者，精神，是原有的善者，而否定者并非在精神本身的本性之内是一定的。

[173]

相反，在旧的神学中，就曾有过关于永入地狱的表象；它把意志作为完全自由的前提：重要的不是我的本性，而是**我有自我意识的意志**，即我所是的意志，而且我由于有意志而负有责任。因此，我的本性，本原者，并非善者；我可以把**我的意志之外**的非善归因于我；这仅仅属于我的自我意识的精神方面。与此相反，只有善的本原性才在这里被接受下来，其与他者的联系则通过本原者的重建而被扬弃。能够达到这种善的本原性的，无非是关于此的知，即**确信**，**善的看法**，而那种进行调解的中介仅仅在于我性本善这种**意识**，知识，——因此是一种无用的、空洞的摇摆不定系统。也就是，我在我心里摇摆到渴望那边去和向着彼岸去，或者摇摆到认清我已犯的错误那里去，而且我在那种渴望中摇摆，并在仅仅于我心中发生的联系中摇摆到我这边，在此，我直接存在于我自身中。

这是抽象的规定；时代的所有观点都会进一步发挥出来,例如,善仅仅存在于我的确信中,而且在这里,我的伦理就依据于这种确信,而什么是善的,则又仅仅蕴含于我的本性中。就我的本性而言,我的确信足够了。就我的本性而言,我**知道**我的行为是善的这一点就够了。不需要关于这种行为的**实体本性**的另外一种意识。然而,如果事情仅仅取决于那种意识,那么其实我根本就不可能犯什么错误；因为我对我来说**仅仅是肯定的**,而分裂仍然是形式上的,仍然是一种映像——它并未使我的本质的内心深处变得模糊。我的渴望,我的感动,是实体的东西。在这种观点中包含着从康德哲学——它首先设立了对善的这种信仰——以来近代的所有观点。

这便是主观意识的观点,这种意识发展了诸种对立,这些对立涉及意识,并留于其中,而且意识以其力量保留了这些对立,因为意识是肯定者。

现在应该考察什么是一般的有限性,有限者与无限者有何种真实的关系；人的精神是有限的,我们每天都听见人们确信这一点。如果人们说人是有限的,那么我们首先就想在人们所认为的通俗意义上来谈论有限性,然后谈论有限性的真正意义和理性直观。

这就是**有限性**显现于其中的**三种**形式,即显现于**感性实存**中,显现于**反思**中,以及显现于有限性**在精神中**并**为精神**而存在的方式中。

α. 感性实存中的有限性

人是有限的,这一点首先具有的意义是：我,人,首先与他者的关系；现有**某一他者,我的否定者**,我与此相联系,而这就构成我的否定性；我们两个是相互排斥的,而且我们相互独立。因此,我作为**感性感知者**而存在；

所有有生命者,都是如此排斥的。我在听与看时仅仅面对个别者,并采取实际的态度,我总是同**个别者**有关；我所满意的诸对象同样也是个别的。这就是**自然存在**、自然实存的观点；按此观点,我处于多重关系中,处于多重外在存在中,处于感觉、需要以及实践关系和理论关系中；所有这一切,按其内容,都是有局限性的,不独立的,有限的。**有限者的扬弃**就发

[174]

[175]

生在这种有限性之内;作为主观的每一种冲动,都与他者有关,都是有限的,但它通过自我满足来扬弃这种关系,扬弃这种有限者。向其肯定的有限者之这种回归,就是满足;但另一方面,这种回归仍然是有限的,因为已满足的冲动又产生出来,而对否定的扬弃,则复返需要。这种满足,这种无限性,只是**形式**之无限性,所以也就不是真正具体的无限性;当作为这样的需要有缺陷而且是具体的时候,内容就仍然是有限的;按照形式的方面,这一点就是,需要自我满足,即扬弃其有限性。饥饿的满足,就是我和客体之间分离之扬弃,就是有限性之扬弃,但只是形式上的扬弃。

自然的东西并非自在自为的,而是一种**不由自身而设定出来的东西**,它构成自己本性的有限性。即使我们的感性意识,只要我们在其中与个别者有关,就属于自然的有限性;这种有限性应自我显示出来。有限者已被规定为否定者,所以自己必定从自身中解脱出来;有限者从其有限性中的这种最初的、自然的、无拘无束的自我解脱,就是**死亡**;这是对有限者的放弃,而**自在的**自然生命所是的东西,在这里就被真实地、现实地**设定出来**。个别者的感性活力在死亡中得以终结。诸个别感觉作为个别的,都是短暂的:一个排挤另一个;一种冲动,一种欲望排挤另一种欲望。这种感性的东西,在其灭亡中把自己更实在地设定为它所是的东西。在死亡中,有限者被设定为被扬弃者。但死亡只是**自在否定者的抽象否定**;它本身就是一种**虚无**,是启示的虚无。但是,**被设定的虚无性**同时也是被扬弃的虚无和**向肯定者的复归**。这里出现了有限性的终止和消失。有限性的这种消失,**在意识中**并不是死者,而是这一更高者存在于思维中,——就是在表象中,是就其中的思维是能动的而言的。

[176]

β. 基于反思观点的有限性

由于我们现在从直接的意识提升到**反思**的观点,我们也就又与某种**有限性**——它发生**在同无限性的一定对立中**——有关。这种对立有一些不同的形式,而问题在于,何者是这些形式?

基于这种观点,现有的**有限性就消失了**,但真正的无限性也就在这一范围里只有作为**被扬弃的有限性**才存在。这样一来,就产生了问题:反思

B. 宗教关系

要把有限者设定为自在的虚无者,还是反思达到自然那种程度;反思能使会死的东西死亡吗?还是对反思来说,虚无者是不会死亡的?因为虚无者是虚无的,所以我们应该让它消失,因为自然所能够做到的事情,无限的精神必定能够做得更多。因此,反思就像自然那样表明有限性是虚无者。但自然却一再地复返为有限者,而反思的观点同样也使**对立**、即**有限性**与无限性的对立持续不断地**保持**下去。正是这二者的关系即是反思的观点;二者是这种观点所特有的对立。也就是说,有限者向无限者(只是作为向对有限者的**抽象否定**,作为向非-有限者)的继续运动,然而,这种非-有限者,作为有限者并**不作为自身在自身中**拥有,与这种有限者相对立,始终是**一他者**,并因此本身始终是**一有限者**,这一有限者又继续向一无限者运动,并这样继续进至无限者。

[177]

αα) **有限性相互外在与普遍性**。——如果我们在反思中考察有限者和无限者的对立,那么有限性就是一种不同的、**各种各样的相互外在**,其中的每一相互外在都是**一特殊者**,**一有限制者**;与此相对立,各种各样者**受其普遍性、无限制性之支配**,普遍者受**这种多样性**之支配。于是,这种形式就以更具体的形态出现在我们的意识中。

我们知道许多事物,但是始终只知道**个别者**。精神是按照**个别的**目的和兴趣被规定为意愿的。然而,在二者的关系中,作为表象的和意愿的,精神表现为排斥的特殊性,并因此处于与独立的其他事物的联系中。即使在这里,由于精神把自己定在的个别性与其作为**普遍**规定的、表象的个别性加以比较,也就发生了对立。我把我所**具有**的丰富认识,与**表象的**大量认识加以比较,发现二者,我的现实和被表象的普遍性,是不相适应的,而且要求进一步促进、充实、穷尽现实的多样性,并使之达到普遍性。同样,人们也可以自己在实践中把人们称之为非常幸福的**普遍**满足、完善的冲动、享乐,变成为计划。这一总体叫做知识的普遍性,另一种总体叫做占有、满足、欲望、享乐的普遍性。在这里,唯独**总体**仅仅被想象为**众多**和**全部**,所以,它也仍旧与不会拥有**所有事物**的有限性相对立。因此,我对排他者来说还是排他者;这样一来,对其他许多事物来说,许多事物全

129

[178] 然是排斥的,而**所有事物**仅仅是许多事物的一种外在保持不变的抽象。因此现在就会发现,认识没有界限,从某些星球到某些星球的飞行也是无限制的,人们也许可以想象,自然科学知道所有动物,但是不知道其最细微的诸规定;同样也不会对诸冲动感到满足:人可以实现许多兴趣和目的,但不能实现所有的兴趣和目的或幸福本身;全部是一个不可能达到的理想。这种有限性**始终不变**,正是因为它是某种真实者;非真实者是统一,是普遍性;众多必须放弃其性质,以便被设定于统一之中。所以,理想是不可能达到的,正是因为它本身不是真实的,是众多事物的统一,这种统一也可以是各种各样的分离者。目的,此外也有理想——人们留在理想的这一边——本身都是一种本质的有限者,而且正因为如此,我必须留在理想这一边;因为在实现理想中,我将不过仅仅到达有限者。

ββ) **有限者与无限者的对立**。现在在应该考察有限者与无限者对立的形式,犹如这种对立在**这样的反思**中那样。这是与无限性对立中的有限性,**二者自为地被设定出来**,不仅仅作为谓语,而且作为**本质**的对立,以致这一个被设定为另一个的他者。有限性之所以也在这里**继续存在**,恰恰是因为与有限性对立的**无限者**本身是一个有限者,也就是说,是被设定为**前者的他者**这样一个有限者。只有自身被设定为有限者的真正无限者,同时才作为有限者的他者而超越自己,而且保留于其中,因为它是随同自身一起在统一之中的**他者**。然而,独一者,无限者,只有被规定为非众多者,非有限者,它才继续存在于众多者和有限者的彼岸,因此,众多有限者本身没有能到达彼岸也就自为地停留不动了。

[179] 现在我们必须询问,这种对立是否是真的,也就是说,这两方面是否分裂,并相互外在。考虑到这一点,已经说过,如果我们把有限者设定为有限的,那我们就超出有限者之外。在这一限度内,我们有某种限制,但当我们超出有限者之外时,我们就只有一种限制;这种限制不再是肯定者;当我们在场时,我们就不再在场了。

有限者与无限者有关,**二者相互排斥**;更详细地加以考察,有限者应该是受限制者,而**其边界**就应该是**无限者**。

在第一种形式方面,一特殊者限制另一特殊者;在这里,有限者在无限者本身旁有一边界。如果有限者为无限者所限定,并处于某一方面,那么无限者本身也是一被限制者;无限者在有限者旁有一边界,无限者是有限者所不是的东西,是一边界之外者,并因此是一个有限者、被限制者。这样,代替至高者,我们有一个**有限者**。我们没有我们想要的东西,我们在这种无限者旁仅仅有一个有限者。或者,如果人们在另一方面说,无限者没有被限制,那么有限者也就没有被限制;如果它没有被限制,那么它就并非有别于无限制者,而是与它融合在一起,在无限性中以及事先在有限性中与它是同一的。这就是这种对立的抽象本性。我们必须意识到这一点;考虑到反思意识和哲学的所有形式,记住这一点具有普遍的重要性。正是在**绝对的对立**中,对立本身就消失了。这种关系的两个方面都消失了,成为空洞的环节,而存在和继续存在的东西,则是二者的统一,在其中,它们都被扬弃了。

更具体地加以理解的有限者,乃是自我,而无限者首先是这一有限者的彼岸者,是这有限者的否定者;然而,作为否定者之否定者,无限者就是肯定者。因此,**肯定**,存在者,自我,我的自我意识,我的意识的彼岸者,作为能力和愿望,都属于无限者方面。但是,我们已经发觉,无限者就是**自我本身**,这种自我在这里首先把彼岸者规定为肯定者;但是,与这种自我相对立的却是我们事先规定为**肯定者**的那种自我:我是直接的,我是与自身一起的一。

[180]

如果意识将自己规定为有限的,并在彼岸是无限者,那么自我就作出我们已经作出的同样反思,以致那种无限者只是一种消失着的无限者,只是一种**由我设定的思想**。我是生产那种彼岸者并由此把我规定为有限的思想,二者都是我的产物;它们都在我心中消失了;我是这种规定的主宰和高手,而后者被如此规定出来,以致**我**是被放置于彼岸的**肯定者**;我是否定之否定;我是对立消失于其中的肯定者,我是使否定之否定消失的反思。因此,自我通过其自身的反思而使那些解决中的对立消失。

γγ)**有限者在反思中的绝对论断**。——现在我们在此立足于这一点，并想看到，有限者是如何发生的，是否可以真的能从有限者中现实地解脱出来，而且它是否有其理由，**真正地被扬弃**，自我无限化，或者它是否**被留在其有限性中**，而且仅仅通过无限者与其对立而是一个有限者，才获得无限者的**形式**。这里似乎就是这样一种情况，即反思并不想把虚无遗忘，好像自我意识想严肃对待其有限性，并真正抛弃它。但是，这正好就是这里未发生的事情，而且只是映像；更确切地说，这里发生的是，有限者**维持着**自身，我依靠自己维持着自身，没有放弃我的虚无，但是在其中却使我成为无限者，成为**起作用的**、**能动的无限者**。因此，当有限的自我是对其彼岸的一个有限者的设定，把无限者本身设定为一个有限者，并在其中与作为也是有限者的自身是同一的，而且作为与无限者的同一成为无限者时，我们所拥有的东西，就是有限的自我。这就是保持自身的主体性的极致，就是继续存在并在其中成为无限者的有限性，就是与所有内容都有关的无限主体性；但是，这种主体性本身，有限性的这种极致，还保持着自身。所有内容在其中都消失不见了；不过，只有没有消失的这种空虚才存在着。这种极致有放弃有限者的映像；但它是这样一种有限者，在其中**有限性本身**还保持着。更确切地说，抽象的自我意识是纯粹的思维，作为与一切有关的否定性之绝对力量，但是，由于这种力量放弃整个限性并把这种有限者表达为无限性，表达为普遍的肯定者，就作为这一自我还维持着自己。缺陷是客体性的缺陷。在真正做出放弃时，就要看这种极致是否还有一个对象。

[181]

对于自我来说，所有区别、规定、内容都已扬弃了，并作为一种仅仅由自我所设定的内容而存在，当这个时候，已被考察的观点就是**在其完善中的反思**，是抽象的主体性，是自我，是绝对理想化的自我。自我，而且**只有自我**，才是规定者，而且自我作为**这种**个别者、作为直接自身、作为我直接所是的自我，就是规定者。

在所有内容中，我是**与我**，**也就是存在**，**直接相关联**的，而且是作为**个别性**的存在，作为否定性与自身的关联。被我设定的东西，被设定为是与我不同的，是**否定者**，而且因此作为被否定的，作为**仅仅被设定的**而存在着。因此,我是**直接的否定性**。于是,犹如我是直接的一样,自我,这一排他者——也就是说,根据我的感觉、看法,根据我的感觉和愿望的任性和偶然性——,**是肯定者一般**,是善的。所有客观内容、规则、真理、责任,对我来说都消失了,我不承认任何东西、任何客观者、任何真理;上帝,无限者,对我来说,是一彼岸者,与我相隔离。只有我是肯定者,而且,没有任何内容自在自为地起作用,它就自身来说,不再具有任何肯定性,而是仅仅就此而言,我设定内容;真理与善,仅仅是**我的确信**,而且只有我这种确信,我这种承认,才属于某物是善的这一点。在所有规定的这种理想性中,我只是实在者。[182]

这一观点首先显示为谦恭的观点,而这种谦恭在于,自我把无限者、上帝之知和认识从自身中排除出去,放弃之,并把自身规定为与此相反的有限者。但是,这种谦恭因此就反对自身,其实就是高傲;因为我**从我心中排除出去的正是真理**,以致我作为此岸世界中的**此者仅仅**是肯定者和自在自为的存在者,与此相反,所有他者都消失了。更确切地说,真正的谦恭就放弃自身,放弃作为**肯定者的此者**,并仅仅承认真理和自在自为存在者为肯定者。与此相反,当那种虚假的谦恭承认有限者是否定者、有限制者时,它就同时把同一有限者变成为唯一的肯定者、无限者和绝对者:自我,此者,仅仅是唯一的本质者,也就是说,自我,这一有限者,是无限者。被表达**为彼岸者**的无限者,只有**通过我**才被设定出来。在这种规定中,就包含了有限者和无限者的统一,但却是这样一种统一,在其中,有限者并没有消失,而是变成了稳定者、绝对者、持续者。由于这种统一是通过有限的自我设定出来的,所以它本身就成为有限的统一。自我伪装成谦恭,而自我在面对虚荣和空虚的骄傲时却控制不住自己。另一方面,当不知道某一更高者而只剩下主观的感动、心愿时,就没有什么**客观的共同的东西**把各个别人联系起来,而在各个别人的感觉千差万别时,他们就相互心怀仇恨和蔑视地发出敌意。[183]

这种观点在自我设定为绝对的有限主体性之极端的、空无内容的极致中的这种说法,为理解这种观点构成了困难。

这种观点的第一个困难是,这种观点是这样一种抽象概念;第二个困难是,这种观点接近哲学的概念。它接近于哲学的观点,因为它是反思的最高观点。它包含着表面上所认为的这样一些说法,这些说法似乎是哲学所具有的。它包含着理想性、否定性、主体性,而自为地予以考察,这一切都是自由和理念的真正而本质的环节。此外,它包含着有限者和无限者的统一;也必须说这来自理念。当然,有这样的主体性,它从自身来阐发所有的客体性,并因此作为形式使自己过渡为内容,而且,只有通过其真正的内容才能成为真正的形式。然而,尽管如此,这样作为最近者显现出来的东西,却是最遥远者。据这种观点来看,这种理想性,在其中所有规定都化为乌有的这种激情,是还**未完成的否定性**;作为**直接的**自我(**这种此者**)是唯一的实在;所有其余的规定都在理念上设定出来了,完结了。只有我保持着自身,而假如我愿意的话,所有的规定都起作用。只有我自身的规定,以及由我所设定的一切这一点,存在着,起着作用。理想性并未施行;这最终的极致还包含着必须加以否定的东西,即我作为此者并未拥有真理、实在。只有我自身尚是肯定的,因为一切只有通过否定才能成为肯定的。因此,这种观点就与自身相矛盾。它把理想性设定为法则,而实现理想性的东西,本身却不是理想的。

[184] 当然,**有限者和无限者的统一**(它是在反思中被设定出来的)就是理念的定义,但是这样一来,无限者就是其作为有限者的设定,而有限者就是其自身的有限者,然而,由于这种被扬弃性,其否定之否定以及因此这种无限者,也仅仅作为其自身(有限者)的设定和这样一种有限性之扬弃才存在。相反,站在主观的立场上,这种统一还被片面地设定出来,以致于它(由**有限者**本身设定出来)还**在有限者的规定之下**;自我(这种有限者),就是无限者。因此,这种无限性本身就是有限性。从这种肯定中,从这种无限者中,还应分离出我的有限存在的这种个别性,我的直接自我性。反思本身就是分离者;然而,它在这里耽误了其分离和区别的事务,并达到统一,然而却只是有限的统一。它在这里未能使自我(这种此者)的直接个别性与无限者和肯定者分离开来,既没有使自为无态度的个别

者深入普遍性,也没有把肯定在其绝对普遍性(在其中它把个别者包括在自身之内)中加以理解,反思则把诸个别者本身直接理解为普遍者。这就是这种观点的缺陷。对于诸种对立,只有当人们把它们归因于最终的思想时才能做出判断。

这便是我们时代的观点,而哲学则因此进入一种特有的关系中。如果人们把这种观点与过去的虔诚加以比较,那么就易于发觉,过去,这种宗教意识曾具有一种自在自为存在的内容,具有描述上帝之本性的内容。这曾经是真理和尊严的观点。最高的责任曾经是认识上帝,在精神上和真理上向它礼拜,而大富大贵和地狱般的苦难,人之绝对价值和无价值,曾经与视某一内容为真以及关于这一内容之知识相联系。现在,最崇高的东西是,不知道真理,不知道上帝,而且人们因此也不知道什么是权利和义务。所有的客观内容都消融为这种纯粹形式上的主体性。这一观点明确阐明了,我**本性**是**善良的**;我本性善良,并非**由于我**或由于我的愿望;而在于,我是**无意识的**,所以我是善良的。更确切地说,完全不同的认识包含着:我仅仅通过我的自我意识、精神的活动、自由而是善良的。我善良,不是最初由于本性就是此种情况,而是此种情况必定在我的意识中产生出来,这一情况属于我的精神世界。在这种情况下,上帝的仁慈有仁慈的事业;但是我的参与,作为意识和作为**我的**愿望,同样也必然属于此。现在,行善是我的任意,因为一切都是由我设定出来的。

[185]

在宗教观点中,在这种值得注意的对立方面,我们必须认识到基督教世界中一种巨大的革命:关于真理,已经产生了完全不同的**自我意识**。所有的义务,所有的权利,都取决于最内心深处的意识、宗教自我意识的观点和精神的根源,而这些义务和权利就是所有现实的基础。但是,只有当它们是**客观内容**的形式时,它们才拥有真理。相反,按照那种空无内容的观点,根本就**不可能有宗教**,因为我是肯定者,而自在自为存在着的理念全然必须由自身而不是由我设定出来;因此,这里就不可能有宗教,犹如按照感性意识的观点不可能有宗教一样。

就这种考虑而言,哲学是某种特殊的东西。如果普遍的教养已被纳入意识中,那么哲学就是一种事务,是存在于团体之外的一种意见方式,是有特殊地点的事务,因此,按照时代的观点,宗教哲学也是未能在团体中具有意义的某种事情,而且,更确切地说,它可以估计到有来自各个方面的反对和敌意。

[186]　　此外,如果说有限者与无限者的第一个关系,曾经是**自然的**和非真实的关系,因为面对普遍性,一系列特殊性及其多样性已被保留下来,那么我们就把**反思**中的关系看作是第二种关系,在这种反思中,有限性就在于纯粹思想完全未完成的抽象,这种思想没有真正被理解为普遍的思想,而是作为自我、此者保留下来,因此,我们就应该考察那种关系,犹如在**理性**中所显示的那样。

γ. 对有限性的理性考察

对于这种观点,首先应如它**在**与其最高极致的反思形式的**关系中**那样加以考察。从这种观点开始的过渡,按其本性必须是辩证的,并辩证地予以实现;但是,这一点属于逻辑学。我们想这样来行事,使得我们按照具体的方式来表述它,并考虑到过渡的必然性,仅仅诉诸这种观点自身的前后一致。这种观点表明,**我作为有限的**,是应加以扬弃的**一虚无者**;但是,如果这种**直接的个别性**同时**继续存在**的话,那么这种扬弃也许并没有完成,而且如此继续存在下去,以致**只有**自我才能成为肯定者,如反思的观点所告知的那样。自身提升为无限者的有限者只是**抽象的同一性**,在自身中是空洞的,是非真理的最高形式,是谎言和邪恶。所以,必须指明这样一种观点,在这里,自我在这种个别性中实际上放弃了自己。我必须是实际上被扬弃的部分主体性;这样一来,我就必须承认某一客观者,它实际上被我看作是真理,被承认为肯定者,是为我设定出来的,在这种肯定者中,我作为自我是被否定的,但是在其中我也获得了自由。反思的自由是这样一种并未在自身中产生出什么东西的自由,而且,由于它必须让[187]某物产生出来,它就在无法则和无秩序的这种设定中行事,也就是说,没有让什么客观的东西产生出来。如果真的承认有一客观的东西,那么属于此的,就是我被规定为**普遍者**,我保持着自身,我仅仅被看作是普遍者。

这无非就是思维着的理性的观点,而宗教本身则是这样一种行为,即思维着的理性和理性的思维者的这种活动,这种思维者把自己设定为作为普遍者的个别者,而且,把自己作为个别者扬弃,发现其真正的自身是普遍者。哲学同样也是思维着的理性,只是在哲学那里,成为宗教的这种行为以思维的形式显现出来,而宗教,作为几乎可以说是无偏见的思维着的理性,则停留在表象的方式中。

从这种观点出发可以指明诸普遍的规定,更详细的思想规定。

首先要说的是,主体性在客体中放弃其个别者,一般承认有一个客观者。这一客体**不会是什么感性者**;我知道感性的对象,在这种情况下,对我来说,事物就是持续存在者,然而,其中还没有我的自由;我们在这里必须以感性意识的非真理为前提。必然的规定是,这种客观者作为真实者、**肯定者**,存在于**普遍者的规定中**;在对某一客体、某一普遍者的这种承认中,我放弃了我的有限性,放弃了作为此者的我。对我来说,普遍者至关重要;如果我保持作为此者,这样一种普遍者就不存在。这一点也存在于对上帝的直接知识中;我知道自在自为存在的客观普遍者,然而因为它只是直接的行为,而反思尚未出现,所以这种普遍者,普遍者的这种客体,本身就只是一主观者——它缺少自在自为存在的客观性。因为最终的反思仅仅在于,这些规定仅仅被放进了感觉之中,被包括在尚未放弃自身之直接微小部分的主观意识之内,以致于作为这样一种客观普遍者的这种规定还不是充分的。更确切地说就是,抽象的普遍者也在自身中有某一**内容**、**某些规定**;因此,只有对我来说,它才作为自在自为的存在者,是现有的。如果它是空洞的,那么规定性就只是一种**所认为的**规定性,它属于**我**,对我来说,所有的内容仍旧存在着;所有的活动、所有的活力,规定和客体化,都只是我的;我只有一个死的、空洞的上帝,一个所谓的最高本质,而这种空洞性,这种表象,仍旧只是主观的,不致使之达到真实的客观性。按照这最终的观点,只存在着**确信**,而没有**真理**,而且与此同时,我仍然还可以完全是被规定的此者、有限者,那么,客观性就只是映像。

[188]

不仅对于哲学来说,对象是充满内容的,而且这一点也是哲学和宗教的一个共同之点；二者观点上的区别在此尚未是现有的。

与此相联系的是这样一个问题：主体在其中是如何被规定的？在与被承认的对象的关系中，这一主体**在思维上**被规定出来。普遍者的活动是思维，有一普遍者作为对象；在这里，普遍者应该是完全绝对的普遍者。所以，与这样一种对象的关系，就是主体的思维；对象是本质，是主体的存在者。思想不只是主观的，而且也是客观的。

在关于事物的思想方面，在反思上，我是主观的，关于此，我有我的想法；当我思考事物，思考事物的想法时，**我作为特殊者**与事物的关系已不存在了，对此我采取客观的态度；我在其中放弃了我作为此者之个别性，而且是普遍者；这一点和思考普遍者是我的对象这一点，是同一件事情。

[189] 我在这里**明确地**、**实际地**放弃我自己。客观性中的作用和生活，是对有限性的真正信仰，是实在的谦恭。

可以看出，思维的本质规定在于，它是**中介活动**，是被中介的普遍性，这种普遍性作为否定之否定就是肯定。思维由于对中介的扬弃而是中介。普遍性、实体，都是这样一些仅仅通过否定之否定而存在的思想。因此，直接性的方式就包含在其中，然而不再仅仅是如此。因此就出现了这样的表达：我们直接对上帝有所知。知是纯粹的活动，而且只是[作为]非纯粹者、直接者才是否定的。按照经验的方式，我们可以对上帝有所知；因此，这种普遍的对象无需证明就直接地存在于我面前。经验主体中这种直接性本身，部分是许多中介的结果，部分只是这种活动的一个侧面。一首难度大的钢琴曲在多次重复、逐个贯通之后，就可以轻易地演奏出来；直接的演奏活动是非常多的间接行动的结果。习惯这种情况就是同一结果，对我们来说，这种习惯已成为第二自然。哥伦布发现的简单结果就是许多先前发生的个别活动、思考的结果。

这样一种活动之**自然**，不同于**显现**；因此，思维之本性就是与自己本身的一致，就是自身中作为否定之否定的活动的这种纯粹显而易见，而结果就是自己成为直接者，显现为直接者。

因此，我就是在与对象的关系中被规定为思维的，也就是说，不仅在哲学中,而且在肯定的宗教中也是这样;就来自**思维**和**被思者**的**虔诚**而言,上帝是为我而存在的。于是,对普遍者的这种思维,犹如我存在一样,是被规定的方式,作为纯粹的思维者。此外,我在虔诚中,在与普遍实体的这种关系中,**反思我自己**,使我**区别**于这种对象,使它**区别**于我,因为我必须放弃**我**;**我的**意识就在于此,而且,只要我朝向上帝放弃我,而且仅仅怀有虔诚,我就仅仅作为反思存在而同时从上帝那里进入我心中。那么在这种考虑中,我是如何被规定的,如何重新显现自我呢?在这里,我是按照真正的方式被规定**为有限者**的,我是有限的,被规定为不同于这种对象,被规定为与普遍者相反的个别者,被规定为借助这种实体的偶然者,被规定为一种区别,被规定为一个环节——它也并非自为存在,而是放弃自身,并知道自己是有限的。因此,我就停留在我自己的意识中,因此就出现了这一情况,即**普遍的对象**现在**就自己**本身**而言**是**思想**,而且在自身中有内容,有在自身中运动的实体,而且,作为内部的过程——在其中,它产生其内容——,普遍的对象不是空无内容的,而是绝对的充实。所有的特殊性都属于它;作为普遍者,它对我是**超越性的**,而这样一来,我就把自己直观为有限的,即我是**这种生命中**的一个**环节**,把我直观为仅仅在这种实体及其基本环节中有其特殊存在、持续存在的东西。因此,我不仅自在存在,而且也现实地被设定为有限的。正因为如此,我并未将自己保持为直接者、肯定者。

[190]

如果我们迄今以具体的方式考察了自我与普遍实体的关系,那么我们似乎还应该一般地考察有限者与无限者的**抽象关系**。

在**反思**中,只有当**有限者加倍**时,有限者与无限者才处于对立之中。真理是**二者不可分割的统一**。这就是我们正好以更具体的形式看作为主观自我与普遍者的关系的东西。有限者仅仅是无限者的本质环节;无限者是绝对的否定性,也就是肯定,但是这种肯定是自身中的中介。无限者的**单纯统一**、**同一**和**抽象肯定**,本身并非真理,而对无限者来说,重要的是**在自身中区分**(dirimieren)自身;其中第一是肯定,然后第二是区别,而第三是,肯定显现为否定之否定,而且因此首先显现为真理。有限者的观点

[191]

同样少地是真理；而是有限者必须扬弃自身，而且这种否定才是真理。因此，有限者就是上帝本性中无限者的本质环节，而这样就可以说：上帝本身使自己有限化，**在自身中设定某些规定**。我们觉得这可能首先是非神圣的；但是，我们也已经在关于上帝的通常表象中拥有它，因为我们已习惯于相信作为世界创造者的上帝。上帝创造世界；上帝规定[一切]；除了他，没有什么东西在此情况下可被规定出来；他思考自己时，就规定自己，设定某一他者与自己对立；他和世界乃是两者。上帝从无中创造世界；也就是说，除了世界，那就没有什么外在者了，因为世界就是外在性本身。只有上帝存在着；然而，上帝只有通过他与自己的中介才会存在；他需要有限者；他自己将有限性设定为某一他者，并借此而自身成为他的某一他者，成为某一有限者，因为他有某一他者与自己相对立。然而，这一他者存在是其与自身之矛盾。这样一来，上帝就是与有限者相对立的有限者；然而，真理就在于，这种有限性只是一种显现，在其中，上帝自己有其本身。创造就是活动；区别就在其中，有限者的环节也在其中。但是，有限者的持久存在也必须重新扬弃自身，因为这种持久存在是上帝的；它是**上帝**的他者，但还存在于上帝之**他者**的规定中。有限者是他者又不是他者；它自行消解自身；它不是它自身，而是某一他者；它毁灭自己。然而因此，他者存在已完全消失于上帝中，而上帝则在其中认识了自身，因此，上帝作为其结果，通过自己保持着自身。

[192]　　在这一考察之后，也许应该区别两种无限性：知性的真无限性和纯粹的坏（schlecht）无限性。这样一来，有限者就是神圣生命的环节。

c. 向宗教的思辨概念的过渡

一个**命题**的简单形式不再被视为对有限者的发展的、理性的考察。"上帝是无限的，我是有限的"，这是一些错误的、简单的表达方式、形式，它们不适合于理念所是者，不适合于事物的本性所是者。有限者不是存在者；无限者同样也不是固定的：这些规定只是**过程的环节**。上帝同样也作为有限者存在，而自我也作为无限者存在。这"存在（ist）"——在这样一些命题中被视之为固定不变者——在其真理中加以理解,无非具有**活动**、活力和精神之意义。

即使谓语,也不够用于规定,至少**片面的**和只是**暂时的**谓语是如此。而真理和理念,完全只作为**运动**而存在。因此,上帝就是自身中的这种运动,而且只是因此,才独自是活生生的上帝。但是,有限性的这种持久存在不必保留下来,而应加以扬弃:上帝是向着有限者的运动,而且因此作为有限者趋向自身的扬弃;在自我(作为有限的自身扬弃者)中,上帝复归于自身,而且只有上帝才作为这种复归而存在。没有世界,上帝就不是上帝。

古人曾有过这些抽象概念;它们是反思的、抽象的思维开端之成果。当时,柏拉图已经承认无限者为低劣者,承认被规定者为更高级者,承认在自身内自我限制的界限高于无界限者。真理是无限者的统一,其中包含着有限者。

结果是,我们必须挣脱有限者和无限者之对立的恐怖景象。与想知道上帝和有一种与他的实定关系的态度相反,人们离开一种狂妄的恐怖景象,相反却大多装腔作势地和内心振奋地以及以心情恶劣的谦恭来谈论;不过,这种狂妄却适宜于哲学和宗教。按照这一观点,我是否思维地认识内容、上帝,或者按照权威认为它是真的,或者用心、以内心的恍然大悟,或者用其他方法,认为它是真的,都是无所谓的;与所有这一切相对立,认识上帝,想通过有限者来理解无限者,这种狂妄的恐怖景象被设立起来。我们必须完全消除这种对立,更确切地说,通过洞察它因此具有什么样的情况来消除这种对立。[193]

谁不消除这种幻象,谁就会堕入空虚之中;因为他把神圣的东西设定为无能力达到自身,而他却坚持他自己的主体性,并从这种主体性出发确信其认识的无能为力。那么,这更是主观的非真理,保持有限者的虚伪,它承认有限者的空虚,但却保持这种承认了的、众所周知的空虚,并将之变成绝对者,而且因此妨碍认识,妨碍充满内容的主观宗教和虔诚,把它们加以消除,或者不让它们产生。我们摆脱了保持着的主体性的这种空虚,避免了这种自我,专心致志于事业;我们对空虚将采取严肃态度。这就是考虑到我们科学中的行为时的一种结果。

人们以**观察**为意识与绝对者的**否定**关系之依据。对于意识来说,只有有限者存在着;与此相反,无限者只是无规定的(因此,犹如我们已经看到的,自在的无限者只是主观的),而意识只有一种与这种无限者的否定关系。现在人们说,因为在观察中仅仅**可以找到**这样一种关系,那么就**不可能**知道绝对者、真理。关于这种说法,还可以注意到以下几点。

[194]

如果人们接受一般的**可能性和不可能性**(只有它们有一定的意义),那么二者就涉及**内在者**,某一对象的**概念**,其自在所是者。因此,可能性和不可能性必须由概念自身的本性来确定。然而,站在作为观察的意识之立场上,立足于**观察**的这种立场之上,**不可能**谈论内在者、概念,因为这种立场放弃认识内在者所涉及的东西;它只得去完成属于这样一种外在意识的东西。因此,可能性和不可能性并不属于这一范围。

然而,这种观点借口,正是何所是,也就是属于这种可发觉的意识的东西,就是给出**可能性之标准**并由此给出可能性之概念的东西;违反经验的东西似乎是不可能的。

与此相反,应该注意到,这种观察**任意局限于有限意识的领域**。但是,还有另外一些**可以被观察**的范围,不只是其内容仅仅是与有限者相反的有限者的范围,而且是这样一些范围,在此,神圣的东西作为自在自为存在者存在于意识中。在无偏见的虔敬、礼拜形式中,或在哲学认识的形式中,绝对者的肯定意识**也**可以被观察,而且产生出完全另外一种结果来作为有限意识的观点,观察的主体可能**从他者身上**或**他自身上**观察意识的这些更高级形式。因为,在那种观点发生错误时,**宗教感觉较之意识**也许会更具体些和更充满内容些:只要意识是一定的、认识的、观察的意识,它在心中的就可能多于在意识中的;二者可以被区别开来。这仅仅取决于,就意识而言,使认识与我作为精神自在自为本身之所是的那种东西相协调。

[195]

然而,精神只有与上帝的一种否定关系,这种坚信才损害、毁坏了感觉、虔敬和宗教态度;因为思维是源泉、基础,在此基础之上,存在着一般的普遍者、上帝;普遍者存在于思维中,并为了思维而存在。只有在其自由中的精神,也就是说作为思维着的,才具有神圣真理的内容,并把它提供给感觉;**精神之内容是考虑到所有真正的虔敬和笃信时感觉之内容**。如果人们在思维着的意识中坚持不存在与上帝的肯定关系这一点,那么所有内容就因此从感觉中消失;犹如那种范围本身成为空洞的一样,感觉也是空洞的,犹如没有外在的光线我就不能观看一样。如果内容在这一基础上被否定、被消除,那么能适应于感觉的真正规定的东西就不再是现有的。因此,如果一方面必须承认虔敬中的内容会多于宗教意识中的内容,那么另一方面,在宗教意识自身中或在他者中现有的东西没有被观察到,那就是任意或笨拙。然而,其实这种任意、这种笨拙并不是只在这里才发生;而是只有当这种任意、笨拙应该**被观察到**时,这种观察才因此**被局限**于有限性之领域;因为观察就意味着**对**其中应外在**继续存在的一外在者**采取态度。这只有当它自身是外在的时候才被设定出来;这就是有限者。如果人们因此站在这样一种立场上,那么人们也就仅仅面临这种立场值得做而且也适合这种立场的这样一件事情。

如果观察想观察依其真正本性的有限者,那么观察本身就必须是**无限的观察**,也就是说,不必再是对事物的观察,而必须是**事物本身**。即使是思辨的思维,人们也可以观察,但它仅仅为思维者本身而存在;同样,虔诚仅仅为虔诚者而存在,也就是说,虔诚者同时**是**他所观察的东西。这里的情况是,根本就没有仅仅被观察,而是观察者在某一关系中趋向对象,以致观察就不是一种纯粹外在的观察;观察者并不是纯粹的观察者,不只是存在于一种与他所观察的东西的否定关系中。

[196]

由此可以得出,为了找到宗教的基础,我们必须放弃观察的关系;我们之所以必须抛弃这一经验的观点,正是因为它只是这种观点,而且因为,如我们所看到的那样,它通过自身扬弃了自己。虽然反思具有有限者与无限者的关系,但是后者本身仅仅被设定为一种否定。虽然否定继续前进,直至要求把有限者设定为无限者,但被指明的却是,这种要求仅仅必须存在于与肯定者的关系中;也就是说,在观察中使有限者成为无限者,但仍作为有限者继续存在下去,并被保留下来。但是与此同时,对有限者进行扬弃的要求却是现有的。

但是,对我们来说,在有限者和反思的观点自我扬弃之后,我们已经得到无限观察和思辨概念的观点,也就是说,达到这样一个范围,在此范围里,真正的宗教概念将展现在我们面前。

3. 宗教的思辨概念

理性是宗教可以独自在家所依据的基地。基本规定是意识的肯定态度,这种态度仅仅作为否定之否定而存在,作为**对立之诸规定**——它们被**反思**设想**为坚定不移的**——而存在。就这点而言,宗教的基地就是理性者,更确切地说,也就是思辨者。然而,宗教不仅仅是一种抽象者,是一种肯定态度,犹如它正好是被规定的那样;如果宗教只是如此,那么所有其他的内容就都处于它之外,都来自外部;如果所有其他的内容都存在于现实中,那么必定还有其他的现实在宗教之外。宗教的观点就是这种观点,即意识与之相比的真理,拥有**所有内容**在自身之中,而且因此,这种态度本身就是其至高者,是其绝对的观点。

反思是确定诸对立并从一种对立到另一种对立的活动,但无需实现其联系和贯穿的统一。相反,宗教的基地是绝对的意识,以致上帝就是所有内容、所有真理和现实本身。单纯的反思并不适合于这样一种对象。

如果我们至今使用了"意识"这一措辞,那么这仅仅表达了精神**显现**的侧面,即知识及其对象的本质**关系**。我因此已被规定为关系;然而,精神本质上是不仅在关系中所存在的这种东西。有限者属于意识;客体独立地留于其中。精神不仅仅是这样一种知识,在此,对象的存在与知识本身分离开来,不仅仅以关系的方式,不单纯是意识的形式。我们从这种关系中予以抽象,去谈论**精神**,而**意识则作为环节属于精神的存在**;我们因此拥有精神与绝对精神的肯定关系。只有知识在其客体中为自己设定出来的这种同一,才是精神,才是自为存在的理性(作为对象性的)。这样一来,宗教就是精神与绝对精神的关系。只有如此,精神**作为知识的精神**才是**被知者**。这不只是精神对待绝对精神的一种**态度**,而且绝对精神本身也是已与我们另一方面设定为区别的东西**发生关系者**,因此,从更高的层次来看,宗教则是与自身相比的精神的理念,是**绝对精神的自我意识**。[198] 其事先曾被规定为关系的意识就属于此。作为这样一种意识的意识,是有限的意识,是关于作为自我的某一他者的知。宗教也是意识,并因此就自身而言具有有限的意识,但却作为有限的意识而被扬弃;因为绝对精神本身就是它所知的他者,而且只有当绝对精神自知时才是绝对精神。当精神自在地区别自己时,意识的有限性才会出现;但是,这种有限的意识是精神本身的环节,精神本身是自我区别者、自我规定者,也就是说,精神**把自己设定为有限的意识**。然而因此,它只是以意识或有限精神为中介,以致它不得不为了通过这种有限化成为其自身之知而自我有限化。因此,宗教**由于有限精神的中介**才是神圣精神关于自己之知。按此,在最高的理念中,宗教不是某一个人的事情,而在本质上,宗教是绝对理念本身最高的规定。

在其意识中的绝对精神,是**自知**;如果这绝对精神知他者,那么它就不再是绝对精神。按照这种规定,人们就断言,绝对精神关于自身的知所具有的这种内容,是绝对真理,是所有真理,以致这种理念就把握住自然世界和精神世界在自身中的所有财富,是这种财富的唯一实体和真理,而且只有在其中作为其本质的环节,所有才拥有真理。

因此,只要宗教的这种内容从直接者开始,并表明这种内容是另一种内容的结果,那么这种内容就是绝对真理,这种**必然性的证明**就存在于我们的科学之前,并已经作为我们的后盾。当我们上面在其证明的地方提供这种证明时,我们已经看到,**证明**内容不是显现为绝对的而是显现为结果的**过程的片面性,如何扬弃自身**。因为,正是最初者——不是存在的逻辑抽象,就是有限的世界——,这种最初者、**直接者**,未被设定的显现者,在结果本身中被设定为一**被设定者**(不是直接者),而且从直接者退化为 [199]

被设定者,以致绝对精神不如说是真理,是理念之设定,犹如自然和有限精神之设定一样。或者说,自己意识到其自身的绝对精神,是最初者和唯一的真理,在其中,因此是一被设定者的有限世界作为环节而存在着。

那种过程首先作为宗教*之前*的某一过程显示出来(在此从直接者开始),并未涉及上帝,以致上帝由此才*形成*,因此那种过程其实是宗教本身*之内*的环节,但却是以另一种形态和形式作为那第一种方式(在此考虑到上帝,只有他似乎是无偏见的)而存在;在这里,其实上帝全然是最初者,而那种过程则是**绝对精神的理念在其本身中的活动和运动**。精神为自己而存在,也就是说,使自己成为对象,与概念相反,自为地持久存在着,是我称为世界、自然的东西;这种区分是第一个环节。另一个环节是,这种对象自身复返至其仍旧属于的并不得不复返至的这种源泉;这种运动构成了神圣的生命。作为绝对者的精神,首先是自我显现者,是自为存在的自为存在;**作为这样一种显现的显现就是自然**,而精神不仅仅是显现者,不仅仅是为了独一者(das Für-Eines),而且是**自为本身存在**,是**自我显现者**;因为精神因此是其自身作为**精神**的意识。因此,首先被看作为必然性的环节就存在于精神本身之内,而按照本质,我们也在宗教之内具有那种必然性,然而不是作为直接的定在,而是作为理念的显现,不是作为存在,而是作为神圣者的显现。

[200]　宗教概念的具体充实,乃是其通过自身的创造。它本身使自己成为具体的,并使自己圆满成为**其区别的总体**,以致这种概念(当它仅仅通过这些区别存在时)自身就成为对象。我们如此确定的概念,是绝对精神的自我意识,是它自为存在的这种自我意识;对自己来说,它是精神;它在其中自己与自己相区别,这是自然的环节。通俗地说:上帝就是自然者和精神者的统一;然而,精神是自然的主宰(Herr),以致二者并没有以相同的尊严存在于这种统一中,而是这样:这统一是精神,不是在其中二者都被中立化的第三者;而二者的这种中性本身就是精神。有时,它是一侧面,其他时候,它又是跨越到另一侧面的东西,因此又是二者的统一。在精神的这种进一步的具体规定中,发生的事情是,上帝的概念使自己完满

为理念。

精神者是精神者和自然者的绝对统一，以致这种精神者只是一种由精神所设定的东西、所保持的东西。在这种理念中，有以下环节：a) 两个环节的实体的、绝对的、主观的**统一**，在其自身相同的肯定中的理念。b) 将精神在自身中予以**区别**，以致精神自我设定为存在的，为这种与它——由他自己所设定的——相区别的东西而存在。c) 当这种区别本身**在肯定的**那种统一中被设定出来时，它就成为否定之否定，成为作为无限的、作为**绝对的自为存在的**肯定。

前两个环节都是**概念**的环节，是精神者和自然者的关系如何包含在概念中的方式方法。此外，它们不只是概念的环节，而且本身就是**区别的两个方面**。区别开来的环节在精神中是称为意识的东西。区别开来是两方面的设定，这两方面不拥有其区别的其他规定作为正好是那些环节本身。所以，由此成为某一**关系**的区别，对其**两个方面就拥**有：[1] 对一方面本身的关系，是理念的那种**纯粹的**、**实体的统一**，是作为存在者、作为涉及自身统一的上帝，和 [2] 对另一方面的关系，是**区别开来**，这种区别开来作为**意识**是纯粹的统一所为之而存在的方面，所以这种统一就自我规定为**有限的**方面。

因此，上帝被规定**为意识而存在的**，被规定为**对象**，被规定为**显现的**；但是，在本质上，他不仅作为在其实体性中的**精神统一**被规定为显现的，而且被规定为自我显现的，就是说，如此显现给他者，以致他**在其中显现自身**。

所以，这种区别本身应被理解为复返绝对的肯定，或者被理解为**自我扬弃的**——被理解为区别开来，这区别开来同样也永远自我扬弃为现象的真理。

然而，如果我们首先把实体统一与区别本身区别开来，然后又把第二个环节复返第一个环节规定为**第三个环节**，那么，根据关系内容之规定，那两种规定本身就仅仅被视为关系的一个方面，以致它们两者就仅仅构成关系的**一种**规定性，而**第二个**环节就是显现为第三个环节的东西。这

[201]

147

两个规定是根据概念构成一般可算作**理念之实在性**的东西。一种规定作为概念自身所分离为的**关系**，就是**意识**、**上帝的显现**，而另一种规定则作为**这种仅仅是相对的**、**处于对立之中的关系的自我扬弃**。在前者、即**关系**中，有限的意识是一个方面，而它的有限性如何被规定的方式方法，则是在有限意识上暴露出来、对它来说其**对象**如何被规定出来的方式。神圣显现的方式、表象或**理论**方面都属于此。相反，在另一种**实践的**关系（作为**分裂之扬弃活动**）中，活动显现这一点就在意识上。**自由**形式，作为自由形式的**主体性**，就属于这一方面，而**自我意识**则应在其运动中加以考察。这就是作为**崇拜的现象**。

[202]

C. 崇　　拜

　　主体与客体的分离首先在意志中才有其真正的显现。在意志中,我是一现实者,并自由地为我而存在,而且使我这样与作为某一他者的对象对立起来,以便它从这种分离中使它与我同化。在理论中,还有这种**直接的统一**、直接的知;但是在崇拜中,我处在一方,而上帝处在另一方,而规定则把我与上帝合在一起,又把上帝与我合在一起,而且产生出这种**具体的统一**。或者,如果我们把那第一种、即理论的统一称之为**存在者**、**客观者**的表象方式,那么当崇拜拥有主体与对象的**对立**并就此而言扬弃与对象的分裂——这种表象方式就可以显现为存在于第一种态度中——时,崇拜就与固定的关系——它作为关于自在自为存在的上帝的表象意识——相反,就此而言构成实践的关系。与存在的第一个方面相反,这里应考察自由、主观的方面。我们可以这样说:第一方面是在其存在中的上帝,第二方面是在其主观存在中的主体。上帝存在,上帝在此,也就是说,他与意识有关。因此,只要崇拜本身在扬弃对立之后让表象也是这样,那崇拜本身首先就是理论的。上帝是被规定的,因此还不是真上帝;只要上帝不再是被规定的,并局限在其定在的显现中,他就是精神,是自在自为存在的显现。所以,与意识的关联,属于上帝之存在;只有作为抽象的上帝,他对意识来说才作为彼岸者、他者而存在。当上帝在其显现中存在,犹如它是自在的一样,他就是自在自为的;所以,意识,本质上就是自我意识,属于其显现,因为,每一意识都是自我意识。因此,上帝本质上就是自我意识。意识的规定也属于第一方面,而且我们已经称为关于上帝的表象的东西,也同样叫作上帝的存在。

[203]

因此,知就属于崇拜,而知属于崇拜所在的形式,就是**信仰**。

Ⅰ.信 仰

1.信仰,按其主观方面,属于这种实践关系,即知者,这是因为自我意识在其中不仅作为理论的,知其对象,而且对**此确信**之,也就是说,确信绝对存在者和唯一真理,并因此当其自为存在从其形式上知自己而拥有真理时,自我意识就在其中放弃了其自为存在。当信仰必须被规定为精神关于绝对精神的见证或规定为**对真理的一种确信**时,这种关系,在考虑到对象和主体的区别时,就包含**一种中介**——然而却**在自身中**——,因为在信仰中,犹如它在这里规定自己一样,外在的中介及其每一特殊方式都消失了。因此,这种中介就属于自在自为的精神之本性,而且是精神与自身的**实体统一**——它本质上也是**无限的形式**。若用更具体的规定表达这一点,那么信仰关于真理的确信,或者绝对内容与知的统一,就是**绝对的、神圣的联系**本身,按此联系,知者,自我意识,只要它知真正的内容,作为**自由的**,摒弃其特殊内容的所有特性,它就知自身,然而仅仅知**其本质**。在对知的这种自由的、绝对的确信中,自我意识本身有对真理的确信;——作为知者,自我意识有某一**对象**,而且作为本质的这一对象,是绝对的**对象**,且它也不是**异己的**对象,不是意识的其他的、彼岸的对象,而是**其自在**,是其本质,——因为它作为绝对确信者,正好与这种确信是同一的。这种内容是这种自我意识的**自在**,而且这一规定为我们而存在;只要这种规定仅仅是自在存在者,那么它对自我意识来说就具有对象性,或者,它构成其自我意识的**意识**的方面。——这就是个性最内在的、抽象之点,这种个性仅仅思辨地可以被理解为自我意识与意识或知与其本质、无限形式与绝对内容的这种统一,这种统一完全仅仅作为这种统一之知以对象性的方式存在,作为本质之知存在,这种本质就是**我的**本质。

[204]

作出这种说明,完全取决于每一个个别环节,同时也取决于它们的本质结合,以致于如果不是只有其中的一个环节同另一个环节的抽象化一起被考察,就是它们也被更完整地、但却没有其同一地予以考察,那么这一概念似乎就会容易仅仅导致过去被考察的片面反思形式,并会同它们混淆起来。这一映像比正好那些反思形式无非作为被说明的概念诸个别的和被片面考察的环节存在更容易产生出来;对这种区别的辨析,将有助于更仔细地解释真正的概念和那些反思形式。

因此,如果已经指明,在精神的、纯粹的自我意识的确信中,包含了真理本身,并与它不可分割的同一,那么这一规定可能看来就容易与关于上帝的**直接知**的表象一起是同一规定,在其中,作为直接者,我对上帝存在的确信就犹如对自我的确信,即我关于我的确信一样。只是这一论断非常坚持知之**直接性**是这样一种直接性,而没有看到,知一般作为这样一种知之中介在它自身中存在,是一种直接肯定,这种肯定完全只作为否定之否定而存在。然后,与此相关的是,知的主体之直接性并没有消失,而是这一主体坚持其**有限的自为存在**,因此,不仅同一主体仍旧是无精神的,而且同一主体的对象也仍旧是无精神的,只有两个环节和精神实体的思辨本性未被理解,也未谈到。在充满信仰的虔诚中,个人忘记自己,并专注于其对象,他放弃自己的心灵,也不坚持自己是直接的。如果主体在火热和虔诚的热情中,专心致志于其对象,那么也就是说,他**自身**还参与此事;从事这种虔诚活动本身的正是主体;主体就是在此情况下祷告、言说、讨论某些表象的主体,应与自己的提升有关。但是,主体在虔诚中保持自身,并非在其个别性中,而是在其对象内的运动中,而且仅仅**作为这一自我运动中的精神**。——然后,没有被扬弃的直接性之进一步发展,就产生出爱虚荣的主体作为这样一种主体之无限性;这种爱虚荣的顶点仍旧保留下来。如果这种顶点也是其对自身的确信与内容的统一,那么这种统一就是这样一种统一,在其中,虚无者一定趋向真实者、绝对者。与此相反,那种主体性只要是从直接性中,同样也作为从在自身中自我反思实体和坚持自身的自为存在中解脱出来的一种自由的知,只是这种主体性与其个别特性相反就是无限形式与实体的否定统一,那么它就被规定为只是真实的主体性。

[205]

[206]

鉴于已陈述过的概念，人们也会回忆起另一表象或对**泛神论**的空洞指责，甚至神学家们也对那一概念进行这种指责。因为也有这样的神学家们，他们本身常常（如果他们往常认为已非常远地离开这一点）在很大程度上仅仅被包括进现代普通反思教育的大潮中，如果他们看到不是在上帝被规定为绝对彼岸者的地方谈论上帝，那么他们的思想就不会更进一步地把这样一种肯定关系仅仅理解为普通的、抽象的同一。人们不善于认识到上帝是精神；精神是一种仅仅与僵化的抽象实体有相同意义的空洞表象。只有当作为太阳的太阳、作为树的树、作为动物的动物存在于这种直接的、自然的实存中，并始终如此时，泛神论才用太阳、石头、树、动物来看待和认识上帝。太阳、空气等等，事实上是普遍的物质；还有更多的植物、动物都是生命，而且如果人们不知道关于上帝的规定高于普遍存在、普遍生命、普遍实体诸如此类东西的规定，那么这样一些实存就包含这一神圣的本质，也就是作为一种无精神的一般者。同样，如果个别自我意识被规定为自然的、简单的**物**（通常如此去理解灵魂），那么这种物同样也进入把灵魂看作是神圣实存的泛神论观点中；然而同样，如果自我意识，虽然没有被看作为自然的物，却被看作一种依据直接性的现实者，以致于它作为直接的知者（犹如它按其只是本原的规定性就是思维者一样），就是真实的，因此，如果它在这种意义上被看作一种神圣现实，那么它也还是会被收入那种泛神论的观点中。而这种表象就无法摆脱个别自我意识的这样一种规定。我**在**思维，故我**在**：那种表象就把直接存在的这种形式理解为构成思维者的最终定义和稳定形态的东西。如果这同一种东西也被称为精神，那么当那个仅仅**存在的自我**就是那个仅仅**直接的知**——直接知道的，这种知来自于它想要的，也来自于上帝——，仅仅首先是无精神的精神时，它就仍旧是一个无意义的词。

[207]

人只能**直接地知**上帝；人之初，**性本善**，这两个论断来自对作为一种无精神的精神的理解。或者，反过来，如果提出这两个论断，那么由此就得出这样的结论，即精神仅仅被认为是**存在的**自我，而这一**存在的**自我则被认为是自我意识最后的、真正的规定，而且精神本身被认为是绝对的、永恒的存在。精神只有作为具体的自由,才是精神,当它使它的自然性或直接性消融于其一般**普遍性**或更确定地说消融于其作为其对象的本质中时,就使它的自然的、自身作为有限规定的个别性降低为**事情**,也就是说,在这里降低为绝对的、自身规定为对象的内容。如果在应予以放弃的直接性方面,仅仅想到肉体的直接性,那么对这种肉体直接性的放弃就部分表象为**自然的死亡**,由于此,人就会与上帝一致起来,而部分则作为思维表象出来,这种思维从感性的生命和感性的表象抽象出来,并复返于超感性者的自由领域;但是,如果这一思维在这里停留于作为**抽象**思维的自身,那么它自身就把单纯的、直接的自为存在者(存在着的自我之难以解决的独一)被反思的空虚保留下来——存在着的自我排除其本质,并**在自身中**否定这种本质。我们有理由讲述这种自我,说,如果自我被看作上帝的现实实存,当上帝至少必须抽象地被规定为完全普遍的本质时,那么在自我中,上帝就不存在,自我也不在上帝中,而自我仅仅以外在的方式同上帝打交道,以及自我就是泛神论的又与上帝相悖的观点。[208]

但是,自我意识与作为精神的上帝的关系,与这种泛神论性质是完全不同的,因为自我意识本身在这样一种关系中就是精神,并通过放弃其**排斥性**的规定——自我意识作为直接的独一具有这种规定——将自身设定为肯定关系,设定为与上帝的精神的-活生生的关系。如果神学家们在这种关系中来看待泛神论,因此也还指望把**精神**归属于"所有者"——**万物**,神学家们本身还把灵魂和反思其自为存在的自我算作万物,然后也有理由把它们按其个体的现实性(在其中,它们是有限的)从上帝那里排除出去——,也还考虑到精神,而且也把精神仅仅了解为对上帝的否定,那么他们就不仅忘记了人是按照上帝的模样创造出来的诸教义,而且特别忘记了关于上帝恩赐、基督救赎的教义,而最后一个就是忘记关于神圣精神——它引导教区教徒进入所有真理,并永远生活在其团体中——的教义。与此相反,现在的时髦语是:泛神论。但是,自我是无限内容之知,以致这种形式本身就属于无限的内容,所以这内容就完全适合于形式;这内容并不存在于有限的实存中,而是定在于它本身的绝对显现中,而这并不是面临某一特殊形式中神圣者实存的泛神论。如果更确切地说,人**直接就是上帝**,也就是说,如果他作为**此者**知道上帝,那么这就是泛神论的。与此相反,教会说,只有通过这种自然性之扬弃(这种扬弃,被表象为自然的,是自然的死亡),人才与上帝相合。如果我们在概念中、在思想中理解教会所教导的东西,那么,已陈述的诸思辨规定就在其中,而如果有这样的神学家,他们用概念不能遵守诚然涉及神圣本质最深处东西的这样一些教义,那么他们就应该把它们丢下不管。神学是对宗教内容的理解;所以,那些神学家应该承认,他们未能理解宗教的内容,却不想对理解作出评断,而且至少是用如泛神论等等这样一类的词。

老一些的神学们最真挚地理解了这种深刻之处,而在仅仅拥有批判和历史的现今新教教徒那里,哲学和科学完全被放到了一边。其中,迈斯特·埃克哈特①,一位多明我会修道士,在他关于这种最核心东西的一次讲道中说:"上帝看我所用的眼睛,是我看他所用的眼睛;我的眼睛和他的眼睛是一致的。我在上帝心中的分量和他在我心中的分量是被公平称出来的。如果上帝不存在,那我也不存在;如果我不存在,那上帝也不存在。但是,知道这一点并非急需,因为这是一些易于被误解和只能在概念中被理解的事物。"②

2.信仰在本质上应被赋予**中介的形式**;它本身自在地已经是这种形式,因为它是关于上帝及其规定之知,而这种知在自身中则是一种过程,是一种运动、活力和中介。正是在所是信仰的内在规定的**自由**中,有这种自由所不是的、我们首先称之为实体的、**真正的统一**的东西,不是**表象**;而在自由中,我作为这种**活动**,存在于无限否定在自身中所是的肯定中。如

---

① 迈斯特·埃克哈特为多明我会会士,约始于1290年,先后任波希米亚等地多明我会会长和主教,并曾在巴黎讲授神学。他提出比较典型的具有宗教神秘主义倾向的泛神论。据他看来,上帝是万物的根基,万物在上帝之中,上帝也在万物之中,而万物因其不完满又与上帝不同一。见《迈斯特·埃克哈特讲道集》(Eckhardts Predigten),巴塞尔,1521年版第313页。——译者注

② 参见德国的传教士们;Qui audit me, Justus in perpetuum vivet, Beati pauperes spiritu.——德文版编者注

果人们赋予中介以某一外在中介的形式作为信仰的原因,那么这就是一种不完全正确的形式。其原因是某种**外在者**的这种中介是伪造的。信仰的内容可以通过教导、奇迹、威望等等使我了解,这可以是作为主观信仰的信仰的根据;但是,在内容作为根据是为我而存在的这种地方,这恰恰是不完全正确的东西,而如果它获得信仰,那么这种外在的东西就**被略去**;我在信仰中学会我这样接受的东西,因此,对我来说,这种东西就不再是他者了。我们可以这样来规定直接的信仰,使得这种信仰是**精神来源于精神之见证**;原因在于,在精神中没有有限的内容之位置;精神只能由精神作证,而只有有限事物通过外在的原因才有其中介。信仰的真正原因是精神,而精神的见证在自身中是活生生的。 [210]

认证首先可以以那种外在形式的方式来表现;但是,这种认证必然被取消。因此,可能的情况是,某一宗教中的信仰开始于有限内容这样一些见证、奇迹。然而,耶稣本人说过反对奇迹,并辱骂犹太人向他要求奇迹,并对其门徒们说过:"圣灵将引领你们进入所有真理。"①以这样一种外在方式开始的信仰,还是形式上的,真正的信仰必定取代它。这一点必须加以区别;如果不加以区别,那么人们就苛求人相信他在教养的某一观点上不再能信仰的事物。对奇迹应该如此信仰,而这应该是信仰耶稣的一种手段;它可能是一种手段,但它却总是也**为自己**提出要求。这种如此被要求的信仰,是对有限的和偶然的某一内容——它不是真正的内容——的信仰;因为真正的信仰没有偶然的内容。这一点特别在考虑到启蒙运动时可以觉察出来;这种启蒙运动已成为这种信仰的大师;而如果正统观念要求这样一种信仰,那么它在人们的某些表象方面就不能获得它,因为信仰是对非神圣的某一内容的信仰,而非作为精神中的精神,上帝为自身之见证。这一点在考虑到奇迹时应予以特别注意。在参加伽拿(Kana)婚宴时,客人们得到的酒多少,是完全无关紧要的,而那个人干枯的手是否被治愈,也是偶然的;因为有数百万人带着无人被治愈的干枯的和残废的 [211]

---

① 《新约全书·约翰福音》(16:13)。——德文版编者注

155

肢体四处流浪。因此,《旧约全书》描述道,在出埃及时,各犹太人家的每个门上都作了红色记号,以便上帝的天使能够辨认出来。假若这位天使在没有记号的情况下辨认不出犹太人呢?这一信仰对精神没有什么兴趣。伏尔泰最尖锐的想法就是反对这样一种信仰的要求。此外他说道,如果上帝给予了犹太人以灵魂不朽的教导,似乎比他教导他们上厕所要好(à aller la sellen)。于是,厕所就成为信仰的内容。(5. Mose 23, 13—15)

非精神者,按其本性不是信仰的内容。如果上帝说话,那这便是精神的;因为精神仅仅向精神启示。

在近代,神学同样也在注释中重视在多少 Codices(《圣经》手抄本)中可以找到这种或那种成问题的地方。因此,在《新约全书》中就有一个地方按照希腊文本称:上帝([缩写词]Θs)永远很受称颂;相反在牛津找到的羊皮纸文本的一个古老片断说,有位[Os](耶稣)永远很受称颂;差别是由于符号 Θ 中的一粗线产生出来的;然而,人们又指出,粗线是从另一面透过来的,等等。如果对我们从上帝的本性所知道的东西的评论归于这样一些事物,那么这就是不是见证的见证。宗教的内容是上帝的永恒本性,不是这样一些偶然的外在物。

[212]

当门德尔松(Mendelssohn)被请求改信基督教时,他回答道,他的宗教没有要求他信仰永恒的真理,而只是要求遵守某些准则、行为方式、礼仪准则;他认为这一点是犹太教的优点,即犹太教不要求永恒真理;因为理性足以找到永恒真理;那些实际的规章是由上帝规定出来的,而这些永恒的真理则是自然的规律、数学的真理等等。——当然,我们必须承认它们是永恒的;但是,它们具有很有限的内容,没有自在自为的永恒精神的内容。然而,宗教除了宗教什么也不包括,并作为这样的宗教仅仅包括精神的永恒真理;这就是宗教的规定。再则,那些实际的规章涉及礼拜的外在方式;或者,如果上帝的这些训诫涉及道德的行为,那么精神的东西,信念,就是主要的事情。但是,这种命令,就其首要之处而言,是最高度的严酷无情,并会成为非宗教的,而且与有限的内容有关。然而,应该相信的东西,必须有某种**宗教的**、**精神的**内容。

3.我们借助崇拜概念把信仰和作为中介的认证规定为崇拜的内心深处或其内的诸始初环节。在崇拜中,上帝在一方面,自我在另一方面,而且把我与上帝结合在我自身之中、知道我在作为我的真理的上帝之中和上帝在我之中的规定,就是这种**具体的统一**。对于我们的考察来说,理论的意识也是具体的,但只是自在的;即使对于主体来说,这种意识也成为具体的这一点则是实践的东西。崇拜就是给自己以这种最高的、绝对的享受——,在这种情况下,情感就在其中;在此情况下,我与我的特殊个性一起在场。因此,崇拜就是绝对精神在其教区中的确信,是这种确信关于其本质之知;这是精神同自身的实体统一,这种统一是本质上无限的形式,是自身中之知。因此,更详细地说,首先包含其中的是**主观的自我意识**,但这种自我意识仅仅**在形式上**还是主观的;因为已经知道绝对内容的自我意识是**自由的**,也就是说,自为存在作为个别者把其对象从自身中排除出去,其困难将自行解决。因此,自为存在知**其本质**,而且这就是其本质,由此出发,自为存在给予对象以证明,这种证明因此就是绝对精神的产物,这种精神同样也在其中首先作为绝对精神产生出来。作为知,自我意识有某一对象;作为本质,这一对象是**绝对的对象**,而当自我意识是自由的时候,这一本质对于自我意识来说,并不是别的对象作为精神的见证。精神仅仅为自我意识在其自由中所知;所以,只要这种知是自由的知,自我意识的统一就产生出来,而绝对的内容就是实体的统一,以致于个别性就完全被扬弃了,更确切地说,被规定为与个别者对立的普遍者,以致于个别者仅仅作为表面现象而存在。自我,这种经验的实存——本质当然还仍然不同于这种实存——就是无本质者。

[213]

但是,主观意识本身是一种有限的、被规定的意识:**特殊的精神**。对于这种特殊的精神、有规定性的精神来说,即使真理也仅仅以这种**被规定的**方式存在。主观的精神具有怎样的性质,对它来说,客观的真理也就具有怎样的性质。

然而,即使意识和知本身也在上帝之中。知是一种内容,而这一内容

[214] 是意识的对象的形式,是与内容不可分离的。在这种情况下,我们就存在于特殊精神方面,而在精神发展的诸阶段上,信仰自我修改,并把自己规定为另一内容。因此,人们就有理由同孩子谈论上帝,谈论其造物主,而孩子由此就得到关于上帝、关于某一更高者的表象:孩子及早有了意识,但仅仅以有限的方式,而且这样一种基础后来继续发展起来。一般地说,这**一种精神是实体的基础**;这就是一个民族的精神,犹如它在世界史的各个时期是被规定的那样——是民族精神;这种民族精神构成个人内的**实体基础**;每一个个人都生于民族之中,并属于这个民族的精神。一般而言,这种精神是实体者,是同一种东西,好像来自自然一样:这种精神是信仰的**绝对基础**。按照这种精神,被视为真理的东西就被规定出来。这种实体者以这种方式自为地在区别中与个人相对立,而且就涉及他们作为个别者而言,是其**力量**,而在这种与他们的关系中,这种精神是其绝对的**权威**。因此,作为属于其民族精神的每一个个人,在其父亲们的信仰中,既没有其过、也没有其功地出生了,而对个人来说,父亲们的信仰是一种神圣的东西及其权威。这构成了从历史的发展中产生出来的信仰基础。

　　这里就产生了宗教如何创立、也就是说实体的精神以何种方式成为诸民族的意识的问题。这是某种历史的东西;诸开端都是不显眼的:善于表达这种精神的那些人,是先知者,是诗人;赫罗多德(Herodot)说道:荷马和赫西奥德(Hesiod)使希腊人有了自己的诸神。荷马和赫西奥德在此有了权威,之所以如此,是因为他们的名言适合于希腊人的精神。还有一些更早的开端,神圣东西的最初闪光,也发生在他们之前;因为就产生而言,如它在荷马那里出现的,人们并不能说,它从开端起就已经存在了。

[215] 对超感觉东西的敬畏心情,在开端时还以粗糙的方式表达出来。恐惧是开端,而为了远离恐惧,并使那种超感觉的力量成为有利的,人们就使用了魔法符咒,并在颂歌中祈祷。这样,意识就逐渐发展起来;而且在这种情况下知道何为神圣者的少数人,就是大主教、教士,或者也可以是一个社会阶层或一个特殊的家庭,被选定去掌管教义和礼拜仪式。每一个个人都生活在这些想法和感觉当中,而这样一来,某一种精神的感染就在人

C. 崇　拜

民中传播开来,而教育则在于,使个人生活在其人民的气氛中。因此,孩子们就打扮得漂漂亮亮地一起去做礼拜,一起活动,或参与某种事务;在任何情况下,他们都学习祈祷,听教区、民族的想法,置身于其中,并以同一种直接的方式接受它们,犹如穿衣服的同一种方式和繁衍的日常生活习惯一样。

　　这就是**自然的权威**,但它的力量在精神中是最大的。个人还会按照自己的独立性想象得如此之多,但他不会飞越这种精神,因为精神是实体者,是其精神性本身。——首先,这种权威是完全**无成见的**,并直接在人民中固定下来,**没有相反之戒律**。由于根本就没有反思和主观思维的对立面存在,各个体在其中就既不自由又非不自由。我们说,各民族都**相信**了这种主观思维;只要这种主观思维把某一对立面的意识包括到自身之内,各民族本身就不把这种主观思维称之为"信仰"。

　　但是,现在有不同的信仰形式,不同的宗教,会相互发生冲突。至于这种同时发生的冲突,它会在**表象**和反思的基础上出现,而辩护则以某些根据和**真理的论证**为依据,然而,这种冲突也会采用这样的形式,即一些民族强迫另一些民族顺从自己的信仰;因此,信仰就成为强迫的国家暴力,部分在自己国家内部,部分也向外[使用]。这种冲突引起了无数次的战争。例如伊斯兰教徒的战争,天主教徒和基督教新教教徒之间的战争,也有对异教徒的审判,此外还有印度人中湿婆(Schiwa)教徒和毗湿奴(Wischnu)教徒之间的战争,都属于此列。在这样的冲突中,都是为了崇奉神而斗争,神在意识中得到承认,民族的真理也得到承认。一般来说,**信仰的自由**都反对这种强制;然而,这种自由也可以有这样一种地位,即它高居于自称为真理的不同内容**之上**。这种自由因此**在形式上**是这样一种信仰自由所是的东西,在此,所信仰的东西仍应停留于娱乐之外。那么,这就是自由的形式上的要求,它并不按照信仰的真理来察看,而仅仅与主观的自由有关;内容可能来自某一种性质,如它需要的那样。在这种情况下,区别就产生于内心深处、我与我本身一起所存在于其中的良知和本质内容之间。内心深处是神圣的东西,是我的自由之场所,这种场所应

[216]

159

予以尊重;当自由之意识在人心中觉醒时,这是他提出的一种基本要求。在这里,根据不再是信仰的实体内容,而是信仰的形式。

[217] 然而,如果人们从**抽象**的思维出发来考察事物,信仰自由马上就表现为**与其本身的矛盾**;因为当人们正好信仰时,人们就接受了某种**已有者**、**现有者**;但是,自由则要求,这种已有者是由我设定的、创造的。而信仰则在自由的那种要求中事实上被理解为我的个人的信仰,被理解为**我自己**最特有和最内心的确信。在我自身的这种确信中,在**我的**信念中,**我的**信仰有其根源和场所,对于我与他者相比而言,我是自由的,信仰本身可能是它想要的方式;或者,信仰被建立所依据的一定的根据、反思和感觉,在这里是无关紧要的。诚然,信仰在其涉及**内容**的自身中,还是不自由的,而**思维**只有在对内容的考虑中也力图有自由的时候才是思维。

但是,自由也与内容有关的地方,就是**思维与信仰之间**出现**破裂**的地方,我们已经在希腊苏格拉底时代看到过这种破裂。思维对信仰,是一种新关系。即形式的方面与真理的实体发生了关系。在基督教中,这一原则从一开始就存在;基督教虽然一方面从被相信的外部历史开始,但是同时,这种历史却有重要意义,即它是对上帝本性的阐明。按照在这种情况下立即出现的区别,基督不仅是有过这种命运的一个人,而且他也是上帝的儿子。然后,对基督故事的阐明就是更深刻的东西;它发生在思想中,并产生了**教义学**,教会的教义。因此,就有了内心深处、思维的要求。接着,思维与信仰的破裂继续发展。不仅按照形式,而且也考虑到内容,思维知道自己是自由的。然而,在思维中,没有权威,自由就不存在了;思维有某些原则,这些原则确切地说是思维自己特有的原则,而且思维把一切都归结为这些原则;然而,这些原则本身也在发展中;一个时期有某些原则,而且就此而言,其中也有**权威**。最后的分析——在此不再有预先被设定的原则——首先是向哲学的进展。

[218] 信仰的宗教中介,像它在崇拜中显示的那样,是刚刚被规定的统一和这统一的享受产生的活动,因此,在信仰中自在存在的东西也被造就出来、被感觉到、被享受。按照意志的这一方面,崇拜是实践的,而这种活动

C. 崇　拜

首先具有有限性和个别性之形式。人们常常说，人就其意志而言是无限的，就其理解、认识而言，是有限的。这是幼稚的说法；相反的说法则正确得多。就意志而言，人是与他者对立的，个别地作为个人，有某一目的，在自身中有反对他者的某一意图，表现为与他者是分离开的；因此，这里就出现了有限性。在行为中，人有某一目的，而行为就在于**有内容、目的，失去表象的形式**，或者，目的，像它首先是主观的一样，摆脱掉主体性，就获得客观的定在。

当崇拜也是一种**行动**时，它在自身中就有一种**目的**，而这一目的，信仰，是**神圣的东西和意识自身中的具体实在**。崇拜应该完成的东西是，它并不使某种东西与客观事物分离开来，并不改变某种东西，不在这上面起作用，而其目的是自在自为的绝对实在，这一目的也不应该首先**被创造出来**，而是它应该仅仅**在我心中具有现实性**。因此，它是反对我的，反对我的特殊的主体性。这种主体性是应予以去掉的糟粕；我应该存在于精神之中，而对象则应该作为精神存在于我心中。

这是两方面的行动，即上帝的恩赐和人的奉献。在上帝行动、恩赐时，表象因人的自由而陷入困难之中。但是，人的自由正好存在于上帝之知和愿望中，它仅仅由于人的知和愿望之扬弃而存在。因此，人并不是石头，以致恩赐不只是在实践上起作用，而人也许是不在场的消极物质。更确切地说，目的、神圣的东西应通过我而在我心中得以形成，而且是我的行动所反对的东西，这是对我一般不再自为保持自己的放弃。这种双重的活动就是崇拜，因此其目的也就是上帝在人心中的定在。

[219]

我应该与这一点相协调，即精神实存在我心中，我是精神的。这是我的工作，即人的工作；同一工作也是上帝方面的工作。上帝向人运动，并通过人之扬弃存在于人心中。于是，表现为我的行动的东西，就是上帝之行动，反过来也是一样。当然，这是跟康德和费希特的纯道德立场相反的；在这种情况下，善总**应该**首先产生出来，变成现实，同时要以这样的规定性来进行，即善也停留于**应有**方面，似乎它已经不是自在自为的定在。在这种情况下，在我之外就有一个世界，这个世界，为上帝所遗弃，等待我

161

把目的、善首先放进去。道德活动的范围是有限的。相反,在宗教中,善,和解,得到绝对的实现,且本身是自在自为的;精神世界和自然世界的统**一已预先被设定出来**,——特殊的自我意识就属于精神世界——,我摈弃我的主体性,并参与永恒实现着的这种事业,这都**涉及我**,并**与我相对立**。按照这一点,善并非是应该做的事情,而是神圣的威力,永恒的真理。

同样,如果现今人们只是始终急于使人熟悉信仰,而闲话只是始终企图在人心中产生痛苦并因此相信有上帝,那么,这不仅仅不是崇拜,而且仅仅总**想**首先创造出**宗教**这一点就存在于宗教之外。更确切地说,崇拜在宗教之内,而在这种情况下,知有上帝,也有现实,就是我仅仅应该使自己适应的基础。多灾多难的时代必须满足于始终只是先向其说,有个上帝在!

[220]

更确切地说,由于崇拜要以世界最终目的的自在自为存在为前提,又从这种前提出发去反对经验的自我意识和这种自我意识的特殊兴趣,那么在意识中就包含某一**否定因素**,然而因此,它就是主体自身去除经验的、特殊的主体性之实践活动。因此,这就是**一般**崇拜的概念,这种概念以称为信仰者之规定为基础。

Ⅱ. 崇拜的规定性和诸特殊形式

在信仰中就有绝对精神的概念本身。这种内容,作为概念首先为我们而存在;我们这样对内容作了理解,但它尚未因此在实存中被设定为这样一种内容。概念是内在的东西,实体的东西,而且作为这样一种概念,只有通过我们心中的我们在理解的认识中才是现有的;但是,一般来说,理念尚未**在存在的意识中**有这种形态和这种内容。因此,理念首先作为概念,作为与主观自我意识相同一的实体而存在,以致于主观自我意识在对象中有自己的本质、真理;在理念中,主体本质上是被理解为自由的,然而首先只有相对的自由,主体与其普遍本质相反的自由,以致于他并不与它相分离,或在与相对的自由相反是其普遍性的规定性中确定自身,而是

C. 崇　　拜

只有在未被阻挡的连续性中以其对象为内容。或者,自由只是主体的这种形式上的自由,即主体的意识与其概念相适应而存在。但是,真正的信仰,根据至今为止的规定,将以精神绝对自由的自我意识为前提,以人按照其基本规定**是自在自为自由的**和知道自己是无限的这种意识为前提。不过,如果这种自我意识还是**直接的**,那么它首先就只是形式上的自由,并**囿于自然的某一规定性**,不是其无限自由的意识。上帝本身并不直接作为精神而存在,同样也不是关于精神的意识。所以,自由本身和崇拜中的和解,首先是**形式上的和解与自由**;对于主体来说,其概念、**作为精神的绝对精神**,就是对象,这一点属于主体与其概念相适应而存在这种情况;因为只有这样,主观精神当其在那种绝对内容中与其本质相比较时,才能在它本身中是自由的。真实的东西在于,自为的主观精神仍旧是绝对的,并作为无限的主体性而有意识,它对自身来说具有无限的价值,而且是上帝之无限爱的对象。

[221]

因此,与上面所阐明的关于上帝的表象相适应,崇拜也在发展着。一来,上帝作为**自然者和精神者**的统一而存在,二来,**这绝对的统一**本身是**精神的**。与这种差别相适应的,是崇拜之被规定的诸方面。

1. 上帝以**自然的规定性**直接被规定为某一抽象概念,而不是被规定为绝对的、无限的精神。当自然的这种规定性在某一抽象概念中被设定时,上帝以肯定的方式在自身中具有这种规定性时,上帝就是这种规定性和精神者的统一;但是,当自然的规定性仍旧**存在**时,二者的统一也就是直接的,是一种本身只是**自然的**、而不是真正精神的统一。如果人们说,人由躯体和灵魂**组成**,那么人的躯体同样也作为灵魂的肯定成分存在,而且这样来理解,二者的统一也就仅仅是自然的、直接的统一。

在这种情况下,即使在崇拜中,人也与**直接的自然性**或自由的非自由一起被规定出来。由于人只是**自然的自由者**——一种本来就与自身相矛盾的规定——,他与其对象、本质、真理的关系也就是一种这样**自然的统一**,而他的信仰,他的崇拜,就因此具有基本的规定,因此这就是一种直接的关系,或者原来就是与其对象的一种和解。这是所有宗教中崇拜的一

[222]

163

种规定性,在所有宗教中,上帝的绝对本质尚未明显。在这种情况下,人就其自由而言还不是自由的。于是,这就是不需要和解的双重崇拜。在这种情况下,崇拜就是人表象为日常生活方式的那种东西;他生活在这种实体的统一中,崇拜与生活是没有区别的,而绝对有限性之世界,尚未与无限性对立起来。多神教徒们充满了非常幸福的意识,神作为民族、城邦之神,亲近他们,——这是神对他们友好并赐予他们最好享受的感觉。如果说雅典人以这种方式知道了雅典娜有其神圣的力量,那么他们就知道自己与自身原来就是同一的,并把神性了解为自己民族本身的精神力量。

在有限者和无限者直接统一的第一阶段上,**自我意识**尚未被造就成**为总体**;就此而言,人们没有严肃对待这种区别。虽然一般说来,**否定性**必定会出现,但由于它并不是自我意识的自身想象,因此,否定者就从主体性之内在关系中被排除出去;它处于此领域之外,并应作为黑暗和罪恶**的领域从直接的统一中排除出去**。斗争和争论也可以同那种否定者一起产生,但是因而它就被想象得比一场**外部的战争**要多,而敌视及其止息并不作为自我意识的本质环节存在。所以,没有什么真正的和解也属于这一阶段,因为这种和解要以心灵的绝对分裂为前提。

[223]

这样一来,崇拜在此本质上就有了规定,即这种崇拜并**不是一种独特者**,一种脱离其余生活的东西,而是表现光明领域中和善中的持久生活。**需要性之尘世生活**,这种直接的生活,**本身**就是**崇拜**,而主体尚未将其本质的生活与其尘世生活的维持和直接有限的实存事务区别开来。

在这一阶段上也许一定会出现对其上帝本身的这样一种**明确意识**,即提升至绝对本质的思想,并崇拜和赞扬这种思想。但是,这首先是具体生活没有进入的一种**自为抽象关系**。崇拜的关系一**更具体地**形成,它就在自身中接受**个人的全部外在现实**,而且习惯的、日常的生活的整个范围,即吃、喝、睡及满足自然需要的所有行为,都与崇拜有关,而所有这些行为和日常事务的过程,就构成一种神圣的生活。

当这些日常事务还特有**外表**和**需要**时,如果它们被提高至那种本质的统一,就必须**特别注意它们**,而随着任性的排除,将以深思熟虑的、被设

C. 崇　拜

定的方式从事这些日常事务。因此,在生活的最普通行为中就充满了庆典和尊严。有限生活的具体实存,尚未被视为无关紧要的,由于自由,这种具体实存尚未被贬低为琐碎小事,因为内心的自由尚未产生出一个独立的领域。因此,日常的、习惯的生活行为还完全与宗教事务相关联,并被视为实体的行为。为了使我们看作偶然行为的这种事情适合于实体性之形式,就需要有庆典、宁静和适当的规则和秩序。因此,所有这一切都以普遍的方式由规章加以规定,而偶然性之映像是不存在的,因为有限化尚未自为地离去,并给自己提供活动余地。有这种观点的东方人,不是把自己的躯体和有限的事务及其实行情况看作是他自己的,而是看作是**对他者**、对普遍的本质意志的**一种侍奉**;所以,他必须在微小的日常事务中拥有尊严和深思熟虑,以便他按照那种普遍意志,适当地实施它们。［224］

但是,那种庆典只是一种**形式**,而内容却是**有限者的行为和存在**,所以对立也就事实上被扬弃了。因此,由于日常生活的行为与之有关的秩序只是那种有限内容的外部形式,所以就还有外部生活和作为意识之绝对对象的**真正不同**。所以,主观的实存必须**明确地**予以扬弃,而这一点在此如何发生的方式,则涉及**对有限性及其与无限者的对立之反思**。但是,有限者的否定性也只有**按照有限的方式**才会发生。这就是一般被称之为**献祭**的那种东西。

这种献祭直接包含**对某种直接有限性之放弃**,这种有限性是确信意义上的,即它不应该是**我特有的**,而且我不想为我而具有这样一种有限性;因此,根据宗教自我意识的观点,献祭是真正的献祭。在此它不可能(因为尚未现有心灵的深度)在一种**内在的**过程中自身启示否定性。这种献祭不在于心灵、内心和自然倾向的悔改,即它们被破坏。而是,主体**自为**存在的东西,是**就直接占有而言**的东西,而当主体在崇拜中放弃其有限性时,这就只是对一种直接占有和自然定在的放弃。在这种意义上,精神宗教中就不再有什么献祭,而是在那里称为献祭的东西只能是比喻意义上的东西。［225］

更确切地说,这种献祭只能是**崇敬、赞美的纯粹献祭**,是证明我没有

165

什么特有的东西,而是,当我在与绝对者的关系中思考时,我就放弃它。放弃占有所依据的赞美,并没有由此而变得更加富有;而是主体由此而仅仅给自己以扬弃了的分离之意识,而且就此而言,其行为完全是**快乐的行为**。一般而言,这也是东方馈赠的意义;这样一来,臣民和被战胜者给国王送来礼物,不是他应该变得更富有,因为反正一切都归于他的名下,而且一切都属于他。

考虑到有**一定的玷污**,然后这种献祭又可以进一步被规定为**对洁净的献祭**。根据这种观点,**真正意义上的罪恶**是犯不得的;更确切地说,对洁净的某些献祭一般都伴随以所有有限的行为。这些献祭也不是忏悔、惩罚,也不以精神的皈依为目的,一般来说也不是所遭到的损失和伤害。不应该这样来认为,以致于人们做出了某些坏事,并为此又必定遭遇某一坏事。所有这些规定,将包括主体之权利表象;然而,这是在此还根本尚未插手的一种表象。按照我们的观点,这样一些献祭,当因此而放弃某一财产时,将被看作是一种损失。可是,这样一种观点并未按那种观点发生;更确切地说,献祭在此基本上是某种**象征性的东西**。某一玷污事情发生了,而这一定是以同样直接的方式了结的;仅仅主体不可能使发生的事情不发生,而且也不后悔这样干了。所以,必然会发生某种**混淆**,而为了本来不应搞这种混淆,就要放弃某种不同于那种实存的东西。献祭的东西按其价值可能比我保持的已获得的东西要小得多。例如我已赢得的收获,我已宰杀的动物;我占有这种东西,这种东西可以表明我没有严肃对待这种占有,因此这是以象征性的方式发生的。事情并非如此,好像我做的事情并不该发生似的,因为这些行为是**必然的**;通过献祭,只有这种**一般的有限化**,这种**为我而存在**又被扬弃了。

[226]

这种礼拜仪式行为所具有的普遍性质,是我们称作**仪式**的那种东西。这种仪式在于,日常的、普通的行为——如我所认为那样——也是必然的行为,并通过规章加以规定。我们有权在这种情况下采取随意的态度,或者无意识地遵循习惯;同样,只要犹如收获和杀死某一动物这样一些行为一样是必要的,我们也不认为洁净是必要的。此外,由于在那些献祭和洁

C. 崇　拜

净方面涉及宗教的方面,就不存在未给予其某种重要性的区别。因此,被考察的诸不同食物不只涉及口味和健康,同样在考虑到洁净和献祭时,也出现了**不同的组合**:另一种行为的洁净在实现时所借助的那种行为不可能必然涉及同一种行为,所以,组合也只能是一种**偶然的**和**外在的**组合。由此就产生了这种崇拜的**难堪之事**。如果在那些仪式和组合中有或被放置某一**意义**,那这是一种**普通的**和**表面的**意义,而当这样一些行为成为**习惯**时,它们也还将**失去**其中可能已放置的一点儿意义。[227]

按照这种看法,只要与一定的规章相反的某一行为应被扬弃和事情关系到逾越,那也就会出现一定的**惩罚**。针对这样一种损害的惩罚又是一种**损害**,而被放弃的某些东西就是:生命、财产等等。但是,这种惩罚在这里具有一种完全单调的、**严格按照规定的惩罚**之意义,是采用**民法惩罚**的方式。然而,这种惩罚并不直接关心犯罪者的好转,而宗教仪式的忏悔就我们的意义而言也是一种惩罚,这种惩罚的主要目的就是使被惩罚者好转和皈依。按照这种看法,惩罚并不会具有这样一种道德的或更确切地说宗教的意义。一般而言,**民法和国法**在此**与诸宗教规则是同一的**。国法是自由之法律,以个性、人的尊严为前提,而且主要与意志有关;在这方面,对于偶然的、无关紧要的事物之抉择来说,就剩下一个**任意**的领域。但是,按照这种看法,尚没有这种分离,一般也有一种**单纯必然性**之状态。

那么,另一种**合目的的**一定行为也就与有限的存在和行为分离开来,与这种存在和行为有关的是已表述过的对自在自为存在者的崇拜。一方面,与我们的需要直接有关的诸行为,其实施并不按照某一目的发生,而是直接做出调整,与此相反,另一方面,合目的的行为不只是按照习惯的需要的行为,而且它也是按照某些**表象**规定自身的。因此,只要它有有限的目的,虽然它也还是有限的行为,但当这里首先是**有限者被提升为无限者**这一原则时,有限的目的也就应扩大为**无限的目的**。这样就开始了宗教活动,这种活动产生了虔诚的行为,这种虔诚不是被规定为某一有限的目的,而应是某种自在自为存在的东西。在此,这种活动本身就是崇拜。观看其活动和创作不应像观看被建造的我们的教堂建筑那样,因为人们[228]

正需要它们，而是应把这工作看作**纯粹创作**的活动，而作为持续不断的活动，目的就是为自己本身的，因此也就绝不是完成得了的。

从跳舞的单纯躯体运动直至异常巨大的建筑物，这种工作有不同的方式和不同的等级。后者特别具有纪念碑的意义，其建造是无限的，因为，如果某一代完成某一项工作，就会一再有必须从头开始者。在做这样一些工作时，规定者还不是**自由的幻想**，而是被创作成的东西具有**庞然大物**和**巨型建筑**的性质。创作活动还从本质上与**自然物**和**给定事物**紧密地联系起来，而且完全决定于活动的东西，仅仅限于大小程度被夸大，而给定的形态则被引向庞然大物。

即使所有这些工作，也还属于**献祭**范围。因为像在这种献祭时一样，目的是普遍者，与普遍者相反，主体的特性和兴趣必须在行动中放弃自己。一般来说，所有活动都是一种**放弃**，但不再是放弃某一仅仅是外在的事物，而是放弃**内在的主体性**。存在于活动中的这种放弃和献祭，作为活动同时也是主观化的，它们完成某种东西，但一般来说不是像制造出来的存在仅仅来自我那样，而是按照某一**充满内容的目的**实现的。然而，人的工作——因此，有限者和无限者的统一，只要它贯穿精神并从其行为中挣脱出来，就能实现——已经是更深层次的献祭，而且与献祭相反是一种进步，像它本来只是作为放弃直接有限性所显现的那样。因为在那种制作中，献祭是**精神的行为**和劳累——它们作为对特殊自我意识的否定，坚持在内心中和表象中活生生的目的，并外在地为直观而产生出这种目的。

迄今我们已经考察了这种观点的崇拜，犹如它起因于**作为前提的自我意识和对象的统一**一样。但是在此也常常出现对**这种最初统一的偏离**，即对这种和解的偏离，或者对和解需要之缺乏的**偏离**。这种偏离部分在于主体的任意、个人在其世界中所拥有的享受——因为他不是精神的自我意识，因此就还具有爱好、欲望——或者来自另一方面，即来自自然力量，来自人、个人、民族、国家的不幸。在统一借以被中断的这样的干扰之后，个人就需要越来越严肃的否定，为的是把统一恢复起来。

在这种情况下，就有了**神圣者**和**人性者**的分离，而崇拜的意义就不是享受这种统一,而是扬弃分裂。即使在这种情况下,仍然还有自在自为存在的和解之前提。

2.这种**分离**首先是这样一种在**自然物**中出现的分离,而且它显现为一个民族遭遇到的**外在灾祸**。在这种情况下,上帝就是实体的威力,是精神的威力,犹如自然者的威力一样;如果说歉收、战争灾祸、瘟疫和其他困境使国家受到压抑,那么崇拜的方向就是重新获得原来就有的诸神好意。**不幸**在这里形成分离;它仅仅涉及自然的领域,涉及躯体定在的外在状况,即这些外在状况并不像对幸福的诸要求所需要的那样。在这种情况下,前提就是,这种自然的状况并**不是一种偶然的状况**,而是依赖于自身规定为上帝的更高威力;上帝设定了、创造了这种状况。另一个规定是,施加不幸的这种意志存在于**道德**的相互关系中,即它涉及一个人或一个民族是福或是祸,因为人或民族由于其**过错**而**活该**如此。所以,与人们的目的相反,自然的进程受到阻碍,以致于它与人们的收益和幸福是对立的。在这种分离的情况下,就需要恢复上帝的意志与人们的目的之统一。这样一来,崇拜就采取**赎罪**的形态:这种赎罪通过后悔和忏悔的行为,通过献祭和仪式来完成,因此,人表明他认真地对待放弃其特殊意志。

[230]

一般来说,这种观点在这里成为下述情况的基础,即上帝是超越于自然的威力,这种自然依赖于较高的意志。这里提出的问题仅仅是,上帝的意志在诸自然事件中在何种程度上显示出来,它在这些事件中应如何被认识清楚。按照这种观点,有用的前提是,自然力量不仅是**自然的**力量,而且也把某些目的包括在自身之中,这些目的对于这样一些自然的力量来说是陌生的,例如**善之目的**,这种目的涉及人们的幸福,而人们的幸福则依赖于善之目的。我们也承认这一点是真的;但是,善是**抽象者**、普遍者;如果人们谈到自己的善,他们就具有自为的完全**个别的目的**,而且因此就在有限的、自然的定在中来理解它。然而,如果人们这样从上帝的意志降至特殊的目的,那么人们就升入**有限性**和**偶然性**之王国。也就是说,虔诚,即个别不幸取决于善的虔诚思想,也从个别者提升至上帝,提升至普遍者;因此普遍者高于特殊者的尊贵就得到承认。但是,其他者就是这

[231]

种普遍者在特殊者身上的应用,而在这里,有缺陷者就进入表象。遭遇困境的一些民族,正在探索是其诱因的某种违法;接着就在按目的规定自身的势力那里进一步探索避难的地方。尽管这种普遍者得到承认,在部分上的应用还是导致误解。

在这第一阶段上,我们发现这些干扰,在其中,**统一**显现为**某一有限制者**;统一会破裂;它**不是绝对的**,因为它是原初的、未被反思的统一。因此,在这种假定的、直接的、并因此会被破坏的和谐以及这种和谐的庆典和享受之上,浮现的是一更高者、至高者,因为原初的统一仅仅是自然的统一,因此对精神来说是有局限性的;受到自然因素的制约,这种统一不具有实在性,犹如它按其概念应包含它一样。这种**不一致**一定**为了意识**而是现有的,因为意识自在地是思维着的精神;在它之中必定出现一种**绝对统一**的需要,这种统一浮现在诸享受的那种满足之上,然而,这种统一仍然只是**抽象的**,因为充满的、有生命的基础就是那种原初的和谐。在这一领域之上,浮现着没有被消除的分离;因此,悲痛和痛苦的未消除的声音,通过那种有生命力的统一体的乐趣,发出清脆的声音;某一种**命运**,某一种未知的力量,某一种强制的必然性(未被认识到,已获得承认),没有为意识所屈从的和解,这些东西仅仅与对其自身的否定一起,浮现在神灵们和人们的头脑里。这就是与自我意识的这种规定联系在一起的一个环节。

[232]

这里就是崇拜的特殊方面出现的情况。也就是,在那种最初的统一中,主体的否定是表面的和偶然的,而只有悲痛的感觉、必然性之思想——它是对那种有生命的统一体的否定者——,浮现在这种否定者之上。但是,这种否定性本身必定成为真的,而且必定证明自身是在那种统一之上的更高者。这种必然性不仅仅仍然是表象;现在要认真看待人。自然的人正在消失,死亡使得人们严肃地对待他,命运无法安慰地耗尽他;因为正是和解、统一,不是内心深处、最内心里的统一,而是自然生命还是本质的环节,没有被扬弃;分裂尚未达到很大的程度,而是留下了自然者和精神者的统一,在这种统一中,始初者保持着一种肯定的规定。这

C. 崇　拜

种命运不得不在表象中以主观的方式被改造为肯定者；因此，亡灵们都是不得不予以调解的未被调解者，他们不得不向其死亡的不公正报仇。这就是**葬礼**，是崇拜的一个本质方面。

3.于是，较之崇拜的这种观点，更高者就是这样一点 即**主体性**达到了**其无限性自身中的**意识；此后，宗教和崇拜在这里就完全进入**自由**之领域。主体知道自己是无限的，知道自己是主体。属于此的是，那种过去未被揭露者就其自身而言具有作为个别部分的环节，这种个别部分因此就获得**绝对的价值**。但是，个别部分仅仅作为这种绝对的、并因此是完全**普遍的个别部分**而具有价值。在这种情况下，个别人只是**由于扬弃其直接个别部分**——通过这种扬弃，他在自身中产生出绝对的个别部分——并因此在自身中是自由的。这种自由是作为绝对精神的运动在其中通过对自然者、有限者的扬弃而存在的。人，正是随着他获得了对其精神无限性的意识，设定了**一般自然和对自身的最高分裂**；这种分裂产生了真正自由的方面。通过绝对精神之这种知，出现了与有限性的最高对立，而且这种分裂就是和解的承担者。这里不再意味着，人原来，也就是说，按其直接性来说，是善的，而且与绝对精神相协调，而是意味着与此正好相反，因为人的概念是绝对自由的统一，他那种自然的实存直接证明自己是相反的，而且因此证明自己是应该被扬弃的。自然性，直接的内心，就是必须予以放弃的东西，因为这一环节使得精神不自由，而且精神作为自然的精神不是通过自身设定出来的。如果自然性得以保持，那么精神就是不自由的；精神所是的东西，它并不通过自身、为自身而存在，而是它自己这样适应自己；相反，在那种更高级的领域里，人应该所是的一切，被放进自由的领域里。因为在这里，崇拜基本上逐步转入**内心**领域；在这里，内心应破碎，也就是说，**自然**的意志，自然的意识，应该被放弃。一方面，它也是人不得不后悔的一些**真正罪恶**，也就是这样一些罪恶，它们作为个别罪恶是某种偶然的东西，而不涉及作为罪恶的人类本性；然而另一方面，在有限性和无限性的抽象中，在这种**普遍的对立**中，有限者一般被视为恶。原来在人心中的分离，应该被扬弃。当然，自然的意志不是像它所应是的那样的意

[233]

[234] 志,因为它应该是自由的,而欲望的意志是不自由的。精神不是像它应该是的那样来自自然,只有通过自由它才是这种东西;这种东西在此是这样被表象出来的,以致于意志**本性**就是**恶**。但是,只有当人停留在其自然性上面时,他才有罪孽。权利、伦理,不是自然意志,因为在这种意志中,人是自私自利的,只愿意其作为这样一种个别部分。恶应该被崇拜所扬弃。人不应该在他既不善也不恶的意义上是无罪孽的;这样自然的无罪孽不是来自人之自由,而是人被教育成为自由——于是自由只是本质的(如果自由需要本质意志的话),而这也就是善、权利、合乎道德的东西。

人应该成为自由的,就是说,成为一个正派的和有德行的人,确切地说,通过教育的途径成为这样一种人。这种教育就其概念来说,被表达为对恶的克服,并因此是**以意识为基础**设定出来的,而教育则以无意识的方式实现着。——在崇拜的这种形式中,善与恶的对立已被扬弃;自然的人则被表述为恶,然而,恶是分离和异化的方面,而且这种异化必须被否定。与此同时,前提就是,和解是自在地实现的;在崇拜中,人为自己创造出这种确证,并把握住自在实现的和解。但是,这种和解是在上帝中并通过上帝实现的,而人则应该把握住这种神圣的实在性。

[235] 不过,对和解的这种获得,是借助对异化的否定发生的,因此是通过**放弃**发生的,而问题在于,更仔细地说,人应该放弃的是什么?人们应该放弃其特殊的意志、其欲望和天性。这一点可以被理解为这样,好像诸天性应该根除似的,不只是清除,似乎意志的活力应该被扼杀似的。这是完全错误的;正确的是,只有**不洁的内容才**应该加以纯净,也就是说,应该使其内容与合乎道德的意志相适应;与此相反,如果放弃以抽象的方式去理解,即有活力的本能在自身中应予以消除,那就是提出错误的要求。属于人所特有的,还有占有物、他的财产:它与他的意志同在;因此,也可能被要求,人放弃其占有物;不结婚是类似的要求。属于人的,还有自由、良知:人们也可以在同一意义上要求,人放弃其自由、其意志,以致他降低为一种迟钝的无意志的产物。这是那种极端的要求。——此外,属于此的还有,我使我的行为不致发生,并压制恶行的躁动;放弃则意味着,我不想

把我已完成了的某些行为视为我的行为，我不想把它们看作未发生的，也就是说，我不想**后悔**；虽然在时间上，这种行为已经过去，以致它由于时间已被消灭了，但是按其内在的内容，只要它属于**我的意志**，它就在内心里还被保持着，而同一东西的消灭，则意味着放弃它在观念上实存所有的意见。如果惩罚是消灭现实中的恶，那么这种消灭就在内心中是**忏悔**和**后悔**，而精神就可以做出这种放弃，因为它有精力改变自身，并在自身中消灭其意志的准则和意向。如果人以这种方式放弃其自私自利及其与善的分裂，那么他就分享了和解，并通过中介在自身中得到安静。因此，发生的事情就是，精神显现在这里的主体中，犹如他自在自为并按其内容是真实的一样，而且这一内容不再是彼岸的内容，而是自由的主体性在其中有其本质作为对象。崇拜如此有限地是**当前有的**内容，这种内容构成绝对精神，因此，上帝的内容史本质上也就是**人类史**，是上帝向人的运动和人向上帝的运动。人知道自己本质上已包含在这种历史中，已纠缠进这种历史中；当人自己直观地专心致志于这种历史时，他专心致志于这种历史就是这种内容和过程的共同经历，并给予自己以确信，且享受在其中包含的和解。对主体性的这种加工，对内心之直接自然性的这种清除，如果它被彻底地实行并达到与其**普遍的**目的相符合的持久**状况**，那么它就作为**伦理**而自行圆满完成，而在这条途径上，宗教就进入**习俗**、**国家方面**。

[236]

因此，就出现了也称为**宗教与国家的关系**的那种联系，而关于这种联系，我们还必须详尽地加以讨论。

Ⅲ. 宗教与国家的关系

1.国家是现实的真正形式；在国家中，合乎伦理的真正意志成为现实，而精神则生存于其真理中。宗教是神圣之知，是人关于上帝之知和人的宗教就上帝而言之知。这是神圣的智慧和绝对真理的领域。现在有了第二种智慧，世界之智慧，而关于这种智慧与那种神圣智慧的关系，就需要考虑了。

一般而言,宗教和国家基础是同一个东西;它们是**自在自为同一的**。在宗法关系中,在犹太神权政治国家中,二者还未区分开来,而且还在表面上是同一的。但是,二者也是不同的,而且因此在进一步的过程中就被严格相互分离开来了,然而此后又真正同一地被设定出来。由上所述,自在自为存在的统一已经从所述的东西中明朗起来:宗教是最高真理之知,
[237] 而这种真理更仔细地予以规定,就是**自由的精神**。在宗教中,人在上帝面前是自由的;当他按照上帝的意志实现自己的意志时,他就不与最高的意志相对立,而是他在其中拥有自身;当他在崇拜中达到了扬弃分裂这一点时,他就是自由的。国家仅仅是**世界中的自由**,是现实中的自由。这本质上取决于一个民族在其自我意识中所拥有的自由概念;因为在国家中,自由概念变成现实,而属于这种现实化的,本质上是自在存在的自由之意识。一些民族不知道人自在自为是自由的,他们生活在愚昧状态中,这不仅就其宪法而言,而且也就其宗教而言。——在宗教和国家中,存在**一个**自由概念。这一个概念是人所拥有的最高者,而且它由人来加以实现。对上帝拥有一种坏概念的民族,也拥有坏的国家、坏的政府、坏的法律。

　　考察国家和宗教之间的这种关系,这一点就其已形成的详尽情况而言,其实属于世界历史的哲学。在此,这种关系仅仅应该以一定的形式加以考察,犹如它对表象所显现的那样,在这种表象中陷入矛盾之中,而且犹如终于导致二者的对立一样——它成了现时代的兴趣。所以,我们首先要考察那种联系。

　　2.国家犹如它**被表象**的那样。人们关于国家有某种意识,但不像它所是的和在哲学中所知道的**绝对联系**那样,而是他们一般地知道它,并把它表象出来。现在这种联系的表象这样表达出来,以致诸法律、当局、国家宪法都**源自于上帝**;由此这些东西获得授权,也就是说,通过给予了表象以最高权威而获得授权。诸法规是自由概念的发展,而这种概念,如对定在的反思那样,以自由概念为其基础和真理,如它在宗教中被理解的那
[238] 样。借此应把这一点表达如下:伦理和法权的这些法规都是人之态度的永恒不可改变的规则,它们不是任意的,而是,只要宗教本身存在,它们就

C. 崇　拜

继续存在下去。我们在各民族那里都能找到这种联系的表象。这一点也可以以下述形式表达出来,即当人们听从诸法规和当局,听从使国家团结一致的诸力量时,人们就听从上帝的话。这一命题一方面是正确的,然而也遭遇危险,当没有规定出诸法规是如何被阐明了的,而哪些法规对基本法是合适的时候,这一命题就会被认为是完全抽象的;因此,从形式上来表达,那种命题就意指:人们应听从诸法规,**它们可能像它们所希望的那样存在**。治理和立法已以**专制**的这种方式委托给了政府。

　　这种关系出现在**基督教新教**国家中,而且也只有在这样一些国家中才能发生这种关系,因为在这种情况下,就现有宗教和国家的那种统一。国家的诸法规因为这种**作为前提的**、**原来的和谐**而被视为理性的法规和神圣事物,而宗教则没有它自己的、与在国家中适用的法规相矛盾的诸原则。然而,当形式停止下来时,那么因此就给予专制、暴政和压迫以公开的活动余地。当被要求被动的顺从,而且君主仅仅是对其行为负有责任的上帝这一命题有效时,这一点在英国(在斯图加特王朝的最后几个国王中)就特别显露出来了。与此同时,前提就是,只有君主确实知道,对国家来说,什么是本质的和必然的;因为在国家中,在其意志中,有更详细的规定,即它是上帝的**直接启示**。然而,由于进一步的结论,这一原则朝以下方向发展,即它突变**为相反的东西**。因为神甫和普通教徒的区别在基督教新教徒那里是不存在的,而神甫并没有享有占有上帝的启示的特权,仅仅属于普通教徒的这样一种**特权**就更少了。所以,与君主的神圣授权原则相反,一般也属于普通教徒的同一授权原则已被设定出来。因此,在英国,基督教新教教派产生出来了,它声称,由于启示促使它想起必须如何治理;按照主的这样一种灵感,这一教派教徒们引发了一次暴动,并杀了他们国王的头。——因此,如果说,也许一般来说断定诸法规由于上帝的意志而存在,那么认清这种神圣意志就是一个同样重要的方面,而这一点并不是什么个别部分,而是属于全部。[239]

　　认清何者是理性的东西这一点,是思想教育的事业,而且特别是哲学的事业,人们也许可以在这种意义上把它称之为世界智慧。真正的法规

175

以何种外在现象起作用(是否强迫君主同意这些法规),是完全无关紧要的,在人之方面,自由、权利、博爱的继续发展,对自身来说是必要的。——因此,诸法规是神圣意志的那种真理,特别取决于被规定的**这些法规是哪些东西**。作为这些法规的原则仅仅是抽象的思想,这些思想只有在发展中才有其真理;就其抽象概念已被把握住而言,它们是完全非真实的东西。

3.即使国家和宗教,终究也会是**分裂的**,并有**不同的法规**。尘世事物和宗教事物的基础是不同的,而在这种情况下,鉴于原则,也会出现某种区别。宗教不只停留在其特有的基础上,而且它也转向主体,在涉及其笃信宗教并因此涉及其活动时,就给他作出某些规定。宗教给个人作出的这些规定,可能不同于在国家中通用的法权和伦理的原则。这种对立在以下形式中表达出来:宗教要求**圣洁**,国家则要求**权利**和**伦理**;一方面,规定为永恒而存在,另一方面,为尘世和一时的幸福而存在,这种幸福必须为永恒的解脱而献身。因此就提出一种宗教理想,地上的天堂,也就是**与现实的实体者相反的精神之抽象概念**;现实之**放弃**是因此而出现斗争和逃避的基本规定。与实体的基础、真实者相反的,是某种应更崇高的他者。

[240]

实体现实中的**第一个**伦理就是**婚姻**。上帝所是的爱,实际上就是婚姻的爱。作为定在现实中实体意志的第一个现象,这种爱情有自然的方面;然而它也是一种伦理的义务。与这种义务相对立的,则是放弃,是**不结婚**,作为某种圣洁者。

第二:作为个别者的人,必为自然必然性而伤脑筋;在他看来,这是一条合乎伦理的规则,通过他的活动和知性使自己独立,因为人当然取决于很多方面;他被迫通过自己的精神,通过自己的正当行为以获得自己的生活费用,并使自己如此摆脱那种必然性,——这是人之**正直行为**。与这种尘世义务相反的宗教义务,要求人不应以这种方式去活动,不应以这样一些忧虑去烦劳。因此,与工作、工业等等有关的行动、所有活动的整个领域,都被摈弃了;人不应忙于这样一些目的。不过,困苦在此比这样一些

C. 崇　拜

宗教观点更理性一些。人之活动一方面被表象为某种灾祸,另一方面甚至被人所渴求,如果他拥有某一所有物,那么他就不仅不应该通过自己的活动去增多这种所有物,而且应该把它赠送给**穷人**,特别是赠送给教会,也就是赠送给不做什么事情、不工作的这样一些人。这样一来,在生活中作为正直行为而被高看的东西,就被作为灾祸而被摒弃。[241]

第三:**国家**中最高的伦理,以实现理性的、普遍的意志为依据;在国家中,主体有其**自由**,这种自由在其中被予以实现。与此相反,宗教的义务被提出来,按照这种义务,自由不可以是人之最终目的,而是他应该服从严厉的**顺从**,坚持无意志;甚至还有更多的东西,即使在其良知上,他也应该是不谋私利的,在其信仰上、在最深的内心里,他应该放弃自己,并把其自身舍弃。

如果宗教以这种方式占用人的活动,那么它就给他作出与世界的理智相反的特有规定。与此相反,就产生了认识到现实中真理的**世界智慧**;在精神的意识中,其自由的诸原则觉醒了,而且在这种情况下,自由的诸要求就同要求那种放弃的宗教原则开始斗争。在信天主教的国家中,如果主观的自由在人身上展现出来,宗教与国家就如此相互对立起来。

在这种对立中,宗教仅仅以否定的方式表达出来,并要求人放弃所有的自由;更进一步地说,这种对立就是,人在其真正的意识中一般都自在地是**无权利的**,而宗教在真正的伦理方面则没有承认绝对权利。这就是因此而进入现代世界的巨大区别,即一般都会问,人之自由是否应该被承认为某种自在自为的真理,或者,这种自由是否可以为宗教所摒弃。[242]

我已经说过,会有宗教和国家的一致;一般来说,按照原则,然而却以抽象的方式,在基督教新教国家中就是这种情况;因为基督教新教要求,人只相信他所知道的东西,他的良知作为神圣的东西是不可触犯的;在上帝的恩赐中,人并非什么被动者;他与其主观的自由基本上同时在场,而就其知、愿望、信仰而言,主观自由的环节则被明确提出了要求。与此相反,在信其他宗教的国家中,情况可能是,两方面并不一致,宗教有别于国家的原则;这一点我们屡见不鲜:一方面是不承认自由原则的宗教,另一

177

方面是使自由原则成为基础的国家宪法。如果人们说,人按其本性是自由的,那么这是无限价值的一条原则;然而,如果人们坚持这种抽象概念,那么它就不让国家宪法的机构产生出来,因为这种机构要求作出划分,在其中,义务和权利受到限制;如果有了某一机构以及真正的活力,那种抽象概念就不允许必定发生的不平等出现。

这样一些原则是真实的,但不可在其抽象概念中加以接受;人按其本性、概念来说是自由的,这种知属于近代的事情;然而,不管是否停留在抽象概念上,都会是这样一种情况,即宗教与这些原则相对立,宗教不承认这些原则,而是把它们看作无权利的,而且只把专制视为合法的。这样一来,就必然出现这样一种斗争,这种斗争不是按真正的方式使自己达到平衡。宗教要求扬弃意志,与此相反,世俗的原则则把意志作为基础;如果那些宗教原则起作用,那么可能发生的事情无非就是,各个政府用暴力行事,排斥相反的宗教,或者把属于同一宗教的宗教作为派别加以对待。在这种情况下,作为教会的宗教也许可能是聪明的,且在外表上是顺从的,但是,在诸精神中就出现了**不一致**。世界坚持有一定的宗教,同时也与相反的原则相联系;只要人们实行这些相反的原则,并确实还想属于那种宗教,那这就是一种重大的不一致。这样一来,例如法国人,他们坚持世俗自由的原则,事实上并不再属于天主教,因为天主教可以不放弃任何东西,而是坚定不移地要求一切无条件地服从教会。宗教和国家以这种方式处于矛盾之中:人们不再关心宗教,它应该像它可能的那样安静下来;它仅仅被看作是国家不必操心的诸个人的事情,而且进一步表明,宗教不必干涉国家宪法。那些自由原则的设定,预先确定那些原则是真实的原则,因为它们与人之最内在的自我意识有关联。但是,如果这种自我意识实际上就是找到这些原则的理性,如果理性是真正的,并非仍旧是形式上的,那么理性就证实同一些原则,即仅仅在于,理性把这同一些原则归因于绝对真理的认识,而绝对真理只是哲学的对象;然而,哲学必须是完整的,而且直至溯源于最后的分析,因为如果认识自身不在自身中圆满完成,那么它就陷入形式主义的片面性;不过,如果它探求至最终的原因,那么它就达到被承认为至高者、上帝的东西。这样一来,也许可以说,国家宪法应该在这一方面,宗教则在另一方面;但是在这种情况下,就存在这种危险,即那些原则仍然有片面性。因此,当前我们就看到充满自由原则的世界,而这种原则特别与国家宪法有关:这些原则是正确的,但是带有形式主义,它们就是偏见,这是就认识没有达至最终的原因而言的;只有在这种情况下,才实际存在与全然实体东西的和解。[244]

鉴于那种分离而予以考察的另一种东西就是这一方面:如果诸原则作为真正自由的基础,而且这些原则发展成为一个法权体系,由此就产生出给定的、**实定的法规**,而这些法规一般在涉及个人时就获得法学上的法律形式。立法的维护已交给了法院;谁触犯法律,谁就会受审,而整体的实存一般都被设定为这样的**法律形式**。

关于宪法,在此有两个**体系**:现代体系,在其中,自由的诸规定及其整个结构以**形式的**方式,在不重视信念的情况下被保持着;另一个体系是**信念的体系**——特别是希腊原则,我们特别在柏拉图共和国中发现其发达形态。少数等级在这方面构成基础,整体本来以**教育**、**教化**为基础,这种教化应继续进至科学和哲学。哲学应是主导者,而经过哲学教化,人就应该被引导至有德行:所有等级都应该分享 σωφροσύνη ("洁身自好"或"节制")。

两方面,即信念和那种形式结构,都是**不可分的**,并会相互需要;但是在近代却显示了**片面性**,一方面,结构应自己承载自身,而另一方面,当事情与国家宪法毫不相关——诸个人承认国家宪法中的信念和宗教——时,信念、宗教、良知,则应作为无所谓的被放在一边。然而,不管这多么片面,由此就可知,诸法律都被法官所使用,而在这种情况下,事情就取决于其正直及其明智;因为法律并未占据统治地位,而是众人应使法律占据统治地位:法律的实施是具体的;人之意志及其明智必须参与为你们做事。主体的才智之所以必须常常进行裁决,是因为诸民法能把规定引导得十分远,但还未能触及每一特殊者。不过,某一片面的东西同样也是自为的信念,柏拉图共和国就有这种缺陷。在现今的时代里,人们甚至不愿意相信明[245]

179

智,而是想知道一切都按照实定的法律行事。我们在最近每天的历史中都体验了这种片面性的一大例证:人们在法国政府领导人那里就看到了某一宗教的信念。这种信念具有这样的性质,即它把国家一般视为一无权利者,而且它对现实产生了敌意,对法权和伦理产生了敌意。最后的一次革命①曾是宗教良知——它与国家宪法相矛盾——的结果,但宗教良知按照国家宪法不应取决于个人信奉何种宗教;这一冲突还远未得到解决。

信念并不必然采取宗教的形式;它也可以更多地留在未规定者那里。

[246] 然而在人们称为人民的东西中,最终的真理不以思想和原则的形式而存在;而是人民应视之为法权的东西只是就其作为**被规定者**、特殊者而言的东西。对于人民来说,法权和伦理的这种被规定者仅仅以某一**现有宗教**形式经受最后的考验,而如果这种宗教不与自由的诸原则相联系,那就始终存在分裂和未解决的分裂,始终存在正好在国家中不应发生的敌视关系。在罗伯斯庇尔②的统治下,恐怖在法国盛行,也就是反对不站在自由信念方面的那些人,因为他们是**有嫌疑的**,也就是说,是为了信念的缘故。因此,卡尔十世的部长们也是有嫌疑的。按照宪法形式上的东西,君主仍有责任,但这种形式的东西没有坚守下去:王朝被推翻了。因此事情表明,在形式上发展了的国家宪法中,最后的出路确又是在其中被漠视且以对一切的轻视而起作用的信念。我们的时代正在遭受这种矛盾和对这种矛盾普遍无意识之苦。

向下一部分的过渡

我们将特定的、有限制的崇拜和自由环节中的崇拜予以区别,因此找

---

① 指1830年的七月革命。——德文编者注
② 罗伯斯庇尔(Robespierre, 1758—1794),法国大革命时期激进的雅各宾派领袖。首任律师,后任法官。1783年进入阿拉斯学院,后任院长,曾发表文章反对君主制。他在国民议会中发言500余次,主张普选,反对国王的否决权,反对官吏滥用职权等。由于为自由而战,他树敌甚多。罗伯斯庇尔曾要求将国王处以死刑。而他自己也于1793年7月被送上断头台。——译者注

C. 崇　拜

到了其实属于上帝之表象的同一区别。

精神的两个方面——就精神的客观性（像精神首先称为上帝一样）和精神的主体性而言——构成上帝的绝对概念之实在,上帝作为其这两个环节的绝对统一就是绝对精神。在这两个方面的一个方面中的规定性,与另一方面相符合;它是连贯的普遍形式,在其中有理念,而理念又构成其发展总体中的一个阶段。　　　　　　　　　　　　　　　　　[247]

就**实在化**的这一**阶段**而言,在迄今的东西中,普遍的区别已经这样被确定下来,以致按照实在的这一种形式,精神**囿于其存在和自我意识的规定性**,然而另一方面,则是其**绝对的实在**,在这种实在中,它有精神之理念的发达内容作为自己的对象。实在的这种形式,就是真正的宗教。

按照区别,在下一部分中将首先考察**特定的**宗教。

第二部分
特定的宗教

分　类

诸**特定宗教**最鲜明的意义是,一般的宗教被看作为类,而诸特定宗教则被看作为种。如果在其他科学中从普遍者过渡到特殊者,那么类和种的这种关系,一方面是正确的;但是在这种情况下,特殊者就仅仅在经验上被接受下来:**事情很清楚**,有这些动物和那些动物,有这种权利和那种权利。在哲学科学中则不可这样来处理;特殊者不可加入普遍者,而普遍者本身则决心成为被规定者,成为特殊者:概念分裂,它从自身做出原初的规定。由于原初的规定性,**定在**及与他者的联系立即就被设定出来;被规定的东西,**为他者**而存在,而未被规定者则根本就不在场。宗教为之而存在者,同一宗教的定在,就是**意识**。宗教作为意识有其实在性。这应把概念的实在化理解为:内容是由它为意识而存在以及它如何为意识而存在被规定出来的。我们的进程如下:我们已经开始考察宗教之概念,**自在的**宗教;这是**为我们**而存在的宗教,犹如我们所看到的那样;另一种情况是,宗教意识到自身。或者换句话说:当我们考察过宗教之概念时,这种概念就已经是**我们的**思想;它已经实存于我们思想的这种媒介中:我们思考过概念,而且它在我们的思维中就有其实在性。但是,宗教不仅是这一主观者,而且是自在自为客观的,它有自为的实存方式,而同一实存的第一种形式就是直接性之形式,在这里,宗教在其自身中还未进至思想、反思。不过,这种直接性本身则进至中介,因为它自在就是思想,而且仅仅在真正的宗教中才知道,它自在自为是什么,它的概念是什么;真正的宗教是与概念相适应的。

现在我们已经考察了真正的宗教如何产生的过程;宗教就其概念而

言同样也还不是宗教，因为它在本质上仅仅在意识中作为这样的宗教是现有的。我们在这里考察的东西，概念自身的实在化，就有这种意义。实在化的继续发展，一般已作了说明：概念作为资质（Anlage）存在于精神中，它构成同一精神之最内在的真理；但是，精神必须知道这种真理，然后真正的宗教才是现实的。我们可以说所有的宗教都是宗教，而且都与宗教的概念相符合。然而同时，当所有的宗教还是有限的时候，它们就与宗教的概念不相符合；但是它们必须包含这种概念，否则它们就不是宗教；然而，宗教的概念是以不同的方式现存于所有宗教中的，所有宗教仅仅首先自在地包含这种概念。这些**特定**的宗教仅仅是这种概念的**特殊**环节，而正因此，它们不符合这种概念，因为这种概念并未现实地存在于它们之中。这样一来，人虽然自在是自由的，但是非洲人、亚洲人并不是这样，因为他们没有构成人之概念的那种东西的意识。对于宗教，现在应该在其规定性上加以考察；规定性就是概念本身，这就是被达到和可以成为的至高者；这样一来，在限制已被扬弃而宗教意识并非有别于概念之处，——这便是理念，是完全实在化的概念；然而，在最后的部分才会谈到这一点。

数千年来，精神的工作都是阐明宗教概念，并使之成为意识的对象。这一工作进程，从**直接性和自然性**出发，又必须把这种直接性和自然性予以克服。直接性就是自然者；但意识则是对自然的超越；自然的意识是感性的意识，犹如自然的意志是欲望一样，自身想要其自然性、特殊性的个体，——是感性的知和感性的愿望。但是，宗教是精神与精神的关系，是精神关于精神就其真理（不是就其直接性、自然性）而言的知。对宗教的规定，是从自然性到**概念**的继续发展过程：这种概念首先只是内在者、自在者，而非外在于意识。关于这种双重性，即概念是本原的，但其始初的实存并非其真正的本原，关于这一点，以后还要谈到。

首先应从这些特定宗教出发给出**分类**，给出在其中应予以考察的诸特殊形式；但是，这一点必定首先以普遍的方式出现。

这样一来，我们首先拥有的领域就包含着按其内容还未超出直接性之外的**特定**宗教。在超出直接性之外的活动中还未有已经赢得的自由，而只有**解脱**,这种解脱还与其从中得以解脱的东西**纠缠**在一起。

我们首先对**自然的**、**直接的**宗教形式进行考察。在这种始初的自然宗教中,意识还是自然的、感性渴求的意识。因此,它是直接的。在这里,还不存在意识在其自身中的**分裂**,因为这种分裂有这样的规定性,即意识使其**感性的**自然与**本质的东西**区别开来,以致自然的东西仅仅被了解为被本质者所中介。这里就是宗教首先能够产生的地方。

在向着本质东西的这种提升时,我们应考察**这种一般提升的概念**。[254]在这里对象以某种方式被予以规定,而意识与之有别的这种真理,就是上帝。这种提升就是更抽象地在**关于上帝定在的诸证明**中出现的同一真理。在所有这些证明中,存在着同一种提升;只是这种本质的出发点和本性有所不同。然而这一点,这种向着上帝的**提升**,无论如何都是被规定的,仅仅是一方面。另一方面则是**反其道而行之**:上帝,无论如何都是被规定的,则与自身已经提升的主体有关联。于是,在这种情况下就出现了这样一种情况,即主体是如何被规定的;然而,他如此知道自身,犹如上帝是如何被规定的一样。同样,主体趋向这种本质的**有意识的方向**,也应当给以说明,而这就把**崇拜**的方面引进来,即主体与其本质的合一。

这样一来,就有了以下分类:

Ⅰ.自然的宗教;它是精神东西和自然东西的统一,而在此,神在这种还是自然的统一之中就被把握住了。就其直接性而言人,仅仅是感性的、自然的知和自然的愿望。只要宗教的环节存在于其中,而提升的环节还被包括进自然性之中,那么在这种情况下,就有了确应是比仅仅作为某种直接者更高的某种东西。这就是**巫术**。

Ⅱ.意识在自身内的分裂,以致于它知道自己纯粹是自然的东西,而与此有别的是真实者、本质,其中,这种自然性、有限性不起什么作用,并被了解为无意义者。一方面,在自然的宗教中,精神尚生活在与自然的中立性中,另一方面,上帝则被规定为**绝对的威力和实体**,其中自然的意志、主体则只是一暂时者、零星者、一无自己-无自由者。在此,人之最高尊严就是知道自己是一虚无者。然而,精神高出于自然性的地方暂时还未

187

[255] 彻底表现出来;更确切地说,它还有一种极**不彻底性**,与此相互混合在一起的是诸种不同的精神的和自然的力量。这种就自身而言尚不彻底的提升,在**东方三种实体之宗教**中有其历史的实存。

Ⅲ.但是,自然的东西和精神的东西之混乱,导致**主体性**——它试图在其统一性和普遍性中把自身制造出来——**之奋斗**,而这种奋斗又在**三种宗教**中有了其历史的实存,这三种宗教形成向自由主体性阶段**过渡的诸宗教**。然而,由于即使在这些宗教中,犹如在先前阶段中,精神尚未完全使自然的东西服从于自身,因此这些宗教就同那些一般的先前阶段一起构成

A.自然宗教的领域。

与此相反,是**特定宗教的第二阶段**——在此阶段上,所实行的精神的提升是彻底地反对自然的东西,

B.精神个体性或自由主体性的宗教。这里的情况是,**主体精神上的自在自为存在**开始了,思想是统治者、规定者,而自然性作为一仅仅被保存的因素——仅仅被降至为外观,作为与实体者相反的偶然者,在与实体的关系中,它仅仅成了自然生命,对于主体来说的身体方面,或者恐怕还有主体,全然都是由主体决定的。

即使在这里,又出现了三种形式。

Ⅰ.当精神的自为存在突出出来时,它就是被作为自身中的反思和**自然统一之否定**而被记录下来的东西。因此,就只有在思想中存在的**一个神**,而自然的生命仅仅是一被设定的、与神对立的这样一种东西,没有实体者与同一个神相对立,而且只有通过思想之本质才会存在。这就是**精神上一个**、在自身中永远一样的上帝,与此相反,是自然的东西,世俗的东[256] 西,有限者,一般已被设定为非本质者、无实体性者。但是,由此这个神就显露出来,因为他只是由于非本质之设定而才是本质者,只是由于那种设定本身才存在,而这种非本质者、这种外观并非是其显现。这便是**崇高之宗教**。

Ⅱ.自然者和精神者是结合在一起的;但并不是在直接的结合中,而

是在这样的统一中,即精神者是规定者,而且是在与肉体者的统一中,以致这肉体并不与精神者相对立,而只是器官,是其表现,它在其中得以呈现自身。这就是**神圣的显现**、神圣的身体性、物质性、自然性之宗教,以致于这就是主体性之显现,或者其中现有主体性之自我显现,不仅仅是为他者而显现的,而且是自我显现的。因此,这种精神的个体性就不是纯粹思想之未加以限制的个体性;它只具有精神的特性。因此,一方面,自然者作为身体靠精神者而存在,并由此,它在这种情况下就需要身体,另一方面,主体则被规定为**有限**的。这就是**美**(Schönheit)**之宗教**。

在崇高之宗教中,这个神就是**主宰者**,而诸个别者与他相比则处于**仆从者**的地位。在美的宗教中,主体也清除了其只是直接的知识和愿望,不过也保留了其意志,且知道自己是**自由的**,因此他也知道自身,因为他实现了对其自然意志的否定,而且以此作为与神有**伦理的**、自由的、肯定的关系。但是,主体尚未经过意识,也未经过善与恶之**对立**,而且因此还浸染有自然性。所以,如果说美的宗教形成了对于崇高领域来说的和解阶段,那么这种和解就还是直接的和解,因为它尚未被对立之意识所中介。

Ⅲ.这样的宗教——其中,为自身而被规定的概念,具体的内容,开始了,目的就是自然之诸普遍力量都为之服务,或者还有诸神都为美的宗教服务——就是**外在合目的性之宗教**。把这样一些规定在自身中加以理解的具体内涵就是,使至今为止的诸个别力量都服从于**一个目的**。至今为止,个别的主体还是有别于那些神圣力量;这些力量一般都构成神圣内容,而个别的主体就是人的意识,是有限的目的。现在,神圣内容服务于它在美的宗教中所缺少的主体性之极致,用作实现自身的**手段**。因此,宗教如此显现的方式,就是**外在的**、**有限的目的**,就是合目的性。精神本身的理念自在自为地规定自身;当然,它自身就是目的,而这种目的仅仅是精神之概念,是自己实现的概念。在这里,精神者也是目的,在自身中具有自身中具体的诸规定;但是,这些规定在此还是有限的,还是有限制的目的,然而这种目的因此还不是精神对自身的态度。个别的精神想在诸神中仅仅成为其自身的主观目的;它想成为**自身**,而不是想成为绝对的

[257]

内容。

合目的性之宗教——在这里,在神中设定了**一个**目的,但尚不是绝对的目的,也可以称为"**命运**之宗教",因为立即在神中就设定出一**特殊**目的。与有同样多理由的其他目的相反,这种特殊目的在其中是一无理性者。

这种分类被认为不只是在主观意义上的,而且在精神本性的客观意义上也是必然的分类。精神在宗教所拥有的实存方式中,精神首先是自然的宗教。此外就是,反思被放进去,精神在自身中成为自由的,一般来说,确实首先来自自然之统一的主观的东西,还与自然相关联,——这就是有条件限制的自由。第三是在自身中规定自己的精神之愿望,这种愿望显现为目的,自为的合目的性;这首先也还是有限的和有限制的。这就是诸基本规定,这些规定是概念发展、同时也是具体发展之诸环节。

人们可以把这些阶段与人一生的诸阶段比较一下。儿童还处在意志和自然——既是其自身的自然,也是其周围的自然——之第一个、直接的统一中。第二个阶段,即少年年龄段,自为形成的个体性,是生气勃勃的精神性,它尚未为自己设定目的,它自我激励,自我追求,而兴趣在于少年时期所碰到的一切东西。第三是成年时期,是为人所服从的某一特殊目的而从事工作的时期,他为这一特殊目的献出自己的力量。最后是老年时期,他面临作为目的的普遍的东西,认识到这一目的,从特殊的活力、工作回到普遍的目的,回到绝对的最终目的,从广泛的、各种各样的定在聚集成为自在存在的无限的内心深处。这些规定是逻辑地由概念之本性规定的。最后,在这种情况下就认识到,最初的直接性不是作为直接性存在的,而是一被设定者:儿童本身是一被生产者。

[258]

第一章　自然宗教 [259]

Ⅰ. 直接的宗教

　　直接的宗教是近代人们称之为**自然宗教**的东西；只要人们在这种宗教中强调**思想**，这种宗教就与自然宗教同时发生。

　　在近代，人们把自然宗教理解为人通过自己、通过其理性的自然之光从神那里能够弄清和认识到的东西。因此，人们把它与被启示的宗教对立起来，并断言，只有人在其理性中所拥有的那种东西，对人来说才是真的。不过，**自然的理性**是一种不确切的说法；因为人们把自然者理解为感性-自然者、直接者。更确切地说，理性之自然是理性之**概念**；精神正好是超越自然的东西。按照真正的意义，自然的理性就是"精神，按照概念就是理性"，而这并不会造成与被启示的宗教的对立。上帝、精神，只会向精神、理性启示。

　　只要形而上学应表示的意思像知性的思想、知性之表象所具有的意思一样多，近代人们就把自然的宗教进一步称之为纯**形而上学的宗教**；这就是称为自然神论的这种现代知性宗教，是启蒙运动的结果，是作为抽象概念的关于上帝之知，关于上帝、所有信仰的所有规定都应归因于这种抽象。人们不可把这称为真正自然的宗教；它作为康德批判之结果，是抽象知性之最终者、极端者。

　　这里还应该谈谈这样一种表象，这种表象，按照它对自然宗教的理解提出了一定要求，即我们在此对它加以考察。也就是说，关于直接的宗 [260] 教，人们有这样一种表象，即它必须是**真正的**、最好的、神圣的宗教，此外，它在历史上也必定是**第一个**宗教。按照我们的分类,它是最不完善的,因此也是第一个宗教,而按照这种别的表象,它也是第一个宗教,但却是最真正的宗教。如已经说明的那样,自然宗教是如此被规定的,以至在其中,精神者与自然者一起都在这种最初的、纯真的、未受干扰的统一中。但是,这种规定在此被认为是绝对的、真正的规定,而这种宗教在这种关系中则因此被认为是神圣的宗教。人们说,人已经有了一种真正的、原始的宗教,在脱离被称为那种分离恰好进入人之理解力之前,人则处于**无罪**状态中。人们先天地在表象中论证这一点,即有特殊才能的人们是由神(作为全然的善)创造出来的,作为其本身的相似者,而这神有相称者,同它一起处于**绝对的联系**中。在这种联系中,精神也就生活在**与自然的统一**中,它尚未在自身中是被反思的,尚未在自身中实施与自然的这种分离,在**实践**方面,按照意志,尚处于美好的信仰中,尚处于无罪中,而且已经是绝对的善。罪孽只有借助肆意妄为才会产生出来,而这种肆意妄为就是,激情在其自己的自由中设定自身,主体仅仅从自身中想象出诸规定,这种自由使主体有别于自然者。植物存在于这种统一中;它的灵魂存在于自然的这种统一中;植物之个体变得不与其自然相一致,它成为像它应该是的那样:存在和规定都不是不同的。应该存在与其自然的这种分离只有借助任意才会发生,而这种任意只有在反思中才有其地位;但是正是这种反思和分离原来并不是现有的,而自由与法规和理性意志已经是同一的,如同植物个体与其自然是同一的一样。

[261]

同样,人们也表象人在无罪状态中考虑到**理论的意识**时是如何完善的。人似乎在此把自己规定为与自然和诸事物之概念是同一的;他的自为存在与事物的自为存在尚未区分开来;他可以看到事物之核心。对于人来说,自然还不是一否定者、昏暗者;只有在分离中,诸事物被感性的外皮围绕着,这种外皮把人与诸事物分隔开;这样一来,自然就把一隔墙置于我面前。因此可以说:精神就在这样一种关系中**直接知道**诸事物普遍的、真正的本性,在**直观**中理解它们,就是因为直观是一种知,是一种洞察,与梦游症状况比较一下就明白了,在这种状况中,灵魂返回精神生活与其世界的这种统一。这样一来,对于那种原来的、直观的知性来说,诸事物的本性就展示出来,因为对于这种知性来说,诸事物的本性摆脱了时空的外在条件,摆脱了诸事物的知性规定,以致在这种统一中,精神在不是任意的自由幻想中按照其概念、按照其真实情况观看诸事物,被直观的东西是通过概念被规定的,在永恒美中显现,远胜于显现失去活力。——简言之,精神作为神圣的、类似神圣的生命力,就其纯粹形态而言在特殊者中面对一般者,在其普遍性中面对并直观到特殊者、个体者。而当人就其最内在的规定性而言理解了自然,并认识到自然与人本身的相应方面有真正的联系时,他与自然的关系就是有相适应的、不破坏机体组织的外表。与这种表象相联系的是以下理念:精神因此已拥有**所有的艺术和科学**,而且,人们还会更多地表象,如果人处在这种普遍的和谐中,他就会直接看到**和谐的实体**、**神本身**,不是作为思想的抽象概念,而是作为被规定的本质。

[262]

这就是人们关于**原始宗教**所给出的表象,这种表象是直接的并在历史上是第一个表象。可能的情况是,人们试图通过基督教的一个方面来证实这种表象。在圣经中有关于天堂的讲述;因此,许多民族都有一个天堂作后盾,哀叹这一天堂已失去,把这一天堂表象为人渴求的并将达到的目标。因为这样一个天堂既作为过去之事也作为未来之事,按照那些民族教化的阶段为道德的或非道德的内容所充满。

至于对这样一种表象的评论,首先必须说,这样一种表象按其本质内容来说是必然的。普遍者、内在者,在人的反映中是神圣的统一,或人作为处在这种统一中的**这样一种人之思想**。这样一来,众人就有了这样一种表象,即自在自为存在是一种尚未转入分裂的和谐,既未转入善与恶的分裂,也未转入从属性的分裂,即转入需要之多样性、强烈和热烈。这种**统一**,**诸矛盾的这种解决**,当然包含着真实者,而且与概念完全一致。另一种解决是更仔细的规定,当不应该丧失这样一种状况,而且这种状况只是偶然丧失时,作为**时间中状况**的这种统一就被表象出来。这是作为**概念**的始初者与意识**实在性**的混淆,犹如这种实在性与概念相适应一样。

[263] 因此,我们就必须公正地对待这种表象;其中就包含了**神圣自我意识的必然理念**,纯洁意识关于绝对、神圣本质的**必然理念**。至于这种基本规定,就此不仅应该承认它是正确的,而且也应该把它作为基础。这种基本规定就是,人不是自然本质本身,不是动物,而是**精神**。只要他是精神,他就特别在自身中具有这种普遍性,具有理性之普遍性——这种普遍性就是具体思维的活动——,而且他拥有知道普遍者的本能,即知道自然是理性的,不是有意识的理性,而是自然在自身中含有理性。因此,精神也知道神是理性的,是绝对的理性,是绝对的理性活动。因此,理性在本能上有这种信仰,即如果它在理性上研究地对待上帝,它必定能像认清自然一样认清上帝,在上帝身上发现自己的本质。

人与上帝、与自然的这种一致,在一般意义上作为**自在**当然是实体的本质规定。人**有**理性,有精神;由于这种素质,他自在地是真实者。然而,这就是概念,就是自在,而且当众人获得关于概念、自在的表象时,他们通常就把这表象为某种过去之事或未来之事,不是表象为某种自在自为存在的内在者,而是以外在的、直接的实存方式表象为状态。所以,这就仅仅涉及**实存的形式**,或者状态的方式。概念就是内在者、自在,但却是作为尚未进入实存的自在。因此,问题就在于:什么与相信自在从一开始就作为真正的实存已是现存的东西相对立?与它相对立的是**精神之本性**。精神仅仅是它使自身成为的东西。自在存在的东西的这种产生,就是**把概念设定**为实存。

[264] 概念必须现实化,而概念的现实化,各种活动——概念由此变为现实,和这种变为现实的现有形态、显现,都具有不同于简单概念在自身中所是的东西的一种外表。概念、自在,不是状态、实存,而是概念的现实化才使状态、实存得以形成,而这种现实化必然具有与关于乐园的那种描写所包含的完全不同的方式。

人本质上作为精神而存在;但是,精神并不以直接的方式存在,而是它本质上是这样的:自为存在,是自由的,是使自然者与自身对立者,它专心致志于自然,**与自然发生分裂**,而且只有通过并按照这种分裂才能与自

第一章　自然宗教

然和解，不仅与自然和解，而且也与自己的本质、与自己的真理和解。通过分裂而产生的这种一致，首先是自我意识的、真正的一致；这不是自然之一致，不是与精神相称的统一，不是精神之一致。

如果人们把那种状态称为无罪状态，那么这就似乎可以蔑视地说，人必须从无罪状态走出来，并成为**有罪的**。无罪状态就是，对人来说，在此没有什么善，也没有什么恶；这就是动物、无意识之状态，在此，人不知道善，也不知道恶，在此他想要的东西，不是被规定为这样的东西或那样的东西，因为如果他不知道恶，他也就不知道善。

人之状态就是被归咎、有责任能力之状态。罪孽一般称为**被归咎**。人们通常把罪孽理解为，人干了坏事，人们从坏的方面来看它。然而，一般意义上的罪孽就是，可以归咎于人的就是，这是人之知、人之愿望。

事实上，作为实存的那种始初的自然一致，并不是罪孽之某种状态，而是一般的野蛮、欲望、粗野之状态。动物既不善也不恶；然而处在动物状态的人，是粗野的，是**凶恶的**，像他**不应该是**的那样存在着。像他是来自自然那样，他如他不应该是的那样存在着；而且他应该通过精神、通过对法权所是者的知识和愿望是他所是的东西。如果人仅仅按照自然而存在，不是像他应该是的那样存在，那么他就如此被表现出来，以致人**本性就恶**。——这其中就包含着：只要人仅仅按照自然生活，仅仅根据其心意，也就是说，根据仅仅从自身产生出来的东西来生活，人就应该自己考察自身，像他所是的那样。

［265］

我们在圣经中发现著名的表象，抽象地被称为"原罪"——以外在的、神秘的方式被表现为这样一种表象，这种表象非常深刻，不仅是一段偶然的历史，而且是人之永恒的、必然的历史。如果理念是自在自为存在的东西，被神秘地、以事件的方式表述出来，那么不连贯就是不可避免的，而这样就不会没有不连贯，即使这种表述在自身中就有某些不连贯。就其生命力而言的理念，只能从思想上加以理解和予以表达。没有不连贯，就没有那种表述；但理念的本质特征却包含于其中，当人自在地是这种一致时，因为他有精神，就**脱离于自然者**，**脱离于这种自在**，他就进入**区分**，

195

而评判、审判必然来自于他和自然者。这样一来,他才知道了上帝和善;如果他知道这一点,那么他就把这作为**自己意识的对象**;如果他把这作为自己意识的对象,那么个体就与此**不**同了。

[266] 意识包含双重的东西于自身之内,包含着这种分裂。虽然可以说:这本不应该这样。但是,获得认识就存在于人之概念中;或者,精神就是成为意识的那种东西。只要分裂和反思是**自由**,人处在对立的两方面之间或者作为善与恶的**主宰者**,那么这就是不应该存在的而必须予以扬弃的观点,但不是这样一种**根本不**应出现的观点,而是分裂的这种观点按照其自身的本性来结束和解。而且反思、意识、自由包含着弊端、罪恶于自身之中,包含着不应该有的东西,然而同样也包含着原则,即**治疗之源**、自由——两者都包含在这种历史之中。

一方面,分裂的观点不应该保持下去,以此就说是**犯了罪**,是某种不应该存在、不应该保持下去的东西。因此,就是说,蛇以其谎言**引诱**人。自由之高傲就是其中**不**应该存在的观点。另一方面,只要这种观点包含其治疗之源,它就应该存在,以上帝之言来表达就是:"看啊!亚当已成为像我们这样的人了。"因此,它不仅不是蛇的谎言,而且上帝本身也证实这一点。然而,这一点通常都被忽略、不予以谈及。

因此,我们就可以说:这是人之自由的永恒历史,人离开其所存在的初始年代的这种混沌状态,到完全获得明晰的意识,也可以更仔细地说,对人来说,有善也有恶。如果我们把这一表述中确实有的东西拿来看一看,那么理念中有的同一东西就在其中:人、精神就得到和解;或者肤浅地予以表达就是:人变善了,他厉行自己的规定;对此,意识、反思、分裂的这种观点同样也是**必不可少的**,犹如它不得不被**抛弃**一样。

说人在这种状态中有了自然和上帝之最高的知,站在了科学的最高观点上,这是一种愚蠢的表象,这种表象即使在历史上也被证明是完全毫无理由的。

[267] 人们想象,这种自然的统一是人在宗教中的真实情况。可是,这种状况已必然使我们发觉,这一乐园,这一黄金时代,被表象为**已失去的**乐园;

第一章　自然宗教

其中已经有所暗示,即这样一种表象并不包含真实者,因为在上帝的历史中没有过去,没有偶然。如果实存的乐园已经失去——这可能像它想要的那样已经发生了——,那么这就是一种从外面进入神圣生活的**偶然**、任意。乐园已失去这一点向我们表明,它并非绝对作为状态是本质的。真正神圣的东西,遵照其规定的东西,并没有失去,永恒地和自在自为地保持下去。更确切地说,乐园的这种丧失必须被看作是神圣的必然性,而包含在停止下来的必然性中,那种被表象的乐园则降低为神圣总体的一个环节,这一环节并不是绝对真实者。

人与自然的统一是一种有生气的表现;正确地理解,人就是人与**其**自然的统一。然而,他的真正的本性就是自由,是**自由的精神性**,是自在自为普遍者之思维着的知,而这样一来,这种统一就一定不再是自然的、直接的统一。

植物存在于这种未遭到破坏的统一中。相反,精神的东西则并不存在于同其自然的直接统一中;更确切地说,为了达到复返自身,它必须经历自己的整个无限分裂之路,才能获得实现的和解;这种和解不是原来的已和解状态,而且这种真正的统一只有经过其直接性之分离才能达到。人们谈到无辜的孩子们,并对这种纯洁、这种爱、这种信任的丧失表示惋惜,或者人们谈论单纯简朴民族的纯洁无邪,但他们比人们以为的要稀少。不过,这种纯洁无邪并不是人的真实观点;人的①美德不是孩子们的美德,它高于上述的纯洁无邪。它是自我意识的意愿;这才是真实的情况。

[268]

人,就其最初对自然的依赖而言,可能是更温顺些,或更粗糙些。在天气温和的地区——这尤其是决定性的,在这里,对人来说,自然提供了满足其肉体需要的手段——,他的自然性也许始终是温顺的,善意的,并有简单的需要和关系,而旅行描写对这样一些情况给予了适意的描绘。但是,这些温顺的风俗习惯部分与野蛮的、令人恐怖的风俗和某种完全的

---

① 《黑格尔全集》:"自由的(freie)"。根据拉松版所作的改变。——德文编者注

197

牲畜化相联系,这样一些简陋的状况部分依赖于偶然的情况,例如气候、海岛的位置环境。然而,在任何情况下,它们都没有那种普遍的自我意识及其结果,这些仅仅构成精神的荣誉。反正我们关于那些所谓纯洁无辜的民族所作的这样一些观察和描写仅仅涉及这些人对陌生人的表面友好态度,但是并没有深入其内部的关系和状况。与有病的博爱——它希望人们重新回到那种原初的纯洁无辜状态——之所有观点和愿望相反的就是现实,而且从本质上看,就是事物的自然,也就是说,那种自然性并不是人已被规定的东西。至于孩子们的状况,也表明人的欲望、自私自利和邪恶。

[269] 然而如果有人说,人始初处于自然的中心,能看清诸事物的核心等等,那这是不确切的表象。就万物而言,可以区分为**两类**。其一是其**被规定性**、**其质**、**其在与他者关系中的特殊性**。这一点是**自然的方面,有限的方面**。按照这种特殊性,人可以在自然状态中更熟悉诸事物,关于诸事物之特殊的质,人可以比有教养状态拥有更确定得多的知识。这一点即使在中世纪哲学中也谈到过的一个方面,它存在于 signatura rerum(事物上的标志)中,即外部的质中,由此,特殊的、特有的自然就被标明,以致在这种外部的质中,对于感性来说,同时就产生了特殊的特性。在自然的人中就会有这一点;同样,在动物中,它与外部质的这种联系比有教养的人中的要明确得多。对于动物为了其生计所需要的东西来说,为此它是由本能驱使的;它仅仅吃喝掉被规定者,并让自己旁边的所有他者存留着,只有当它使自己与其他者(不是一般的他者)对立起来,并扬弃对象时,它才表示某种态度。因此,动物有一种有助于药草生长的本能,如果它有病了,它能借助于这种药草得以康复。因此,对自然的人来说,植物的死亡外貌、气味,都是有害和有毒的先兆;自然的人感觉到的危害,多于有教养的人,而动物的本能比人的自然意识更准确些;这就给那种本能造成了损害。因此,人们可以说,自然的人能看清诸事物的核心,更准确地把握住其特殊的质。但是,这仅仅考虑到完全只是某些有限规定这样一些特殊的质;这种本能能看清个别事物的核心,但它的眼力却看不透一般事物

的生命之源,看不透这种神圣的心。同一种情况见于睡梦中,见于梦游中;还会出现这种情况,即人有一种这样的自然意识。理性的意识在这里成为静止的,相反,内在的知觉却觉醒了,关于此,人们可以说,在睡梦中,知比醒着时更多地存在于与世界、与周围诸事物的同一性中。所以事情就是这样,人们把这种状态视为某种较之健康状态更高者。这种更高者会如此,以致于人们有一种发生在有千小时远的事物的有关意识。人们在野蛮民族那里发现这样的知、这样的预感,其程度要比有教养民族那里的强得多。但是,这样的知仅局限于**个别的事件**、个别的命运;**这种**个体与进入其意识的一定事物的联系,被唤醒了;然而,这毕竟是个别的事物、事件。

[270]

然而,某些东西还不是**诸事物的真正心情**;这首先就是概念、规律、**普遍理念**;精神的不振不能向我们启示世界的真正心情。行星的心情是其与太阳的远离、其运行等等的关系;这是真正理性的东西,而且只有对于有科学教养的人来说才是可理解的,这种人摆脱了看、听等等感觉的直接态度,他的意义回归了自身,并以自由的思维接近诸对象。这种理性和这种知仅仅是**思维中介**的结果,并仅仅出现在人最近的精神实存中。人们把对自然的那种认识解释为**直观**:这无非是直接的意识;如果我们问:什么被直观了? 那么我们就不是指表面上考察了感性的自然(也可以是归之于动物的东西),而是指**自然的本质**。然而,自然的本质(作为同一自然的规律)无非是**普遍者**,按其普遍性之自然,就其真正形式而言是发展着的生命力和这种发展之体系,不是就其个别性而言的自然,就其个别性而言,自然为感性的知觉而存在,或者为直观而存在。

自然物的形式就是作为被思想所加工的自然。但是,思维并不是直接者:它从给定事物开始,但超越于同一给定事物的感性多样性之上,**否定个别性之形式**,忘记感性上所发生的东西,并生产普遍者、真实者;这并不是直接的行动,而是中介的工作,是离开有限性。这无助于仍然虔诚地、无辜地和深信不疑地直观上天;但是,本质性只能**被思考**。因此,如果人们问应该观看什么,那么关于观看、直接意识的那种看法就立即在其无

[271]

意义中显示出来。对真实自然之知是一种间接之知，而不是直接之知。同样，它也与**意志**同在；只要意志想要善、权利和伦理，它就是善的；然而，这是某种完全不同于**直接**意志的东西。这种意志是保留在个别性和有限性中的意志——这种意志想**作为这样一种个别者**而存在。意志将达到所要的善，对此中介是必要的，意志已从自身中清除掉这样一种有限的意志。这种清除是中介的教育和工作——它们不会是直接者和初始者。这同样也属于**对上帝的认识**；上帝是所有真理的中心，没有任何局限的纯粹真理；为了达到这种真理，人还必须更多地研究好其知识和意愿的**自然特殊性**。

因此，至于完全涉及表象——在人的这种自然统一中，在这种尚未由于反思而被破坏的统一中，已经有了关于上帝的真正意识——，为此至今所说过的东西就特别适用。精神仅仅为精神而存在；就其真理而言的精神，仅仅为自由的精神而存在，而这就是学会了撇开直接察觉的自由精神，这种精神撇开知性，撇开这种反思以及诸如此类的东西。从神学上来表达，这是获得了**对罪恶有认识**的精神，也就是获得了自为存在对统一的无限分离之意识，而这种精神从这种分离中重又获得了统一与和解。因此，自然的直接性就不是宗教的真正实存，而是其最低级的、最不真实的阶段。

[272]

表象提出某一**理想**，而这是必然的；表象表达出什么是自在自为的真实者；但是缺陷在于，表象给予理想以对未来和过去之规定。它使它们以此而成为不是当前的某种东西，并因此直接给予它某一**有限者**的规定。依据经验的意识是关于有限者的意识；自在自为存在者是内在者。反思把二者相互区别开来，而且是有理由的；但缺陷在于，它采取了抽象的态度，但仍然要求自在自为存在、也在外部偶然性之世界中显现出来的东西是现有的。一个国家的理想是完全正确的，只是没有实现；如果人们在实现的情况下想象权利、政治、诸需要的各种情况、纠纷，都按照理念而存在，那么这就是与理想不相适应的一种基础，然而在此基础之内，实体性的理念还是现实的和当前的。实存的混乱不仅仅构成当前所是的东西，而且它不是总体。理想由以被规定的东西,可能是现有的;但理念实际上是现有的这一点,是还没有认识到的,因为这种理念只是用有限的意识加以考察。通过这一表层,就可以认识到现实的实体核心,但是对此也需要一番艰难的工作;为了在目前的苦难中摘到玫瑰花,人们就必须自己承担此苦难。

人类终于也找到了**历史地**证明关于人类的这样一种开端的理念。人 [273] 们在许多民族那里发现了这样一些残骸和迹象——它们与其表象的其余内容形成对照,或者发现了科学的认识——,它们似乎不与目前的状况相一致,或者不与这些民族最初的教化并行。人们从这样一些更美好实存的残留物中推断出以前完美之状况,推断出完美德行的状况。人们在印度人那里发现了与其现今教养不相适合的非常伟大的智慧和认识;人们把这一点及许多其他类似的情况看作是更美好的过去时代之遗迹。例如中世纪僧侣们的著作当然常常并非来自他们的头脑,而是来自更美好过去时代的残骸。

人们在印度文献的最初发现方面听到了各种巨大的编年史数字:它们表明了一段很长的时限,而且似乎给出了全新的情况说明。然而在现代,人们被迫看到了自己完全放弃了印度人的这些数字,因为它们根本就没有表明这些年代或回忆的无诗意情况。此外,印度人应该拥有大量的天文学知识,他们有计算出日食和月食的公式,然而他们只是完全机械地使用这种公式,而不知道发现这种公式的前提或方式。然而在现今的时代里,人们也更准确地审查了印度人的诸天文学认识和数学认识;人们在其中当然也认识到一种独特的教育,但是就这些认识而言,他们很久还没有达到希腊人那样的程度。诸天文学公式没有必要那么错综复杂,以致它们大大落后于希腊人的方法,更落后于我们的方法;正是真正的科学试图把诸任务归因于最简单的基本概念。那些错综复杂的公式当然表明做了值得赞扬的工作,表明曾致力于这些任务,但其中也没有发现更多的东 [274] 西:长期持续下去的观察产生了这些认识。这样一来,人们对印度人、埃及人的智慧了解得愈多,这种智慧就愈益变少,而且还在日益变少,而认识到的东西不是从其他的根源也能得到证明,就是它自身具有非常微不足道的意义。然而这样一来,乐园开端的这整个表象也就表明了是一首以概念为根据的诗,只是这首诗被看作直接的实存,而不是它作为中介才存在。

现在,我们就更仔细地来考察自然宗教。一般来说,它的规定性是自然者和精神者的统一,以致于客观的方面,上帝,就被设定为**自然者**,而意识则囿于**自然的规定性**。这种自然者是**个别的实存**,不是自然完全作为**整体性**、作为**有机总体**而存在;这已经是某些普遍的表象——它们在这一最初的[发展]阶段上还未被设定出来。整体被设定为某些个别部分。阶级、族类,属于思维之反思和中介的一个更进一步的阶段。**这个别自然者**,这上天,这太阳,这动物,这人,等等,——因此某一直接的、自然的实存,都被了解为上帝。关于上帝的这种表象具有哪些**内容**,我们在此未能首先确定下来,而在这一阶段上,未确定者是一种尚可以充满的**不确定力量**,然而,未确定者还不是就其真实性而言的精神,所以诸规定在这种精神中就是**偶然的**;诸规定只有当未确定者是真正的精神——它是意识并设定它们——时才是真实的。

因此,自然宗教的**第一个**规定、开端就是,精神以实存的直接个别的方式存在。

[275]　自然宗教很快就包含有精神的环节,所以本质上就包含着这样一点,**即对人来说,精神者是至高无上者**。以此就排除了,这种宗教就在于把自然的对象奉为上帝;这也在其中表现出来,但却是以从属的方式。可是,对于在最简单的宗教中的人来说,作为人,精神者很快就是高于自然者;对人来说,太阳并不高于某一自然者。

就其开端这种意义上的自然宗教,作为直接的宗教就是这种东西,即精神者,人,即使就其自然的方式而言,也被视为至高者。自然宗教不仅以外在的、物理的自然者作为对象,而且以**精神的自然者**,以这种人(**这种现代的人**)作为对象。这不是人——亚当·卡德蒙(Adam Kadmon)①,

---

① 亚当·卡德蒙(Adam Kadmon),即"最早被造的亚当"。据犹太教神秘主义体系"咯巴拉"(希伯来文 Kabbārāh)之说,为天界始初第一人,超自然的精神存在,被视为地界宇宙和地界之人的原型。——译者注

第一章　自然宗教

原始人,上帝之子——的理念,这是进一步被教养出来的、只有通过思想和为了思想才能成为现有的表象——,因此不是人就其**普遍本质性**而言的表象,而是**这种**自然的人。它是精神者的宗教,但却是就其外在性、自然性、直接性而言的。它也因此有兴趣了解自然宗教,为的是也在其中意识到,对人来说,关于自古以来的上帝一般就是从上帝之抽象彼岸回归的某种在场者。

至于我们不会以宗教的名义视之为有价值的自然宗教的这一阶段,人们就必须为了理解宗教的这种观点而忘记我们也许完完全全熟悉的诸表象、思想——它们本身属于我们的教化之最肤浅的方式。诸无诗意的范畴,如原因和效果,还没有被视为我们在此得去完成的自然意识,而自然的事物还没有被贬低为外在的事物。

宗教仅仅在精神中才有其基础。精神者作为高于自然者的**力量**,自己知道自然并不是自在自为的存在者。这是知性的诸范畴,在其中,自然被理解为精神的他者,而精神则被理解为真实者。宗教从这种基本规定才开始。　[276]

相反,直接的宗教就是这样的宗教,在这里,精神还是自然的,在其中,精神还没有使作为普遍力量的精神与作为个别者、偶然者、短暂者和非本质者的自身**区别开来**。作为普遍力量和本质的普遍精神与主观定在和其偶然性的区别、对立,还没有出现,并形成自然宗教内的第二阶段。在此最初的、直接的宗教中,在这种直接性中,人还未拥有自己本身的**更高力量**。也许有一种力量存在于偶然生活、其目的和兴趣之上,但这种力量还不是本质的力量,作为自在自为、普遍的力量,而是属于人本身的。精神者以**个别的**、**直接的**方式存在着。

如果我们能够理解、思维宗教的这种形式,那么我们就还把它看作我们思想的对象;但是我们不能够进入其中加以感觉、触摸,如同我们不能够进入狗身体中就能加以感觉、也许能够理解它一样。因为感觉就意味着完全用这样一种个别的规定来满足主体的总体性,以致这种总体性就成为我们的规定性。即使在已经更接近我们意识的一些宗教中,我们也

203

不能这样进入其中加以感觉,这些宗教不会一下子完全成为我们的规定性,例如我们崇拜希腊某一个神像,即使它可能非常美。而且,直接宗教的那个阶段离我们还是最遥远的,在这种情况下,我们为了理解它,就必须忘记我们教养的所有形式。

我们必须直接地考察人,这种考察是自为的,仅仅在地球上,而且因此没有任何思考就全部首先提升至思维。只是随着这种提升,有价值的概念才从上帝那里产生出来。

[277]　在这里,人存在于其直接的、自己的力量、欲望中,存在于其直接愿望的行动、行为中。他还没有提出理论问题:谁做了这件事情?等等。对人来说,诸对象在自身中的**分离**,它们**分离**为偶然的和本质的方面,**分离**为原因的方面和纯粹被设定者(效果)的方面。同样,**意志**也是一样:在意志中尚未有这种**分裂**。在意志本身中尚未有对抗自己的障碍。意愿中的理论东西就是,我们称之为普遍者、权利的东西,就是规律、固有的规定、主观意志的界限;这就是思想,就是属于思想、自由的普遍形式。这些形式不同于主观的任意、欲望和爱好;所有这一切都被这普遍者所阻碍、所控制,从属于这种普遍者;自然的意志按照这样一些普遍的观点被改造成为意愿和行为。

因此,人考虑到自己的意愿还是未被分开的;在这种情况下,人的意志的欲望和野性就是占统治地位的东西。同样在人的表象中,他也在这种未分性、这种愚昧方面表现出来。这只是精神以自身为基础的最初的、野蛮的根据;在这种情况下,也许有恐惧、否定意识,但尚未有对主(上帝)的恐惧,而是对偶然性、自然力量的恐惧,这种偶然性、自然力量作为对抗人的强大力量而表现出来。

在自然力量、太阳、雷雨等等面前的**恐惧**,在这里尚不是我们**在宗教上**能够称之为的恐惧,因为这种恐惧在**自由**中有其位置。恐惧上帝,是有别于在自然力量面前恐惧的另一种恐惧。这意味着:恐惧是智慧的开端;这种恐惧在直接的宗教中不会出现。只有当人在其个别分散中知道自己无能为力,他的个别分散性在他身上产生战栗,而且他为了作为自由的精神而存在,就自在地完成这种抽象概念时,恐惧才发生在他身上。因此,如果自然的东西在人身上产生战栗,人就高出于它,他就放弃它,他自己就造就成一个更高的基础,并转向思、知。然而不仅仅这种更高意义上的恐惧在此不是现有的,而且即使**在自然力量面前的恐惧**(只要它在此出现),在自然宗教的这种开端中就突变为其对立面,而且变成**巫术**(**Zauberei**)。 [278]

1. 巫术

宗教的第一个完整形式——对此我们有个"巫术"名字——就是这样一点,即**精神者是高于自然的力量**;但这一精神者还没有作为精神存在,还没有存在于其普遍性中,而它只是人的个别的、偶然的、**经验的自我意识**,人就其自我意识而言(虽然它只是纯粹的**欲望**),知道自己高于自然,——人知道自己的自我意识是一种高于自然的力量。

在此应该看出两种情况:

a) 只要直接的自我意识知道这种力量由这种自我意识而发生,这种自我意识是这种力量所在之场所,它立即就在其是这样一种**力量**的状态中有别于其**通常的**状态。做日常事情的人,如果他从事简单的事务,那么他就有特殊的对象可做;在这种情况下,他知道他应该忙于这些对象,例如捕鱼、打猎,而他的力量仅仅局限于它们。

与对这种日常的定在、行为、活动的意识不同的意识,就是对自身作为高出于**普遍的**自然力量和高出于自然之变化的意识。在这种情况下,个人就知道他为了拥有这种力量,不得不替一种**更高状态**着想。这种状态是一些特殊人的一种才能,这些人必须在传统上学习一切手段和途径,由此就会行使这种力量。它是一些个人的一种选择,这些个人在更年长的个人那里当学徒,这些更年长的人在自身中感觉到这种抑郁的内心深处。

b) 这种力量是高出于一般自然的一种**直接**力量,不应与我们通过某 [279]

些工具对个别自然对象所施加的直接力量相比较。有教养的人对诸个别自然事物所施加的这样一种力量,以这样一点为前提,即这种人从这种世界后退了,世界已得到与他对立的外表,他向它让出一种**独立性**,一些特有的质的规定、法则,这些事物就其质的规定性而言是相对相互的,处于各种各样的相互联系中。对于世界就其质所自由释放出的这种力量,有教养的人就通过他了解诸事物的各种质,也就是了解诸事物(如它们在与其他事物的联系中而存在的那样)来加以施行;这样一来,他者就在各种事物中发生作用,在这种情况下,它们的弱点就显示出来。有教养的人就从这种弱的方面来认识它们,他影响它们,是借助于这样一点,即他把自己武装起来,以致它们就其弱点而言被攻击和征服。

属于这一点的是,人**自身**是**自由的**;只有当他自身是自由的时候,他才让外部世界自由面对自身,让他人和诸自然事物面对自身。对于不自由的人来说,他人也是不自由的。与此相反,人通过其表象、其意志所产生的直接影响,则以这种**相互的不自由**为前提,因为高于诸外部事物的力量虽然作为精神者被置入人中,但并不是作为一种力量——它以自由方式表现出来,而且正好因此也并不对自由事物采取反对和中介态度,而是高出于自然的力量直接表现出来——置入其中。因此,它就是**巫术**。

至于这种表象的外部实存,它有这样一种形式,即这种巫术是各民族自我意识的最高者,但是巫术也从属地、悄悄地赞成更高的观点,皈依宗教,因此在一些女妖的表象中,巫术在这种情况下虽然被了解为某些部分是无能为力者,某些部分是不合礼仪者、不信神者。

[280] 例如在康德哲学中,人们也曾想把祈祷看作巫术,因为人并不想通过自然的中介①,而是想从精神出发创造某种东西。然而区别在于,人求助于绝对的意志,对于这种意志来说,个别人也是照顾的对象,它可以接受这种祈祷,或者不接受这种祈祷,它在这方面是由一般善的目的规定的。

---

① 《黑格尔全集》(友人版):"因为人想创造这种祷告,不是通过中介"。依据拉松版作了改变。——德文编者注

第一章　自然宗教

但是一般来说,巫术在于,人按其自然性、欲望把祈祷控制在自己手中。

这种最初的、完全直接的观点之普遍规定就是,人的意识,有意志的这种人,被了解为高出于自然者的力量。然而在这种情况下,自然者就完完全全不像在我们的表象中那样有这种广阔的范围。因为对人来说,大多数自然者还是中性的,或者他无非已习以为常了。一切都是稳定的。地震、雷雨、洪水、危及生命的动物、敌对者等等,则是另一种样子。对付这些东西,则采用巫术。

这就是宗教的最古老方式,最野蛮最粗鲁的形式。由上述可以得出结论,上帝必然是一精神者。这就是其规定。只要精神性对自我意识来说是**对象**,精神性就是进一步的进程,就是作为这样一**种普遍**的精神与作为这种个别的、经验的自我意识之区别,就是普遍自我意识与自我意识**经验**上的精神性之**分离**。作为巫术的自然宗教开始于非自由的自由,以致个别的意识知道自己高于诸自然事物,而这种知首先是直接的。

这种宗教是由现代旅行者,如船长帕里(Parry)①和以前的船长罗斯(Ross)②发现的,这种宗教没有任何中介,是**爱斯基摩人**的粗野意识;在其他民族那里已有某种中介。　　　　　　　　　　　　　　　　[281]

船长帕里讲述道:他们根本不知道另外存在一个世界;他们生活在山崖、冰雪之间,以海豹、禽鸟、鱼类为生,不知道有另一个世界存在着。英国人随身带着一位在英国生活过较长时间的爱斯基摩人为他们当翻译。借助这位翻译,他们从这个民族那里认识到,此民族没有关于精神、关于更高本质、关于与其经验实存相对立的本质实体、关于灵魂不死、关于精神永恒、关于个别精神的自在自为存在的极少量表象;爱斯基摩人不知道恶的精神,而对于太阳和月亮,虽然他们非常尊重,但他们并不崇拜它们;他们不崇拜任何图像,不崇拜任何活的生物。与此相反,他们在自己中间

---

① Sir William Parry, *Four voyages to the North Pole*(四次北极航海之旅),5 卷,伦敦 1833 年。——德文编者注

② Sir John Ross, *A voyage of discovery*(探索航海之旅)……*for the of exploring Baffin's Bay*…(巴芬湾探秘),伦敦 1819 年。——德文编者注

有他们称之为**安伽科克**（Angakok）的个别人，即巫师、施咒者。他们说自己能使风暴骤起，又可以使之平静，能搞来鲸鱼等等。而且他们是从年老的安伽科克那里学会这种艺术的。人们敬畏他们；而且在每一个家庭里，至少都有一个这样的人。英国人曾说服过一位安伽科克施行巫术；这件事是通过跳舞实行的，以致于他通过巨大的运动使自己置于自身之外，使自己陷入疲劳，并借用迷惘的眼睛说话、发出自己的语调①。一位年轻的安伽科克曾想使自己掀起风来；这件事情通过言语和手势来进行。言语没有任何意义，不指向任何本质以求中介，而是直接指向自然对象，他对之想行使自己的力量；他不要求某一个人的任何帮助。有人告诉他有一无所不在的、仁慈的、看不见的本质——它创造了一切；他问它生活在何处，而当有人告诉他，它无处不在时，此时他就陷入恐惧，并想跑开。当他被问人们如果死了到哪里去了，他就回答道，他们被埋葬；一位老人很久以前有一次说过，人们到月亮里去了，但是已经有很长时间不再有爱斯基摩人相信这一点了。

因此，他们处在精神意识的最低级阶段；但是他们相信，自我意识是高于自然的力量者，没有中介，没有其与某一神圣者的对立。

这种巫术宗教，我们也首先发现于非洲、**蒙古**和**中国**。但是在这里，已不再有巫术完全粗糙的最初形态，而是已经出现了由于下述情况而存在的一些中介：精神者开始接受自我意识的客观形态。

在最初的形式中，这种宗教与其说是宗教，倒不如说是巫术；它在非洲黑人中间传播得最为广泛。赫罗德特（Herodet）对此已有所讲述，而在现代，人们同样也发现了它。在这期间，它只是少有的情况，在此情况中，这样一些民族唤起自己高于自然的力量；因为他们用得少，需要得也少，而在对他们的社会情况作出判断时，我们必须忘记我们生活于其中的各种各样的困苦，忘记达到我们目的的多种多样的、错综复杂的方式。关于

---

① Der Passus"英国人发出…"在黑格尔全集中作为独立的段落紧随下一段落。——德文编者注

第一章　自然宗教

这些民族状况的消息特别来自更老的传教士；与此相反，更新的消息很少，所以人们不得不怀疑过去时代的一些消息，特别是当传教士是巫术的天敌的时候；在这期间，普遍的东西由于大量的消息而毋庸置疑。

在这里像在其他宗教中一样，对神职人员贪婪的指责不应予以考虑。给诸神的祭品、礼物，大多落入诸神职人员手中。所以只有当一个民族使善成为伟大的本质时，才会有这段时间的贪婪，并因此这个民族才值得同情。但是，这些民族对此毫无兴趣；他们知道不用这礼物，要好于因此而把它赠送。

[283]

方式和方法则进一步表明这种巫术的性质。巫师走上土堆，在沙地上画圆圈、图形，并说着咒语；他面向天空做出记号，朝风吹气，又将其气吸入。在一支葡萄牙军队中担任首脑的一位传教士①讲述过，黑人及其同盟者，随身带着这样一位巫师。一场风暴使他的咒语必不可少；尽管这位传教士对此反对，此事仍在缓慢地进行。巫师穿着特殊的、奇异的服装现身，眼望天空、浮云，继而咀嚼草根，喃喃自语着什么；当浮云临近时，他不断地号叫，向浮云示意，朝天空吐唾沫；当雷雨还在下时，他就发怒，向天空射箭，威胁天空，并用刀刺向浮云。

蒙古人的**萨满**（Schamanen），完全与这些巫师相似，穿着奇异服装，身上挂满金属的和木制的器物，用某些饮料使自己麻醉，并在这种状态中说出什么事情应该发生，且预言未来。

这些巫术领域中的主要规定，就是通过意志、自我意识，以直接控制自然，精神则是优于自然的某种东西。这一点一方面不管如何坏，但是另一方面，它还是优于这种情况：人依赖于自然、对它恐惧。

这里应该指出，有一些黑人民族，他们相信，没有人会**自然地死亡**，自然并不是优于人的力量，而是人优于自然。这就是伽拉（Galla）部落和伽伽（Gaga）部落②的看法，他们作为最野蛮的、最粗鲁的占领者，自1542年

[284]

---

① 见本书德文版第298页注①。——德文版编者注
② 伽拉（Galla）部落，又名奥罗莫人，分布于埃塞俄比亚南半部；伽伽（Gaga）部落，分布于今加纳南部沿海地区；均保留着传统信仰。——译者注

209

以来就从内地涌出,摧毁一切,多次来到沿海地区。在他们看来,人就其意识的强大而言太高贵了,以致因此某种不熟悉的东西,如自然力量,就不能杀死他。所以就发生了这样的事情:一些病人,在他们身上,魔法被使用过,无效,他们就被其朋友们杀死。即使北美的野蛮人也如此杀死自己的老弱父母,因此就承认,人并不应由于自然而丧生;而是他应该通过某一个人得到荣誉。在另一个民族那里,则有他们从中获得信仰的最高级别的教士,相信如果他自然地死亡,一切都将毁灭。所以,他一有病并变得虚弱,他就被打死。但是,如果一个人死于某一疾病,他们就相信是另一个人通过魔法把他杀死了,而巫师就必须查明谁是凶手,然后此凶手就被杀死。特别是在某一个国王死亡时,许多人都被屠杀;像一位老年传教士所讲述的那样,这样一来,国王的魔鬼就被杀死了。

  这就是还不能真正被称为宗教的最初形式。属于宗教的,本质上是**客观性之环节**,即个人的、个别经验意识的精神力量作为与自我意识相对立的普遍者的方式显现出来;这种客观化是事情所取决于的一种本质规定。只是随着这种客观化,宗教才开始,某一个神才存在,而且即使在最低级的社会情况下,至少也有这样一个开端。山脉,河流,不是作为这种土堆,不是作为这种水而是神圣者,而是作为神、某一本质者和普遍者的实存而是神圣者。但是,我们在巫术本身方面尚未发现这种东西。作为

[285] **这种东西**的**个别**意识且因此正是对普遍者的否定,在此即是有力量者;不是巫师心中的某一**神**,而是巫师**本身**是自然的巫师和战胜者;这就是自己本身还是无限欲望、因此自己本身是某种感性个别性之宗教。但是在巫术的宗教中,也已经有个别的、经验的意识与施巫术者的区分,而这种施巫术者就被规定为普遍者,因此,从巫术中就发展出巫术宗教。

2. 巫术宗教的客观规定

  由于个别者和普遍者的一般区分,就产生了**自我意识与对象的关系**,而在此就必须把纯粹形式上的客观化与真正的客观化区别开来。前者

是,对于意识来说,精神的力量,神,被了解为一般对象;绝对的客观化则是,神存在着,他按照适合于自在自为精神的诸规定而被了解为自在自为存在。

我们在此首先应考察的东西,就只**是形式上的客观化**。这种情况有三种类型。

a) 主观的自我意识,就是主观的精神性,而且仍然是大师和主宰者,是这种**生气勃勃的力量**,这种自我意识的力量;自我意识的理念性,作为力量,对弱的客观性还在起作用,并保持着最高力量。

b) 人的主观自我意识**被表象为依赖于客体**。作为直接意识的人,只能按**偶然的**方式表象为是依赖性的;人只有通过偏离其日常实存,才能获得依赖性。在简朴的自然民族、野蛮人那里,这种依赖性具有很小的意义:他们有其所需要者;他们所需要者,则为他们而实存,为他们而生长。所以,他们觉得自己并未处于依赖性情况中;困苦只是偶然的。只有在进一步形成的意识中,如果人和自然,失去其直接有效性肯定,被表象为邪恶者、否定者,当意识对于他者表明是否定的时候,才会出现意识的依赖性。因此,只有当人被表象为本质时,他者、自然才在本质上只是一否定者。

c) 然而,这种否定性显示出的只是某一通行点(Durchgangspunkt)。无论是精神性,也还是自然的意志、经验的直接精神、人,都在宗教中**本质地**显露自己,认识到这不是依赖于自然的基本规定,而是知道自己作为精神是自由的。如果这一点即使在最低级的阶段上也只是**一种形式上的自由**,那么人就会鄙视依赖性,保持于自身不变,放弃自然的联系,并使自然服从于自己的力量。它是另一个阶段,在此,这一点起着作用,某一后来宗教就这一阶段说道:"神以其雷鸣发出隆隆声,但却没有被认清。"神可以做某些仅仅比能发出隆隆声更好的事情:它可以启示。精神可以不让自然现象规定自身。——更高的关系是自由的敬奉,人把力量作为自由的力量敬重,认识到力量是本质,而不是陌生者。

因此,如果我们更仔细地考察客观化,那么有一部分就是,自我意识

[286]

还保持着作为优于自然事物的力量,而另一部分,在这种客观性中,不仅对自我意识来说,存在着自然事物,而且就此开始成为**一普遍者**,对此来说,自我意识具有敬奉的关系。

因此,如果我们考察普遍者成为对象的过程,如普遍者还属于巫术领域那样,那么在巫术中,真正本质的客观性之意识就开始了,而这种客观性就还是封闭的;本质的普遍力量之意识就开始了。巫术则被保持下来,但在它旁边就出现了独立的、本质的客观性之直观;施巫术的意识并不知道自己是最终者,而是诸事物中的普遍力量。二者混合了在一起,而只有在自由的敬奉或自由力量的意识出现的地方,我们才从巫术领域里走出来,尽管我们处在自然宗教领域中。巫术曾存在于所有民族中和每一个时代;但是由于客观化,在更高的阶段上就出现了某种中介,以致精神是更高的概念,是高于巫术的力量,或者是随巫术一起的中介者。

自我意识是与客体的关系,其中那种自我意识不再是直接的自我意识,不再是直接的自我意识之内令人满意的东西,而是自我意识**在他者中**,借助一他者,通过一他者来获得自己的满足。欲望的无限性,当它受到反思某一更高力量的阻碍时,就表现为某种有限的无限性。人展现自己,而且只有随着对其特殊性的扬弃,他才产生出对自己本质的满足,与自身结合为本质,并通过自身的否定方式来实现自己。

在中介中,犹如它向我们首先以外在的方式显现出来一样,这同一中介表现为通过**一他者而外在地持续存在的东西**。在这样一种巫术中,人需要高于自然的直接力量。在此,他借助于一他者,巫师施行一种**间接的**力量。被仔细考察的**诸中介环节**如下:

a)这里的直接关系是,自我意识知道自己是精神者,是高于自然物的力量。这些自然物本身又是相互制驭的力量。因此,这一点已经是进一步的反思,而不再是一种直接的关系,在此,自我作为个别者与诸自然物相对立。反思的下一个普遍性是,诸自然物相互映照,相互关联,一物通过另一物被认识到,作为因和果而有其意义,——诸自然物本质上存在于一种**关系**中。这种关联就是普遍者客观化的一种形式,因为物因此不再是个别之物,它超越自身,在**他者**之中起作用;物以这种方式变得更宽广。我在最初的关系中是物的理念性,是高于物的力量;然而现在,客观地予以设定,诸物**彼此相对立地都是力量**;这一物是另一物在观念上所设定的物。这就是借助手段的间接巫术的领域,而最初的巫术则是直接的巫术。

这就是客观化,它仅仅是外在物的一种关系,以致于主体所用的,不是高于自然的直接力量,而只是**高于手段**的直接力量。每个时代在所有民族那里都有这种间接的巫术。即使诸感应手段也都属于此;它们是应在某种完全不同的东西那里产生效果的活动。主体掌握着手段,而且只是意图产生出这种目的。自我是施巫术者,但是自我**通过物本身**来战胜物。在巫术中,诸物表现为理念的东西。因此,理念性就是适合于作为物的理念东西的一种规定;它是一种**客观的质**,这种质正好通过施巫术而被意识到,只是自身被设定出来、被加以利用。欲望直接把握诸物。然而现在,当意识由此显示为不是自身参与诸物及其斗争的狡计的时候,意识就在自身中反思自身,并把物本身作为毁坏者推入自己与物之间。应该产生的变化一方面在于**手段的本性**;然而另一方面,主要的事情就是**主体的意志**。

这种中介的巫术已无限传播开来,而困难在于,规定其界限和在其中不再包含的东西。巫术的原则是,手段和效果之间的**关系**没有被认清。[289]巫术在这种关系只是在场而没有被理解的地方到处都有。这也在药物方面无数次地是这种情况,而且人们除了引用经验就不知道其他办法了。另一个原则就是合理性的东西,即人们了解手段的性质,而且是根据手段所产生的变化来推断出结果。但是药物艺术却放弃从手段的本性来计算出成果。人们说道:**有**这种关系,而且这只是经验,但是经验本身却是无限矛盾的。因此,**约翰·布朗**(John Brown)①曾经用鸦片、石油、酒精等

---

① 约翰·布朗(John Brown),*Elementa medicinae*(医学原理),1780 年。——德文版编者注

213

去医治人们过去用具有完全不同性质的东西所医治的疾病。所以，熟悉和不熟悉的关系的界限都难以指明。——只要这里发生有生命的东西作用于有生命的东西，而且更有精神的东西作用于肉体的东西，那么当巫术或奇迹也能够显现出来时，当人们不了解这种关系更深刻的概念时，这里就存在不能予以否认的一些关系，而且如此长时间地被认为是无法探明的。因此在魅力方面，人们通常称为理性关系的一切都终止了；按照考察的其他方式，它是一种难以理解的关系。

一旦中介的范围在巫术中被找到，**迷信**的大门就敞开了。在这种情况下，**实存的所有个别细节**就变得**重要**了，因为所有情况都有其成功、目的；每一件事情都是一被中介者和中介者，它支配一切，并被支配。人所做的事情，按其成就取决于某些情况；他所是的东西，他的目的，都取决于某些关系。人实存于某一外部世界中，实存于**多种多样的关系**中，而个人，只要他是高于这种关系诸个别力量的力量，他就是一种力量。只要这种关系还没有被规定，各种事物一定的特性还没有被认清，那么人们就处于**绝对的偶然性**之中。当反思进入诸关系的这一领域时，它就相信，诸事物处于**相互作用**中。这是完全正确的；但缺点在于，信念还是**抽象的**，因此其中还没有被规定的特性、被规定的作用方式、诸事物与其他者相互关系的类型。它是这样一种关系，但规定性尚未被认清；所以现在就有了偶然性，有了任意的手段。大多数人在这种情况中都完全一致；因此，一些民族处于这样的境况中，即观点就是基本观点，就是高于愿望、其状况、其实存的力量。

[290]

如果人们按照某一抽象的原则行事，那么被规定者就被允许是自由的。**无限多的巫术手段**就属于此。许多民族在他们所从事的一切方面都使用巫术。在几个民族那里，在为一所房子奠基时就运用了巫术，以便它让人住得平安幸福，不会有任何危险发生；此外，方位、方向都是重要的。在播种时，巫术一定会保证好结果；与其他人的关系，爱与恨，和平与战争，都由手段而产生，而且，由于不熟悉这些事情与效果的联系，就会使用这一手段或那一手段。在这一领域里未能遇到知性；所以关于这一点就不能进一步谈论了。

人们把药草、植物等等在疾病等等方面作用方式的伟大洞见归因于古老民族。这里会产生某种真正的联系,然而,它同样也容易会是单纯的任意。知性意识到有某种联系,但更仔细的规定,是知性所不熟悉的;知性选错手段;幻想由正确的或迷惑的本能来替换抽象原则的缺少者,把未存在于诸事物中这样有特性的规定性放进去。

[291]

b) 最初直接巫术的内容,涉及人直接能够行使力量所给予的某些对象;这第二点是,某些对象与其说可以被认为是**独立的**,而且被认为是力量,以致它们向人显现为不再受其控制的他者,不如说是与某些对象的一种关系。这样一些独立的自然物,例如太阳、月亮、天宇、海洋,——都是一些力量,个体的或基本的一些巨大对象,它们似乎纯粹作为独立的与人相对立。如果这一领域中自然的意识还站在诸个别欲望的观点上,那么它其实并没有与这些对象的关系(作为**普遍的自然**),尚未有它们普遍性的直观,并仅仅与**个别者**有关。那些对象的进程,它们所产生的东西,在形式上是相同的,它们的作用方式是持久不断的;然而意识——它还站在自然统一的观点上,对此,持续不断者并无兴趣——则仅仅按照其偶然的某些愿望、需要、兴趣(或者只要它们的作用显现为**偶然的**)来对待它们。只要太阳、月亮变得昏暗,地球只有在地震时,它们才会使人感兴趣;普遍者不是为人而存在,它并不使人的欲望激动,它对人没有兴趣。只有当河流想从人身上流过时,它才对他感兴趣。在这里不存在理论的兴趣,而只有偶然需要的实际行为。在有更高教养的情况下,有思维的人并不崇敬这些对象,犹如它们是一些精神的普遍性——它对人来说是本质的东西——一样;在那种始初的范围里,有思维的人也并不崇敬这些精神的普遍性,因为他还根本没有意识到存在于这些对象中的普遍者。在这种观点上,有思维的人尚未获得实存的普遍性;在那种观点上,自然的实存根本不再是针对他的。但是在二者中间的情况是,诸自然力量表现为**一种普遍者**,并因此与**有力量者个别的**、**经验的意识相反**。在地震时,在洪水泛滥、日月昏暗时,有思维的人就会畏惧它们,并向他们请求;在这种情况

[292]

下，它们首先显现为力量，——其他者则是力量的日常行为；在这种情况下，有思维的人就不需要请求。然而，这种请求也具有**起誓**的意义，人们说："我用请求起誓"；人们用请求承认，人们处于**他者的力量**之中。所以，请求常常是困难的，因为我正是由此考虑到我的情况才承认他者任意的强制力。然而，人们要求效果；请求同时应是对他人施行的**力量**；二者**混合在一起**，一方面是承认对象的优势，而另一方面则是我的力量的意识，按此，我想施行对这一对象的优势。因此，我们在这样一些民族那里看到，如果他们想越过一条河流，他们就要祭河，如果太阳昏暗起来，他们就为太阳献上祭品；因此，他们使用力量起誓。诸手段应该对自然力量施行魔法，它们应该产生主体所希望的东西。因此，对这样一些自然对象的敬奉是完全**模棱两可的**；它不是纯粹的敬奉，而是这种敬奉与魔法混合在一起了。

　　与对诸自然对象的敬奉能够联系在一起的是，这些自然对象以更本质的方式被表象为某些守护神，例如太阳被表象为守护神，河流的守护神等等。这是一种敬奉，就此而言，人们并不停留在对象的个别性方面，而是表象为其普遍者，并对此敬奉。但是，当这也如此以普遍的方式被表象出来，显现为力量时，人仍然可以保持住也超出这些守护神的力量的意识；其内容始终只是自然存在物的内容，它始终只①是某一自然物的内容，而自我意识则会知道自己因此是超出此的力量。

[293]

　　c）下一个客观化是，人承认在自己之外有一种独立的力量，并在**生命力**中找到它。生命，树木中的、尤其是动物中的生命力，乃是高于太阳或河流本性的原理。因此，在无限多的民族中间，就有一些**动物**也被崇敬为某些神。我们觉得，这是最不值得称道的事情；然而事实上，生命的原理高于太阳的原理。动物是这样一种更重要的、真正的实存，而且就此而言，敬奉动物比敬奉一些神，比崇敬一些河流、星辰等等更值得。动物的生命预示着在这里应予以关心的**主体性**的能动**独立性**。人使其自我意识

---

① 《黑格尔全集》："是较贫乏的，只是"。——德文版编者注

第一章　自然宗教

成为客观的,而生命力就是诚然与精神实存最相近的实存形式、样式。诸动物还被许多民族所敬奉,特别是在印度和非洲。动物有不牺牲自己、打算干这干那的安静的独立性、生命力;它有偶然的、任意的运动,它没有被理解,它在其作用方式、表现中有某些秘密;它是有生命力的,但它不像人对人来说易于理解。这种神秘莫测的东西,对人来说,就是奇迹,以致他可以认为动物的生命力高于他自己的生命力。尚在古希腊人时,诸蛇就是受敬奉的;从古代以来,它们就具有了被视为一种吉兆的这种自为成见。在非洲的西部海岸,在每所房子里都可以遇到这样一种蛇,对它的谋杀被认为是最大的犯罪。因此,诸动物一方面备受敬奉,然而另一方面,关于敬奉,它们也是听命于最大的任性。黑人们都使第一个最好的动物成为他们的魔法,如果它不起作用,就把它抛弃,并选取另一种动物。〔294〕

这就是动物弥撒的本质;只要人和精神者还没有在其真正的本质性中表现出来,就有动物弥撒;因此,人的生命力只是自由的独立性。

在个别自我意识——它既不在自身之中也不在自身之外承认自由的、普遍的、客观的精神性——的欲望范围内,还没有赋予受敬奉的有生命者以它后来在**灵魂转世**的表象中获得的意义。这种表象的根据是,人的精神是真正**持久存在者**,但是人的精神为了自己在持久存在中的实存,需要一身体,而且,只要这一身体不是人,它就需要另一身体,而这一最相近的身体就是动物。在与灵魂转世联系在一起的动物弥撒时,一个重要的和本质的环节就是,关于**内在的精神者**的理念与这种生命力相联系,以致这一精神者真正受到敬奉。然而,在此,在直接的自我意识是基本的规定这一领域里,只有**真正的生命力**才受到敬奉。所以,这种敬奉是偶然的,而且时而涉及这一种动物,时而涉及另一种动物;差不多每一种未得到满足的愿望都发生某一改变。对此,每一他物,一自造的偶像、一座山、一棵树等等,也就足够了。孩子们玩的本能愈好,而且人打扮的本能愈好,这里也就愈有使某种东西成为对象的本能,以作为一独立者、强有力者,而且某一任意联系的意识,作为对象更仔细的规定性,首先就显现为无关紧要的。

217

[295] 　　这样一来就产生了**物神崇拜仪式**(**Fetischdienst**)。物神(Fetisch)是葡萄牙语中一个被损坏了的词,且与偶像崇拜(Idol)同义。物神是某种一般之物,是一木刻品、木头、动物、河流、树木等等,而且因此就有了整个民族的物神,和某一个个人的这样一种物神。

　　黑人们有他们使之成为自己物神的大量偶像、自然对象。最近一块最好的石头、蝗虫,都是他们所期望的拉尔(Lar)①,它能为他们带来幸福。因此。这是他们自己直接设计出来的一种未知的、不确定的力量;所以,如果他们碰到令人不快的事情,而且他们发现这个物神并不殷勤,那么他们就把它废除,并自选另一个物神。树、河流,狮子,老虎,都是共同的国家物神。如果出现灾祸、洪水或战争,那么他们就变更自己的神。物神是可以变更的,并降低为个人弄来某些东西的**手段**。与此相反,埃及人的尼罗河则完全是另外一种样子;对他们来说,它是一共同的神圣者,是他们实体的、不能变更的威力,他们的整个实存就以此为内容。

　　独立的精神在其中被直观的最后者,本质上就是**人**本身,就是**精神性的**有生命者、独立者。在此,敬奉有其根本对象,而在考虑到客观性时,就出现了规定:不是有威力并优于自然的每一个别的、偶然的意识,而是被直观为精神者并受到敬奉的**少有的个别有威力者**。在实存着的自我意识——它尚有力量——中,从本质上看,**意志**、**知识**,与他者相比,并在与他者的实际关系中,是主宰者——它对他者来说显现为在本质上是必要的,而且在众多者中是中心。因此,这里就产生了应被直观为客观的一种精神威力,而且因此就出现这样一种规定,即应该有排除他者的独一者或几个者。因此就有一个人或者几个人是巫师;他们被看作是现有的最高力量。通常就是王侯们,例如在中国,皇帝就是高于众人同时也高于自然[296] 及诸自然物的掌权个人。当因此存在受敬奉的自我意识的时候,那立即就出现这样一种区别,即就他是这样一个自在自为并按其外在实存的个

---

① 拉尔(Lar),古罗马宗教与神话中社团和土地守护神的统称,又被视为门户之神。与英雄之灵、丰饶之神等相混同,并与战神玛尔斯同受敬奉。——译者注。

人而言。据此,他就像他人一样是人;然而,与外在的、偶然的实存方式相反,本质的环节就是**为自己本身**而存在的真正**精神性**。

如我们稍后可以看到的那样,这里开始了一种更高级的区别,而且这种区别就出现在诸**喇嘛**中;下一个区别是,使这样的一些个人之间产生一种区别,以作为普遍的威力。这种**普遍的精神威力**,被表象为**自为的**,提供**守护神**(Genius)、即一种神的表象,这种神本身又在表象中有一种有意义的方式,而后,真正生活着的个人就是这样一种偶像崇拜的**神职人员**;因此站在这种立场上,神职人员和神也就相互配合。神的内心深处可以被对象化;然而在这里,精神者的本质力量和直接实存尚未被分离开来,而这样一来,自为的精神威力就只是一种**表面的表象**。神职人员、巫师都是主要人物,以致二者虽然曾被分开加以表象,但是如果神有所表示,变得有力,有所决定等等,它就只是作为这种**真实的人**来做这件事。现实赋予神以威力。这些神职人员有时也有高于自己的君主;如果神职人员和诸侯是区别开来的,那么一方面人就作为神而受到敬奉,而另一方面,人则不得不去干其他一些人所要求的事情。黑人们都有这样一些巫师——他们并不同时也是君主。如果这些巫师不想施行巫术,对此没有兴致,黑人们就把这些法师捆绑起来,并予以痛打,直至他们听话。

我们将通过不同的宗教看到这样一种规定,即精神性的东西现存于人之中,而人的自我意识本质上是精神的现存在;它必然属于最古老的规定。它也现存于基督教中,然而却是以更高级的方式,并被神化了。它把精神性的东西加以解释和神化。〔297〕

在人那里,精神性的东西以两种方式存在着,像人达到客观性一样。第一种方式是,人**对他者是排斥的**;第二种方式是自然的方式,人摆脱掉了时间性的东西,——这种自然的方式就是死亡。死亡使人失去了时间性的东西、暂时靠他而存在的东西。然而,他没有高于他自在自为存在的强制力;在这种立场上,人们尚未能意识到,人在自身中有这样一个区域,因为人自在自为地存在着;自我意识在这里尚没有其精神的永恒意义。摆脱掉(时间性的东西)仅仅遭遇**感性的定在**;与此相反,对于个人来说,

219

这里保留着其特殊性、其感性现存在的整个其余偶然方式,个人已对表象入迷,并在其中得以保留。然而这并不具有真理的形式,而是给他如此保留的东西,尚具有其整个感性定在的**形式**。所以对死者的敬奉,还十分微弱,具有偶然的内容;它是一种力量,但却是一种微弱的力量。

死者身上的持久不变者——它尚在感性上引人注目——,**不死的感性物**,就是骨骸。所以,许多民族都敬奉死者的骨骸,并用骨骸施行巫术。在这里,人们可以回想起圣人的遗物,而且事情就是如此,以致传教士们一方面竭力反对这种敬奉,另一方面又把更大的威力归因于宗教。因此,一位卡普秦修会修士①讲述道,黑人们拥有涂上人血的带子,以显示魔力,并把人针对野兽而使自己得以安全都归因于这种带子;人经常看到,配备这样一些带子的人们被一些野兽撕碎了,他把圣人遗骨挂在这些人身上,于是他们就始终未受到野兽的伤害。

这样一来,作为这种威力,诸死者就要求**敬奉**,这种敬奉无非在于给他们以某些认真关照,献上饮食。大多数古老民族都给死者把食物放进坟墓中。所以,真理、持久不变者、供养物的表象,都是很从属性的。人们也可以表象,诸死者又获得了现存在,或者他们部分可以被想象为威力,部分可以被想象为因疏于照料而想报仇的力量,部分可以被想象为通过巫师、真正自我意识的力量而用魔术变出来的,因此也隶属于这种自我意识。一些例子可以说明这一点。

卡普秦修会修士卡瓦奇(Cavazzi)(《刚果等三王国历史记述》,慕尼黑1694年第10版②),长期居留在刚果,讲述了许多关于这些巫师(称为"辛吉利")的事情。他们在族人中享有很高的威望,只要他们喜欢,就可以召集这一族人。他们总是偶尔做这件事,并告知是由这一死者或那一死者促使如此做的。族人必须到场,每个人都配备着刀子。巫师本身则身披网状物出现,饰以宝石、羽毛等等;人群用歌唱、舞蹈和欢呼迎接他,

---

① Kapuzin,卡普秦修会,它是天主教方济各会的一支。——译者注
② Giovanni Antonio Cavazzi, *Istorica descrittione de' tre regni Congo, Matamba et Angola*, Bologna 1687。——德文版编者注

在此事件中,人们弹奏起野蛮的、震耳欲聋的、巨大的音乐,这音乐能产生这样一种效果,即[与躯体]已分离了的精神进入辛吉利之体,他本身则请求这种精神附体。如果此事发生了,他就跃起,并完全按照着了魔的人之样式做出不正常的动作,撕碎自己的衣服,转动着眼珠,咬伤和抓伤自己;此时他说出死者所要求的东西,并回答向他询问其事务的那些人的问题。当族人们没有给巫师献上人血的时候,死者就借巫师之口,威胁说他们将有苦难和贫困降临,祈求他们遇上可恶之事,辱骂其近亲者不知感激。卡瓦奇指出:在巫师身上显示出[罗马神话中]复仇女神的影响,而且他可怕地号叫,要求把没有献祭给他的血献上,他随即抓起一把刀子,刺进一个人的胸部,把头砍下,把腹部切成碎片,并喝下冒出的血;他把这个人的身体撕碎,把肉分给对此未加细看就大吃起来的其他人,尽管这肉可能就是来自他们最亲近的亲属身上的;他们事先就知道这一结果,但是仍以最大的欢呼去参加聚会。[299]

伽伽人自我介绍说,死者有饥渴之苦。如果某一个人病了,特别是如果他有幻象和梦想,那么他就让某一个辛吉利来,并询问他。这位辛吉利了解所有情况,而得出的结果就是,幻象来自他的某一位死去了的亲属,这位亲属又被回忆起来了,而且他还必须到另一位辛吉利那里去,为的是让他把这位亲属驱赶出去;因为每一个辛吉利都有其特殊的事务。这另一位辛吉利就把这位病人引领至显现给他或者病因所是的那个坟墓;在这里,死者被召唤、被辱骂、被威胁,直至他进入辛吉利之体,并发现他所要求达成和解的东西。因此,如果他已经死去很长时间了,那么事情就会实现;如果他新近才被埋葬,那么其尸体就被挖掘出来,头被割下来,并被打碎;病人必须把从这同一尸体流出的液体,一部分放在饭食中吃掉,部分则以其作成膏药,贴在他身上。如果死者没有坟墓,已被朋友、敌人或动物吃掉,那就棘手了。于是辛吉利先唸咒语,然后述说,精神已进入某一猴子、飞鸟等等之体内,那就把这猴子、飞鸟捕捉之;把这些动物杀死,由病人吃掉,这样一来,精神就丧失了是某物的所有理由。

由此可知,只要谈到延续,就没有什么绝对的、自由的、独立的力量让 [300]

给精神。

使人去掉经验的、外在的定在,就此而言,人就被描述为死的;但是对他来说,在这一领域里,还仍然有其整个的偶然的自然,客观化还完全与外在的方式有关,还完全是形式上的;被看作是存在者的东西,还不是本质的东西,而剩下来的东西,还是偶然的自然。给予了诸死者的延续本身,则是一表面的规定,并不是其神化;诸死者仍然作为偶然的定在留在力量之中,留在有生命的自我意识、巫师之手中,以致这种巫师甚至可以让死者再一次地、也就是两次死去。

关于不死的表象,与关于神的表象相关联,尤其始终取决于关于神的形而上学概念所处的阶段。精神性的力量愈多地按其内容以永恒的方式来理解,关于神的表象和人类个体精神和精神不朽的表象也就愈值得称道。

众人在这里,同样也在希腊人以及在荷马那里显得软弱无力。在奥德修斯(或译为奥德赛)于冥河河畔的一个场面中,奥德修斯召来诸位死者:宰杀一只黑羊;诸幽灵只有用血才能获得记忆和语言。他们渴望得到血,以便它们获得生命力;奥德修斯让几位死者喝血,并用剑拦住其余的死者。

如同关于人的精神之表象是感性的一样,关于力量自在自为所是的东西的表象也是感性的。

[301] 在已引用的例子中,同时也包含了**作为个体**的人站在这种立场上具有多么少的价值;即使在黑人中间,作为在他们中间十分普遍的奴隶制状况,他人对人的这种蔑视、藐视也是众所周知的。俘虏不是成为奴隶,就是被屠杀。人生的价值随着不死的表象在提高。人们也可以认为,此事是正好相反的:生命的价值更少。一方面,情况就是这样,而另一方面,个人在生命上的权利因此而变得愈来愈大。而只有当人认识到自身是自由的时候,权利才是伟大的。两种规定,主观的、有限的自为存在的规定和绝对威力的规定——以后它们应作为绝对精神出现——最密切地联系在一起。

因此人们也可以认为,因为人如此多地被认为是这种**威力**,所以人在这里就受到高度的尊重,并有其**尊严**的感觉。然而相反,人在这里完全无价值——因为人有尊严不是由于他作为**直接的意志**是何物,而是只有当他知道某一**自在自为存在者**、某一实体者,并服从于它这种自然的意志、且按此行事时才是如此。只有通过对自然依赖性的扬弃,并由于知道普遍者、自在自为存在者是真理,人才获得尊严,而后,人生本身也才有一些价值。

3. 巫术宗教中的崇拜

在巫术领域——在此,精神性仅仅被了解为在**个别**自我意识之中——里,无法谈崇拜(作为对某一精神者和自在自为客观者的自由敬奉)。在此,这种关系倒可以说是对自然施行**控制**,某些自我意识对他人的控制,巫师对无知者的控制。这种控制的状况是**感性上的迷狂状态**,在此,特殊的意志被忘记、被磨灭,而且抽象的感性意识被强化至极致。产生这种迷狂的手段,就是舞蹈、音乐、叫喊、大吃大喝、性别混合,而这些就是站在更高立场上崇拜所是的东西。

[302]

从宗教的这种最初形式出发所要走的道路就是,精神要清除掉外表、感性直接性,并在表象、思想中获得作为精神的精神之表象。

一般来说,这一进展的好处就是**精神的客观化**,也就是说,精神成为纯粹对象,并获得**普遍精神**的意义。

II. 意识在自身中的分裂

下一个进步便是,某一实体威力和直接意志无能为力的意识出现了。当神被了解为**绝对的威力**时,这还不是自由的宗教。因为,当那种意识出现时,人虽然把自己提升得高于自己,而且精神得以**从本质上加以区分**,但是当这种崇高者被了解为**威力**,而且尚未做出进一步**规定**时,特殊者就只是一偶然者,只是一**否定者**、虚无者。由于这种威力,万物得以持续存在,或者,这种威力本身就是万物的**持续存在**,以致自为持续存在的自由尚未被认识到。这就是**泛神论**。

是某种被思想者的这种威力,尚**未被了解为被思想者**,尚未被了解为自身中精神性的。由于这种威力必须有一精神性的实存,然而在自身中还没有自为自由存在的这种被思想者,所以它也只是**就某一人——他被了解为这种威力——来说**又具有**精神性之环节**。

在我们在此与之相关的精神提升中,是从有限者、偶然者开始的,这种有限者、偶然者被规定为否定者,而普遍的、自在存在的本质就被规定为这样一种东西,在这种东西中并通过这种东西,这一有限者就是一否定者、一被设定者。相反,实体则是未被设定者、自在存在者,是与有限者有关的力量。

[303]

然而,自我提升的意识,在没有关于这种普遍思想的某一意识的情况下,在没有以思想的形式把某一意识表达出来的情况下,就作为**思维把自己提升起来**。然而,这种提升首先只是一种**向上的状态**。其他的意识则相反,这种必然者转回到了有限者。在前者中,有限者被忘记。后者则是**实体与有限者的关系**。当神在此仅仅具有是有限者的实体和威力的规定性时,神本身还是**未规定的**。它还没有被了解为在自身中为自己作出了规定,它还没有被了解为精神。

在这种普遍的基础上,更多的形式在形成,这些形式进一步尝试把实体理解为是自己规定自身的。

1.首先(在**中国**的宗教中),实体被了解为**简单的基础**,因此,它就现存于有限者、偶然者之中。

意识的进步是通过以下一点达到的:尽管实体尚未被了解为精神,精神仍然还是真理,真理乃是自在意识的一切现象的**基础**,这样一来,在这个阶段上也就会缺少什么属于精神概念的东西。因此,即使在这里,实体也将自身规定为主体,然而,这取决于实体如何做到此事。这里**以外在的方式增加**了自在现有的精神诸规定。完善的规定性,形态的最终之点,独

第一章 自然宗教

一（Eins）、自为存在者的这最终之点，是以外在的方式设定出来的，**现在场的人被了解为普遍的威力**。

这种意识已经出现在中国的宗教中，在这里，皇帝至少是**威力的操控者**。

2.在印度的宗教中，实体被了解为抽象的统一，不再被了解为简单的基础，而这种抽象的统一也是与精神近似的，因为精神作为自我本身就是这种抽象的统一。在这里，当精神自身提升为其内在的、抽象的统一时，人自身就提升为实体的统一，与它是**同一的**，并**因此赋予它以实存**。一些人本性就是这种统一的实存，另一些人则可为此提升自己。[304]

这里居于统治地位的统一虽然也试图**发挥**自己，但是真的发挥和诸区别概括之否定性就是在自身中规定自己并在自己的主体性中显现自身的精神。精神的这种主体性就赋予它以值得称道而且本身也具有精神本性的内容。然而，只要**仅仅**前进至区别和发挥，而诸环节**相互**是**个别的**，那么这里就剩下自然性的规定了。因此在这里，发挥（在精神的概念中是必要的）本身是**无精神的**。所以，人们在自然宗教中有时将陷入发挥地找到精神的窘境（例如关于化身的表象，印度宗教中的三相神①），人们将找到属于精神的诸环节；但它们却被做出了这样的解释，以致于它们同样也不属于精神。诸精神是个别的，而且突然分开显露出来了。因此，印度宗教中的三体合一就成不了三位一体，因为只有绝对的精神才是高于其环节的威力。

自然宗教的表象在这种考虑中有巨大的困难；它处处都是**前后不一致的**，而矛盾就在自身之中。因此一方面，本质上是自由的精神的东西被设定出来了，而另一方面，这种精神的东西又在**自然的规定性**中表现出来，在个别性中表现出来，而且与有固定特殊性、也就是与精神完全不相

---

① "三相神"，印度梵语原意为"有三种形式"。印度教的三位大神，共在于一体，以梵天、毗湿奴和湿婆分别代表天帝的各种宇宙功能。毗湿奴象征护持，湿婆象征毁灭，而梵天则是这两种相对立的准则的平衡者，是印度教之创造神，是印度教至尊的主神。——译者注

称的某一内容一起表现出来,因为这种精神只有作为自由的精神才是真实的。

[305]　　3.在属于意识分裂这一阶段的最后形式中,在**某一**个体中存在着与活实体的**具体化**和在场,而且是统一的无为发挥——这统一曾为先前的形式所特有,就此而言,当它已**被消灭**,且已烟消云散时,它至少已被扬弃了。这就是**喇嘛教**或**佛教**。

在我们更仔细考察这些宗教的历史实存之前,我们就有了这一整个阶段的普遍规定性及其形而上学概念。在这里应更仔细地规定提升的概念以及实体与有限者的关系。

形而上学的概念

首先我们谈谈形而上学概念之概念,并说明应把它理解成什么。——我们在此有一完全**具体的内容**,而形而上学-逻辑的概念之所以似乎为我们经历过,正是因为我们处于绝对具体者的领域内。这内容就是精神,而精神所是的一种发展,就是整个宗教哲学的内容。我们发现精神所处的阶段,有诸种不同的宗教;**规定性的这种区别**之所以如此,是由于它构成诸不同的阶段,显现为**外在的形式**,这种外在的形式以精神为**基础**,其区别以**一定的形式**在其中被设定出来,而这种形式当然是**普遍的逻辑形式**。所以,形式就是抽象者。然而同时,这种规定性不仅是这种外在者,而且作为逻辑的东西也是有规定作用的精神之**最内心深处**。它把最内心深处以及也是外在形式这二者统一在自身之内;这就是作为本质东西的概念本性和显现、形式区别的本质者。这种**逻辑**的规定性一方面[306]作为精神是具体的,而这一整体就是**精神的简单实体性**,然而另一方面,这种**逻辑**的规定性又是精神的**外在**形式,通过这种形式,精神就**与他者**区别开来。因此,那种最内在的规定性,按其实体的本性每一阶段的内容,同时也就是外在的形式。看来事情可能就是,如果考察另一自然的对象,它就以逻辑的东西为内在者;在像有限精神这样一种具体形态方面,情况

226

也是这样。在自然哲学和精神哲学中,这种逻辑形式并没有特别加以强调;在像自然和精神的这样一种内容中,这种逻辑形式存在于**有限的**方式中,而在这样一个领域中对逻辑东西的阐明可以表述为关于推论、中介的一个体系。没有这种宽广的、单单按照目的讨论,对简单概念规定性的说明和考察仍旧是不够的。然而,因为诸逻辑规定,作为实体的基础,在这些领域内被掩盖了,而且并不在其简单的、**像思想一样的**实存中,这种基础并不十分必要自为地加以强调,而在宗教中,精神则使逻辑的东西进一步显露出来。这里正好就是又回到了其**简单形态**的这种逻辑的东西,因此它在这里就能较易于考察;如果逻辑的东西特别成为考察的对象这一点引人注目,那这就可以原谅了。

因此在这一种考虑中,我们可以以逻辑的东西为前提,然而在另一考虑中,我们可以为其简便而加以讨论,因为逻辑的东西有兴趣作为关于上帝的科学,按此兴趣,它以前在自然神学中讨论过,而且特别出现在神学中。从康德哲学以来,逻辑的东西作为低级的、坏的、不可重视的东西被摈弃掉了,因此它也就需要作一辩护。

概念规定,特别是概念,并不自为地是一种静止者,而是一自己运动者,本质上是活动,正是因此,它才是中介,像思维是一种活动、是自身的中介一样,而且因此,有规定作用的思想也是自身的中介。上帝之证明也是中介;概念应该用中介来表述。因此在二者之中是同一个东西。然而在证明上帝时,中介就是形态,好像它被派有认识的天职,为了同一认识,就产生出一种固定的洞见,它应该向我证明,——这就是我的认识兴趣。按照关于概念的本性所说出的东西可以知道,我们因此必须不如此主观地来理解中介;而且真理就是**上帝自身的客观态度**,是其自身中逻辑的东西,而且只要如此来理解中介,它就是必要的环节。上帝定在的各种证明,必定表明是概念本身的必要环节,是一种进程,是概念自身的一种活动。

[307]

同一活动的最近形式是通过以下一点规定出来的,即我们在这里还完全处于我们已经规定为**直接阶段**的第一阶段,还完全处于直接统一的阶段上。从直接性的这种规定中可以得出结论，我们在此与完全抽象的一些概念有关，因为直接的和抽象的都是相同的。直接者就是存在；在思维中直接者也是抽象者，这种抽象者尚未深入于自身，并以这种方式通过进一步的反思成为现实，成为具体的。如果我们因此使作为一般对象的精神和自然性、精神之实在性的方式脱去内容的具体者的外衣，而仅仅留下简单的思维规定性，那么我们就有了关于上帝和有限者的一种抽象规定，这两个方面作为**无限者**和**有限者**处于相互对立的状态，一方面是存在，另一方面是定在，即实体者和偶然者、普遍者和个别者。虽然这些规定自身中有一些不同——例如普遍者当然**自在地**要比实体具体得多——，然而我们在此可以接受的实体是未发展的，而为了更详细地对它加以考察，我们采取何种形式都是无关紧要的；同一个实体与其对立者的关系则是本质的东西。

[308]

它们相互借此被设定进去的**关系**，就其本性来说，同样经常现存于宗教中，并按照这一方面应首先予以接受。人处于从有限者到无限者的状态中。当他面对世界时，他在其中感觉到不足者（感觉也感觉到被思想者或应被思想者）。他不满足于作为一最后者，而且他发现世界是由有限物组成的一集合体。人同样也知道自己是一偶然者、暂时者，而在这一感觉中，他超越于个别者之外，并把自己提升为普遍者，提升为自在自为存在的独一者，提升为这种偶然性、局限性所不属于的一种本质。这种本质倒不如说全然是与这种偶然者对立的实体和这一偶然者**存在**和**不存在**的力量。宗教正是这种事情，即人寻找其不独立的原因；当他面对无限者时，他才发现自己的镇静。如果我们如此抽象地去谈论宗教，那么我们在这里就有了关系，即从有限者到无限者之过渡。这种过渡是这样一种过渡，这种过渡存在于这些规定的本性中，也就是说，存在于概念中，而且我们在这里能够发觉，我们可以在过渡的这一规定上停止不动。进一步加以理解，这种过渡可以用两种方式予以理解：第一是作为**彼岸的关系**，一种更现代的关系，从有限者到无限者的过渡；第二是，二者的**统一**因此被保留下来，有限者在无限者中保持下来。在自然宗教中，这一点是如此被规定的,以致在其中某一个**个别的**、直接的实存,某一个自然的或精神的实存,超出其这一范围的一有限者被无限地予以扩展,并在这样一种对象的有局限的直观中同时也知道无限的本质、自由的实体性。特别是其中所现有的东西就是,在有限的物中,在太阳或动物等等中同时被直观到无限性,在同一无限性的外在多样性中同时也被直观到内在的无限统一、神圣的实体性。意识觉得即使无限者也在这里的有限实存中有变易,有限者觉得神在这种个别的实存中成为当前的,以致这种实存没有什么不同,而且倒不如说是这样一种方式,在其中有神,以致自然的实存在与实体的直接统一中得以保持下来。 [309]

从有限者到无限者的这一进展,不只是一事实,是宗教中的一段历史,而且它经过概念是必然的,它存在于这样一种规定本身的本性之中。这一过渡就是思维本身;这无非是说,在有限者中可知无限者,在个别者中可知普遍者。普遍者、无限者的意识就是思维,作为思维的中介就存在于自身之中,超越,一般来说就是外在者、个别者的扬弃。这是一般思维的本性。我们思维一个对象;借此我们就面临得到其规律、其本质、其普遍者。仅仅有思维的人才是有宗教的人;动物没有宗教,因为它不思维。现在我们必须从有限者、个别者、偶然者的这样一种规定中指明,它们是有限者等等,这有限者转化为无限者等等,作为有限者不会保持不变,它使自身成为无限者,按照其实体必定回到无限者。这种规定完全属于逻辑的考察。

提升不仅需要从世界的**偶然性**中取得其出发点,为的是达到自在自为存在的本质之**必然性**,而且我们还能够把世界规定得不一样。必然性是存在和本质的最终者;因此在它之前就有许多范畴。世界可以是**繁多者**、多种多样者;同一多种多样者的真理就是**独一者**。像从杂多者到独一者、从有限者到无限者一样,从一般的**存在**也可以过渡到**本质**。 [310]

从有限者到无限者、从偶然者到实体者等等的过渡,属于**意识中思维**的作用,而且是这些规定本身的特有本性,是它们事实上所是的那种东西。有限者不是绝对者,而只是消失着并成为无限者的这种东西;个别者只是回到普遍者的这种东西,偶然者只是回到实体的这种东西。这种过渡之所以是中介,是因为它是从开始的、直接的规定性向它的他者、向无限者、普遍者的运动,而实体全然不是一直接者,而是一通过这种过渡的变易者、自我设定者。这是这些规定本身的真正本性,将在逻辑学中得到证明,而且就其真正的意义而言坚持这一点是重要的,即不是**我们**在单纯外在的反思中,而是哪一些规定从这样一种规定向有别于它的规定进行过渡,宁可说因此它们是依靠它们本身来这样过渡。就事情所关涉的那种规定、有限者而言的这种辩证的东西,我还想用几句话来予以表述。

我们说:它(这种辩证的东西)**存在着**。这一存在同时也是有限的;它通过其终结、其否定,通过其界限,通过某一他者在它本身所不是的他者中的开始,是它所是者。一种质的规定,一种一般的质,是有限的;有限者是如此,以致质仅仅完全是与存在直接同一的**规定性**,以致于如果质消失,某种东西也消失。我们说,某种东西是死的;在这里,质就是死的;如果这种质停止了,那么它就不再是这种东西了,而如果它不是能忍受此者的某一实体,那么某种东西就消失了。在精神中,这一点也是这样;有这样一些人,他们具有完全确定的性格:如果这种性格失去了,那么他们就不复存在了。卡图卢斯(Cato)的基本品格是罗马共和国[1];罗马共和国一终止,他就死去了。因此,这种品格是与他联系在一起的,他没有这同一品格就不会存在。这种品格是有限的,在本质上是一种界限,一种否定,卡图卢斯的界限是罗马共和主义者;他的精神,他的理念,都没有比这更大的范围了。由于品格如此构成某种东西的界限,我们就如此称某个东西为一有限者;它本质上在其界限之内,在其否定之中,而否定和某种东西的特殊性就因此在本质上**与他的他者联系起来**。这一他者不是一另外的有限者,而是**无限者**。有限者由于自己的本质而是这种有限者,即有限者在其否定中有其本质;这种有限者是发展了的一个他者,而且在这里

[311]

---

[1] 卡图卢斯·马尔库斯·波尔提乌斯(前95—前46),即"小卡图卢斯",曾反对恺撒,是共和君主制的鼓吹者。恺撒获胜后,卡图卢斯拒不接受恺撒的宽宥自刎而亡。其形象成为忠于理想、共和和坚贞不屈的楷模。——译者注。

第一章 自然宗教

是无限者。

主要的思想就是这种思想,即有限者是这样一种被规定了的有限者,它在它自身中没有其存在,而是在某一他者中有它所是者,而且这一他者就是无限者。有限者正是为了真理而有无限者;有限者所是者并不是它本身,而它是其相反的东西,即无限者。

这种进展是必然的,是在概念中被设定的。有限者在自身中是有限的;这是其本性。向神的提升,正是我们已经看到的东西;这一有限的自我意识并未在有限者那里停住,离开它,放弃它,表象无限者;这发生在向神的提升中,而且理性的东西就在其中。这一进展是内心深处的东西,纯粹逻辑的东西,但是如此理解却仅仅表达出整体的一个方面。有限者**消失**在无限者中;有限者是其本性,把这种无限者设定为它的真理。但是,如此变易了的无限者本身仅仅才是**抽象的无限者**,只是否定地被规定为非有限者。无限者就它那方面言也是本质的,作为这种仅仅是否定的被规定者而自身应被扬弃,并一般地把自身应予以规定,一方面应扬弃其否定,并把自身设定为肯定,而另一方面也应扬弃其抽象概念,并使自身特殊化,而且把有限性之环节设定在自身之中。有限者首先消失在无限者中,它不存在;其存在只是假象;然后我们面前拥有无限者只是作为抽象的无限者在其范围之内,而它的规定就是扬弃这种抽象概念。这来自无限者的概念:无限者是否定之否定,自身与自身有关的否定,而且这是绝对的肯定,同时也是存在,是与自身的简单关系,——这就是存在。因此,第二者,即无限者,也就不是普遍被设定者,而是肯定,因此它就是在自身中规定自己、在自身中保持有限性之环节这种东西,然而却是理念地予以保持;无限者就是否定之否定,因此包含着某一否定与另一否定之区别;因此其中就有界限,因此也有有限者。如果我们进一步规定否定,那么这一否定就是无限者,而另一否定就是有限者,而且真正的无限性就是二者的**统一**。

[312]

只有这两个环节一起才构成无限者之本性及其真正的同一;这一整体才是无限者之概念。应该把这一无限者与前述的无限者区别开来,与

231

直接知中的或作为物自体的无限者区别开来,后者是否定的、没有规定的无限者,非-有限者仅见于康德哲学中。它不再是彼岸的东西,它有自身内的规定性。

自然宗教(有限者与无限者的统一按其同一统一的规定很不完善)已经包含有神圣者(作为**实体者**,同时是**被规定的**,并因此具有某一自然实存的形式)的这一意识。在这种实存中被直观为神的东西,就是自然形式中的这种神圣实体。因此在这里,内容就是更具体的,所以是更好的,包含有更多的内容,作为直接知——它并不想认清神,因为神是未规定的——中的内容。自然的宗教已经高于在这方面还愿意相信启示宗教的近代人的这种观点。

[313] 如果我们考察已经指明的过渡,如它在神定在之诸证明中的那样,那么它,以某一推论的形式表达出来,就是**宇宙论**证明。这一证明在形而上学中,有其内容:以偶然的存在、尘世事物偶然性为出发点,而另外的规定就不是无限性之规定,而是某一自在自为必然者之规定。而且这是比无限者之规定更具体得多的一种规定,仅仅根据证明的内容,这里就不谈论它了,而只是考察**过渡**的逻辑本性。

如果我们因此使过渡具有某一推论的形式,那么我们就可以说:有限者以无限者为前提;既然有限者存在,**因此**无限者就存在。至于说到对这样一种推论的评论,这一推论因此而让我们无动于衷;人们要求某些另外的东西,而且更多的是在宗教中。一方面,这是对的,然而另一方面,在摈弃中,有对思想的蔑视,似乎人们需要感觉,并应提到表象,为的是产生确信。真正的神经就是真正的思想;只有当**这思想**是真实的时候,感觉也才有真实性。

引人注目的东西是,接受一有限的存在,而且这一存在因此显现为无限的存在由此而获得根据的东西。因此,某一有限的存在就显现为**根据**。中介这样提出来了,以致从有限者中就产生出无限者的意识。更仔细地说,这一点就是,有限者只有用二者之间的**肯定关系**才能被表达出来。命题这样写道:"有限者的存在就是无限者的存在";这立即显现得互不适应。有限者是**设定者**,仍然是肯定者,关系是一种肯定的关系,而且有限者的存在就是始初者,是作为出发点的根据,而且是永久不变者。此外应该指明,如果我们说:"有限者的存在就是无限者的存在",那么就有有限者的存在,这种存在本身就是无限者的存在,是推论的大前提,而中介并未在有限者的存在和无限者的存在之间显示出来;它是一个**无中介**的命题,而这恰恰与所要求者相反。 [314]

这一中介还包含着进一步的规定。有限者的存在不是**它自己的**存在,而是**他者的存在**,无限者的存在;无限者不是由于有限者的存在而产生的,而是从有限者的非存在中产生的:这就是无限者的存在。中介就是这样,以致有限者作为肯定立于我们面前。更仔细地加以考察,那么有限者就是它所是的东西,作为否定而存在;因此,它不是存在,而是有限者的非存在;更确切地说,二者之间的中介就是有限者中的否定本性,因此,中介的真实环节没有在这一命题中表达出来。推论形式中的缺陷在于,属于概念的这种真实内容并不能以**某一**推论的形式表达出来。无限者的存在是有限者的否定;有限者只是这样一点:向无限者过渡。因此,属于某一推论的诸其他命题可以不予以添加。这种缺陷在于,有限者被表达为肯定的,而它与无限者的关系则被表达为实定的,因为它确实在本质上是否定的,而这种辩证的东西,则避免了知性推论的形式。

如果有限者以无限者为前提,那么其中还包含了以下看法,尽管没有被表达出来。有限者是设定的,但却是**需要前提的**,以致无限者就是**始初者和本质者**;更仔细地发挥一下前提,那么其中就有有限者的否定环节及其与无限者的关系。这在宗教中并不是如此所指的,以致这就是有限者的肯定本性,是无限者所为之存在的有限者的直接性;确切地说,无限者就是有限者的自我扬弃。证明,有限者与无限者的关系的形式,思想,都由于推论的形式而走了样。然而,宗教就包含着这种思维,包含着有限者向无限者的这种过渡,这种过渡不是偶然的,而是必然的,而且带来这种过渡的就是无限者本性的概念本身。宗教的实体所带来的这种思维,仅仅不正确地以某一推论的形式被理解了。 [315]

这种证明的中介之缺陷在于,无制约者被表达为受另一存在的制约。否定的简单规定被省略了。在真正的中介中也发生着从繁多者向独一者的过渡,而且也因此独一者被表达为中介的。但是这种缺陷将在精神的真正提升中得以改进,也就是通过这样一点,即说的不是众多,而是独一者。通过这种否定,中介和制约就被扬弃,而自在自为的必然者则由中介的否定而被中介了。上帝创造着:在这种情况下,就存在着二者和中介的关系。然而,这是一种判断:上帝不再是模糊的、自身沉闷的本质,它显示,敞开内心,设定某一区别,而且为一他者而存在。这一区别就其最高的表达方式而言就是圣子。圣子借助于圣父而存在,而相反的则是:上帝仅仅在圣子身上启示。但是就这一他者而言,上帝在自身处,与己有关,而当这不再是与他者相比较时,中介就被扬弃了。

因此,上帝是**自在自为的必然者**,这一规定全然是基础。上帝必须(即使这还不够的话)被了解为**实体**。

[316] **他者**就是相反者,是**实体与有限者的关系**。在有限者向实体的提升中,存在着一中介,这一中介在结果中曾被扬弃,被设定为无意义的。在实体与众多者、有限者等等的反复对立中,这种被扬弃的中介应**重新予以吸纳**,然而因此,这种中介在结果的运动中就被设定为**虚无**;也就是说,不仅结果必须被予以理解,而且在这种反复对立中,**同一结果的整体和过程**也应予以理解。如果以这一方式来理解整体,那么就可以说:实体具有偶然性、无限的多样性——它靠这种实体作为瞬息即逝的某一存在者而存在。**存在着**的东西,都**在消失着**。然而,死同样又是生的开始;消失是**产生的开始**,且只是从存在到非存在的突变,反过来亦然。这是偶然性之变换,而实体则是**这种变换本身的统一**。重复发生的东西,就是这种变换,而作为统一的这种变换则是实体的东西,是必然性,这种必然性就是把产生转换成消失,而反过来亦然。实体是存在的绝对力量。存在应归于实体;但实体同样也是突变的统一,即存在突变为非存在;但实体又是消失的力量,以致消失在消失着。

东方国家的实体像斯宾诺莎的实体一样,其缺陷由产生与消失的范畴而发生。实体不是被理解为自身中的活动、主体和有目的的活动,不是被理解为智慧,而是仅仅被理解为力量。实体是空无内容者;被规定者、目的,没有被包含于其中;在这种产生与消失中产生出来的被规定者,是未被理解的。它仅仅是不稳定的、自身**无目的的**、**空洞的力量**。这一体系是人们称之为**泛神论**的东西。在这种情况下,神就是绝对的威力,是所有定在中的存在,从其自身中排除掉规定性和否定。诸物**存在**,实体就存在;诸物**不存在**,实体的力量同样也存在,而且这种力量是诸物**直接内在的**。

例如,这种泛神论也包含在**雅科比**的措辞中:"上帝是**所有定在中的存在**"①,而且在这种情况下,在它那里就产生了关于上帝的富有才智的规定。这种定在以直接的方式包含着存在于自身之中,而定在中的这种存在就是上帝,这上帝因此就是定在中的普遍者。存在是关于上帝的最贫乏的规定,而且,如果上帝是精神,那么这种规定至少就足够了;在有限的实在者中如此被作为定在的存在来使用,这就是泛神论。雅科比曾经远离过泛神论;但是他对每一个表达都感兴趣,而且因此在科学中就不是关心做一个人在其头脑中所认为的事情,而是所表达出来的东西有效用。

[317]

巴门尼德说过:**存在就是一切者**。这似乎是同一个东西,而且因此似乎也是泛神论;但是这种思想比雅科比的思想更纯粹,而且并不是泛神论。因为他明确说过:它(存在)仅仅**是**存在,而所有的界限、所有的实在、实存的所有方式,都属于**非存在**;因为这根本就**不存在**,而是它只**有**存在。因此在巴门尼德那里,称为**定在**的东西,根本就不再是现有的。与此相反,在**雅科比**那里,定在被视为肯定的,虽然它是有限的,而且因此,它就是**有限实存中的肯定**。斯宾诺莎说过:存在的东西,就是绝对的实体;他者只是他没有把肯定、实在所归之于的某些方式。因此,人们自己也许不会说斯宾诺莎的实体,它作为那种表达如此准确地是泛神论的,因为诸个别物在他那里,像作为定在的某一肯定者在巴门尼德那里一样仍然很

---

① 弗·雅科比(F.H.Jacobi,1743—1819),德国哲学家。他认为,真正的哲学是以感觉和信仰为依据的。1787 年他在《休谟论信仰或唯心论和实在论》中阐明了自己的信仰哲学。——译者注

少。在巴门尼德那里,定在不同于存在而仅仅是非存在,而它这样存在,以致这种非存在根本就不存在了。

如果人们把有限者看作为思想,那么所有的有限者就被理解了,而且因此它就是泛神论;但是,应该予以区别的是,当谈论这种或那种个别者或**所有者**时,是否仅仅应该谈论有限者。这就是反思的进展,这种进展不再停留在个别者那里;**所有的有限者**都属于**反思**。这种泛神论是一种近代的泛神论,而且如果人们说:上帝就是所有定在中的存在,那么这种存在就是近代伊斯兰教徒们、特别是**杰拉尔丁·鲁米**(Dschelal ed-din Rumi)①的泛神论。在这种情况下,这就是所有者,**如它存在的那样**,是一整体,而且是上帝,而有限者则在这种定在中作为普遍的有限性而存在。这种泛神论是思维反思的产物,这种反思把诸自然物扩展至**所有者**和**每一个**,并以此把上帝的实存不是表象为思想的**真正普遍性**,而是表象为一种**总体**,即在所有个别的自然实存中表象出来。

顺便还可以说明的是:人们也把近代哲学的规定,即**精神**是与自己本身的统一,并在自身中把世界理解为理念的东西,称之为泛神论,或更详细地说是**唯灵论**的泛神论。但是在这种情况下,人们就只是片面地理解**统一**的规定,并与它相对立,设定出(上帝)**创世**的规定,在这里上帝是原因,而分离又是如此现有的,以致对于上帝来说,创世是独立的。但是**精神的基本规定**正在于,精神是这种**区别**和区别之设定:这就是他们一直想拥有的创世。当然,继而就是,**分离未保持下去**,而是被扬弃,因为不然我们就处于二元论和摩尼教②之中。

现在我们回到这一规定上来,即作为普遍力量的实体已为自为的思想所强调。

———————

① 杰拉尔丁·鲁米(Dschelal ed-din Rumi,1207—1273)土耳其最伟大的神秘主义哲学家之一,诗人,强调灵魂与唯一者的统一居于首要地位,颂扬所谓"沉思入迷"。——译者注

② 摩尼教,又称作牟尼教,是一个源自古代波斯宗教的宗教,为公元3世纪中叶波斯人摩尼所创立。这是一个将基督教与伊朗马兹达教义混而成的哲学体系,强调世界上存在着光明与黑暗的对立,互不侵犯。——译者注

然而,这种提升、这种知,还不是**宗教**;即对此还缺少在宗教中作为完善的理念不允许缺少的环节——**精神**的环节。这种精神的地位产生于以下情况,即实体在它自身中还没有被规定为精神,精神还没有被规定为实体。因此,精神**在实体之外**,也就是说,**不同于它**。

现在我们应该就泛神论更具体的形式来考察泛神论的诸基本规定,如它把自己规定为宗教那样。

1. 中国宗教或度的宗教

[319]

a. 中国宗教的普遍规定性

首先被思考的还是在**存在**的那种规定中的存在,这种规定虽然处于本质最近的位置,但却还属于**存在的直接性**,而与这种直接性不同的精神,则是一种特殊的、有限的精神、**人**。这种精神一方面是**拥有暴力者**,是那种威力的实施者,另一方面又屈服于那种威力,是**偶然者**。如果人被表象为那种威力,以致它在他心中被视之为起作用的,那么威力就有了精神的形态,但却是有限的、人的精神的形态,而在这种情况下,就出现了与他者的分离,人掌控着这种分离。

b. 中国宗教的历史实存

我们之所以从**巫术**观点曾经所是的那种直接宗教出发,是由于特殊的精神现在与实体有区别并与之相比较,特殊的精神把它视为普遍的威力。在**中国的宗教**——它是这种实体关系的最近的历史实存——中,实体被了解为**本质存在的范围**,被了解为度(das Maβ);度被看作自在自为的存在者、无变化者,而**天**,天国,是这种自在自为存在者的客观直观。但是,只要**在现实中**,**个别的**人、意志和同一意志的经验意识,都是最高者,**巫术**的规定也还进入这一领域。巫术的观点在这里甚至扩展为有组织的君主制,其直观含有某种壮丽者和雄伟者。

天是至高无上者,但是不只是在精神的、道德的意义上。它更表明了 [320]

237

整个未规定的、**抽象的普遍性**,是心理的和道德的一般**关系**整个未规定的总和。其次,**皇帝**则是地上的君主,不是天上的君主;并非天颁布了法则,或颁布众人尊重的法则,神圣的法则,宗教、伦理的准则。并非**天**统治自然,而是皇帝统治一切,而且**他仅仅与这天**有关联。他仅仅在每年的四个主要节日向天献上祭品;只有皇帝与天商谈,他向它祈祷,他单独处于与它从属的关系中,并在地上统治着一切。皇帝手上也掌握着对诸自然事物及其变化的统治,并管理着诸种力量。

我们把世界、世界现象加以区别,以致在这个世界之外还有上帝在治理;然而在这里(中国),只有皇帝是统治者。中国人的天国(德文为Himmel)、天(Tien)是某种完全空洞的东西;诸死者的各种灵魂虽然实存于此中,在与身体分离后还活着,但他们也属于世界,因为他们被想象为**自然范围的主人**,而皇帝也管理这些主人,委派他们担任和解除其职务。如果诸死者被表象为诸自然领域的首领,那么人们就会说:他们因此被提升了;而实际上,他们被降低为自然物的守护神,而在这种情况下,说自我意识的意志规定着这种守护神,就是正确的。

所以,中国人的天国并不是一个在地上形成一个**独立王国**并自为地是理想王国的世界,犹如我们用天使和死者灵魂来表象天堂一样,或者如希腊的奥林匹斯山(与世隔绝的众神之生活)区别于地上生活一样,而是一切都**在地上**,而且凡有力量的一切都屈从于皇帝,而这就是以自觉的方式实行这种完美摄政的个别自我意识。

[321]   有关**度**所涉及的东西,是称为**理性**(道)的一些固定规定。道的法则或者度,都是一些规定、形态,不是抽象的存在或抽象的实体,而是实体的形态——它们可以**抽象地**加以理解,然而,即使**为自然和为人的精神而做出的规定**,也是人的意志及其理性的法则。——对这些度的详细说明与发挥,涉及中国人的整个哲学与科学。这里仅应强调诸主要之点。

在抽象普遍性中的各种度,都是完全简单的**范畴**:存在与非存在,一与二,这二还是一般的多。这些普遍的范畴,被中国人用符号加以标明:基本的符号是**线**;简单的线(——)意味着一和肯定:是;间断线(— —)二,意味着分裂和否定：否。这些符号称为卦（Kua，中国人解释说，它们向他们显现在龟甲上）。上面有同一些符号的多种多样联系——它们具有关于那些原初规定的更具体的意义。在这些更具体的意义中，特别有四方域和中央，与这四方域相对应的是四山，而中央的一座山，即是五行：土、火、水、木和金。同样也有五种基本颜色，对此每一种颜色都属于一种元素。中国的每一个进行统治的王朝都有一种特殊的颜色、元素等等；音乐中也有五音；对于人在其与他人的态度中的行为，也有五个基本规定。第一个和最高的规定是孩子们对父母的态度，第二个规定是敬奉死去的祖先和死者，第三个规定是服从皇帝，第四个规定是兄弟姊妹的相互关系，第五个规定是对他人的态度。

这些度的规定构成基础、理性。人们应坚持依此行事；自然元素所涉及的东西，同一些元素的守护神，应该受到人们的敬奉。 [322]

有一些人仅仅献身于这种理性的研究，远离一切实际生活，孤独寂寞地生活；但是主要的事情是在实际生活中运用这些法令。如果它们得以被坚持，如果人们恪守职责，那一切就会秩序井然，在自然界里就像在帝国里一样，就会国泰民安。这是人的行为与自然界里发生的事情之间的一种**道德关系**。如果帝国遭到灾祸，无论是洪水泛滥、还是地震、火灾、干旱气候等等，那么这些事情之所以发生，仅仅是因为人未遵守理性法则，度的规定在帝国里没有很好地得到维护恪守。由此，普遍的度遭到破坏，而这样的灾祸就会降临。——这样一来，度在这里就被了解为自在自为的存在者。这就是普遍的基础。

另一点涉及**度的实现**。法则的维护是**皇帝**的事情，他是天——它是度的整体、总体——**之子**。作为可见苍穹的天，同时也是各种度的力量。皇帝直接是天之子（天子），他必须敬重法则，并设法使法则获得承认。在谨慎仔细的教育中，储君将熟悉一切科学和诸法则。皇帝仅仅表示对法则的尊敬；其臣民只是必须向他表示他向法则表示的尊敬。皇帝献祭品，这无非是皇帝跪拜在地，表示尊敬法则。中国在为数不多的节日中，一个主要节日就是**农事节**。皇帝主持祭仪；当此节日，他亲自犁田；田地 [323]

里生长的谷粒被用作祭品。皇后主管养蚕业,蚕丝用作衣服的材料,如耕作是食之源一样。——如果洪水泛滥、瘟疫以及类似的灾祸毁坏和折磨国家,那这仅与皇帝相干;他承认灾祸的根源是他的官员,而主要是他自己:如果他和他的高级官员井然有序地使法则得以维护,那么灾祸就不会发生。所以皇帝推荐官员反省并看看他们在哪里犯了错误,像他自己专心致志地深思和悔过那样,因为他没有正确地行事。——这样一来,国泰与民安就取决于尽职尽责。按照这种方式,整个的祭拜神灵,对于诸臣民来说,就归结于一种道德生活;因此,中国的宗教可以称之为一种**道德的**宗教(在此意义上,人们可以把无神论归之于中国人)。——这些度的规定和对责任的说明大多都来自**孔夫子**。他的著作主要是这样一种道德的内容。

诸法则和度的规定所显示的这种力量是许多**特殊的规定**和法则的集合。这些特殊的规定也必须了解为活动;作为特殊者,它们服从普遍的活动,即服从皇帝,他是**全部活动力量之所在**。这些特殊的力量也被表象为某些人,特别是实际存在着的人们的**已故去的祖先**;因为,如果人已孤独,也就是说不再卷入日常生活的利害,那他就被特别了解为威力。然而,那种不考虑尘世生活的人,当他埋头于自我修行,使其活动仅仅集中于**普遍者**,集中于这些威力的认识,放弃日常生活的关系,并避开一切享受时,那么他也可以被看作是孤独的。因此,人也就从具体的人生中分离出来,所以他也就被了解为有特殊的威力。——此外,也还有**幻想力的产物**——它内涵这种威力:这是一个这样一些特殊威力的帝国,其形成非常广泛,它们全部处于普遍的威力之下,处于任命他们并给他们下命令的皇帝威力之下。——人们最好从一段中国历史里来了解表象的这一广阔帝国,犹如它在耶稣会传教士的报道中,在学术著作《中国札记》(Mémoires concernant les Chinois Paris,参看 1776 页及以下几页)①中可以看到的那样。其中,就有一个新王朝登基的以下描述。

---

① 指 1776 年在巴黎出版的 *Memoires Concernant l'histoire les sciences, les arts, les moeures et les usages des Chinois*。——译者注

第一章 自然宗教

约公元前 1122 年,这是中国历史上相当确定的一个时间,周王朝开始掌权。周武王是这个王朝的第一位皇帝;先前王朝的最后皇帝纣王(帝辛)如他的前任一样统治无道,以致于中国人想象,这个吞食自身的凶神在施行统治。必须用一个新的王朝(取代它),地上和天上的一切才会得以更新;这一点由新皇帝借助他的领兵大元帅来完成。现在要采用新法、新的音乐、舞蹈和新的官吏等等,因此,皇帝的诸位生者和死者都必须得到新的首领职位。

一个主要之点就是破坏前朝的陵墓,也就是破坏对祖先——他们至今是控制家庭和自然的权威——的崇拜。然而在现在这种情况下,在新的帝国里,忠于旧王朝的一些家庭仍现实存在着,它们的亲属拥有更高级的职位,特别是军队中的职位,然而要损害他们是不明智的,因此就必须找到一个使他们放弃对其已故亲属尊敬的办法。武王按以下方式施行这一点。在商朝的京城(当时,北京尚非首都),为了毁掉皇宫及其所有珍宝、女人等等,商之末代帝王让点燃大火。在大火被扑灭后,帝国已服从武王的统治,而且他应作为皇帝进入皇城,向人民晓谕立法的时机已经到来。但是他清楚地知道,在他直至使他与天之间的一切以适当的方式都井然有序之前,他不能这样做。据说在他与天之间有帝国法度,它包括在两部书中,这两部书存放在一座山上一位元始天尊手中。一部载有新法,第二部载有被称为**神**的众保护神的名字和职位,他们是自然世界中帝国的诸位新首领,犹如现世的代理者一样。武王派领兵大元帅去取这两部书;这位领兵大元帅本身也已经是一位神,一位当前的保护神,为此他在其生涯中历经 40 多年的考察和磨难终于如愿以偿。这两部书被取回来了。武王沐浴其体,斋戒三日;第四天旭日东升时,他身穿王服,携载有新法的书出现。这部书放在了祭坛上,敬献祭品,为此感谢苍天。然后诸法令公布于众知晓。令民众甚感惊异和满意的是出现了这种情况,新法完全和先前的法一样。一般来说,在王朝变更时,随着微小的改动,旧法仍旧保留下来。第二部书没有被打开,而是由这位领兵大元帅携此书送至山上,以便使诸神熟悉此书,并向他们宣布,皇帝发布了什么命令。其中

[325]

241

[326] 包含有他们的任命和撤职。进一步还要说的是,在这座山上,这位领兵大元帅把诸神招来;这座山处于新王朝之家发祥地。诸已故去者在山上聚集起来,或高或低地去谋取级别,这位领兵大元帅端坐于中央的宝座上,宝座装饰得富丽堂皇;他客套地手拿八卦,坐在同一宝座前。在祭坛之上,帝国四方旗和君主节杖、元帅权杖挂在了诸神的上面,同样也有元始天尊的法旨,他借此授予领兵大元帅晓谕诸神听从新命令的全权。领兵大元帅宣读法旨;在前朝统治下的诸神,因为其疏忽——此为发生灾祸的原因——,被宣布为不配继续进行治理,并解除其职务。同时向他们说,他们可以离开,到他们愿意去的地方去,甚至重新进入人的生活,按这种方式赢得新的回报。被委派的领兵大元帅任命诸新神,并命令在场者中的一位拿起封神榜宣读。该神听从之,并发现自己的名字首先被点到。领兵大元帅祝贺他,他的德行赢得了赞赏。这是一位老将军。此后,其他的神也被点传被封,部分是为新王朝的利益而丧生的这样一些人,部分是为先朝的利益战斗而献身的这样一些人。其中特别有一位太子,前朝的领兵大元帅。他在战争中是一位能干而伟大的将军,在和平时是一位忠诚而认真的部长,而且为新王朝清除了大多数障碍,直至他最后在战争中丧命。他的名字列第五,在他之后即是称之为管辖四岳——它们表现四方域和四季——的首领。作为其职务,他应该得到对受委托使用雨、风、

[327] 雷、云的诸神的监察权。然而,他的名字不得不两次被点到,而且当元帅权杖首先向他示意时,他才走近宝座;他以蔑视的表情到来,高傲地站着。这位元帅对他说道:"你不再是一般人,你无非是一个普通的神,还没有任何职司;元始天尊令我授你一职位,你要尊重这一命令。"随即这位神跪下,这位元帅对他说了很长一段话,他被任命为司雷雨事务的那些神的首领。这样一来,他的事务就是管适时下雨,如乌云会引起洪水泛滥,他就吹散之,他不让风成为风暴,他管辖打雷,仅仅是为了使恶人惊慌,并促使他们反省。他获得二十四副职,其中的每一副职都得到其特殊的检查,每十四天就有所变化;其中的其他人则各司其职。中国人有五行,——即使这五行也派有主管者。一位神在考虑到火灾时看管火,六位神被确定

第一章　自然宗教

为司掌瘟疫,并受托为减轻人类社会的负担,有时就清除其人口过多之患。在所有职务均已被分派之后,该部书就又被托付于皇帝,而且该部书还构成历书的占星术部分。在中国,每年都出现两部载有姓名地址的历书,一部是关于官员的,另一部是关于看不见的诸官吏,即众神。在歉收、火灾、洪水泛滥等等时,有关诸神就被免去其职,其塑像被推倒,并任命新神。这样一来,在这里,皇帝对自然的统治就是一个完美组织起来的君主制。

在中国人中间,也已经有一类人,他们潜心于**内心**的研究,不仅属于普遍的国教——"天",而且形成一个派别,它曾献身于思维,曾试图在自身中意识到何谓真理。自然宗教第一个形态的最近阶段正好是,直接的自我意识按照这种直接性把自身了解为至高者,了解为驾驭者,是**意识回归自身**,要求意识在自身中沉思冥想;这就是**道家**。——与此相联系的是,回归思想、内心的这些人专心致志于思想的抽象,同时打算成为**不朽的**、自为纯洁的本质,部分由于这样他们才知内情,部分由于这样他们达到了精通、目标,即使按照实存、现实,自身也保持着更高的本质。

[328]

由此可见,朝向内心、抽象纯粹思维的这一思潮,我们在古代中国就已经发现。道家学说的革新和改进,属于稍晚的时代,这一学说首先得归于**老子**,一位智者,年纪老一点,但与**孔子和毕达哥拉斯**同时。孔子完全是一位道德哲学家,无任何思辨。天,由于皇帝的暴力而成为现实的这种普遍的自然力量,是与道德关系联系在一起的,而这种道德的方面,首先由**孔子**臻于完成。

在**道家**那里,向思想、"入静"①(德文为 das reine Element,纯要素)的过渡为肇始。在这方面,值得注意的是,在道、总体中,出现了**三位一体**的规定,一生二,二生三,三生宇宙。这样一来,一旦人采取思维的态度,也就立即产生出三位一体的规定。一是无规定者和空洞的抽象。如果它是

---

① "入静",道教术语,系指修炼者静处一室,摒除杂念,"澄神静虑,无私无营,冀以接天神"。——译者注

243

[329] 活力和精神性的原则,那就必须前进至规定。只要统一包含二于自身之内,它就是真实的,而且因此三位一体就是给定的。然而借助于进至思想,尚未创立更高级的、精神的宗教:道之规定仍然是完善的抽象概念,而活力、意识、精神者,可以说并不属于道本身,而完全还属于直接的人。对我们来说,上帝是普遍者,但就自身而言是被规定的;上帝是精神,他的实存是精神性。在这里,道的现实、活力,还是**真实的**、**直接的意识**,上帝虽然像老子一样是一死者,但却变换为另一些形态,在其神职人员中是活生生的,而且是真正现实存在着的。

像天,这独一者,是统治者,但只是这种抽象基础,【而】皇帝则是这种基础的现实,是真正的统治者一样,同样的东西则是理性的表象那里的情况。这种理性也是抽象的基础,这种基础只有就实存着的人而言才是其现实。

c. 崇拜

崇拜在度的宗教中本来是**其整个的实存**,因为实体的力量在自身中尚未形成固定的客观性,而且就其在神的王国中的发展而言,表象的王国自身屈服于皇帝的力量,而皇帝本身只是实体者的现实活动。所以,如果我们在更狭隘的意义上探寻崇拜,那就仅仅还应研究**这种宗教的普遍规定性与内心深处和自我意识的关系**。

由于普遍者只是**抽象的基础**,那么人在其中就仍然没有真正的内在者、**充实者**、**内心深处的东西**,他自身中就没有立足点。只有当自由、理性出现,当他是作为自由的意识,而且这种自由作为理性发展起来时,他在自身中才有立足点。这种造就成的理性给出绝对的原则、责任,而意识到[330] 这些绝对规定在其自由、良知中的人,如果它们在良知中是内在的规定,那么他首先就在自身、其良知中有一立足点。只有当人作为精神知道神,而且知道精神的规定,那么这些神圣的规定就是**理性的本质的**、**绝对的规定**,一般来说就属于精神之中的责任所是的东西和精神方面所内在的东西。

在普遍者仅仅是这种抽象一般基础的地方,人自身就没有内在的、一定的丰富的精神生活:因此对他来说,**一切外在者**都是**内在者**;一切外在者对他来说都有**意义**,都与他有关,也就是说,都有**实践的关系**。在普遍的关系中,这就是**国家宪法**,从外部给予治理。

没有真正的**道德**,没有内在的理性,是与这种宗教联系在一起的,因此,人就自身而言就有价值、尊严,并有预防外在者的能力。与他有关的一切,对他来说都是**一种力量**,因为他就其理性、美德而言并没有什么力量。由此就产生了对一切外在者的这种不确定的依赖,即这种最大量的、最偶然的迷信。

大体而言,这种外部的依赖所依据的理由就在于,所有特殊者不会随普遍者一起被设定进内在的关系中。**诸个人**的兴趣在皇帝所作出的**诸普遍规定之外**。

确切地说,在考虑到特殊兴趣时,被表象的是一种自为现有的力量。这不是也延伸到特殊命运上面的天命的普遍力量,宁可说,特殊的东西服从某一**特殊的力量**。这就是众神,由此也就出现了迷信的巨大领域。

因此,中国人处在对所有一切的永远恐惧与害怕中,因为所有外在事物对他们来说都是一种意义、力量,这种外在的事物会用暴力反对他们、刺激他们。特别是预言在那里很流行:在每一个地方都有一大批人从事于预言。他们为中国人的坟墓去找到适宜的地点、方位和风水——他们使中国人的整个一生都与此有关。如果在建一所房子时,另一所房子立于他们的房子一旁,前沿有一角对着他们同一所房子,因此就打算去做所有可能的宗教仪式,并由于礼品而使诸特殊的力量成为有利的。个人则没有任何自己的抉择,也没有主观的自由。

[331]

2. 幻想的宗教[印度的宗教]

a. 该宗教的概念

泛神论第二种主要形式,如它显现为宗教那样,还处于**一种实体力量**的同一原则之内,在其中,现有者,也就是人的自由,只是一否定者、偶然

245

者。在实体力量的第一种形式中我们看到,它被了解为大量基本规定及其范围,并不就其自身而被了解为精神的。现在立即就出现一个问题:这种威力**就其自身而言**是如何**被规定的**,它的**内容**是什么?宗教中的自我意识不会像抽象思维的知性那样停留在那种威力的表象上,这种力量仅仅被了解为仅仅**存在着**的某些规定的集合体。因此,力量还没有被了解为真实的自为存在的统一体,还没有被了解为**原则**。这种规定的相反的东西,就是许多一定存在都复返**自我规定的统一**之中。自我规定的这种聚集包含着精神之开端。

[332] α)作为自我规定的(不仅作为大量规则)普遍者,就是**思维**,作为思维实存着。自然,产生一切的力量,作为普遍者,作为这一种本质,作为这一种力量,自为地仅仅实存于我们的思维中。我们在自然中想要做的事情,就是这种普遍者,但并**不作为**普遍者存在。自然之真理,作为理念存在着,或更抽象地作为普遍者在我们的思维中自为地被突出出来。然而,**普遍性就其自身而言**是思维,而作为自我规定的,则是一切规定的源泉。但是,在我们现在所处的、而普遍者首先作为规定者、作为原则出现的阶段上,它还不是精神,而是**抽象的普遍性**一般。因此,当普遍者被了解为思维时,它仍然作为这样一种思维被包括在自身之内。它是所有力量之源泉,但它自身并没有表现**为这样一种力量**。

β)**区别以及区别之形成**,属于精神。属于这种形成的体系的,有自为的思维之具体发展,以及作为现象的自然和精神世界的那种发展。然而,由于在这一阶段上产生的原则还没有广泛发展起来,以致这种发展会在**其自身中**发生,由于它更确切地说仅仅在简单的、抽象的集中中被坚持下来,发展,丰富的真实理念,就**处于原则之外**,而且因此,区别和多样性就变成幻想的最混乱形式。普遍者的特殊化则以众多的**独立**力量显现出来。

γ)这种复多,这种混乱彼此分离者,将重新复归于最初的统一。如果最初的普遍思维在自身中显示为区别,而且它**在自身中**被了解为复归,那么这种**复归**,思维的这种集中,将按照理念完成精神性之环节。但是在抽象思维的基础上复归本身仍然是一种**无精神的**复归。这里不缺少什么精神理念的诸环节,在这种进展中,理性的理念是现有的;但是这些环节并不构成精神,发展并没有完善为精神,因为诸规定仅仅仍然是普遍的。最初的普遍思维总是复归于那种自动的**普遍性**,但在**自我规定的抽象概念**中被坚持下来。这样一来,我们就有了抽象的独一者和忽略掉的幻想的混乱,这种幻想虽然又被了解为与最初者是同一的,但并未扩展为精神者更具体的统一。思维领域的统一,则达到特殊的持久存在,但是这种持久存在并没有成为绝对自由的,而是仍然保留在普遍的实体中。

[333]

然而,正是借助于发展尚未真正复归于概念,尚未在内心里从概念中取回,它才在全部复归于实体时还保持着其**直接性**,它还属于自然宗教,所以诸环节也就瓦解,并作为独立的相互分离而持续下去。这是自然的惩罚。因此,我们将处处发现概念、真实者的一些相似之处,然而这些相似之处整个来说正变得更加可怕,因为它们仍然停留在分离的规定之中,而诸环节则**独立地**和对象性地就其特殊性而言在理论上被加以直观。

还有一个问题就是:**这种独立性**的诸形式、**诸形态**是哪些呢?我们也存在于这样一个世界中,意识也存在于这样一个相互外在存在的世界中,存在于一个感性的世界中,因此它与五彩缤纷多样性的世界有关。整个来说,意识就是**这样的**世界,这是基本的规定;我们把**这种**基本规定称为一些事物,而且这是我们给予客观者的更仔细的规定,由此我们就将客体者与精神区别开来。同样,我们在内心里也与多种多样暴力、精神差别、感受(知性也使它们**孤立起来**)有关,——在这种情况下,就有这种倾向、那种激情、记忆的这种力量、判断的那种力量等等。即使在思维方面,我们也有这样一些规定,其中每一个规定都是**自为的**:肯定的、否定的、存在、不存在;对于我们感性上想象的意识来说,对于我们的知性来说,这就是独立性。我们按照这种方式拥有一种世界观,**散文的**直观,因为独立性具有物性、诸力量、诸心灵力量等等的形式,因此也拥有抽象的形式。思想在这里并不是理性,而是知性,而且以这种形式现存。然而我们这样来考察世界,这是知性的反思,而且是在这里尚不会发生的某种晚得多的东

[334]

247

西。只有当"无诗意"、思想深入研究了一切关系,人处处都采取抽象思维的态度时,他才谈论外在的事物。与此相反,思维仅仅是这种实体,仅仅是这种存在于自身,它尚未被运用,而且尚未深入研究整个的人。诸特殊的力量——它们部分是对象、太阳、山、河流,或者是更抽象的东西,如产生、消失、变化、形成等等,尚未纳入精神之中,尚未真正被设定为理念的,然而也尚未在知性上与精神区别开来,而纯粹的存在还没有集中于尚不是精神实体的那种已内存在。

那么我们不仅仅说:诸物都**存在着**,而且第二,我们也说:它们处于**多种多样的相互关系**中,具有因果关系,相互依赖;知性的这第二个环节在这里也不会是现有的。只有作为纯粹自我相同性的知性才能理解这些范畴中的诸对象。因为一物存在,所以另一物就存在,知性说明并把一系列关系无复返地引入简单的无限性之中。这样一来,这种形式就没有这种独立性了,这里有的独立性的形式无非是**具体自我意识形式**本身所是的东西,所以,这种最初的方式也就是**人的**或**动物的方式**。按照这种观点,就存在着充实;具体者作为存在着的、被直观的产生出来,不再作为力量产生出来,——在这种力量中,它只是作为否定者、服从力量的东西被设定出来。实际的东西在力量中只是客观的,不是理论的东西;在这里与此相反,理论的东西却获得了自由。

精神,当它是**理论**的时候,就具**有两面性**;精神,当它在自身之内时,就自己**与自身**相关联,而且**与对精神来说是普遍独立的诸物**相关联;而且因此对精神来说,**诸物本身**就破碎分裂为其**直接的**、外在的、形形色色的样子,以及在其中自为存在着的、**自由的本质**。当这还不是某一**物**,还完全是知性的诸范畴时,而不是**所思考的**、抽象的独立性时,这种独立性就是所表象的、自由的独立性,而这种独立性就是**人的**或至少是**有生命的东西的表象**——它因此一般可以被称为**幻想的客观性**。把太阳、天宇、树木表象为存在着的、独立的,为此对我们来说,就仅仅需要,不是其**感性的直观**,就是其形象,为了把它给我们表象为独立的,对此就不应附加上什么好像是异质的东西。然而,这一假象是一种错觉;形象,如果它被表象为

独立的,表象为**存在着的**,被我们视为这样一种形象,那么它对我们来说就正好具有存在、某一**力量**、某一**因果性**、某一**效果**、某一心灵的规定;它在这些范畴中有其独立性。但只要独立性尚未进展至知性的平淡——对于知性来说,力量、原因的范畴,一般来说就是主体性的规定——,那么,对那种独立性的理解和表达就是使人的本性和形态的表象——也许还有动物的本性和形态,或与动物的本性和形态相联系的人的本性和形态——成为外部世界的载体和本质的这种诗意。这种诗意是幻想的真正理性的东西,因为这是可以描绘出来的:如前所述,如果意识尚未进展至范畴,那么就必须从现有的世界中,也就是正好在与非独立的东西、被表象为外在的东西的对立中把独立的东西排除出去。而在这里,只有动物的和人的本质才是诸物中自由者的形态、样式和本性。与有生命者、自由者相反,太阳、海洋、树木等等,实际上是非独立的,而独立者的这些形式,就在独立性的这种环节中构成某一内容范畴的诸载体。因此,质料就被赋予某一**主观的心灵**,但是这种心灵并不是某一范畴,而是**具体的精神性和活力**。

[336]

下一个结果是,如同诸一般对象和诸普遍的思想规定具有这样一种自由的独立性一样,世界的**知性联系**已经瓦解;——必然者的诸关系范畴形成这种联系,或者诸物按其质、其本质规定性的相互依赖性形成这种联系;但是,所有这些范畴都不是现有的,而这样一来,自然在表象面前就**毫无态度地**摇摆不定。某一个幻觉,对发生的事件和出现的结果的某一种关注,某一关系的运动,都不受任何东西的制约和限制;自然和幻觉的所有壮观,都用于以此修饰内容,而想象的任意则有完全无拘无束的办法,让自己经此或经彼到这里或到那里去。

未受教养的欲望少有兴趣,而它有兴趣的东西,则否定它;与所有失去兴趣的东西相反,那种欲望是不专心的。然而按照想象的观点,**所有的区别都特别受到重视**,并被抓住不放,而对想象有兴趣的一切,则成为自由的、独立的,并被提升为基本思想。

然而,由于这种**出自想象的独立性**本身,也有这样的情况:相反,对待

[337] 内容和诸形态的态度在消失；因为，由于这些形态具有一定的有限内容，所以它们仅仅在知性的联系中有其客观立足点、其复归和持久的革新，由此，这些形态的独立性不是某一现实，确切地说，而是成为某一**完善的偶然性**。所以，显现的世界已被设定为为**想象服务**。当神圣的世界属于丰富自然的场所，而在**理论的**基础上所提出的幻想的无欲望想象的这一原则正好产生了丰富的情感及其感觉——在这种平静沉思的温暖中特别为欢乐、甜蜜可爱、然而也是性格懦弱温柔的语调所充满的感觉——时，这神圣的世界就是想象的一个领域，这种想象更加变得无限且多种多样。

对象性的内容在这里也没有在**美**的方式中被理解；这些力量，普遍的自然对象或情感的诸力量，例如爱，尚未作为美的形态而存在。**自由的主体性**——它在感性者中、在定在中同时是自由的并知自己是自由的——，属于形态的美。因为美者在本质上是精神性的东西——它在感性上表现出来，在感性的定在中显现出来，然而因此，感性的定在就完完全全为精神者所充满，感性者并不自为地存在，而是仅仅在精神者中，通过精神者而有完全的意义，——感性者不是展示自身，而是展示精神者。这是真正的美。就活人而言，有许多外在的影响，这些影响阻碍纯理念化，阻碍将肉体、感性者放在精神者之下的这种概括。

[338] 这里尚不存在这种关系，而它之所以不存在，是因为精神者仅仅在**实体性**这种抽象的规定中才是现有的，就是说也许发展为这些特殊化、特殊力量；然而，实体性尚**自为地**存在，尚未被充满，并克服其特殊性和感性的定在。实体可以说是一普遍的空间，这空间尚未把它赖以充满所用的东西、来自于它的特殊化组织起来、**理念化**并使之服从于自身。所以，美的形式在这里也尚未能被创造出来，因为内容、实体的这些特殊化还不是**精神的真正内容**。

当有限的内容是基础、并被了解为精神的内容时，由此主体、这种精神者就成为一种空洞的形式。在美的宗教中，精神者作为这样一种精神者构成基础，以致于即使内容也是精神的内容。在这种情况下，作为感性质料的诸形象就仅仅是精神者的表达。然而在这里，内容并没有精神的样子。

第一章 自然宗教

因此,艺术是**象征性的**艺术,它虽然表达某些规定,但不是精神者的某些规定。所以,这里出现的非美者、荒诞者、艺术**幻想的东西**就发生了。象征并不是纯粹的美者,因为在这种情况下还有**另一**内容作为精神个体性的基础。自由的主体性并不是充实的东西,也不是本质上由形态表达出来的。在这种幻想中,不存在什么固定的东西,没有什么东西形成只有自由之意识才给出的美。一般来说,**形态**的完全**解体**,个别者来来往往和**神气活现**,在这里是现有的。内在者毫无表示地过渡到最外在的实存,而对绝对者的解释——它在想象的这个世界上进行着——仅仅是独一者无限化解为众多者和对所有内容的无为陶醉。

有力的立足点仅仅被诸普遍的基本规定(作为一切所源出的和由一切所充满的**诸绝对力量**)由概念自在自为所规定的体系带进这种任意、混乱和懦弱之中,带进这种极度壮观和柔和之中;而这一体系就是应该加以考察的体系,就是最本质的兴趣:一方面,诸普遍的基本规定通过任意的、外在规定的形态之颠倒的感性方式而得以完全认清,并**让正义遭遇这些基本规定成为基础的本质**,另一方面,应发觉它们由于部分是同一相互的、部分是任意的、人的和外在的、局部的感性之无关紧要的方式而经历**退化**,因此而被置于最日常的琐事之中;所有的激情,局部的特征,个人回忆的特征,都与此紧密相关;这不是**判断**,不是羞愧,不是什么关于**形式和内容**更高度的合适;作为这样一种日常的定在,并没有消失,造就成美。形式和内容的不相适应,进一步就是这种不合适,即当诸基本规定获得与分离存在相同的假象时,它们就被贬低,而由于其形式,外在感性的形态就再次被毁坏。

[339]

由上述已经可知,神圣本质的这些规定在**印度宗教**中有其实存。在这里,从其按照无限的神话和神话形式的多层次本性中我们可以抽象出概念,为了控制诸主要原因规定,这些规定一方面是巴罗克式奇特的、原始的和可怕的、令人厌恶的、令人讨厌的曲解,然而为了概念在这种理论基础中获得**发展**起见,同时也证明概念有内在源泉,如果这些基本规定没有重新回归精神的本性,我们就回忆起理念的最高者,然而同时也表达出

251

理念所遭遇的一定荒废。——与抽象的一神教相反,也与希腊的宗教相反——与把精神的个体性作为原则的同一种宗教相反,发展,形式的分化,构成主要兴趣。

[340]　　b. 这一阶段客观内容的表象

概念中的第一者,真实者,普遍实体者,是自在存在的永恒寂静,是这种在自身中存在的本质——它是普遍的实体。印度人称之为**梵**(Brahman)①的这种单一实体是,作为普遍者,自在存在的**威力**——**它**并不像欲望一样,转向他者,而是寂静地、不引人注意地在自身中反思,因此被规定为威力。普遍性之形式中这种自身沉默寡言的持久威力,必须与其作用、由其设定的东西**区别开来**,而且**与其自身的环节区别开来**。威力是理念性的东西,是否定者,为此,所有他者无非仅仅被扬弃了、被否定了;但是,威力作为在自身中存在的普遍威力,不同于其环节本身,而这些环节因此一方面表现为一些**独立的本质**,而另一方面则显现为也**消失**在独一者中的这样一些本质。这些本质属于独一者,仅仅是同一独一者的环节;但它们作为不同的环节出现在独立性中,并显现为一些独立的个人,神性的个人,他们是神,是整体本身,以致于**那种第一者消失**在这种特殊的形态中;然而另一方面,那些要素又**消失**在这一威力之中。诸变换——有时是独一者,有时是作为整个总体的差别——是这一领域把前后一致的知性搞乱的前后不一致,然而也是理性之概念般的前后一致,同抽象地与自身同一的知性的前后一致相反。

主体性作为无限否定性与自身的关系,是自身中的威力;但是它不仅是**自在的**威力,而且神与主体性一起才被**设定**为威力。这些规定也许应

---

① 梵(黑格尔在这里用的是 Brahman,梵文。词典上有 Brahman 或 Brahma。Brahma 也常被译为梵天或大梵天),意为"清静"、"寂静"、"离欲"等;婆罗门教和印度教视之为修行的最高境界,并视之为不生不灭、常住永在、无差别、无所不在的最高实体。据《奥义书》之说,梵是宇宙的始基,不仅是宇宙的本质,为客观世界一切之源,而且是精神的基原,为主观世界一切之滥觞。——译者注

相互区别开来,而且在既涉及关于神的下述诸概念也涉及关于先前概念的理解时,都应首先至关重要地而且因此进一步地予以考虑。

也就是说,一般的**威力**立即存在于一般宗教中,而且存在于完全直接的、最粗野的自然宗教中,[它是]基本规定,作为无限性——它把有限者在自身中设定为被扬弃者,而且只要这有限者被表象为外在于同一有限者,表象为一般实存的,那么它就仅仅被设定为**一种来自于作为其原因的那种东西**。在这种情况下事情所取决的规定就是,这种威力首先正好只是被设定为诸特殊形态或实存的**原因**,而且在自身中存在的本质与同一些形态的关系就是**实体性之关系**。因此,这种威力只是**自在的**威力,是作为诸实存**内在者**的威力,而且作为在自身中存在的本质或作为实体,它只是被设定为简单者和抽象者,以致于诸规定或差别就**在威力之外**被表象为仅只现有的形态。这种在自身中存在的本质,大概也可以被表象为**自为存在的**,犹如**梵**就是自思一样;——**梵**是普遍的灵魂,他本身作为创造性的,作为一气息来自自身,他思考自己,并从现在起为自身而存在。因此,梵的抽象的单一性并不同时消失,因为诸环节——它们是作为**梵**的这样的普遍性——和自我——它为自我而存在——二者并不是相互规定的,所以,它们的关系本身是单一的。因此,梵作为抽象的自为存在着,虽然是威力和诸实存的原因,而且所有的实存都来自于它,犹如它们——在向自己本身说:"我即是梵"中——都复归于梵,在梵中消失了一样:所有的实存不是**在它之外**,作为独立实存的,就是**在梵中**消失的;只有这两个极端的关系。——但是它们被设定为**不同的**规定,显现为在梵之外的独立性,因为梵首先是抽象的,不是具体地存在于它本身之中。

[341]

威力按照这种方式仅仅**自在地**被设定出来,**内在地**起作用,没有作为效果显现出来。只要我是原因,而且更确切地说,只要我是主体——当我扔一块石头等等时,我就**显现**为威力。但是,自在的威力以某一普遍的方式起作用,并没有使这种普遍性自为地成为主体。——例如这种普遍的作用方式在其真正的规定中被理解,就是自然规律。

[342]

如我们所说,**梵**作为一种单一的、绝对的实体,是中性名词,是神;**梵**

与其说表示人、主体,不如说表示普遍的本质。但他是这样一种差别,没有不变地被运用,而且自身的这种差别就消失在诸不同的 **casibus**(拉丁文,即语法中的"格")中;因为 masculinum(拉丁文,意即"阳性")和 neutrum(拉丁文,意即"中性")拥有许多相同的 casus(拉丁文,意即"格"),而且,它在这种考虑中也没有强调这种差别,因为作为被拟人化的**梵**,仅仅在表面上被拟人化,以致内容仍然是这种简单的实体。

那么就这种简单的实体而言,出现了各种差别,值得注意的是,这些差别如此出现了,以致于它们是按照概念的本能被规定出来的。第一,一般**总体**作为**一种**总体而存在,被认为是完全抽象的;第二是规定性,即一般差别;而第三,按照真正的规定就是,诸差别被归于统一,具体的统一。这就是绝对者的三位一体,按照绝对者的抽象形式被加以理解,如果它没有形式,那它就只是**梵**,空洞的本质;按其规定性,它是一个三相神(Trias),然而仅仅存在于一种统一中,以致这种三相神只是一种统一。

如果我们进一步规定这一点,并以另一种形式谈论这一点,那么第二点就是这样一点,即存在一些差别,有不同的威力;然而与这些威力相反,差别有一种实体,绝对的统一没有什么理由,而且只要差别没有什么理由,那么这一点就可以被称为**永恒的善意**,即使被规定的东西也实存着,——神圣东西的这种显示,即使差别者也获得其**存在**。这就是善意,由于这种善意,被威力设定为映像的东西,就获得瞬间的存在。在力量中,差别者被吸收;但善意使得它持续存在。

[343]

对于这第二点,就显露出第三点**正义**,即存在者、被规定者并不存在,有限者获得其终结、命运、理由,这理由就是这一点:**被加以改变**,一般就成为一其他的规定性;这就是一般的正义。以抽象的方式属于此的是**变易**、消失、产生:因为即使非存在也没有什么理由,对存在来说,就是抽象的规定,而且本身就是成为统一的过渡。

这种总体就是统一,就是一个整体,就是在印度人那里称为 **Trimurti**("三相神")的东西——Murti(意即"相",形象)= 形态(犹如绝对者的所有流溢被称为 Murti 那样)——,这种至高者在自身中是有差别的,以

第一章　自然宗教

致它自身中有这三种规定。

在印度神话中最引人注目者和最伟大者毫无疑问就是这种三相神。我们不能把它称为某些**个人**,因为他们缺少精神的主体性作为基本规定。但是必定使欧洲人最惊奇的是在这里遇见基督教的这种崇高原则;稍后我们将就其真相去了解同一原则,并且看到,作为具体精神的精神不可避免地必然被理解为三位一体的精神。

第一者、独一者、这**一**实体,就是称为**梵**的东西。还有:在**梵**之上的**超梵**(Parabrahma,或译为"**真梵**");这就出现了混乱。只要梵是主体,各种各样的历史都在讲述梵。因此,当一被规定者被理解为**这三者之一**时,思想、反思就立即超出像**梵**这样一种规定,并使自己成为在差别中规定自身的更高者。只要完全是实体的东西仅仅又显现为他者之旁的某一者,那么思想的需要就还有一更高者,就是**超梵**,而且,人们不可以说,它处于这一类形式的哪种一定的关系中。

[344]

由此可见,**梵**就是被理解为这种实体的东西,一切都来自、产生于这种实体,梵是创造出一切的这种威力。然而因此,当这一种实体、独一者,是抽象的威力时,独一者也立刻显现为惰性者、无形式者、惰性的质料;在这种情况下,我们就特别有了进行定形的活动,犹如我们将把独一者表达出来一样。因为单一实体仅仅是单一的,所以这一种实体就是**无形式者**;因此,实体性没有得到满足,因为形式不是现有的,这也是一种方式,犹如它所显露的那样。

这样一来,**梵**,这单一的、与自身一样的本质,就显现为惰性者,虽然是生产者,但同时是被动的行为者,仿佛作为女人一样。所以,**黑天**(Krischna)①关于梵说道:"梵是我的子宫,只是接受者,我将我的精液置于其中,并从

---

① 黑天是印度教信奉的大神之一,毗湿奴的第八化身,其名音译"克里什那"。相传,黑天肤色呈黑中带蓝或黑中带淡紫色(而非纯黑、黑绿、栗黑)近似带雨的乌云。黑天又被视为"保护者"、"拯救者"。而在印度人心目中,"克里什那"("黑色")含有"不祥"或"邪恶"之意。恶魔阿修罗亦用此称。耆那教和佛教神话中的黑天,则纯属反面形象。——译者注

255

中生产出一切。"即使在"神是本质"这一规定中,也没有运动、产生的原则,没有活动。从梵中产生出一切,产生出神、世界、人;然而同时也显露出,这种单独一者无所事事。在各种不同的宇宙起源说、创世的描述中,也出现了刚才所指明的这些东西。

因此,在《吠陀》(Wedas)①中就出现了创世的描述,在这里,**梵**因此仅仅在寂寞中完全自为存在地被表象出来,而且在这里,一本质被表象为一更高的本质,然后对它表明,它应该扩展自己,并产生自身。然而,**梵**,然后在千年中都未能把握住其扩展;在这种情况下,它又回归于自身。在这种情况下,梵就被表象为创世的,然而,因为它是独一者,就被表象为无所事事,被表象为被另一更高者所唤起的这样一种独一者,也被表象为无形式的。所以,某一他者的需要就同时在场。一般来说,梵就是这种单一的、绝对的实体。

[345] 作为这种简单活动的力量,就是**思维**。这一规定处于印度宗教的首位,它是绝对基础和独一者,**梵**。——按照逻辑发展,这一形式就是:始初者曾经是众多规定,进展就在于将规定概括为统一。这就是基础。进一步还应加以说明的东西,一部分只是历史的,而另一部分则是来自那一原则的必然发展。

简单的力量,作为活动者,**创造了世界**;这种创造本质上是**思维对自身的一种态度**,一种与自己有关的活动,非有限的活动。这些也在印度人的表象中表达出来了。印度人有大量**宇宙起源说**,它们或多或少是原始的,从中未发现什么固定的东西;这里没有创世的**一种**表象,像犹太教和

---

① "吠陀"意为"知识",即高级的宗教性的知识。《吠陀》是婆罗门教和现代印度教最重要和最根本的经典。"吠陀"典籍包括诗歌、颂神之歌、民间歌谣、英雄传说、格言、警句以及种种哲学和学术性诠释等等。此典籍分为若干级类:《吠陀》四本集,即《梨俱吠陀》、《阿闼婆吠陀》、《夜柔吠陀》、《娑摩吠陀》等。"吠陀"典籍内容异常丰富繁杂,其形成经历了漫长的岁月和众多阶段,始于公元前2千年末,至公元前1千年代中。"吠陀"典籍反映了不同的社会和经济关系——从原始公社制到种姓制,并反映了种种不同的、对现实的认识和思考。在四部《吠陀》本集中,最著名者为《梨俱吠陀》,其他皆承袭于此。《梨俱吠陀》在印度古代典籍中最古老者,反映了古代雅利安人的神话和崇拜。——译者注

基督教中的那样。在《**摩奴**（Manu）**法典**》①中，在《**吠陀**》和《**往世书**》②中，宇宙起源说总是被不同地加以理解和表述；但是，一个总是本质的特征在于，这个在自身中存在的思维是**其本身之产生**。

这一无限深刻的和真实的特征一再出现在各种不同的创世说里。《摩奴法典》一开始就这样写道：永恒者用**一种**思想创造了水等等。还说，这种纯粹的活动被称为**言**（Wort），如《新约全书》中的上帝那样。在稍后的犹太人、**斐洛**（Philo）那里，智（或智慧）是来自独一者的第一个创造者。言在印度人那里很受尊重；它是纯粹活动的映像，一外在物理的定在者，但它并不持续存在，而且仅仅是理念的，直接消失在其外表中。因此《摩奴法典》说道，永恒者造水，并把良种置于其中；种子成为闪闪发亮的卵，而且在其中，它本身作为**梵**又出生了。梵是所有精神的始祖，是实存者和非实存者的始祖。《摩奴法典》说道，在这种卵中，巨大的力量无所作为地待上一年；年终，它由思想把卵分开，并创造出一部分是男性的，另一部分是女性的：男性之力被产生出来，并又成为生育者，而且只有当他严格虔诚地锻炼，也就是说，当他达到抽象概念之集中时，它才能起作用。因此，思想就是生产者，而且被生产的东西就是生产者自身，**即思维与自身的统一**。——同样，思维回归自身也存在于其他表述中。在《吠陀》之一（科勒布鲁克③首次翻译的片断）中，可以找到对第一个造物主行动的相似描述：他既不是存在，也不是非存在，既不是上，也不是下，既不是死，也不是不朽，而只是独一者，被包裹着，而且是昏暗的；除了这种独一者，没有什么是实存的，而且这种独一者随自己本身一起寂寞地苦思

[346]

---

① 《摩奴法典》是印度古代著名法典，相传为第一世摩奴斯婆阎菩婆所著。其成书于公元前5世纪前后，是印度最早的重要法典，除法律和宗教教义外，还包括其他许多内容，是一部反映古印度社会状况的极其重要的文献。法典称，宇宙万物均为梵所造，婆罗门天生为人间的主宰。——译者注

② 《往世书》是古代印度一类典籍的统称，印度教徒奉为圣典。它是印度叙事诗的延续。神话乃是诸《往世书》的基本主题。——译者注

③ 科勒布鲁克（Henry Thomas Colebrooke，1765—1837），印度语言和文化学的主要创始人。——德文版编者注

冥想。借助于沉思冥想之力,它从自身中创造出一个世界;在思维中首先形成要求、冲动,而这些就是万物的最初起源。

这里同样也对思维在其包括于自身的活动中加以表述。——然而,思维也进一步被了解为自我意识本质、**人**——是思维的实存——中的思维。人们可以提出异议,说印度人已经把某一偶然的实存归因于独一者,因为个人是否提升为抽象的普遍者,是否提升为**抽象的自我意识**,仍然听凭偶然来决定。只有婆罗门种姓直接是**梵**的现存在;其职责是**诵读《吠陀》**,回归自身。诵读《吠陀》是神圣的事情,甚至是神本身,同样也是祈祷。《吠陀》也可以毫无意义地、完全低沉地被诵读;这种低沉本身是思维的抽象统一;自我,同一自我的纯粹直观,是完全的空洞者。因此,婆罗门就是其所实存于其中者,梵通过诵读《吠陀》而存在,而且**抽象概念中人的自我意识就是梵本身**。

[347]

梵已被指明了的规定,看来与其他宗教的神、与真正神本身有许多一致之处,以致似乎并非不重要的是,一方面使产生的差别可以感觉到,另一方面指明为什么印度的纯粹本质一贯就有的自我意识中主观实存的规定,并没有发生在别的表象里。准确地说,犹太教的上帝就是同一一种、非感官所能感觉到的主体性和威力——它仅仅为思维而存在;上帝本身是客观的思维,同样地还不是在自身中具体的独一者,如它作为精神而存在的那样。然而,印度最高的神与其说是**阳性独一者**,不如说只是**中性独一者**,这种神仅仅自在,不是自为存在的,——他是**梵**、中性或普遍的规定;与此相反,**作为主体的梵**就是三个人中之独一者,如果人们把他们因此称为事实上不可能的东西的话,因为他们缺少精神的主体性作为本质的基本规定。说从那种始初的独一者中**产生出**三相神,而且同一三相神也复归于那种独一者,是不够的;然而,它仅仅作为实体而存在,没有被表象为主体。与此相反,犹太人的上帝则**排他地**是独一者,它**之外**没有其他神;因此,他不仅被规定为自在存在者,而且也被规定为自为存在者,全然是耗尽者(Verzehrende),被规定为一种主体——他自身之中附有虽然还是抽象的、未发展被设定的、然而却是真正的无限性。就这点而言,他的

258

第一章 自然宗教

善意和公正也仍然只是其特性,或者如希伯来人更多表达的是同一些神的名字——它们没有成为特殊的形态,——尽管它们也还没有成为内容,因此,上帝的基督教统一仅仅是精神的统一。所以,犹太人的上帝就不会获得**自我意识中某一主观实存的规定**。因为他确切地说就他自身而言是主体,所以对于主体性来说,就不需要某一他者,在他者中,他才获得这一规定,然而之所以借此,是因为他存在于某一他者中,也**仅仅**有一种主观的实存。 [348]

与此相反,**印度教信仰者**沉思默想并对自己说:"我即是**梵**"这种东西,按照其本质的规定,与现代的、主观的和客观的**空虚**,与自我由于常常被提到的论断(我们不知道神)所成为的东西,必须被认识到是同一的。因为由于我与神(他**对自我**来说是一彼岸者、一无内容的虚无)没有肯定的关系,所以对自我来说,只有自为的自我是肯定者。虚无无助地说:"我承认神**在我之上,外在于我**",——神是一无内容的表象——它的唯一规定,由它所认识到、所知道的一切,它为我所应该是的一切,完全只局限于这全然**是**未被规定的东西,而且它是我的否定者。在印度的"我即是梵"中,它当然没有被设定为我的**否定者**,完全不是这样。但是那种看来是对神的肯定规定,即他**存在**,部分自为地仅仅是存在完全空洞的抽象概念,所以也只是一种主观的规定——仅仅在我的自我意识中有因此也属于**梵**的实存的这样一种规定——,有时就这种规定还应有一种客观意义而言,这种主观的规定就不仅仅就一些更具体的规定而言,如神是自在自为的主体那样,是某种关于神所知**什么**的东西,是同一种东西的**范畴**,而且本身已经太多了。因此,存在本身则归结为仅仅**在我之外**的东西,它也应该明确地仅仅意味着**我的否定者**,在这种否定中实际上留给我的无非是自我本身,——存在意味着一无所得,想把我的那种否定者,在我之外或在我之上者,冒充为一种所断言的或至少所相信、所承认的客观性,因为存在因此仅仅表达一**否定者**,也就是说,是明确通过我表达出来的。然而,既不是这种抽象的否定,也不是质(它是通过我设定出来的,而且我把这种否定和它仅仅了解为否定)是一种客观性;存在也许至少也不 [349]

按照形式,尽管不按照内容,是一种客观性——因为更确切地说,正是客观性的无内容的形式,由于没有内容,是一种空洞的形式,是一种仅只主观上**所认为的东西**。在基督教世界中,过去人们把仅仅有否定者规定的东西称之为"**魔鬼**"。——因此,肯定者就仍然无非仅仅是这种主观上认为的自我。它怀疑地同片面的辩证法一起摒弃了感性世界和超感觉世界的所有内容,并给予它一种为了同一自我的否定者的规定;当它开始感到所有的客观性都是空虚时,现有的东西就是这种肯定的空虚本身,就是客观的自我——这种自我仅仅是力量和本质,在其中一切都消失了,所有的内容一般都下降为有限的,以致于自我就是普遍者,是所有规定的大师和唯一肯定之点。

印度教的"我即是梵"和所谓的宗教,即现代反思的信仰,都仅仅在外在的关系中是相互不同的,即前者表达始初的、无偏见的理解,在其中,对于自我意识来说,其思维的纯粹实体性变易着,以致于它**在此之外**还让所有其他的内容完全起作用,并承认其为客观真理。与此相反,否认所有客观性的反思信仰,则仅仅坚持主体性的那种寂寞,而且仅仅承认这种寂寞。在这种训练出来的反思中,神的世界像所有内容一样仅仅是一种由我设定出来的东西。

[350] 印度教信仰者与**梵**的第一个关系,就是仅仅在祈祷中被设定出来的,而当它本身是梵的实存时,**这种实存的瞬间**立即就显得与内容不相适应,而且因此就出现了这样一种要求,使这种实存本身成为普遍的实存(像它的内容那样),成为**持久的实存**;因为只有时间的瞬间才显现为那种实存的最近缺陷,因为它仅仅是与那种抽象的普遍性有联系的东西,与之相比较,并显现为与它不相适应;因为否则,同一种东西的主观实存、抽象的自我就与它一样了。然而,把那种还是**个别的一瞥**提升为一种**持久的查看**,无非意味着,切断从这样一种宁静寂寞的瞬间过渡到当代满足的生活及其需要、兴趣和工作,并持续保持在那种无运动的、抽象的自我意识中。因为这也是许多不是婆罗门的印度人——对此后面将予以述及——自己所做的。他们以坚忍的冷酷专心致志于持续多年的、特别是十年长的无

第一章　自然宗教

为单调苦修,其中,他们放弃日常生活的所有兴趣和活动,并强迫身体的某一不自然姿态或姿势与此联系起来,——经常盘膝而坐,以聚拢的手放在头上行走或站立,也决不躺着睡等等。

第二个关系是**黑天**或**毗湿奴**①,也就是一般**梵**的化身。印度人列举出许多不同的这种化身;一般来说,梵显现为人。然而在这种情况下,人们甚至又可以不说,他是显现为人的梵:因为这种人化并没有设定为梵的纯粹形式。

这些非凡的诗作属于这一领域;**黑天**也就是**梵**、**毗湿奴**。关于化身的这些表象似乎部分包含着对某些历史事件的一些谴责,即被描述为一些神的就是强大的占领者,这些占领者给予这种状态以一种新形态。**黑天**的行为就是占领,就此而言他是够非神的;占领和艳遇一般是两个方面,是化身的主要行为。

[351]

第三个关系是**湿婆**②,**大天**(Mahadewa),大神,或**楼陀罗**(Rudra)③:这种神得回归自身;第一者即梵,是最遥远的、自成一体的统一;第二者,**毗湿奴**,自身显示(就此而言,精神的诸瞬间是一目了然的),人的形态中的生命。第三者必须回归第一者,以便统一被设定为回归自身者:然而,正是这才是无精神者;它是**一般变易**或产生和消失的规定。这就是说:第三者就是一般变化;因此,湿婆的基本规定一方面是非凡的生命力,另一方面是腐败者、毁灭者,一般原始的自然生命力。所以,他的主要象征因其力大而是公牛,然而,普遍的表象则是林伽(Lingam,在希腊人那里作为生殖器官而受崇敬)④,大多数神庙都有这种标志。最神秘的圣迹就包含

---

① 毗湿奴是印度教神话中三大主神之一,与大梵天和湿婆组成三联神。其名意译"遍入天"等。在《吠陀》中,毗湿奴的地位并不重要,在"梵书"中已有所上升,而在印度古代史诗《摩诃婆罗多》和《罗摩衍那》以及《往世书》中,则已成为居于首要地位的大神,在印度传统中,其名被解释为"无所不入者"、"无所不包者"。——译者注
② 湿婆是印度教神话中至高神之一。——译者注
③ 楼陀罗是古印度神话之神,被视为风暴和愤怒的化身。——译者注
④ "林伽"(梵文 Linga),系指男性生殖器,为湿婆教派和性力派的崇拜对象,也被视为繁衍之力的象征。——译者注

261

这种表象。

这些就是三个基本规定。整体在一种形象中用三个头来表现,又是象征性的,且不美。——更深刻的概念中真正的三位一体是精神,是独一者回归自身,其回到自身,不仅是变化,而且是这样一种变化,在其中,差别与第一者达到和解,二重性被扬弃。

然而在这种还属于自然的宗教中,这种变易(Werden)被理解为纯粹的变易,纯粹的变化,不是由此产生统一的差别变化。意识、精神,也是第一者、直接统一的变化。另一种变易就是判断,是一他者与自身具有的对立;我是知者,但是这样一来,我则通过他者为我而存在的方法,在这种他者中回归于我,回归到我之中。第三者,不是作为和解者,在这里仅仅是产生和毁坏的这种野蛮性。这样一来,发展就仅仅呈现为在外在存在中的野蛮过渡。这种差别是本质的,且依据整个的观点,即依据自然宗教的观点。

这些差别被理解为统一,被理解为**三相神**,而且这三相神又被理解为最高者。但是像这被理解为三相神一样,**每个形象**也重新只是被认为是**自为的**,他本身是**总体**,是整个的神。

在《吠陀》的更古老部分,没有谈到毗湿奴,也更少谈到湿婆;在这种情况下,**梵**,即独一者,一般只是神。

除了印度神话中的这种主要基础和基本规定之外,**所有他者**都通过幻想在表面上被拟人化。巨大的自然对象,如恒河、太阳、喜马拉雅山(它尤其是湿婆之居住地)被视为与梵相同:爱情、欺骗、偷窃、狡诈,以及植物和动物中的感性自然力,以致于实体具有动物的形式等等,——所有这一切都被幻想理解为自由自为表象出来的,因此就产生出**诸种特殊力量和现象**的一个无限的**神灵世界**——但是它却被了解为从属性的世界:处于这同一个世界首位的是**因陀罗**(Indra)①,可见的天宇之神。这些神

[352]

---

① 因陀罗是古印度神话中的雷电之神,天神之王,后又成为镇守东方的天王,是"吠陀"神话中最重要的神,仅《梨俱吠陀》中就有250首颂诗赞颂他的神力。——译者注

都是可变的和暂时的,并服从于最高的独一者;**抽象概念**将它们**吸收**:人通过这种抽象概念所获得的力量,使这些神惊恐,甚至**众友仙人**(Wischwamitra)①本身都创造出另一个因陀罗和其他神。

因此,被视为神的这些特殊的、精神的和自然的力量,时而被视为独立的,时而被视为消失的力量,在绝对的统一中毁灭于实体,并又从中产生出来。因此印度教徒说:已经有数千个因陀罗,而且还将会有之;化身同样也被设定为短暂者。当诸特殊力量回归于实体的统一时,这种统一就变得**不具体了**,而仍然是抽象的统一,而且当这些规定性也从中产生出来时,这种统一也变得不具体了;而且用独立性之规定,一些现象在它之外被设定出来。

[353]

根本不可能谈论关于这些神性的数目和对此的评价;在这种情况下,当这种幻想一般缺少所有规定时,就没有什么变成某种固定的东西了。那些形态像它们产生出来一样,重又以同一种方式消失:幻想从一普通的、外在的实存过渡到神性;然而,这种神性同样又回归于作为它的根据的东西。人们根本不可能谈论什么奇迹,因为一切都是奇迹,一切都是荒诞的,而且没有什么东西是通过思维范畴的理性联系来予以规定的。当然,有非常多的东西是象征性的。

此外,印度教徒被分为许多教派:在许多其他差别中特别有这样一种差别:一些教徒敬奉毗湿奴,另一些教徒敬奉湿婆。关于这方面,常常进行流血的战争;特别是在节日和年集时就会发生一些争执,为此要付出数千生命的代价。——这些差别一般这样来理解,以致于称为**毗湿奴**者本身又说到自身,说他就是一切,梵是子宫,他在其中生出一切,他产生绝对的形式活动,甚至,他就是**梵**;在这种情况下,**这种差别就被扬弃了**。——如果**湿婆**在谈论中被予以介绍,那他就是绝对的总体,就是宝石的光泽,男性之力,心灵中的理性,他同样又是梵。在这最终情况下,一切都溶于

---

① 众友仙人是古印度神话传说中著名的仙人。相传他出身刹帝利,经过严峻的苦行,跻身于婆罗门种姓之列,并成为七大仙人之一。据《梨俱吠陀》所述,他是俱舍的后代,国王俱湿迦之子。——译者注

[354] 一种形象中,溶于这些差别**之一**中,其他两者也消融,如同其他的力量、自然神、守护神一样。

　　所以,理论意识的基本规定就是统一的规定,就是称为**梵**、**大梵天**以及**诸**如此类者的那种东西。这种统一将陷入这种两重性,即大梵天有时是普遍者、一切,有时又是与特殊性相反的一种特殊性;因此,大梵天显现为造物主,然后又成为从属的,当他存在时,本身就显示出某种更高者,显示出一种普遍的心灵。这个领域所有的这种混乱在同一领域的必然辩证规律中有其根据。整理一切的精神并不是现有的;所以,诸规定曾经①出现在这种形式中,然后它们又作为片面的被扬弃,接着就出现了另一种形式。只有**概念的必然性**才显现为**偏离**、**混乱**,显现为在自身中没有根据的某种东西,而概念的本性就是使一种根据陷入混乱。

　　独一者自为地显现为被固定的,显现为与自身永恒的一致者;但是,因为这独一者必定继续成为特殊者,然而在这里仍然是无精神的,所以所有差别就又称为**梵**而且是**梵**,是自身中的这种独一者,并因此也自在地取得独一者的修饰词;因此,诸特殊的神也都是梵。一位英国人从诸种不同的表述里最细致地调查了用梵所指的是什么,他以为,梵就是赞扬的修饰词,因为梵并不是自身自为地被保持为这种独一者,而是关于自己的一切都表明,它就是梵。这就是**穆勒**②在其《**印度史**》中所写的。他从印度许多著作中证明,梵是赞扬的修饰词,它被不同的神所用,而并不表象我们
[355] 与此相联系的关于完美、统一的概念。这就是错觉:因为梵一方面是独一者、无变化者,然而另一方面,因为它就其自身而言有变化,它同样也由随后是它的形态的大量形态所表明。毗湿奴也被称为最高的梵。水和太阳是梵,在《吠陀》中,太阳被特别加以强调,如果人们个别地接受对它的祈祷,那么人们就会以为,对于古代印度人来说,梵仅仅存在于太阳中,而且他们因此就有一种不同于其后代的宗教。即使空气,大气的运动,气息,知

---

① 《黑格尔全集》"不曾"。——德文版编者注
② 詹姆斯·穆勒,英国历史学家,著有《不列颠印度史》三卷本,伦敦 1817 年版。——德文版编者注

性,福乐,都被称为梵。**大天**自称是梵,湿婆也谈及自身:"我是所存在者,而且是非存在者,我就是一切,我始终存在,而且将始终存在,我是大梵天,同样也是梵,我是原因的原因,我是真理、公牛和一切生物,我比万物活得都久长,我是过去者、现在者和未来者,我是楼陀罗,我是所有的世界"等等。

因此,梵是独一者,而且被表象为神的每一个也都是独立的。此外,出现了诉诸语言的一种祈祷,其中它关于自身说道:我即是梵,是普遍的最高心灵。因此,梵就是这种独一者,但这种独一者并非唯一被视为这种独一者,梵并不如我们谈论的某**一个**神那样;这个独一者就是普遍的统一体。在这里,独立的、与自身同一的一切,都意味着:我即是梵。

最后,随之而来的还有一种表述,在其中,所有的环节都被统一地表达出来了,对这些环节,我们至今已就其分裂和辩证性作了考察。

亚历山大·道威(Dowe)上校①从波斯文翻译了一部《印度史》,在其中所附的博士论文中,他从《吠陀》中翻译了一段,其中有创世的表象。

婆哩摩(Brima)始于整个永恒,实存于形式中,大得不可估量。当他喜欢创世时,他就说道:"起来吧,噢,婆哩摩!"因此,要求、**欲望**,就是初始者;他把这一点告诉自己,火焰的精神直接从他的肚脐中产生出来,这精神有四个头和四只手。婆哩摩环视四周,看到的无非是其无法度量的形象;为了获悉、理解其广大,他云游了千年之久。他本身又是这火焰,他只是把自身作为无法度量的对象。婆哩摩在作了千年旅行之后对自己有多大仍像以前一样知之甚少;他十分惊奇,于是放弃自己的旅行,并考察他看到了什么。万能者,与婆哩摩有某些不同者说道:"婆哩摩,你去创造世界吧;你不可能理解你自己,做一些可理解的事情吧。"婆哩摩就问道:"我应如何创造一个世界?"万能者答道:"你问我,你就可以得到力量。"这时,火就从婆哩摩身上冒出来,而且他看到了万物之理念在他眼前飘荡,他就说道:"让我看到的一切成为现实吧;然而,我应如何获得不

[356]

---

① 亚历山大·道威:《印度斯坦史》(译自波斯文),三卷本,伦敦 1770—1772 年版。——德文版编者注

致毁灭的万物呢？"然后蓝色的精神就从其口中冒出来；他本身又是这精神、**毗湿奴**、**黑天**，保持着的原则。这精神命令这原则创造一切有生命者，并为了保护同一类有生命者就创造出植物性的东西。这时还缺少人。于是，婆哩摩就命令毗湿奴造人，他做了这件事情。但是，毗湿奴造的众人，都是大腹便便的白痴，没有知识，像旷野上的动物一样，没有激情和意志，只有感性的欲望；对此，婆哩摩大怒，并把他们尽皆毁之。他从自己的气息中造出了四个人，并命他们统治生物；可是，他们除了赞扬神之外，拒绝做某种别的事情，因为他们自身没有什么可变的、可以毁灭的品质，没有

[357] 什么暂时的本质。婆哩摩闷闷不乐：一棕色神灵出现在两目之间；这神灵在他面前盘腿坐下，两臂交叉，放声大哭。这神灵问道："我是谁？我应该停留在何处？"婆哩摩对他说："你应该是**楼陀罗**，而整个自然界都是你的停留处；你去造些人吧！"他去做这件事。这些人作为猛虎是野蛮的，因为他们无非只有毁灭的品质；他们毁灭自己，因为只有愤怒是其激情。——因此，我们看到有三个神相互隔绝地在起作用；他们所造的东西仅仅是片面的，没有真理。最后，婆哩摩、毗湿奴和楼陀罗把他们的力量联合起来，并以此创造了人，更确切地说是十个人。

c. 崇拜

与神的世界的特性相适应的是主观宗教，是自我意识在其与神的世界的关系中的自我领悟。

犹如在这种主观宗教世界中理念发展成其基本规定的显现，但这些规定始终都是相互外在的，而且与神圣世界和自身相反，经验世界也始终是外在的和无理智的，并始终听凭任意想象一样，按照各种方向培养出来的意识也不去表达真正的主体性。处于这一领域中，第一位的是**思维的完全相同**，这种相同同时也被规定为存在于自身的、创造性的力量。然而，这种基础是纯粹**理论的**；它还是实体性，从中也许自在地产生出一切，并包含于其中，但**在此之外**，所有的内容都是独立出现的，而不是按照其**被规定的**实存和行为通过那种统一成为客观的和普遍的内容。仅仅是理论的、形

式上的思维才获得**内容**,犹如它显现为偶然被规定的一样;它也许可以从这内容中抽象出来,但不能使这内容提升为某一体系的联系,并因此提升为一种有规律的共同生活。所以,思维在这里一般并没有获得**实践的**意义,即作用,而且意志并没有给予其诸规定以普遍的规定,而形式虽然**自在地**按概念的本性得以发展,但并没有在规定中显露出来,通过概念设定出来,**保持在其统一中**。所以,意志的作用并不产生意志自由——不产生由概念的统一所规定的某一内容,正因此才更理性些,更客观些,更合理些。而这种统一仍然是按照实存孤单的、仅仅自在存在的、实体的力量——梵——,它离开了作为偶然性的现实,并听凭它野蛮地和任意地自行其是。[358]

崇拜首先是自我意识与**大梵天**的关系,然而就是与**其余的**、外在于他而存在的、**神圣**世界的关系。

α)因此,至于第一种关系,与**大梵天**的关系,只要它孤立于其余的、具体的、宗教的和暂时的满足,这同一种关系对于自身来说同样也是非常好的和特有的。

αα)**梵**是思维,人是思维的;所以,梵就在人的自我意识中本质上有一种实存。然而一般来说,人在这里是被规定为思维的,或者思维作为这样一种思维,而且首先作为纯粹的理论,在这里有普遍的实存,因为思维本身作为这样一种思维,作为**自身中**的力量,是被规定的,就此一般而言就是形式,即是抽象的,或者一般就其自身而言具有定在的规定。

一般而言,人不仅是思维的,而且他在这里**自为地**就是思维,他意识到他是纯粹的思维;因为刚才已说过,思维在这里作为这样一种思维获得实存,人在这里自身中具有同一人的**表象**。或者,他**自为地**是思维,因为**思维自在地**是**力量**;然而,正是力量是无限的力量,是涉及自身的否定性——它是**自为存在**。然而,自为存在一般包裹在思维的普遍性里,在其中提升为与自身之自由的一致,是只有某一有生命者的心灵,不是强大的、囿于个别欲望的自我意识,而是**意识在其普遍性中自知的自身**,它因此知道自己是思维的,知在自身中是表象的,知自己是梵。[359]

或者,如果我们从梵是作为抽象统一、专心致志于自身的本质的规定出发,那么他也就作为这种**对自身的专心致志**而借助于有限的主体、特殊的精神有其实存。普遍者、实体统一和与自身的一致,都属于真理之理念,然而因此,这种理念不仅是未规定者,不仅是实体的统一,而且就自身而言是被规定的。但是,梵在其之外具有规定性。这样一来,梵的最高规定性,即可能是意识,可能是其真正实存之知,可能是统一的这种主体性,仅仅可能是主观意识本身。

这种关系不应该被称之为某一种崇拜,因为它不是与有思维的主体性(**某一对象者**)的关系,而是它被我的主体性之规定直接了解为**自我本身**。实际上,自我是这种纯粹的思维,而自我本身甚至是同一思维的表达,因为自我本身,是我在我之中的这种抽象的、无规定的同一性,——自我作为自我仅仅是思维,作为用主观的、在自身中被反思的实存之规定所设定者——**思维者**。所以,反之亦然,作为这种抽象思维的思维,正好以自我同时所表达的这种主体性为其实存;因为**神**所是的真正思维,不是这种抽象的思维,或这种简单的实体性和普遍性,而是仅仅作为具体的、绝对充满的理念之思维。仅仅是理念的**自在者**的思维,正是抽象的思维——它仅仅是这种有限的存在,即在主观自我意识中,而且与这种主观自我意识相反,它并不具有具体自在自为存在者的主体性,所以就有理由不为这种自我意识所崇敬。

每一个印度教徒本身,瞬间就会是梵;梵是这种独一者,是思维的抽象概念;只要人设身处地集中心思于自身,那么他即是梵。梵本身并不受崇敬;这种独一者的神没有庙宇,没有弥撒,没有祈祷。一位关于印度教徒偶像崇拜的一篇论文的英国作者[①],对此做了许多反思,并说道:"如果我们问一位印度教信仰者,他是否敬奉偶像,那么他将毫不考虑地回答说:'是的,我敬奉偶像。'相反,人们随便问一位印度教信仰者,有学问的或没有学问的:'你们崇敬最高的本质,波罗弥湿婆罗(Parameschwara),

---

① 大概是弗兰斯基·威尔夫尔特(Francis Wilfort)上尉,1781—1882 年曾生活在东印度。——德文版编者注

你们向它祈祷,你们向它献祭吗?'他将答道:'决不'。如果我们进一步问道:'何谓寂静的祈祷,何谓劝告你们如此练习的沉默冥想?那么他将回答道:'如果我进行祈祷,坐下,盘腿,双手合十,眼望天穹,并集中我的精神和思想,一言不发,那么我就在自己心里说道,我即是梵,最高的本质。'"

ββ)由于用这第一种关系仅仅设定出**个别的祈祷**(礼拜)**的一瞬间**,以致于梵在其实存中仅仅是瞬间的,而当这种实存因此与这样一种内容及其普遍性不相适应时,就产生了这样一种要求:使这种实存成为一种**普遍的**实存,如内容所是的那样。自我抽象地作为这样一种自我,是普遍者,只是这种普遍者本身仅仅是抽象概念的实存中的一瞬间;因此,下一个要求就是,这种抽象,这种自我,变得与内容相适应。这种提升无非是**从静止寂寞的瞬间到生活**、具体的当前情况、具体的自我意识过渡的中断。因此应该放弃所有活力,放弃具体现实生活与独一者的所有关系。所有活生生的当前情况,不管是自然生活的还是精神生活的、家庭的、国家的、艺术的、宗教的当前情况,都消融于抽象无私的纯否定性中。

[361]

在崇拜中因此而达到的最高点,就是与神的这种一致,这种一致在于消除自我意识,并使之衰退。这不是肯定的解脱与和解,而不如说是完全否定的抽象、完善的抽象。这是放弃所有意识、意愿、激情和需要的这种完全空空洞洞。人,只要他停留于自己的意识中,按照印度人的想法,就是非神圣者。但是,人的自由恰恰在于,不存在于"空"中,而存在于意愿、知识、行动中。相反,对于印度教徒来说,意识的完全沉思冥想和意识的衰退就是最高境界,而且谁保持在这种抽象概念中,且已离开尘世,谁就是一位修瑜伽者。

在印度教徒那里,当许多不是婆罗门的印度教信仰者都从事并完成使自己成为完全抽象行动的自我,当他们热衷于某一静止的抽象概念时,他们就放弃一切活动、一切兴趣、一切爱好。他们为别人所崇敬,并为别人所养活,他们无言地坚持凝视的默想,眼睛注视着太阳或闭上双目。一些人如此待上一生,另一些人则待上 20 年、30 年。据说其中有一位印度

[362] 教信仰者，他游历十年之久，站着睡，从未躺卧过；下一个十年，他双手停留于头上，还企图让捆绑住单足挂在火上摆动达 3¾ 小时，而且让自己埋于土中最终达 3¾ 小时。这样，他就达到了最高境界，而且因此就印度教信仰者的看法而言，他达到这样一种无为、无生气的人已沉入内心深处，并持续地作为梵实存着。

在《罗摩衍那》中，有一个情节，它使我们完全站在这种观点上。其中谈到**众友仙人**、即**罗摩**（Rama）的陪同者（毗湿奴的化身）的生活史。众友仙人曾经是一位非常有权力的国王，而作为婆罗门的这样一位国王，他在认识到一头母牛的神奇力量后，就要求极裕仙人（Wasischtha）将该牛（它在印度被奉为大地丰饶之力）给予他；极裕仙人予以拒绝，于是这位国王就强行将该牛夺去，但该牛又逃回到极裕仙人那里，这位国王就指责极裕仙人让人把牛夺去，因为一位刹帝利（Kschatrijas）像国王的权力一样并不大于一位婆罗门的权力。然后，极裕仙人就给母牛为他布置好反对国王的力量；而这位国王则出动自己的整个军队予以对抗：双方的军队多次鏖战。但是，众友仙人，即使他的上百个儿子死于极裕仙人从其肚脐中发出的风暴，仍然无力对付；他充满绝望地将统治权交给他唯一剩下的儿子，然后与他的夫人一起赴喜马拉雅山修行，以期得到大天（湿婆）的宠爱。大天为众友仙人的严峻修炼所感动，准备满足他的愿望；众友仙人则请求整个扩展他善射的知识，亦如愿以偿。众友仙人想以此武装起来以战胜极裕仙人；他用箭射毁了极裕仙人之林，然而极裕仙人却抓住他的权杖，即大梵天的兵器，并把它举起来。在这种情况下，众神大惊，因为这种力量将使整个世界陷于毁灭；他们请求婆罗门勿用之，众友仙人承认

[363] 其力量，并自己决定服从这些最严酷的修炼，以获得这种力量；他开始寂寞地修行，单独与他的夫人一起沉思默想千年之久。大梵天到他那里，对他说道："我现在承认你是**第一位帝王般的智者**"。不满足于此的众友仙人重新开始忏悔。这时，一位印度国王渴望求助于极裕仙人，他想把自己的肉体提升入天界，然而，他作为刹帝利遭到了拒绝；不过，因为他固执地坚持此事，所以他就被极裕仙人贬低为首陀罗（Tschandala）这一等级。

第一章 自然宗教

于是,这同一个极裕仙人就用同一要求前去求助于众友仙人;众友仙人准备献祭,为此他邀请了众神;然而众神拒绝接受邀请前往为一位首陀罗举行的献祭。然而,众友仙人借助其力把这位国王升入天界,然而,按照因陀罗的命令,他又掉下来。但是,众友仙人接着就使他保持在天地之间,并因此搞出了另一个天界,另一些七女星,另一因陀罗,另一些神。诸神充满惊异,他们谦恭地转向众友仙人,并就他们指定给那位国王在天界的位置,同他达成一致。千年之后,众友仙人修成正果,而大梵天就把他称为诸智者之首,但还没有把他宣布为婆罗门。在这种情况下,众友仙人重新开始其忏悔;天界中的诸神惊慌不安,因陀罗试图引发自己的激情(他战胜自己的激情,属于完美智者和婆罗门之事):他派一位十分美丽的姑娘给他,众友仙人同她一起生活了 25 年;不过以后,当众友仙人克制了自己的爱情时,他就疏远了她;诸神还试图激起他的愤怒,结果徒劳无益。最终,他获得大梵天之力。

应该说明一下,这不是对犯罪的**忏悔**,没有什么东西由此而得到纠正。这种断念并不以对罪孽的意识为前提。这一点在这里不是这种情况,而是一些严厉戒条,以便达到梵的状态。进行忏悔并非出于这样的意图,即应该因此使某一犯罪、罪孽或得罪诸神而得到宽慰;这种忏悔以人、其具体存在和其行为的事业与唯一神之间的关系——充满内容的理念为前提,依照这种理念,人有其特性和行为的准则和法规,而且,他应该使自己在意志和生活上与这种理念相适应。单是与梵的关系,还没有包含什么具体的东西,因为梵本身只是实体的心灵之抽象;所有其他的规定和内容,都在梵之外;所以,某一崇拜作为一已成事实的、控制和指引具体人的关系,并不发生在与梵的关系中,而是如果一般现有这样一种关系时,它就应该在对其他神灵们的敬奉中去寻找。然而,如梵被表象为寂寞的、在自身中封闭的本质一样,个别自我意识的提升——它力求通过引用的严厉戒条使其自己的抽象概念成为循环不断的东西——,其实也是对情感和活生生作用的具体现实的一种**逃避**;所有的善行和恶习,所有的神灵以及最终三相神本身,都消失在"我即是梵"的意识中。对其本身和客观内

[364]

271

容的具体意识——它在基督教对普遍感性生活的忏悔和皈依的表象中，这一方面被放弃——，不是被规定为某种罪孽的东西、否定的东西——犹如在基督教徒和基督教修道士的忏悔生活中和皈依的理念中一样——，而是像刚才指明的那样，它部分包括往常被视为神圣的内容本身，部分正好是我们所考察的宗教观点，即所有的环节皆瓦解，而那种最高的统一并没有在情感和生活的满足中反映出来。

[365]

如果绝对者在自身中已被理解为精神-自由的东西，具体的东西，那么只要自我意识在自身中获得**具体的运动**、充满内容的表象和感受，它就仅仅作为宗教意识中的本质者而存在。然而，如果绝对者是彼岸世界或最高本质的抽象概念，那么自我意识也就存在，因为它**是关于本性的思维**，**本性善**，——是它所应该是的东西。

人自身如此已成为延续下去的梵，他被视为我们过去在巫师身上所看到的东西，即他获得了**控制自然的绝对力量**，而且就是这种力量。可以**想象**，**因陀罗**，天地之间的神，面对这样一种人而害怕和担忧。在弗兰茨·博普（Bopp）①的选文集中，有一个情节如此提到两个巨人的故事，他们两个向全能者请求获得永生；然而，由于他们仅仅为了获得这样一种力量，就开始了那些修炼，因此他同意给他们这同一种力量，只要他们仅仅由于自己本身而丧生。现在他们对自然施加所有力量，因陀罗害怕他们，并使用一般手段，以使他们摆脱这样一种作为：他让人变成一位美貌女子；两位巨人中的每一个都想娶其为妻，他们在为她的争斗中相互被杀死，由此之后，自然就得到了帮助。

γγ）还有一个完全特有的规定是，**每一个婆罗门**，这一等级的每一个成员，都被视为大梵天；即使对每一个其他的印度教信仰者来说，他都是神。而这种特殊的方式则与迄今为止的诸规定相关联。即我们看到的两种形式，仿佛只是自我意识与梵的一种抽象的、分离的关系，——第一只

[366]

---

① 弗兰茨·博普（Franz Bopp, 1791—1867），德国比较语言研究的奠基者。——德文版编者注

是**瞬间的**关系,第二只是**对生活的逃避**,在梵中持久不变地生,所有个体性持久不变地死。所以第三个要求就是,这种关系不单单是对生活的逃避、放弃,而且也是以**肯定的方式**把生活设定了出来。问题在于:这种关系的肯定方式必定是怎样的?它无非会是**直接实存**的形式。这是一种艰难的过渡。什么东西仅仅是内在的,仅仅是抽象的,什么东西就仅仅是外在的;因此,这种**只是抽象的东西**,直接就是**感性的东西**,是感性的外表。当关系在这里是与完全抽象实体的完全抽象的关系时,肯定的关系同样也是一种完全抽象的、因此也是直接的关系。与梵的关系,自我意识与梵的关系,就是一种直接的、自然的关系,因此是一种**与生俱来的**、由出生而设定的关系,因此,具体的现象就被设定出来了。

人是思维的,这是天生的;它是人的自然特性;但是他一般是思维的,这一点不同于这里所说的规定,不同于一般思维的**意识**(作为绝对的存在者)。我们在这种形式中一般就有**思维的意识**,而且因为这种东西已被设定为绝对者。绝对存在的这种意识,就是在这里以自然的方式被实存地设定出来的东西,或者被断言和被认为是与生俱来的,而它被降为这种形式这一点,则是依据于整个的关系;因为虽然知之,但这种意识却应该以**直接的**方式存在。

当人是思维的,而且思维(作为普遍者、自在存在者)的意识变得与此不同,以及二者是一与生俱来者时,就可以由此得出结论说,有两个等级的人们:一部分是有思想的人们,一般的人,另一部分人是人的意识,绝对的存在。这些人就是**婆罗门们**,再生者们,由于这出生而是两次出生者:一次是自然地生,另一次是思维地生。这是深刻的。人之思维在这里被视为人的第二实存之源泉,人通过自由而表现出的真正实存之根源。

诸婆罗门原来第二次出生,而且他们受到非凡的崇敬;与此相反,所有其他的人则没有什么价值。诸婆罗门的整个生活就表明梵的实存,他们的行为在于创造梵;是的,他们由于出身而有作为梵的实存的优先权。如果来自低级等级的某一个人触及一位婆罗门,那么他就难逃活命。在《**摩奴法典**》中,许多惩处都可以在反对婆罗门的罪行方面找到。例如,

[367]

如果一位首陀罗针对一位婆罗门说出辱骂的话，那么就把一根10英寸长烧红的铁棍捅入其口中，而且，如果他胆敢想教训一位婆罗门，那么就把热油灌入其口和耳中。诸婆罗门被附加规定有某种神秘的权力；《**摩奴法典**》中写道：君王不可激怒某一位婆罗门；因为婆罗门一怒之下可以毁灭君王的帝国及其所有的坚固城堡、军队、象群等等。

  至高者完全自为地仍然是分离了的思维（**梵**），它实存于对无的这种深思中，实存于这种完全空的意识、直观中。然而，这种梵，思维的这种至高的意识，是自为的，切断了联系的，不作为具体的真实的精神而存在；所以，它在主体中也没有一种与这种统一的生动联系，而自我意识的具体的东西则与这一领域相分离，**联系中断了**。这是这一领域的首要之点，这一领域虽然具有发展的诸环节，但这样一来，这些环节就仍然是外在的。当自我意识因此是割断了联系的时候，自我意识的领域就是无精神的，也就是说，是以自然的方式存在着，作为某种与生俱来者，而且，只要这种与生俱来的自我意识不同于普遍的自我意识，那么它就是为数不多者的优长之处。这种个别的优长之处直接就是普遍者、神圣者；这样一来，精神**实存着**，然而，**仅仅存在着的**精神就是无精神的精神。由此，作为**这种精神**的这种精神的生活及其生活，无中介地**在普遍性中**也瓦解了。在不是这种情况的诸宗教中——即在这里，普遍者、本质的意识照进特殊者，在其中起作用——，产生出精神的自由，而它与这样一点相关联，即特殊者是由普遍者决定的，即由合法性、伦理决定的。例如在私法中，个人的自由被运用于对财物的占有：在实存的这种特殊性中的我是自由的；财物被视为我的、一自由主体的财物，而且因此，特殊的实存是由普遍者决定；我的特殊的实存与这种普遍者相联系。在家庭关系方面，事情也是这样。伦理只有当统一是特殊者的绝对者时才能存在，所有的特殊性都是由实体的统一决定的。只要这一点不是被设定出来的，普遍者的意识本质上就是一种割断了联系的、不起作用的、无精神的意识。这样一来，它由于至高者的孤立而成为一不自由者，只是自然而生者。

  β）真正的崇拜就是自我意识与本质、与自在和自为存在的东西的关系,就是独一者在这种本质中的意识,就是它与它的统一的意识;于是,**后者就是意识与自身种种对象的关系**,——那么这就是**诸多神性**。

梵没有礼拜仪式,没有寺庙和祭坛,梵的统一并没有在与**实在事物**、与**有效的自我意识**的关系中被设定出来。从以上独一者的意识是孤立的述说中可以得出结论,在这里与神圣者的关系中,通过理性并没有规定什么,因为这就是说,特殊的行为、象征等等都是由统一决定的;然而在这里,特殊者的领域并不是由这种统一所规定,因此就具有非理性、非自由的性质。有的只是对失去自然性的特殊神的态度;虽然诸最抽象的环节都是由自在的概念规定出来的,但是并没有回归于统一,以致于**三相神**就成为精神;所以,他的重要意义就仅仅是某一特殊质料的某一方式。首要的规定就是活力、产物和毁灭者以及成为有生命者和变化者;于是,与此相联系的就是作为敬奉对象的某些自然对象、动物等等。因此,崇拜在这里就是与这些被片面割断了的特殊者的关系,也就是**与自然形式中一些非本质物**的关系。宗教行为是一种基本行为;生活的某一普遍方式以此就被表象出来,被创造出来,因此被知晓,被实现。然而在这里①,宗教行为就是非本质的、没有理性的一种内容。

[369]

因为一般来说,这种质料部分客观上是神的直观,部分主观上是基本应该做的事情,因为首要的事情成为非本质的,所以崇拜就来自**无限的范围**,一切都可以纳入其中;事情根本不在于内容如何,崇拜没有自身的界限。宗教行为本身是如此没有理性的,是按照外在的方式规定出来的。本质上所应该是的东西,是肯定的,在其形式上取自于主观的意见、任意。然而在这里,内涵就是这种**感性的偶然性**,而行为则只是存在的行为、不可理解的习惯,因为其中没有什么知性;相反,其中设定出方方面面的无拘无束。只要超出于此,而且在宗教行为中也必定是满足的,那么这就只有通过感性的迷惘才能达到。一个极端就是抽象**逃避**,中间者则苦于无

[370]

---

① 《黑格尔全集》:"宗教行为,也就是一种基本行为,一种普遍的生活方式以此被表象出来,被表达出来,因此在这里被了解,成为现实,而且在这里是……"。依照拉松版作了改变。——德文版编者注

意义的存在和行为,另一个极端就是任意的放荡不羁,最可悲的宗教。只要在这种崇拜中设定出了逃避,那么当前的行为就只是所实施的纯外在行为,就是**纯粹的劳作**,**最野蛮的迷惘**、最可怕的放荡也属于此。这是这种崇拜的必然性质,它之所以获得这种性质,是由于当与其他具体者的联系中断了、且一切都瓦解时,独一者的意识才如此被分离开来。在想象中,野蛮性和自由被设定出来了,在其中,幻想有自己的领域。因此,我们在印度人那里就发现了最美的诗歌,但始终包括最荒诞的基础在内;我们为其魅力所吸引,而杂乱无章和胡说八道则为我们所反感。

最柔和感情的温柔和魅力以及**人格的无限忘我**,必然在像这种观点所特有的这样一些关系中具有至高无上的美,因为**只有**这种感情才在一种如此无理性的基础上唯一被造就成为美。但是,因为忘我的这种感情**不合法则**,所以它就正好因此而是带有最大**严酷**的一种变换,而个性自为存在的环节则因此过渡为粗野、忘却一切牢固纽带和对爱本身的践踏。

精神和自然的所有整个内容都被乱七八糟地分离开来。上面存在的那种统一也许就是一切由此产生出来、一切所回归于其中的力量;但是它没有成为具体的,没有成为自然界种种力量的纽带,也没有在精神中成为具体的,没有成为多种多样精神活动、感觉的纽带。

[371] 在第一种情况下,如果统一成为**诸自然物的纽带**,那么我们就把它称之为**必然性**;这种必然性就是诸自然力量的纽带。因此,我们将诸自然特性、诸物视为其在自己的独立性中本质上是相互联系的;规律、知性存在于自然中,诸现象如此地相互关联。——但是,那种统一本身始终是寂寞的和空洞的;所以,那种满足就是一种野蛮的、放纵的杂乱无章。同样在精神事物中,普遍者、思维也不是具体的,**在自身中自我规定的**普遍者、思维。思维在自身中自我规定,而被规定者在这种普遍性中已被扬弃,作为具体的纯粹思维,就是理性。

责任、权利仅仅存在于思维中:以普遍性之形式设定出来的这些规定,鉴于被意识到的真理、统一以及也鉴于意志,都是理性的。那种独一者,那种寂寞的统一也未成为这样一种具体的统一、理性、理智。所以在

第一章 自然宗教

这里也没有**权利**,没有**义务**;因为意志、精神的自由正好就规定性而言存在于自身那里。但是这种存在于自身,这种统一,在这里是抽象的、无规定的。这在一定程度上就是印度人这种幻想的多神教的根源。

我们已经指出,这里并没有存在之范畴;对于我们就物而言称之为独立性的东西来说,或者我们说:"它们存在着","现在有",那么对此而言,印度人没有什么范畴,而是人首先仅仅把自己了解为独立者;所以,他将自然的一种独立者表象为有其独立性,以他就自身而言所具有的独立之方式,在其存在中,在其人的形态、意识中。

幻想在这里使一切都成为神;这就是我们以其方式也在希腊人那里所看到的,一切树木、源泉,都成了德律阿得斯(Dryaden)、宁芙女神(Nymphen)①。我们说:人的美好幻想赋予一切以灵魂,使一切有生气,把一切表象为有灵性的,这样,人就徜徉于其同类者之间,将一切拟人化,通过其美妙的好感赋予一切以他本身所具有的美妙方式,并因此把一切作为被赋予灵魂者紧紧放在自己心里。

［372］

但是,印度人在这种野蛮的放纵中是如此自由地告知其存在方式,这种自由在**关于自身**的某一**简单的表象**中就有其原因,即人自身尚未有永恒者、真正自在和自为存在者自由的内容,他所知其内容、其规定,还不高于某一源泉、某一树木的内容。一切都浪费在想象上,而对于生活来说,则未留下什么东西。在希腊人那里,这倒不如说是一种幻想游戏。在印度人那里,对于他们自身,没有更高的自尊心:他们关于存在所拥有的表象,仅仅是他们关于自己所拥有的表象;他们将自身设定得与所有自然产物一模一样。这是因为思维完全归于这种抽象概念所致。

这些自然力量——它们的存在如此被表象为拟人化的和被意识到的——凌驾于具体人之上,人作为物理之物依赖于它们,而他的自由尚未

---

① 德律阿得斯(Dryaden)被视为林木女神;虽可长生,却不能永存,与其所寄寓的树木共生死。宁芙女神(Nymphen)被视为同大自然及其生命力相关联的女神:居于河溪、海洋和泉源者,分别称为"奥克阿尼德斯"、"涅赖德斯"、"纳雅德斯"。"宁芙"意为"泉源";泉源女神为宁芙女神最主要者。——译者注

277

与其自然的方面区分开来。

与此相关联的是,人的生命并不比自然对象的存在、**某一自然物的生命**有更高的价值。人的生命只有当它本身高于自己本身时,它才有其价值;然而在印度人那里,人的生命只是一被鄙视者、被藐视者:在这里,人自己并不以肯定的方式、而是以否定的方式给予自身以价值。生命获得价值,仅仅是由于对其自身的**否定**。一切具体者都只是对抽象概念的否定——它在这里就是统治者从中得出了印度教徒崇拜的这一方面,即人将自身献祭,父母将自己的孩子献祭;妻子在丈夫死后自焚殉葬,也属于此列。如果考虑到梵或某一个神,坚决实行这些献祭的话,那么这些献祭就具有更高的价值,因为这种人也是梵。——如果他们登赴白雪皑皑的喜马拉雅山——此处是恒河的源头——,投身于这一源头,那么这就被视为一种崇高的牺牲(献祭)。这不是对罪孽的忏悔,不是为了纠正某种罪恶而做出的牺牲,而是仅仅为了赋予自身以价值而做出的牺牲;这种价值只有以否定的方式才能达到。

[373]

印度人的**动物崇拜**也与这里赋予的这种地位相关联。动物没有一种有意识的精神,但是人,恰恰在**无意识性之专注**上距离动物也并不遥远。在印度人那里,起作用并不是被表象为一定的活动,而是被表象为单纯的、交织起来的力量。特殊的活动遭到轻视;只有愚笨才是有价值的,在这方面当然就仅只剩下**动物的活力**了。而且,如果没有什么自由,没有什么道德观念、德行,那么力量就仅仅被了解为内在的、低沉的力量,这种力量也与动物及其最完全的愚昧相适应。

当人以这种方式不具有自由、自身没有价值时,与此相联系的就是,在具体的发展中就产生这种大得无法形容的、**无限多的迷信**、巨大的束缚和限制。对欧洲人来说无意义的、与外在自然物的关系,这种依赖性,就成了某种固定的东西、持续不变的东西。因为迷信的根源恰恰在于,人面对诸种外在物并非漠不关心,而当他自身没有自由、没有精神的真正独立性时,他就不是这样。所有的无关紧要者都是固定不变的,而所有的非无关紧要者、合法的东西和合乎伦理东西,都被放开了,并听凭任意行事。

278

第一章 自然宗教

应加以考察的婆罗门的诸种规诫就属于此;应对《摩诃婆罗多》(Mahabharata)中关于那罗(Nala)①的故事加以比较。像迷信因这种缺少自由而是难以估量的一样,由此也可以得出结论,没有了伦理、没有了自由的规定,没有了法权,没有了责任,印度人民就陷入了极端没有道德的境地。由于直至对团结一致都未能形成合理的规定,所以这个民族的整个状况也就从未能产生一种合法的、自身**合理**的状况,过去也只是一种**被允许的**、偶然的和混乱的状况。 [374]

3. 己内存在的宗教[佛教,喇嘛教]

a. 该宗教的概念

普遍的基础还是与印度教所特有的那种基础相一致的;其进步仅仅存在于这样一种必然性之中,即印度教的诸规定从其野蛮的、未被抑制的瓦解及其自然的破碎中**积聚起来**,被放置于其**内在的关系**中,并使其无为的跟跄**平静下来**。己内存在(Insichsein)的这种宗教是精神的聚集和安静,而精神则从印度教的杂乱无序复归**于自身**和本质的统一。

本质的统一和差别至今还曾十分剧烈地在瓦解,以致后者曾经自为地**独立**存在,并仅仅消失在统一中,以便又立即出现在一切独立性之中。统一和诸差别的关系,曾经是一个无限的变化过程,是统一及其自为存在独立性的诸差别消失的不断变换。当其中自身所包含的那种东西真正被设定出来时,这种变换现今正遭到**破坏**:诸差别与统一的范畴恰好相合。

作为这种己内存在——对它来说,**与他者的联系**已被切断——,本质就是**己内存在的本质性**,是对自身内否定性的反思,而且因此是自身内的**安静者**和永久不变者。

不管这种规定可能多么有缺陷——因为己内存在还不是具体的,仅 [375]

---

① 那罗是古印度传说中尼沙陀国的国王。有关那罗与妻子达摩衍蒂的故事,为《摩诃婆罗多》中的著名篇章。那罗曾沦为贱民,失去疆土及一切,与妻子达摩衍蒂分别流浪于林中。经历种种变故,那罗和达摩衍蒂终于在天神的帮助下得以团聚。——译者注

279

仅是诸独立差别的**消失**——，这里确实有牢固的基地，即构成基础的神的真实规定。如果我们将这种表象与偏见作一比较，对神无所知，那么不管这种表象看起来多么简单和低级，这种宗教仍然高于那种说神是不可认识的宗教；因为当人们只会崇敬人们知道、认识到的东西时，这里根本就不会发生什么崇敬。**Is colit Deum, qui eum novit**（"知神者，始敬神"），此语常为拉丁语中的例子。但是，自我意识在这里确实至少是与这一对象的肯定关系，因为**思维本身**正是己内存在的本质，而这种思维就是**自我意识**的真正**本质者**，因此就不存在什么不可认识者及其彼岸者。当自我意识同时把这种本质了解为其本质性时，它肯定面对其特有的本质；但是，它也把它表象为**对象**，以致它把这种己内存在、即这种纯粹的自由与自身、即这种自我意识区别开来，因为这是偶然的、经验性的、有多种多样被规定的自为存在。这就是基本规定。

实体是**普遍的当前在场性**；但是它也必须具体地在一种**个人的聚精会神**中被了解为己内存在的本质性。根据自然宗教的观点，这种形态和规定性还是精神者的直接形态，并具有**这种**自我意识的形式。因此，在与先前阶段的比较中，就从这种难以置信地在无数瓦解中的人格化继续前进至这样一种一定被包含了的当前人格化。一个人被崇敬，而他作为这样一种人，就是采用个体形态并在其中献身于崇敬的神。这种个体实存中的实体，就是威力、统治，就是创造并获得世界、自然和万物，——绝对的力量。

[376]

b. 该宗教的历史实存

在历史上，这种宗教作为**佛教**而存在；它是中国北方和西方的蒙古人、藏人的宗教，此外也是缅甸人和锡兰人的宗教，但是在那里，就是此外也叫做"佛"、被称为"佛陀"的那种东西。一般来说，它就是我们在**喇嘛教**的名称下所了解的宗教。它是传播最广的宗教，并有最多的信徒；它的敬奉者多于伊斯兰教的信徒，而伊斯兰教的信徒又多于基督教的教徒。因此，它像伊斯兰教一样：简单的永恒者构成内心者的基本直观和规定，而**原则**的这种**简单性**由于自己本身而能够使一些不同的民族服从之。

在历史上,这种宗教的产生稍晚于绝对的权力在其中占统治地位所采取的形式。法国传教士们翻译了 Hiaking 皇帝的一份诏书①,这位皇帝通过此诏书取消许多寺院,因为生活在其中的人不事农耕,也不纳税;在此诏书中,这位皇帝一开始就说道:"在我们的三个著名的朝代中,人们未听说过佛教。只是从汉朝以来,它才出现了。"

这种宗教及其更明确特征之表象如下:

α)绝对的基础是**己内存在**的清静,在此存在中,**所有差别都扬弃了**,精神本性之所有规定,所有特殊的力量,都消失了。这样一来,作为己内存在的绝对者就是未规定者,所有特殊者都被消灭了,以致所有特殊的实存、现实就只是某些偶然者,仅仅是无所谓的形式。

β)由于作为未规定者的**己内反思**(同样又依据自然宗教的观点)仅仅是**直接的**反思,所以它在这种形式中就作为原则被表达出来了;**无**和非存在是最终者和最高者。只有无才有真正的独立性,所有其他的现实、所有特殊者都没有独立性。一切均来自于无,又复归于无。无是独一者,是一切的始与终。无论诸人和万物多么不同,只有他们和它们所出自的这一原则、即无,存在着,而且只有形式才构成质、差别。

乍一看来,引人注目的必然是,人将神思之为无,这必然显现为最大的特殊性;但是如作进一步考察,这种规定就意味着:神完全是**没有什么被规定的东西**,是未规定者;没有任何一种规定性适宜于神,神是无限者;这无非是说:神是所有特殊者的否定。

如果我们考察一下我们现今所听到的、流行和产生的诸形式:"神是无限者、本质,是纯粹的、简单的本质,是本质的本质,而且只是本质。"那么这或者完全或者在相当大程度上与神就是无这一点具有相同的意义。同样,如果人们说,神不能认识,那么神对我们来说就是空洞的东西,就是未规定者。

[377]

---

① 这是指唐武宗及公元 844 年发布的诏书。——德文版编者注

这样一来,那种现代的方式就仅仅是关于此的一种较温和的表达:神就是无。

γ)神,虽然被理解为无,一般被理解为本质,但他却被了解为**这种直接的人**,被了解为**佛**、**佛陀**、**达赖喇嘛**。这种协调一致可以最令人厌恶地、最令人气愤地、难以令人相信地向我们显现出,具有所有感性需要的人被视之为神,被视为永远创造、维持、创作世界的神。

如果说在基督教中,上帝以人的形态受到敬奉,那么这是极为不同的;因为在这种情况下,上帝的本质在人——他受苦受难,**死亡**、**复活**、**升天**——身上被直观到。这不是感性、**直接定在**中的人,而是自身具有**精神形态**的人。但是,如果就人的直接有限性而言,绝对者应受到敬奉,那这就显现为最巨大的鲜明对照;这种有限性是一种比动物还要易碎的零散化。此外,人的形态在自身中有**提升自己的要求**,而且因此,如果这种要求被降低为坚持普通的有限性,那就显得令人厌恶了。

然而,应该学会理解这种表象,而当我们理解了它时,我们就证明它有理由;犹如它有其原因一样,我们指明了其理性者,在理性中的某种地位。然而我们认识到其缺陷这一点也属于此。我们必须在诸宗教方面认识到,它不仅仅是非感性者、非理性者。然而,更重要之点就是认识到真理,犹如它与理性相关联一样,而且这比宣布某种东西无意义要困难些。

己内存在是本质的阶段,即从直接的、以经验为依据的个别性继续进到本质、本质性之规定,进到关于实体(一种**实体力量**——它支配着世界——)的意识,按照理性的联系,允许一切产生出来、发生变异。只要它是实体的,是在自身中存在的,它就是一种**无意识的作用**;正是因此,它是未被分开的效用,在其中有普遍性之规定,是**普遍的力量**。为了使我们对这一点明确起来,在这里应该回忆起自然作用、自然精神、自然灵魂:在这种情况下,我们并不认为,自然精神是被意识到的精神,其中我们没有思考什么被意识到者。植物、动物及其机体组织与活动的自然规律,是无意识的;这些规律是实体性的东西,是其本性,是其概念;它们是自在的,它们是其内在的理性,但却是无意识的。

第一章　自然宗教

人是精神,而他的精神则将自身规定为灵魂,规定为生者的统一。他这种活力——它就对其机体组织的阐明而言仅仅是**一种活力**,贯穿、保持一切,——只要人活着,这种**作用**就现存于人之中,而**无需他知道关于这一点,或者想知道这一点**,而且他有生命的灵魂就是原因,就是本原的东西,就是创造这种东西的实体。人,正是这种活的灵魂,对这一点一无所知,不想知道这种血液循环,没有人告诉他此事;但是他做了,此事就是**他的行为**;人就是在其机体组织中产生这种东西的行为、起作用的力量。这种无意识起作用的理性或者无意识的、理性的作用是,"努斯"(νοῦς)支配着世界,在古人那里,是**阿那克萨戈拉**(Anaxagoras)的"努斯"①。这种努斯不是有意识的理性。有人在现代哲学中也把这种理性的作用称之为直观,特别是**谢林**,把上帝称为直观的理智。上帝,理智,作为直观的理性,自然的永恒创造,是称为自然的保持者这种东西。在直观中,我们**专心致志**于满足于我们的诸对象。这是意识的较低级阶段,即这种对诸对象的专心致志;这些规定对此进行反思,获得表象,从自身产生出观点,重视这些对象,对它们作出判断——这不再是这样一种直观的直观。

由此可见,这就是**实体性**或**直观**的这种观点。这种观点就是应在其正确意义上被理解为泛神论的那种东西,——关于这种绝对统一、绝对实体和这种实体在自身中起作用——在这种作用中,所有特殊者、个别者只是一短暂者、消失者,而不是真正的独立性——的这种东方的知、意识、思维。这种东方的表象与西方的表象是相反的,在西方,人像太阳一样沉入自身,即沉入主体性;在这种情况下,个别性是基本规定,即个别者是独立者。像在东方表象中一样,普遍者是真正的独立者,因此,在这种意识中,诸物、诸人的个别性排在第一位;是的,西方的表象可以达到非常广泛的程度,可以被认为:诸有限物是独立的,即绝对的。

[380]

---

① 据古希腊哲学家阿那克萨戈拉看来,宇宙万物由种子构成,而种子是不变的,由一种外在之力推动,这便是"努斯";努斯是无限的,支配一切事物,是事物运动的最后动因;它存在于一切事物中。古希腊哲学家苏格拉底、柏拉图、亚里士多德,都把努斯视为纯粹精神性的实体。黑格尔将努斯视为"绝对者",世界的灵魂和内在本性。——译者注

283

"泛神论"的说法有两重性,它一般具有**普遍性**。"Ἐν καὶ πᾶν"①意指"**一所有**"(eine All),所有始终完全是一(eines),但πᾶν也是"所有",而且因此它就过渡为无思想的、简单的、非哲学的表象。这样一来,人们就把泛神论理解为"所有皆为神"(Allesgötter),不是万能神(Allgötter);因为在万能神中,如果神是所有,那么就只有**一个**神;在所有中,诸个别的物都被吸收进去了,而且仅仅是影子、模式:它们到来又离去,它们的存在恰恰就在于这一点,即它们的存在消失着。然而在那第一种意义上,人们必须指望是泛神论的哲学。神学家们尤其如此说。这正是普遍性的两重性:如果人们在**反思普遍性**的意义上来看待它,那么它就是全体;人们首先这样来表象这一全体,以致个别性就始终是独立的。但是,思维的普遍性,实体的普遍性,是与自身的统一,在其中,所有个别者、特殊者仅仅是一理念,没有真正的存在。

这种实体性就是基本规定,而且也仅仅是**我们**关于上帝之知的基本规定——原因尚不是真实者。我们必须说,上帝是绝对的威力,——**仅仅是威力**;自身所产生的、关于自身所说的一切,除非它有现实性,都被扬弃了,仅仅是绝对上帝,即绝对力量的一个因素;只有上帝存在,只有上帝才是这一真正的现实。

[381]

在我们的宗教中,这也是上帝表象的基础。上帝无所不在,如果这种存在不是空话,那么实体性就被表达出来了,它就是这方面的基础。但是,宗教的这些深刻表达就被痴呆地仅仅在记忆中继续闲聊下去;因此它根本不是严肃认真之事。犹如人们把真正的存在归于有限者一样,犹如诸物是独立的,上帝被从它们那里排除出去一样,神根本不是无所不在的;因为如果上帝是无所不在的,那么人们同时将会说,**神**是现实的,不是诸物。因此,神并不在诸物之旁,犹如**伊壁鸠鲁**的神那样,在空隙之中,而是现实存在于诸物中:那么诸物就不是现实的,而上帝自在诸物中的当前

---

① "Ἐν καὶ πᾶν",希腊文,意即"一与所有",来自古希腊哲学家色诺芬尼的论述——译者注

第一章　自然宗教

在场就是诸物的理念性；然而，诸物不可克服地保持着，一种不可克服的现实保持在这种微弱的思维中。对于精神、情感、思想来说，无所不在是一种真实性，精神必定对此有兴趣。上帝是万物的持久存在。

泛神论是一种坏的表达，因为这种误解在其中是可能的，即 πᾶν（所有）被想象为全体，不是被想象为普遍性。斯宾诺莎的哲学是实体性哲学，不是泛神论的哲学。

在所有较高级的宗教中，特别是在基督教中，上帝是绝对的实体，即一种实体；然而他同时也是主体，而且这是进一步的事情。犹如人有人格一样，上帝身上则显现为主体性、个性之规定，显现为精神、绝对精神。这是一种较高级的规定，然而精神仍然是实体，尽管如此，仍然是一种实体。这种抽象的实体，即斯宾诺莎哲学的终极者，这种**被思维的**实体——它**仅仅对思维来说**才是存在的——，并不会是某一**民族宗教**的内容，并不会是某一具体精神的信仰。精神是**具体的**；只有抽象的思维仍然留在实体的这样一种片面的规定性中。 [382]

具体的精神**弥补**了这一缺陷，而这一缺陷就是缺少主体性，也就是缺少精神性。但是在这里，在自然宗教的阶段上，这种精神性尚未作为这样一种精神，尚未作为思维的、**普遍的精神性**存在着，而是作为感性的、**直接的精神性**存在着；在这种情况下，一个人，就作为感性的、外在的、直接的精神性存在着：也就是说，以**这种**人的、某一经验的、个别的意识的形态①存在着。如果对我们来说，这种人保持在与这种实体、这种普遍实体本身的对比中，那么人们就必须想起，人作为活的主体性一般都是**自身中的**这种**实体现实性**——它是由其身体规定的；人必定会想到，这种活力以实体的方式是人自身中有效的生命。这一观点包含着真实形态中普遍的实质性。

在这种情况下，就存在这样一种表象，即一个人在其冥想、自我专注于自身、自己深入自身中，不仅就其活力而言，是普遍的实体，而且在其深入自身中，在νοῦς（努斯）的中心，νοῦς 被设定为中心，但这样一来，νοῦς 在

---

① 《黑格尔全集》："精神性"。按照拉松版作了改变。——德文版编者注

285

其中就没有被意识到在其规定、发展中。νοῦς 的这种实质性,被表象在一个个体中的这一深入,并不是一个在其意识中想要治理自己帝国的国王之冥想,而是这种深入自身,作为**对自身**的抽象思维,是有效的**主体性**,是对世界的创造和保持。

[383] 　　主观的形态在这里尚不是**排他的**;只有在一切都充满了精神性、主体性和实体时,上帝本质上才是独一者。因此,实体也许是**一种**实体,但却是**主体性**,这些形态,是好些形态,而且它们是好些形态,直接原因就在于它们,因为这些形态本身,在**与实质的关系**中虽然作为一本质者存在着,但也同时被表象为一**偶然者**。因为**对立**、矛盾仅仅出现在**意识**、**意志**中,出现在**特殊的洞彻**中;所以,在一个国家中不会有若干个尘世君主。而且这种精神的作用,虽然它在其定在中有其形态、精神的形式,但却仅仅是实体之作用,并非是有意识的作用,并非是有意识的意志。因此就有若干个、即三位主要喇嘛:第一位是达赖喇嘛,在拉萨,位于喜马拉雅山以北,此外,另一位喇嘛在小西藏的扎什伦布寺,位于尼泊尔地区。最后,在蒙古还有第三位喇嘛。

　　精神虽然会仅有**一种**形态,而且这就是人,就是精神的感性现象;但是内在者一不被规定为精神,形态就成为偶然的、无关紧要的。基督教徒的永恒生命就是上帝本身的精神,而上帝的精神正是这种生活,它成为其作为神圣精神而存在的这种自我意识。而在这一阶段上,己内存在还是无规定的,还不是精神。它是直接的己内存在;作为这种己内存在的永恒者还未有什么内容,以致因此就不可能谈论形态与内在规定性之适应。因此在这里,**形态的无关紧要**也涉及客观的永恒者。在考虑到实体的本质时,即使死亡也并不中断;一旦一位喇嘛亡故,立即也就有另一位喇嘛继其位,以致本质在二者中是同一的,而且他立即就会被寻访到,因为他按照某些征兆是可以识别出来的。因此,我们就有了英国使节特纳(Turner)①关于小西藏喇嘛的描述;这位喇嘛是一个 2 至 3 岁的孩子,他

---

① 塞缪尔·特纳(Samuel Turner)所著《与一位年幼喇嘛的会见》(1784 年 3 月),载于 *Asiatic Researches*(《亚洲研究》)第 1 期第 197 页。——德文版编者注

的前任曾圆寂于被中国皇帝召聘去北京的旅途中。一位摄政者,即前任达赖喇嘛的大臣——他被称为达赖喇嘛的代表——,在执政事务中代行这位孩子的职务。 [384]

这就是佛教和喇嘛教之间的一个区别。它们有已经说明的这些共同之处,这些共同之处就是敬奉佛和佛陀,也敬奉达赖喇嘛。但是,佛和佛陀多以一死者——现在他也在其继任者中间——的形式存在。因此也有人谈到佛,说他曾转世八千次,曾现存在于一个人的真实实存中。

这就是产生于这里是神圣本性的东西的诸规定,这些规定仅仅产生于此,因为这些规定还完全停留在寂静的、无规定的己内存在不发达的抽象概念上。因此,所有其他的形态和表象就部分受经验-历史偶然性的摆布,部分则受想象的偶然性的摆布;关于这一点的详情细节,就是描述关于那些神、其朋友和学生的事情、命运之无数混乱的幻想,并提供某一材料,这种材料按其内容来说并没有多少益处和价值,而且一般来说,由于已说明的原因,并没有理解上的益处。

即使关于崇拜这一点,我们在此也与外在的礼仪和习惯无关,而是只有本质的东西才应在这里加以描述,例如己内存在,这一阶段的原则,都在**真实的自我意识**中显现出来。

c. 崇拜

实体性的这种宗教,只要它不断要求高于直接的、个别的意识的提升,就对属于该宗教的诸民族的性格产生了特殊影响。

α)由于独一者被理解为实体者,那么**高于欲望**、个别意志、粗野的提升,——专心致志于内心深处、统一,就直接由此而发生。佛陀的样子存在于这种思维的态度中,盘腿而坐并双手合十,以致一脚趾进入口中,——这就是复返自身,吮吸自身。信这种宗教的诸民族具有安静、温和、忠顺的性格,这些性格都高于粗野、欲望。 [385]

然而,达赖喇嘛首先是**完善的和令人满意的己内存在的现象**。他的首要性格是安静、温和,他把洞彻和完全有限的本质与这种性格联系起来。当诸民族在美丽的灯光下观察他的时候,他们都崇敬他,他生活在纯粹的观赏中,他身上当下就有绝对永恒的东西。如果喇嘛不得不聚精会神于外在之物,那么他就仅仅以乐善好施的职务从事于施以**安慰和救助**;他的首要特征是**遗忘和体恤**。当上面提到的那位英国使节到达那里时,那个在小西藏成为喇嘛的孩子虽然还需哺乳,但却是一个活泼、有修养的孩子,表现出所有可能的威严和正派,而且好像已经具有其更高尊严的意识。而诸使节未能足够地赞扬这位君主何等高贵,有多么毫**不动情的安静**。即使前任喇嘛也是一位明智的、可尊敬的、高贵的汉子。实体凝聚于其中的一个个体表现出来的这种有威严的、高贵的外表,这一点与内心世界有关联。

[386] 只要己内存在的安静是所有特殊者的毁灭、虚无,那么对人来说,**毁灭**的这种**状态**同样也是最高的状态,而且他的规定是,专心致志于这种虚无,永恒的安静,完全的虚无,专心致志于实体者,在这里所有的规定都不复存在,没有意志,没有理智。由于持续不断地专心致志和自身感觉,人应该变得与这种原则一样,他应该没有激情,没有爱好,没有行为,也应达到这种状态:无意愿,无作为。

在这种情况下,根本就谈不上什么善与恶、平静与不朽;人之神圣性就在于,他在这种毁灭、这种寂静中与神、虚无、绝对共存。其最高境界就是使身体所有活动、灵魂所有运动都得以停止。如果达到这一阶段,那就不再有什么等级、变换,而人在死后就不担心什么轮回了,——在这种情况下,他与上帝是同一的。因此,这里就表达出**理论**的环节,即人是一自为存在的实体者。**在实践上**,他有所意愿;如果他无所意愿,那么存在着的东西就是他所改变的、他给其上留下自己烙印的对象。宗教情感的实际价值就是按照被视为真理的东西的内容规定出来的。然而,在这种宗教中,尚没有这种**理论的东西**,即这种统一、纯净、虚无,对意识来说是绝对独立的,这种理论的东西之规定并不与对象者对立,不使之形成,而是**由其自便**,以致这种安静就在其中产生出来。这是绝对的;人使自身成为虚无。人的价值就在于,他的自我意识与那种理论的实体性有一种**肯定**

的关系,——那种关系的反面(由于这对象没有这种关系的规定)仅仅具有**否定**的本性,正因为如此,作为主体与其自己内心深处的关系就只是肯定的,这种内心深处有力量把所有客观者变成否定者,——也就是说,仅仅在其**空虚**上是肯定的。——那种安静的、温和的感觉在崇拜中首先瞬间就有这样一种永恒寂静(作为本质的神圣存在)的意识,而对于其余的生命来说,这种规定性有其语气和特性;而对于自我意识来说,把它的整个生命变成那种安静和无实存观察的**持续状况**,也是自由的,而这种从生命需要和作用的外表真正回归至安静的内心深处,并因此与这种理论的实体性一致起来,就必定被视为最高的圆满。这样一来,在这些民族中就产生了宗教的大联合体,这些联合体不参与世俗的利益和事务,共同存在于精神的寂静和对永恒事物的平静观察中。[387]

如果人在其感性中表现出这种否定态度,仅仅进行自卫,不反对外在事物,而是反对自己本身,并与虚无合为一体,摆脱任何意识、任何激情,那么他就被提升至在佛教徒那里称为"涅槃"的境界。在这种情况下,人就不是艰难的,不再屈服于重负、疾病、年老和死亡;他应被视为神本身,成为了佛陀。

β) 如果人通过置身于这种抽象概念、充满寂寞之中,置身于这种断念、虚无之中,达到这种境界,通过他与神不可分,成为永恒的,与神同一,那么在这里,关于**不朽**和**转世**的表象就在本质上进入佛、佛陀的学说中。这种观点其实就高于道家应成为神仙、应成为不朽的所依据的那种观点。

当通过冥想、**回归自身**成为不朽的这一点被指明是对人的最高规定的时候,并没有因此表达出:**自在的**灵魂,保持这样一种状态,是本质的;精神是不朽的,而只是:人只有通过这种**抽象**、提升才能成为不朽的,才**应该**成为不朽的。不朽的思想在于,人是**有思维的**,在于其自身的自由;因此,他是完全独立的,其他者不会进入他的自由;他仅仅与自身有关,其他者不会在他身上起作用。[388]

与我自身的这种一致,自我,这种在自身内的存在者,真正的无限者,这种无限者(如果按这种观点来说)就是不朽的,不受制于变化,即使不变者也是仅仅在自身内的存在者,是仅仅在自身内的运动者。自我不是死的寂静,而是运动,但这种运动并不叫做变化,而是永恒的寂静,是自身中的永恒清醒。

当神被了解为本质者,就其本质性被思考,即己内存在、在己存在,是真正的规定时,在主体方面,这一己内存在,这种本质性,就被了解为主体(就自身而言是精神的)的本性。这种本质性也应归于灵魂的主体;它被了解为:灵魂是不朽的,这纯粹地实存着,然而在原本意义上尚未作为纯洁性而实存着,也就是说,尚未**作为精神性**而实存着;而是,与这种本质性尚联系着的则是,实存的方式还是**感性的直接性**,然而这一直接性仅仅是偶然的。

因此,不朽就是,在自身上存在着的灵魂作为本质的存在着,又是实存的。没有实存的本质只不过是一种抽象;本质性、概念,必须被实存地加以思考:因此,实在化也属于本质性,然而,实在化的形式还是感性的实存,是感性的直接性。那么**转世**就是,灵魂在死后尚**持续存在着**,然而是以另一种感性的方式。因为灵魂还被抽象地理解为己内存在,所以这种形态就是**无所谓的**;精神并没有被了解为具体者,它只是抽象的本质性,而且因此,定在、现象就仅仅是直接的、感性的偶然形态,是人的或动物的形态。人、动物、整个生物界,都成为无色彩个体性五彩缤纷的外衣。己内存在、永恒者还没有什么内容,因此也没有形态之尺度。

[389]

人过渡到这样一些形态,这一点与**伦**理、功绩相关联。也就是说,在人与原则、虚无的关系方面起作用的是:他,为了幸福,必须通过持续不断的思辨、冥想、自思,致力于与这一原则是一样的,而人的神圣性就在于,在这种静默中与神相合。尘世生活的喧闹声必须沉寂下来;死亡的寂静是永恒性和神圣性之环节。幸福就在于一切运动、躯体活动、灵魂运行之停止下来,在于他自身的这种毁灭,而如果人达到了完善的这一阶段,那么就不再有交替,他的灵魂就不再惧怕轮回,因为他与神佛是同一的。灵魂被提升至虚无之境界,而且因此就从外在的、感性的形象之束缚状态中被解救出来。

然而,只要人在其生活中未通过断念、潜心于自身达到这种幸福,那么当他的精神就是这种**己内存在**时,这种幸福就存在于他身上,然而,他还需要持久的时间,而且需要肉体,而且这样一来,就产生了灵魂轮回的表象。

γ)这里就有了这种情况,即与这种表象联系在一起的又是力量和**巫术**的方面,而己内宗教则通向最野蛮的迷信。理论上的关系,因为它在自身中本来是虚空的,就在实践上过渡为巫术。诸神职人员的中介出现了,这些神职人员同时是更高贵者,并有权力控制人所采用的诸形态。佛教的信奉者在顾及到这一点时极为迷信。他们以为,人过渡为各种可能的形态,而诸神职人员则是在超感性事物中生活的**统治者**,这些统治者控制着灵魂所应采取的形态,他们因此也能够避免十分不幸的形态。一位传教士讲述了关于一位临终的中国人的故事,这位中国人叫喊着向他诉苦,说一位僧人(就是神职人员,知晓阴间之事者;他们熟悉另一世界的事情)对他说过,像他现在效力于皇帝那样,他在死后还仍然效力于这位皇帝:他的灵魂将变为皇帝的御马;他应该恪尽职守,不得鸣叫,不得咬人,不得失足,并应满足于吃少量草料。

[390]

灵魂转世的信条也是己内存在的单纯崇拜突变为各种各样偶像崇拜之点。该信条就是无数偶像、塑像产生的基础和根源,在佛教盛行的地方,这些偶像、塑像就处处受敬奉。四腿动物、禽鸟、爬行动物,总之,最低级的动物形象,都有其寺庙,并受敬奉,因为神在其转生中可栖息于任何一物,而人的灵魂则可栖息于每一动物之躯体。

Ⅲ. 向自由宗教过渡中的自然宗教

这种过渡的必然性基于,在上述阶段中自在地作为基础而在场的真理,被真正突出出来和设定出来。在幻想和己内存在的宗教中,这种主体,这种主观的自我意识,是同一的,然而是以直接的方式,与那种实体的统一——这种统一称为"梵"或无规定的虚无——是同一的;这个独一者

[391] 现在被理解为**在其自身中被规定的统一**,被理解为其自身的主观统一,因此这种统一也被理解为**其自身的总体**。如果其自身的统一是主观地被规定的,那么它就包含着自在精神性的原则,而这一原则就是在这种过渡着的诸宗教中发展着的原则。

此外,在印度的宗教中,独一者,梵之统一,和规定性,特殊者的许多力量,诸差别的这种显现,都处于这种关系中,即诸差别有时被看作是独立的,有时就消失和毁灭于统一之中。居于统治地位者和普遍者曾是产生和消失的变换,是统一中特殊力量之扬弃状态和从统一中显现出来的变换。在己内存在的宗教中,虽然这种变换平静下来(只要诸特殊的差别复归于虚无的统一),但这种统一却是空洞和抽象的,而真理倒不如说就是**自身具体的统一**和总体,以致即使与差别性的那种抽象统一也进入真正的统一,在其中,诸差别被扬弃了,在理念上被否定地设定为非独立的差别,然而同样也被保存了。

因此,只要诸形态一方面消失于强硬的坚固性中,另一方面这仅仅是对达到统一的逃避,或者统一仅仅是诸差别的消失,那么理念诸环节的展开,绝对实体的思维之自我区分,迄今为止就都是有缺陷的。然而现在,各种各样的反思则出现在自身之中,思维本身在自身中就获得规定,以致只要它对这种统一作了反思,它就是**自我规定**,而且这规定就只具有其价值和内容。这样一来,**自由**、**客观性**之概念就被设定出来,神的概念也因此成为有限者和无限者的统一。仅仅在自身中存在的思维,纯粹的实体,就是无限者,而且按照思想规定,有限者就是许多神,统一也就是否定的统一,就是使众多者埋头于这独一者的抽象概念;然而,有限者因此就一

[392] 无所获,像先前一样是无规定的;有限者是肯定的,只是因为其在无限者之外,不在这种无限者之内,所以,犹如它是肯定的一样,它是**无理性的有限性**。然而在这里,有限者、被规定者整个就**被纳入无限性之中**,形式则与实体相适应,无限的形式则与在自身中被规定的实体相同一,不仅仅是抽象的力量。

另一种同样也是本质的规定就是,对此首先出现了经验的自我意识

第一章　自然宗教

与绝对者、与最高者内容的分离,在这里只有神才获得真正的客观性。在先前的诸阶段中,沉入自身的、经验的自我意识就是梵,就是这种自身中的抽象概念;或者最高者作为人是现有的。因此,实体的统一尚未与主体是可分离的,而且只要它还是未完满者,还不是其本身的主观统一,它就还在其之外拥有主体。绝对者的客观性,其自为的独立性之意识并不是现有的。只有在这里,才有**主体性和客观性之间的这种分裂**,而且,其实在这里,客观性才真正无愧于神的名字;而且我们在这里之所以拥有神的客观性,是因为这种内容自在地把自身规定为自在的具体总体。这即是说,神是一种精神,神在所有宗教中都是精神。

如果目前人们特别谈到宗教,说主观的意识就属于此,那么这就是一种正确的表象。在这种情况下就有这种本能,即主体性就属于此。然而,人们有这种表象,即精神者可以作为经验的主体而存在,然后,这种主体就作为对其神的经验意识而拥有自然物,以致精神性就仅仅属于意识,神也就会作为自然物而是这种意识的对象。

因此,一方面,神作为自然物而存在;但是神在本质上就是精神,而且这就是一般宗教的绝对规定,并因此是基本规定,是每一宗教形式中的实质基础。自然物则以人的方式也被表象为人物、精神、意识;然而,印度人的诸神还是表面的人格化:人格化还根本形成不了这种情况:对象、神被了解为精神。被人格化了的这些特殊对象,太阳、树木,即使神化为人,也都属于此;但是,诸特殊的对象却没有独立性,因为它们是特殊的自然对象,独立性只是一种被诗化的独立性。　　　　　　　　　　　　　　　　［393］

但是,最高者就是精神,而这种精神的规定和独立性首先来自于经验的、主观的精神,要么它是造就出来的,要么梵在主体沉入自身并通过其沉入自身而具有其实存。然而现在不再是这种情况,即人是神,或者神是人,神**仅仅以经验-人的方式**而存在,而是,神自在地是真正客观的,自在地是总体,是在自身中具体规定出来的,也就是说,是自在地在主观上被认知的,而且因此,神才在本质上是客体,并整个地与人相对立。我们稍后将会发现这样一种复归:即使神也显现为人,显现为神人。然而,神的

293

这种客观性就从这里开始。

如果普遍者被理解为在自身中规定自身，那么它就**与他者相对立**，并与它的他者相斗争。在有威力的宗教中，没有对立，没有斗争，因为偶然者对实体来说没有什么价值。现在自在地规定自身的威力，虽然没有这些规定作为有限者，而是，被规定者存在于其自在自为存在的真理中。由此，神就被规定为**善**；在这里，"**善的**"并没有被设定为谓语，而是，神就是善。在无规定者中，既无善，亦无恶。相反，善在此就是普遍者，然而却具有一目的、一种**规定性**，这一规定性与其在其中存在的**普遍性**相适应。

[394]

然而，在过渡的这一阶段，自我规定首先是**排他的**。因此，善就与**他者**、恶相关联，而这种关联就是**斗争：二元性**。和解（在这里只是一种变易或应有）尚未在这种善本身中和就这种善本身而被思考。

这样，被设定为必然结论的就是，斗争被了解为**实体本身的规定**。否定者在精神本身中被设定出来，这种否定者又**与其肯定相比较**，以致这种比较在这种情况下就存在于感觉中，形成**痛苦**、**死亡**。自身消解的斗争在这里最终成为精神为自身、为自由的**斗争**。

从这些基本规定中就得出了这一过渡阶段的以下划分：

1. 第一个规定是**波斯**宗教的规定；在这里，善的自为存在还是表面的，所以，它有自然的形态，但却是一种**无形态的自然性**——光明。

2. 斗争、痛苦、死亡本身被设定**于本质中**的形式——**叙利亚**宗教。

3. 从斗争中**挣脱出来**，继续进至对自由精神的真正规定，战胜恶，完成向自由精神宗教的过渡，——**埃及**宗教。

然而，整个来说，这三种宗教形式的共同之处就是**把任性的、放纵的总体**概括为具体的统一。这种踉跄——在这里，统一的诸规定跌入表面性和偶然性之中，在这里，犹如来自梵一样，从统一中产生出某些神的这种野蛮的、无概念的世界，而发展，因为它与统一不相适应，则分崩离析，——**这种无所作为的情况，现在已不复存在**。

[395]

但是，使之成为实体统一的这种概括——它本身是主观的——有**两种**形式。第一种概括就是祆教中的概括，这种概括以纯粹、简单的方式出现。另一种概括就是叙利亚宗教和埃及宗教中酝酿着的概括,在这里,总体趋向统一的酝酿成为自身的中介,并在其环节的斗争中成为统一。

1. 善或光明的宗教［祆教］

a. 该宗教的概念

α)这种概括还是纯粹的、简单的概括,然而因此也是抽象的概括。神被了解为自在自为的存在者——它是在自身中被规定的。在这种情况下,这种规定性就不是一种经验的、各种各样的规定性,而是,本身就是纯粹者、普遍者、自身相同者,是实体的一种规定,由此,这种规定性不再作为实体而存在,而开始作为主体而存在。这种作为自我规定的统一有一种内容,而这种内容是由这种统一所规定者,而且按照统一,这种内容就是**普遍的内容**,就是称为善或真的东西;因为这只是进一步区别于知和意愿的一些形式——它们就最高的主体性而言仅仅是**一种**真理,仅仅是这一种真理的一些特殊化。

这种普遍者是由于精神的自我规定而存在,是被精神所规定的,并为精神而存在,这种情况就是这样一个侧面,根据这一侧面,普遍者就是真理。只要普遍者由精神来设定,某一自我规定按照其统一而存在,是其自我规定——精神由此就其普遍性而言始终是可靠的——,其他规定并没有表现为那种统一本身,那么按此,普遍者就是善。因此,它就是具有客观性的真实内容,就是像真理一样的同一种东西的善。这种善同时就是独一者、绝对实体的自我规定,因而直接地仍然是绝对的力量——作为绝对力量的善:这就是内容的规定。

β)**与具体者**、世界、具体经验生活的整个**联系**,正好存在于绝对者的这种规定中,因为它就是自我规定和善——其中即使具体的生活也可以直观其肯定的根源,并可以在其中以真实的方式意识到其自身;万物皆产生于这种力量。我们在上述形式中已看到绝对者的这种规定,以致自我

［396］

规定的这种方式作为规定的方式获得抽象的意义①,不是自我规定、复返自身、仍然同一、在普遍者中的真和善,而是整个规定。力量本身,既非善,也非智,它并没有什么目的,而仅仅被规定为存在和非存在;其中就有野蛮,行为一般外在于自身;因此,力量本身就是无规定者。

力量的这一环节也是现有的,然而作为**从属的**存在着。因此,它是具体的生命,是各种各样定在中的世界;但是,在作为自我规定的善中存在着这种绝对的规定,这一点所取决于的东西,就是善与具体世界的联系。

一般来说,主体性、特殊性就在这种实体中,在独一者本身中,这独一者就是绝对的主体。归于特殊生命的这一环节,这种规定性,同时在绝对者自身中设定出来,因此是绝对者、善和真理、无限者与称为有限者的东西的肯定联系。以前宗教形式中的肯定联系,部分仅仅存在于这种纯粹的沉思中,其中主体说道:"我就是梵",但却是一种仅仅通过这种低落、即通过对精神所有具体现实性的这种放弃、通过否定而存在的绝对抽象联系。这种肯定的联系仅仅仿佛是一种纯粹的联系;否则,它就是抽象否定的联系,是这些献祭、自杀;也就是说,不是联系,而只是对具体者的**逃避**。

[397]

然而,借助于这种肯定的联系——在这里,规定性被纳入普遍性之中——,就可以说,诸事物一般都是善的;因此,石头、动物、人,其实也是善的;善在它们之中是**在场的实体**,而且是善的东西,也就是实体的生命,是其肯定的存在。如果它们仍然是善的,它们就属于这种善的王国,它们原来就被认为是恩赐;不是只有一部分(如在印度那样)是这些再生者,而是,有限者由善所创造,而且是善的。也就是说,善被认为是在原本意义上的善,不是按照某一外在目的、某一外在比较被认为是善的。什么对某物是善的,这是合乎目的的,以致目的就外在于对象。与此相反,在这里应被认为是**善**的,就是**在自身中被规定的普遍者**。因此,善是在自身中被规定的;诸特殊事物都是善的,自己本身是合乎目的的,与**特殊物本身**

---

① 《黑格尔全集》:"规定"。根据拉松版所作的改变。——德文编者注

第一章　自然宗教

是相适应的,不是仅仅与他者相适应。对特殊事物来说,善并不像梵那样是一彼岸者。

γ)这种善,虽然它在自身中按照实质的统一、普遍者本身在主观上、在自身中被规定为善,这种规定本身还是抽象的。善在自身中是具体的,但是具体存在本身的这种规定性却还是抽象的。形式的**发展**,概念诸环节的**设定**,都属于善不是抽象的这一情况。为了作为**理性的理念**而存在,为了被了解为精神,善的规定、否定者、**诸差别**必须通过善中的思想被**设定**、被了解为其力量。

善可以这样或那样予以使用,或者,人有善的意图;在这种情况下,产生的问题就是:何谓善? 于是就要求进一步的规定,善的发展。在这里,我们拥有的善还是**抽象的**、**片面的**,因此**与某一他者是绝对的对立**,而这一他者就是恶。否定者,就这种简便性而言,尚未包含在其权利之中。[398]

因此,我们就有了两个原则,这种东方的**二元论**:善的王国和恶的王国。这种严重的对立达到了这种普遍的抽象。就先前各种各样的神灵而言,固然有多样性、差别;但是另一种情况是,这种二分性(Zweiheit)变成了普遍**原则**,差别与这种二元论相对立。也许,善就是真理,有强大力量者,但却在与恶的斗争中,以致恶与绝对原则相对立,而且始终相对立;虽然恶应该被战胜、被平衡,但是应该者并不**存在**。应该是一种自己不能实行的力量,是这种弱者、无能为力者。

这种**二元论**,被理解为其整个普遍性中的差别,是宗教和哲学的兴趣所在;在思想的方式中,这种对立正好获得其普遍性。现今,二元论也是一种形式;然而,如果说起二元论,那么就是这些弱小的形式。有限者和无限者的对立,像**阿赫里曼**(Ahriman)①和**奥尔穆兹德**(Ormuzd)②的对立

---

① 阿赫里曼是古伊朗神话中的至高恶神,与至高善神阿胡拉·马兹达相对立。——译者注

② 阿胡拉·马兹达是伊朗琐罗亚斯德教神殿的至高善神,又称"奥尔穆兹德"、"奥拉马兹达"。相传,阿胡拉·马兹达诉诸力量或思想创造世界,被描述为全知全能的宇宙创造者、光明王国的主宰、"智慧之主"、末日审判的主持者。——译者注

297

一样,是同一种对立,也就是同一个**摩尼教**。

当人们把有限者看作是独立的,无限者与有限者相互对立,无限者没有什么部分与无限者同在,有限者不会成为无限者时,这就是同一种二元论;只是人们没有想到、没有决心把这些对立真正按照其整个内容来表象出来。

[399] 有限者,就其进一步的规定而言,作为有限的保持着与无限者、普遍者的对立,因此也与之相背,就是恶。现在人们仍然停留在这种无思想上面,在其中,人们使得有限者和无限者起作用。神只是**一种**原则,**一种**力量,而有限者,正因此是恶,因此不具有真正的独立性。

然而此外,善为其**普遍性**而同时具有他者之**定在**、存在的一种**自然方式**——**光明**,纯粹的显现。犹如善是自我相同者,是就其与精神中的自身完全相同而言的主体性一样,光明是这种**感性中的抽象主体性**;空间和时间是相互外在存在的这些最初抽象;但是,在其普遍性中的具体物理事物,就是光明。所以,如果自身中的善为其抽象而处于直接性及其自然性之形式中(因为直接性就是自然性),那么这种直接的善——它尚未净化并提升至绝对精神性之形式——就是**光明**。因为光明在自然事物中是纯粹的显现,是自我规定,但却以完全简单的普遍方式存在。

如果梵应以感性的方式被表象出来,那么它就只会被表象为抽象的空间;但是梵在自身中尚未有力量被独立地表象出来,而是对于其实在性来说,它具有人依据经验的自我意识。

这也许有某种困难,即我们已达到的善,就它而言,即使在本质上也还应该有自然性的方面,尽管这一方面是光明的纯粹自然性。但是,自然根本不会离开精神,却属于精神。即使上帝,作为自身中的具体者,作为纯粹的精神,也同时在本质上是自然的创造者、自然的主宰。因此,在其概念中的理念,就其自身中的本质而言的上帝,必须设定我们称为自然的这种实在性、这种外在性。

[400] 这样一来,就不会缺少自然性之因素,只是它还以抽象的方式存在与精神者、善者的这种直接的统一中,因为正是善还是这种抽象者。

第一章 自然宗教

善在自身中包含着规定性,而在规定性中,就有自然性之根源。我们说:上帝创造世界。"创造"就是规定性一般所属于的这种主体性;在这种活动、主体性中就有自然的规定,当然在更进一步的关系中也是如此,以致自然就是一被创造者。但是,这种被创造者在这里还不是现有的,而是抽象的规定性。这种规定性在本质上一般都具有自然的形式,具有光明的形式和与善直接相统一的形式;因为直接者本身正是抽象者,因为规定性只是这种普遍的、未发展的规定性。

然后,光明就有黑暗与自己相对立;在自然中,这些规定因此而瓦解。自然的无能为力在于,虽然光明有力量驱除黑暗,光明及其否定仍是并存的。神中的这一规定本身之无能为力还在于,为其抽象还未能在自身中包含和忍受这种对立、矛盾,而是自身与恶并存。光明就是善,而善就是光明——这一不可分割的统一。但是,它是同黑暗、恶斗争中的光明,光明应该战胜这种黑暗、恶,而且仅仅应该战胜之,因为黑暗、恶未能达到这种程度。

光明是一种无限扩张,其快如思;然而,为了光明的显现是**实在的**,这种显现就必定遇到某种**黑暗者**。通过纯粹的光明,无就显示出来,只是靠这一**他者**,才出现了**被规定的显示**,而因此,善就与恶相对立。这种显示是一种规定,但还不是规定的具体发展;所以,规定的具体者外在于它,具体者为其抽象而依靠他者有其规定。没有对立,就没有精神,在发展中仅仅取决于同中介和最初统一的这种对立处于何种地位。 [401]

因此,善在其普遍性中就有一种自然的形态,自然的这种纯粹显示:光明。善是诸事物的普遍规定性。当善是抽象的主体性时,**个别性**的环节就是环节,环节对于他者如何存在的方式,本身还在感性的直观中是一种外在的现时在场,然而,这种现时在场会与内容相适应;因为一般来说,特殊性已被纳入普遍者之中;因此,作为这种更详细特殊性的特殊性——它据此是直观的方式,是直接性的方式——可以适合的内容显现出来。例如,梵仅仅是抽象的思维,以感性的方式被直观出来;因此,如已经说过的,只有空间的直观,即直观的感性普遍性——它本身只是抽象的——与梵相适应。与此相反,实体者与形式相适应,而这种形式还是物理的普遍性,是与黑暗对立的光明。空气、微风等等,也是物理性的一些规定,但它们并不因此是理念者本身,不是普遍的个体性、主体性;自身显示出光明,——其中就有个体性、主体性之自我规定的环节。光明显现为一般光明,显现为普遍的光明,然后也显现为特殊的、特有的本性,诸特殊对象在自身中被反思的本性,显现为诸特殊物的本质性。

光明在这里不必被理解为太阳;人们可以说:太阳是最极致的光明,但它作为特殊的天体,作为特殊的个体,处于遥远的那边。与此相反,善,光明,在自身中有主体性的根源,但仅仅是根源;因此,善,光明,并没有被设定为**在个体上**是与世隔绝的(abgeschlossen),而且因此这样一来,光明就被看作是主体性,**诸事物之灵魂**。

[402]　　b. 该宗教的实存

这种光明或直接善的宗教,是古代**祆教徒**(Parsen)的宗教,为**琐罗亚斯德**(Zoroaster)①所创立。现在还有信仰这一宗教的一些乡镇居民,例如在孟买和巴库地区的黑海沿岸,那里有特别多的油井,人们曾想从油井的偶然地方对此事作出说明,祆教徒们已经把火变成为他们崇敬的对象。我们通过**希罗多德**(Herodot)和其他希腊作家获得了关于这一宗教的消息,但是,人们只是近来通过法国人**昂克蒂尔-迪佩隆**(Anquetil-Duperron)②发现那个民族的主要**基本典籍**(《曾德-阿维斯陀(Zend-Awesta)》)才获得了对该宗教的更详细的认识;这些典籍是用古波斯文,

---

　　① 琐罗亚斯德被视为琐罗亚斯德教的创始人。据说,他于约公元前628—约前551年在世。其活动主要在亚历山大大帝以前,曾约于公元前588年使国王维什塔斯帕皈依其宗教。相传,琐罗亚斯德生于一骑士家庭,似居于米提亚境内的拉戈斯,即今天的德黑兰郊区的拉伊镇。而据古希腊典籍,琐罗亚斯德是传说中的半神幻人物,也称为"查拉图斯特拉",意为"拥有骆驼者"。——译者注
　　② 亚伯拉罕·亚森特·昂克蒂尔-迪佩隆(Abraham Hyacinthe Anquetil-Duperron,1731—1805),古波斯宗教研究的奠基者,翻译了 Zend-Awesta(《曾德-阿维斯陀》)。——德文版编者注

第一章　自然宗教

即梵文的姐妹语写成的。

在这种宗教中受敬奉的光明也许并不是善的象征,即一种**形象**,在其之下表象了同一种善,而是人们会同样好地说,善是光明的象征;它既非意义,也非象征,而是,它们都是**直接同一**的。

在袄教徒这里出现了**敬奉**;实体性在这里对于在其特殊性中的主体来说作为对象而存在:作为**特殊**善的人与普遍的善相对立,与在其纯粹的、还清澈的显示——它是作为自然定在的善——中的光明相对立。——人们把袄教也称为**拜火者**;只要袄教徒不将他们的敬奉转向烧尽的、物质的火,而仅仅转向作为光明的火——这种火显现为物质者的真实——,把袄教徒称为拜火者就是不正确的。

作为对象、感性形态——它与还是抽象的内容相适应——的善——就是光明。它在本质上有善、正义的意义;它在人的形态上称为**奥尔穆兹德**,但是这种形态在这里还是一种表面的人格化。也就是说,只要作为内容的形式还不是自身中发展的主体性,人格化就存在。**奥尔穆兹德**是在外在形式中获得主体性的普遍者;他就是光明,而他的王国其实就是光明王国。 [403]

诸星辰都是个别的、显现的光明。当显现者是一**特殊者**、**自然者**时,由此就产生了显现者和自在存在者的**区别**,那么,自在存在者也就是一**特殊者**、一**守护神**。犹如普遍的光明被人格化了一样,它也成为诸特殊的光明。因此,诸星辰就被人格化为**守护神**,它们总有一天显现出来,然后也被人格化:但是,它们并没有被区分为光明和善,而是整个的统一被人格化了:诸星辰是奥尔穆兹德、普遍光明、自在自为善的神灵。

这些星辰称为阿梅沙·斯朋塔们[①],而作为普遍光明的奥尔穆兹德,也是阿梅沙·斯朋塔们之一。奥尔穆兹德的王国就是光明王国,其中有七个阿梅沙·斯朋塔;人们在这方面也许会想到北斗星,但它们在《曾

---

① 阿梅沙·斯朋塔是古伊朗神话中至高善神阿胡拉·马兹达之 6 或 7 从神,其名意为"永生的圣者",中古波斯文称为"阿姆沙斯潘德"。——译者注

301

德-阿维斯陀》①中和所有的、甚至也在每一个个别的、所准备的祷词中都没有更详细的描述。诸光明都是奥尔穆兹德的伙伴,并和他一起治理。即使波斯国家也像这一光明王国一样被表述为正义和善的王国:国王周围有七位大臣,组成参议会,并扮演阿梅沙·斯朋塔们的代表,如同国王扮演奥尔穆兹德的代表一样。阿梅沙·斯朋塔们,每人值班一天,在光明王国里和奥尔穆兹德一起治理;因此,这里仅仅设定出表面的时间差别。

[404] 　　有生命的万物都属于善或光明的王国;奥尔穆兹德是所有生物中的善者:奥尔穆兹德由于思、言、行而是赋予生命者。在这里,只要善、光明**是万物中的实体**,这赋予生命者也就还是泛神论;所有的幸运、福祉和快乐,都汇入其中;奥尔穆兹德就是作为爱者、幸运者、有力量者等等的实存者:奥尔穆兹德给所有存在者,树木和高尚的人、动物和阿梅沙·斯朋塔以光芒。

　　太阳和诸星辰,都是最初的主要神灵、诸神、天民,纯洁而伟大,卫护每一个人,为每一个人带来惬意,给每一个人赐福,而光明世界的领导者则是轮流值班的。整个世界,在它的所有阶段和方式中,都是奥尔穆兹德;而在这一光明王国里,一切皆善。一切皆属光明,一切有生命者、一切生物、全部精神性、行为、有限物的增长,都属于光明;一切都是光明,都是奥尔穆兹德。它不仅仅是感性的、普遍的生命,而且它在其中是力量、精神、灵魂、极乐。当人、树木、动物活着,对定在有乐趣,具有肯定本性,是某种高尚者时,这就是它们的光辉、光明,而且这就是每一个实体本性的化身。

　　光明现象受人敬奉,在这方面,居住的地点也对祆教徒有益。上面到处都可以找到油井的各个平原,都被加以利用。在祭坛上,蜡烛点燃不息;它不仅是象征,而且也是卓越、善的在场。因此,世界上所有的善,都受到尊重、爱戴和崇拜,因为善被看作是儿子,即奥尔穆兹德之子,就此而

---

① 《曾德-阿维斯陀》是琐罗亚斯德教的圣典,以中古波斯文形成,成书于公元前4世纪。——译者注

言,他爱自己、喜欢自己。同样,赞歌也献给人们的所有纯洁灵魂;他们称为弗拉瓦希(Ferwers)①,不是肉体的人,就是实存的人,或者是亡故者;因此他们就祈求**琐罗亚斯德**的弗拉瓦,对他们给予照管。同样,一些动物也受到敬奉,因为生命、光明就在它们之中;与此同时,守护神、神灵、生物界的肯定者,也被突出出来,并被奉为诸事物特殊种属的典范,奉为神以有限方式所表象的普遍主体性。如上所述,各种动物都受到敬奉,但理想者为天界金牛座,如同在印度人那里是创造的象征(湿婆的陪伴者)一样;在诸火中间,太阳特别受到敬奉;在诸山中,也有这样一个理想,**厄尔布尔士山**(Albordsch),为山中之山。因此,对于袄教徒的直观来说,现有一个善的世界,即不在彼岸世界而在实存中、在真实诸事物中的一些理想。

[405]

活的万物都受到敬奉,太阳、星辰、树木都被敬奉为善,然而只有善、**它之中的光明**才被敬奉,不是它的特殊形态,它的优先的、暂时的方式被敬奉;这是实体者和属暂时性者之间的一种区别。即使在人身上也设定了一种**区别**,某种更高级者不同于它的外在存在、定在之直接体态、自然性、时间性、无重要性;这就是守护神们,弗拉瓦们。在诸树木当中,有一棵树成为杰出的:**人**(Hom)、树中流出不腐的水。因此,国家就是实体者、光明王国的现象,是最高光明的大主教,诸官员都是奥尔穆兹德精神的代表。然而,实体者和暂时者的这种区别却是一种**无关紧要的区别;绝对的区别**则是善与恶的区别。

还可以提到的是,奥尔穆兹德助手中的一个就是**密特拉**(Mithra)②,

---

① 弗拉瓦希(Fravachi),是古伊朗神话和叙事诗中灵魂的体现,西部伊朗称为"弗拉瓦尔提"。——译者注

② 密特拉是古代伊朗神话中的契约之神、太阳神。据考,密特拉源于古代印欧语民族之神殿,意为"交往"、"和谐"、"和平"、"友谊"等。对密特拉的崇拜,纳入种种宗教和神话体系以及文化传统。据《阿维斯陀》所述,密特拉与契约相关联,并被视为契约之化身,以及宇宙法则之保障。密特拉并被赋予调解国界争端的职能,被称为"调解国界者"。据说,密特拉具有道德伦理的属性,能分辨善与恶、真与伪,并抑恶扬善。他与水、太阳相关联,被视为牧场和水的主宰,保障雨水充沛和草木丰茂。密特拉赋予"生机",使人畜兴旺,使世人安居乐业,并保障真诚相待、恪守诺言。又说,密特拉使世人有屋住、妻室、车辆,使世人财运亨通、福乐康泰、子孙繁衍。——译者注

是 μεσίτης，即中介者。奇特的是，希罗多德(Herodot)已经称赞过密特拉；但是在祆教徒的宗教中，**中介**、**和解**的规定还没有居于优势地位。只是后来，对密特拉的弥撒才成了更普遍的，犹如和解的需要在人的精神中已成为更强烈意识到的、更生动的和更确定的一样。在基督教时期的罗马人那里，对密特拉的弥撒已获得特别的发展，而且还在中世纪，可以找到一种秘密的对密特拉的弥撒，所谓与圣殿骑士团(Tempelherrenorden)①相联系。犹如密特拉以刀击牛之颈一样，一个基本的景象就属于密特拉崇拜；这在欧洲屡见不鲜。

c. 崇拜

【祆教】这种宗教的崇拜直接产生于这种宗教的规定。它的目的在于赞扬奥尔穆兹德及其创造，而且由始至终都对万有中的善怀有崇敬。诸祈祷都是简单、单调的，而且没有特有的细微差别。崇拜的主要规定就是，人自身在内心里和外表上都应该保持纯洁，而且处处都应保持和传播这种纯洁性。祆教徒的整个生活都应该是这种崇拜，这种崇拜不是某种孤僻的东西，像在印度人那里那样。祆教徒处处都应该促进生活，使生活丰富，使生活保持快乐，在言行上施善，在任何地方都促进一切皆善，在世人中间像世人自身一样，修渠植树，使流浪者安居，开垦荒地，使饥者有其食，灌溉土地，另一方面，土地本身就是主体和神灵。

这就是抽象概念的这种片面性。

2. 叙利亚宗教或苦难的宗教

我们刚刚对与恶的斗争以及战胜恶之规定作了考察；现在我们应把

---

① 圣殿骑士团，为中世纪天主教的军事宗教修会，其总部设于耶路撒冷的犹太教圣殿。为了保卫第一次十字军东侵建立的耶路撒冷拉丁王国，并保护朝圣者，若干破落骑士发起组建，又称"基督贫穷骑士团"，始而为军事组织，后被斥为异端，1312年被教皇解散。——译者注

第一章 自然宗教

作为**苦难**的这种斗争看作是下一个环节。作为苦难的斗争似乎是一种表面的说法;然而这一点在于,这种斗争不再仅仅是外在的对立,而存在于**某一主体**及其**自我感觉**中。然后,斗争就是苦难的客体化。不过整个来说,苦难就是有限性之过程,而且在主观上是情感之悔悟。有限性、苦难、[407]
斗争、胜利的过程是精神本性中的一个环节,而且在这一领域——在其中,**威力将自身进一步规定为精神的自由**——里并不会缺少这一环节。这一环节力量本身的丧失,在己存在与他者的矛盾——它自身扬弃为**无限的统一**(这里只能谈论**真理的**无限性)——,对立的扬弃,——这就是现在出现的精神之理念中的一些本质规定。我们虽然意识到理念的发展,意识到理念的进程及其环节——其总体由精神所构成——,但这种总体尚未被设定出来,而是在相继显现于这一领域的一些环节中被忽略了。

由于内容尚未设定为自由的精神,当诸环节尚未被概括为主观的统一时,内容就以**直接的**方式和**自然性之形式**被排除出去了;这种内容在一种**自然的过程**中表现出来,但这种过程基本上被了解为象征性的,而且因此不仅仅是外在自然的过程,而且是**普遍的过程**。与我至今所站立的立脚点——在这里不是精神,而是抽象的力量才是占统治地位的东西——相反,理念的下一个阶段才是冲突的环节。精神本质上就是从其他者和从对这种他在的克服中,通过否定之否定而回到自身的东西;精神产生出来,它经历自身的异化。然而,由于精神尚未被设定为精神,异化和回归的这一过程还不是理念的,尚未被设定为精神的环节,而是直接的,因此也以自然性之形式呈现出来。

犹如我们已经看到的那样,这种规定在**腓尼基的**宗教和**前亚洲的**宗教中一般都获得了形态。在这些宗教中,已经包含了已说明的过程;神之衰亡、异化及其复活在腓尼基的宗教中被突出出来。关于**不死鸟**的表象,[408]
尽人皆知:它是一种自焚的鸟,而且从自己的灰烬中以新的强健有力产生出一只年轻的不死鸟。

这种异化,这种他在,被规定为自然的否定,就是**死亡**,然而,当由此

305

产生出新的异化的时候,同样也是被扬弃的死亡。精神永远是这种东西:渐渐自我消失、自身在自然性中成为有限的。但是,由于精神之自然性的毁灭,精神就回到其自身。不死鸟是这种有名的象征;它不是善与恶的斗争,而是属于神自身本性的**神圣过程**以及**某一个**个人的过程。这一过程被设定于其中的更近形式,是**阿多尼斯**(Adonis,希腊传说中爱神阿芙罗狄所恋的美少年),他的形态也转移到埃及和希腊去;即使在圣经里他也被提到过,称为**搭模斯**(Thammus,或**塔穆兹**)(Hesekiel 8,14)①:"看啊,妇女坐在那里,为搭模斯哭泣"。春天,阿多尼斯庆祝主要的节日;它是一个祭祀死者的节日,一个悲叹的节日,持续好些天。人们悲叹地寻找阿多尼斯整整两天;第三天则是一个欢乐节,这一天,神又复活了。整个节日具有自然——冬天止息,春天复生——节日的性质。因此,一方面,这是一个自然过程,而另一方面,它象征性地被认为是神的环节,一般被称为绝对者。

[409] 阿多尼斯的神话本身与希腊神话相联系。按照希腊神话,阿芙罗狄忒(Aphrodite)曾是阿多尼斯之母,她将他这一柔弱的孩子藏于一箱中,并把这孩子送至冥府"哈得斯(Ais)";此后,当孩子的母亲想要回这孩子时,佩尔塞福涅(Persephone)不想将孩子交还。这样一来,宙斯就出面裁决这一争执,两位女神的每一位都可以有每年三分之一的时间将阿多尼斯留在自己身边;另三分之一的时间留给这孩子自己选择。他更喜欢也在共同的母亲、也是他的母亲阿芙罗狄忒那里度过这段时间。也就是说,这一神话按其最近的解释涉及土地中的种子——它以后生长出来。关于卡斯托尔(Kastor)和波吕杜克斯(Pollux)交替留在地狱和世间的神话也与此相关联。然而,它的真正意义不仅仅是自然的变化,而且一般是从活力、肯定的存在向死亡、否定的转化,而且又是由这种否定向上的提

---

① 塔穆兹为西亚众多民族神话中的丰饶之神,又被视为畜牧之神,爱神与丰饶女神安娜的钟情者和丈夫。相传,女神曾将他送往冥府,以替代自身。塔穆兹每年一半时光冥府度过,另一半时光返回阳世,其妹妹格什提南则代他去往冥府。塔穆兹因而又称为"死而复生之神"。——译者注

升——实质上属于精神概念的**绝对中介**。

因此,精神的这一环节在这里就变成了**宗教**。

3. 谜之宗教(埃及的宗教)

精神借助自身的中介形式——在此形式中,自然的东西还是主要的——,**过渡**的形式——在这里开始于**他者本身**,而过渡尚未显现为**精神向自身的复返**——,这种形式就是前亚洲诸宗教所特有的形式。此外,这种过渡显现为精神向自身的复返,但尚未达到如此的程度,以致这种向自身的复返就是一种和解,而是,斗争、搏斗就是对象,然而却是作为神本身的环节。

向精神宗教的这一过渡虽然包含具体的主体性于自身之中,但却是**这种单纯主体性的分离**(Auseinandergelassensein),是同一主体性之发展,但却是这样一种还同时是原始的和酝酿着的发展,尚未达到安静的程度,尚未达到真正在自身中自由的精神性之程度。

犹如在印度教中这种发展已经瓦解一样,在这里,规定性则存在于其分离中,然而这样,精神者和自然者的这些基本力量在本质上就与主体性有关,因此,这就是经历这些环节的**某一**主体。在印度教中,我们也看到产生和消亡,然而不是主体性,不是回归于独一者,不是这样一种独一者——它本身经历这些形式、区别,并在其中而且从中回归于自身。主体性的这种更高级的力量就在于,在发展中从自身忽略掉差别,但却保持自身的统一,或者倒不如说克服这同一种差别。①

[410]

这种形式的片面性是,缺少善的这种纯粹统一,缺少回归,缺少在己存在,这种自由仅仅**产生出来**,仅仅显示出来,但是还不能说完成了,**完美了**,尚未有这样一种开端、产生结果,就结束了。因此,这是其实在中的主

---

① 拉松版:"因此,主体性的这种更高级的力量就是这样一种力量,它展开差别,从自身中忽略掉差别,但却把差别保持在自身一体中,或者倒不如说克服这同一差别。"——德文版编者注

体性,但还不是真正自由中的主体性,而是在这种实在中并从这种实在中酝酿着。

光明和黑暗的二元论在这里开始自在地**结合起来**,以致于属于主体性本身的就是这种黑暗、否定者——它在其提高中也变成为恶。主体性就是使诸相反的原则集合于自身之中,成为力量,忍受这种矛盾,并在自身中解决这种矛盾。奥尔穆兹德(Ormuzd)始终有阿赫里曼(Ahriman)与之相对立;虽然也有这样一种表象,即最后阿赫里曼被战胜,而奥尔穆兹德则单独执政,但这只能说是未来的事情,而不是某种现今的事情。神、本质、精神、真理,都必定是当前的,不是在表象中被放回到往昔或安放于未来。善,这是最近的要求,也必须实际被设定为自身中的**实在力量**,而且既被理解为普遍的力量,又被理解为实在的主体性。

[411] 这种观点就是:主体性的这种统一,以及这样一种情况,即由于这些不同的环节,肯定经历否定本身,并以回归自身与**和解**而结束;然而这样一来,这种主体性的行为更多地就只是同一种主体性的这种酝酿,即真正完全达到和已经圆满结束的主体性。

一个主体就是这种区别,是自身中的一个具体者,一种发展。因此,这种主体性进入发展了的诸力量,并把它们结合起来,以致它们被释放出来,这种主体有一种历史,生命、精神、运动的历史就在自身之中,在这里,主体分离为这些力量的差别,这一主体**转变为与自身对立的异己者**。光明并没有消失;但是在这里,它是本身自我异化的一种主体,被留在它的异化中,在这种异化中并从这种异化中重新创造出自身。结果就是自由精神的表象,但还不是真正的理想性,首先仅仅产生出渴望,同一种理想性的起源。

这就是这一范围内自然宗教的最后规定,而且是过渡为自由主体性之宗教的阶段。如果我们考察一下祆教的阶段,那么它就是将有限者概括为在自身中存在的统一,在这种统一中,善规定自身。但是,这种善仅仅自在地是具体的;规定性在自身中是简单的,还不是显示出来的被规定者,或者,它还是抽象的主体性,还不是实在的主体性。所以,下一个环节

第一章 自然宗教

就是,在善的王国之外,恶被规定出来。这种规定性被设定为简单的、未展开的,它不是被视为规定性,而是仅仅被视为普遍性,而且因此,发展、区别还未在其中作为不同的而是现有的;这其实属于尚在善之外的同一种发展。诸事物仅仅作为明亮的、仅仅按照其肯定的方面、而非也按照其特殊性的方面是善的。我们正按照概念在接近实在的、真实的主体性之王国。

a. 这一阶段的概念之规定 [412]

诸规定并不缺少质料,而它一定也见于这种具体的领域。区别仅仅在于,总体的诸领域是否以表面的、外在的方式现存着,或者它们是否存在于内在深处、本质之中,也就是说,它们是否仅仅作为表面的形式和形态而存在,或者被设定为**内涵之规定**,而且**被如此想象**;这一点构成了巨大的差别。我们在所有宗教中或多或少都遇到自我意识的方式,此外也遇到关于神的谓语,即全能、全知等等。我们在印度人和中国人那里看到神的崇高表达方式,以致更高级的宗教在这种考虑中并没有什么优越之处;这就是关于神的所谓纯粹表象(例如弗里德里希·施莱格尔(Friedrich Schlegel)在其《**印度人的智慧**》①中所述的),这种表象被视为完善的原始宗教的残余物。即使在光明宗教中,我们也看到个别的恶已经处处被扬弃了。我们已经处处而且同时在自我意识的具体规定中看到主体性。巫术已经是自我意识高于自然的力量。因为这无疑在对宗教的考察中造成特殊的困难,所以我们在这里就像在逻辑学中一样与一些纯粹的思想规定无关,也与自然中的实存无关,而是与这样一些规定有关,由于在这种情况下这些规定已经经历过主观的和客观的精神,这些规定并不缺少**自我意识**(一般指有限精神)的环节;因为宗教本身就是精神关于自身的自我意识,而且精神自己使自我意识本身诸不同的、展示精神的

---

① 德国著名学者弗·施莱格尔在语言学领域曾作出重大贡献,著有《关于印度人的语言和智慧》,海德堡1808年版。——德文版编者注

309

[413] 阶段成为意识的对象。对象的内涵就是神,就是**绝对的总体**;在这种情况下就决不缺少质料的全部多样性。然而,人们必须更仔细地寻找被规定的一些范畴,这些范畴形成各种宗教的各种**差别**。人们尤其在本质——这种本质处处有也没有——的**创造活动**中来寻找差别,此外也在于是否有或没有**一个神**;这种差别同样也是不可信赖的,因为甚至**一个神**也可以在印度的宗教中找到,而差别仅仅在于诸多形态如何结合为统一所采取的方式。好些英国人断言,古老的印度宗教包含着神(作为太阳或普遍灵魂)的统一。这样一些知性谓语是不够用的。

如果人们给予神这样一些**谓语**,那么用这些规定就认识不了神及其**本性**。这甚至是有限本性的一些谓语;即使这种本性也是强大的、睿智的、知情的:从神来说,这些谓语虽然通过所有而扩大到有限的质料上,但它们却失去了其一定的意义,而且像梵中的三相神一样是微不足道的。本质的东西就包含在独一者、实体者、内在者之中,它是被这样理解和了解的**本质规定**;这些并不是诸反思谓语,不是外在的形态,而是**理念**。

因此,我们已经有了主体性、自我规定的规定,但是仅仅以表面的形式,尚未构成神之本性。在光明宗教中,这种规定是抽象的、普遍的人格化,因为诸绝对环节没有展开地包含在个人中。一般来说,主体性与自身的抽象同一,是自身区分开的己内存在,但是这种己内存在同样也是这种区别的否定性,保持在差别中,没有从自身离开这种差别,始终是同一差别的力量,存在于其中,然而自为地存在于其中,瞬息间含有差别于自身。

[414] α)如果我们在与以下形式的关系中考察这一点,那么主体性就是这种与自身有关的否定性,而且否定者不再外在于善之外,确切地说,它必定包含在与自身的肯定关系中,被设定出来,而且因此无疑不再是恶者。这样一来,否定者、恶现在就不能再属于**善之外**;而善正好就是依其自身而是恶这种东西,因此,恶无疑就不是恶了,而是,作为与自身(恶)相关联的恶而扬弃其恶之存在,并构成善。善就是**把与自身的否定联系设定为他者**,设定为恶,像这种恶一样把运动、其否定存在设定为否定者,也就是说,扬弃之。这种双重运动就是主体性。这种主体性不再是梵所是者;

310

第一章 自然宗教

只有这些差别才消失在梵中,或者,只要差别已被设定出来,那么这差别就作为独立的神在它之外。

最初和本质上普遍的主体性,并不是完全自由的、纯精神的主体性,而是还受到自然的影响,因此也就是普遍的力量,然而却是仅仅**自在**存在的力量,犹如我们迄今有过的这种力量一样;作为主体性,它其实是**被设定的力量**,而且如果它被认为是**排他的主体性**,那就可以被如此来理解。

自在的力量和作为主体性的力量就是差别。这种主体性是被设定的力量,已被设定为自为存在的力量。我们以前在所有形态方面也已经拥有过力量。作为最初的基本规定,主体性是高于只是存在者的一种粗暴力量;另外,主体性只是内在者,而诸差别则显现为外在于它的独立实存,虽然来自于主体性但却外在于它而独立,而且,只要诸差别在其中被加以理解,它就消失了。当自我意识表明:"我即是梵"时,犹如诸差别消失于梵一样,它们也消失在这种抽象中,而且这样一来,所有神圣者、所有善就都在其中消失了,因此抽象概念就没有什么内容了,而且,只要内容外在于抽象概念,那么它就是独立不稳定的。在诸特殊实存方面,力量是起作用者,是原因;但它始终只是内在者,并仅仅以普遍的方式起作用。只要普遍的力量自在地存在,它所产生的东西也就是普遍者,就是诸自然规律;这些自然规律属于自在存在的力量。这种力量发生作用,是自在的力量,它发生作用同样也是自在的;它无意识地发生作用,而诸实存——太阳、星辰、海洋、河流、人、动物等等,都显现为一些独立的实存;只是它们的内在本质为力量所规定。只要力量在这一领域里显现出来,那么它就会是内在本质,仅仅作为与自然规律相对立而存在,而且这里就是奇迹之处。然而在印度人那里,还没有什么奇迹,因为他们没有理性的、知性的本性;这种本性没有知性的关联,一切都是不可思议的,所以没有什么奇迹。只有在神被规定为主体,并作为自为存在的力量以主体性的方式发生作用的地方,奇迹才会存在。只要自在存在的力量被表象为主体,主体采取何种形态是无关紧要的;所以这种力量就在人、动物身上被表象出来。有生命者作为直接的力量发生作用,这一点其实并不能被驳倒,因为

[415]

这种力量作为自在存在的力量在看不见地、不显眼地发生作用。

实在的力量不得不与这种力量区别开来；这就是**主体性**。在这一点上，必须注意两个基本规定。

第一个基本规定是，主体是与自身同一的，同时也**在自身中设定某些不同的规定**。这些差别的一主体——一主体的一些环节。因此，善就是普遍的自我规定，这种规定是完全普遍的，以致善具有相同的、没有差别的范围及本质；这一规定实际上并未被设定**为规定**。自我规定属于主体性，以致诸规定显现为多数规定，它们有这种**实在性**，与概念相反，与自身中主体性的简单己内存在相反。但是，这些规定首先还被包含在主体性中，是些内在的规定。

[416]

第二个基本规定是，主体是**排他的**，它与自身有否定的关系，犹如力量一样，但与他者相反；这一他者也可以独立地显现，但它是被设定出来的，以致独立性只是一种假象；或者这一他者如此存在，以致其实存、其形态只是一否定者，与主体性的力量相反，以致这种力量居于统治地位。绝对的力量并未占据统治地位；在统治中，他者消失着，——这种他者仍然留在这里，但处于从属地位，充作手段之用。

我们必须进一步考察这些环节的发展。这种发展的特性是，它得停留在某些界限内，特别是因为我们才处于向主体性的过渡中。这种主体性尚未显现为自由、真实；这里还是**实体统一和主体性的混合**。主体性一方面也许把一切结合起来，然而另一方面却还让他者保留下来，因为主体性还是不成熟的，因此混合还有其与之纠缠在一起尚难以解决的缺陷，即自然宗教的缺陷。因此，至于形态的方式方法——在这种方式方法中，精神以拥有其关于自身的自我意识为其意识的对象——所涉及的东西，这一阶段则表现为以前形态向宗教更高级阶段的过渡。主体性还不是自为存在的并因此是自由的主体性，而是实体和自由主体性之间的中项。因此，这一阶段充满了不彻底性，而主体性的**任务**就在于使自身纯净，——这就是**谜**的阶段。

在这种酝酿中出现了所有环节。所以考察这种观点就有特殊的兴

第一章　自然宗教

趣,因为这里的两个阶段,即前面的自然宗教阶段和随后的自由主体性阶段,都出现在其主要环节中,这两个阶段还没有被分开;因此就只有神秘莫测的东西和混乱迷惑的东西,而且只有通过概念,人们才能指出联系,在哪一方面聚集着如此异质的东西,而诸主要环节属于二者的哪一阶段。[417]

神在这里还是内在的**自然**,自在的威力,而且因此,这种威力的形态就是偶然的,是随意的形态。这种只是自在存在的威力会被赋予某一个人、某一个动物的这种或那种形态。这种威力是无意识的、能动的、而非精神的智力,仅仅是理念,但不是主观的理念,而是无意识的生命力,是一般的生命。这不是主体性,不是一般的**自身**;然而,如果生命一般应被表象为形态,那么下一个关注的就是选取某一有生命者。正是有生命者在整个生命之内,——至于何种有生命者、何种动物、何种人,是无所谓的。因此就有按照这种观点的动物弥撒,而且有各种各样的形式。不同的动物在不同的地方都受到敬奉。

按照概念,更重要的是,主体被内在地规定于自身之中,就其反思而言存在于自身之中,而且这种规定不再是普遍的善,虽然是同一种善,而且因此是与自身对立的恶。然而此外,实在的主体性将一些**差别**设定进其规定中,在这里,不同的善、某一内在的内容,就是被设定出来的,而且这一内容就来自某些规定,不仅仅具有普遍的规定。主体只有就此而言才是实在的主体,或者自由首先开始于这种情况:不同者对我来说可能会存在,在这种情况下就存在选择的可能性;主体首先因此而处于特殊的目的之上,如果特殊性没有主体性自身的范围,不再是普遍的善,那么主体就摆脱了特殊性。另一种情况是,善同时是被规定的,并被提升为无限的智慧;多种善在这里被规定出来,而且因此主体性就在善之上,善显现为其是要此者或是要彼者的选择;主体**在决定性的意义上**被设定出来,目的 [418] 和行为的规定也显现出来。

作为实体统一的神是**不采取行动的**,他摧毁、创造,是万物的原因,但并不采取行动;例如梵就是不采取行动的:独立采取行动,要么是仅仅被想象出来的,要么就是交替地化为人。但这只是在这里会有的一个有限

313

的目的,这只是最初的主体性,其内容还不能是无限的真理。

这里也有这种情况,即这种形态被规定为人的形态,因此,神就是从动物的形态向人的形态的一种过渡。在自由的主体性中,与这样一种概念相适应的形态直接仅仅是人的形态;这不再仅仅是生命,而且是按照目的的自由规定;因此,对这形态来说,就有了人的规定,也许是一种特殊主体性,一位英雄,一位老国王等等。在这里,人的形态——因此,诸特殊的目的产生于最初的主体性中——并非如非规定的人的形态中的奥尔穆兹德那样是被规定出来的;也产生出这形态的特殊性,该形态有着特殊的目的,并有地域的规定。诸主要环节与此恰好相合。也就是说,在主体身上必定进一步显现出发展了的规定性;行动的诸确定目的是有限制的、被规定的,不是其总体中的规定性。规定性也必定在其**总体**中显现在主体身上,发展了的主体性必定在主体身上被直观到;但是诸**环节**还不是**形态的总体**,而是首先呈现为一种**相继不断地发生**,呈现为生命的过程,呈现为主体的**不同状态**。只是后来,主体才作为绝对精神出现,拥有其环节作为自在的总体。在这里,主体还是纯属形式上的,按其规定性还是有局限性的;虽然它与整个形式相称,但局限性却还存在,即诸环节被作为一些状态造就出来,不是每一个自为的环节被作为总体造就出来;不是永恒的历史在主体身上被直观到,以致它构成同一主体的本性,而只是一些状态的历史被直观到。第一种状态是肯定的环节,第二种状态是其否定,第三种状态是否定复归自身。

[419]

β)第二个环节是在这里所特别取决于的东西。**否定**显现为主体的状态,这是其外化,其实是死亡;第三个环节是恢复,是复归于统治地位。**死亡**是否定在主体身上如何——只要主体仅仅一般具有自然的、也是人的存在形态——显现的下一种方式。此外,这种否定有进一步的规定,即因为这不是永恒的历史,不是在其**总体**中的主体,这种死亡与个别的定在相反,作为通过**外部的**他者,通过恶的原则而接近同一个别定在。

这里我们把神作为一般的主体性;主要环节在于,否定不处于主体之外,而是已经处于主体本身之内,而主体则本质上复归于自身,是在己存

第一章　自然宗教

在。这种在己存在包含着设定、拥有**其自身**的一**他者**的差别——否定——,但是同样复归于自身,在己处,在这种复归中与自身同一。

这是**一主体**;只要否定的环节在自然性的规定中被设定为自然的,这种环节就是死亡。因此,神之死亡,就是出现在这里的规定。

否定者,这种抽象的表达,有很多规定,其实就是变化;即使变化也包含着局部的死亡。在自然者身上,这种否定显现为死亡;因此,这还存在于自然性之中,就精神而言,就这样一种精神主体而言,还不是纯粹的。如果否定者是就**精神**而言的,那么这种否定就显现在人自身上,在精神自身上显现为这样一种规定,即对人来说,他的自然意志是另一种意志:它按其本质、其精神性,不同于其**自然的**意志。这种自然的意志在这里就是否定,而当人克服其自然性,当他使自己的心、自然个别性、理性的这种他者与理性者和解时,人就臻于自身,就是自由的精神。这种在己存在,这种和解,只有通过这种运动、这种进程才是现有的。如果自然的意志显现为恶,那么否定就显现为一被发现者:人自身提升为其真理,发现这种自然的规定是与理性者对立的。[420]

但是,一种更高级的表象是,否定是**被精神设定者**;因此,当神生出自己之子,生出自己的他者,设定他自己的他者时,神就是精神;然而,神在精神中就是在自身中,而且直观自身,他也是永恒的爱;在这里,否定同样也是消失者。这样一来,神中的这一否定就是这种被规定的、本质的环节;不过,我们在这里只有主体性之表象,一般的主体性。因此,发生的事情就是,主体本身经历这些不同的状态作为其状态,以致这种否定就是主体所内在的。然后,只要这种否定显现为自然的状态,显现为死亡的规定,这种规定就出现了,而且神就与主体性的规定一起在这里显现在其永恒的历史中,并且显示出是自身死亡着的绝对肯定者——否定的环节——,自身被异化,失去自身,然而却通过其自身的这种丧失重新寻得自身、复归自身。

即使在宗教中,同一主体也在经历这些不同的规定。我们在恶的形式中所拥有的否定者被视为阿赫里曼,以致否定就不属于奥尔穆兹德本

315

身,在这里属于神本身。

[421] 我们也已经**在死亡的形式上**有过否定:在印度神话中有许多化身(化为人);尤其是毗湿奴,就是世界的历史,而且现在就在第 11 或第 12 个化身之中;同样,达赖喇嘛也死亡,因陀罗、自然者之神和其他者也死亡,而且复生。但是,只要死亡属于主体,这种死亡就不同于这里所谈的否定性、死亡。在这种差别方面,一切都取决于诸逻辑规定。人们可以在所有宗教中找到类似者、神的人化和化身;人们甚至说出**黑天**和**基督**的名字;但是这样一些分类编排,尽管它们有共同之处,自身有相同的规定,却是非常表面的。事情所取决的本质者,是被忽视的差别的进一步规定。因此,因陀罗的千次之死则有另一种性质:此外,实体仍旧是同一的实体,它仅仅离开某一个喇嘛的**这种**个别躯体,然而自己却选择了另一个躯体。在这种情况下,这种死亡、这种否定,与实体无关;否定并未设定于自身之中,并未设定于这样一种主体之中,它不是自身的、内在的环节,不是**实体的内在规定**,这实体并未把死亡的痛苦包含于自身。

因此,我们只是在这里才发现神之死在它本身中,以致于否定就内在于其本质中,内在于其本身中,而且因此,这种神在本质上就正好被描述为主体。主体就是,它在自身中产生出这种他者存在,并通过对它的否定而复归自身、造就自身。

[422] 这种死亡似乎首先是某种不值得的东西;按照我们的表象,消失是**有限者**的命运,而且按照这种表象,死亡,只要它为神所需要,就仅仅作为规定从与它不相适应的有限者领域中转移到他身上;因此,神并没有真正被了解,倒不如说他由于否定的规定而变坏。与神圣者中死亡的每一论断相对立的,是神必须被了解为最高本质的、仅仅与自身同一的要求,而且这种表象被视为最高的和最重要的,以致精神才最后获得这种表象。因此,如果神被理解为最高本质,那么他就没有内容,而且这是最贫乏的表象和一个完全古老的表象;客观行为的第一个步骤就是达至这种抽象,达至其中没有包含否定性的梵。善、光明,同样也是有否定者仅仅在自身之外作为黑暗的这种抽象。从这种抽象出发,这里就已经继续前进至关于

第一章　自然宗教

神的较具体表象,而且因此,只要神在人的形态中被直观,否定的环节就出现,即以这种特有的方式首先作为死亡出现,而且因此,死亡的环节也应作为神本身的本质环节、作为本质所内在的东西予以高度重视。属于自我规定的,是**内在的**否定性,不是外在的否定性,像这已经存在于**自我规定**这个词中那样。在这里显现的死亡,不是像喇嘛、佛陀、因陀罗和其他印度神之死那样,对于这些神来说,否定性是外在的,而作为外在的力量只能靠近他们。已经继续前进至被意识到的智慧、自由之知、神之知,是一种标志。否定的这种环节是神的绝对真正的环节。死亡是特有的、特殊的形式,在这种形式中,否定在形态上显现出来。因为神圣的总体,即使在更高级的宗教中,直接形态的环节也必能从神圣的理念上辨认出来,因为神圣的理念什么都不该缺少。

所以,否定的环节在这里是神圣概念内在的,因为这一环节本质上在显现中应归于这一概念。在其他的诸宗教中,我们看到神的本质只有作为其自身抽象的己内存在、绝对的实体性时才是被规定出来的;在这里,死亡并不应归于实体,而是它仅仅被视为神显示所采取的外在形式。如果这是神本身、不只是个体——在其身上出现死亡——所遭遇的事情,那么这就是完全另一回事了。因此,这就是这里在这种规定中神所显现的本质。

[423]

然而,与此相关联的还有以下规定:神**自己重生**、**复活**。直接的神并不是神。精神仅仅作为自由的在自身中通过自身而存在、自己设定自身者。这包含着否定的环节。否定之否定就是复归自身,而精神则是永恒地复归自身。因此,然后在这里的第一阶段上就是和解;恶、死亡被表象为被克服了的。神因此得以重生,而在向自身的永恒复返中,神就是精神。

b. 这一阶段的具体表象

在这种宗教的实存中,在**埃及人**的宗教中,出现了无限多种多样的形象。仅仅整体的灵魂就是以主要人物形象被加以强调的主要规定。**奥西**

317

里斯(Osiris)①虽然首先有否定作为外在者、他者、**提丰**(Typhon)②与自身相对立;但是外在者并不停留在这种外在的关系中,仅仅像奥尔穆兹德所进行的斗争那样,而是否定纳入主体自身。

[424]

主体被杀害,奥西里斯死去;然而他却永恒地重生,并因此被设定为一次又一次的出生者,他不是以自然者、而是以此被设定为一从自然者、感性者中的分离者,被规定为属于表象王国、精神者(继续至超出有限者之外)的基础,不属于这样一种自然者。奥西里斯是表象的神,是按其内在的规定被表象的神。他死去,但也重生,这就明确地说出了,神现存于与纯自然王国相对立的表象王国中。

但是,神不仅仅如此被表象出来,而且也被了解为这样一种神。这不是都一样的。如此作为表象者,奥西里斯被规定为**阿蒙忒斯**(Amenthes)③王国中的统治者;犹如他是有生命者的主人一样,他也不再是感性继续实存者的主人,而是继续实存的灵魂——它与躯体、感性者、短暂者分离开来。死者王国是自然存在被克服了的王国,是表象的王国,在这里,正好保存了没有自然实存的东西。

提丰,恶,被战胜了,同样,痛苦也被战胜了,而奥西里斯则是依据权利和正义的法官:恶已被战胜,已被谴责;因此才产生了**判决**,而且这是**有决定意义的事情**,也就是说,善有使自己起作用的威力,并将消灭虚无者、恶者。

如果我们说:奥西里斯是死者们的一位统治者,那么死者们正是这样一些死者们,他们不是在感性者、自然者中被设定出来的,而是自为地在感性者、自然者身上得以延续下来。与此相关联的是,个别的主体被了解为延续的,来自于短暂者,是自为稳定的,不同于感性者。

---

① 奥西里斯,古埃及神话中的自然界生产力之神、丰饶之神、死者审判者和冥府之主。——译者注

② "提丰",古埃及神话中的恶神塞特的古希腊称谓;相传,他以毒计将其兄奥西里斯杀死。——译者注

③ "阿蒙忒斯",古埃及神话中大神阿蒙的古希腊称谓;阿蒙忒斯视为太阳神和法老王权的保护神。——译者注

318

第一章 自然宗教

希罗多德说的**不朽**,是一个非常重要的词,埃及人首先说过,人的灵魂是不朽的。在印度、中国,就有这种永生、这种转世;但是,像个人的永生、印度人的不朽一样,这种永生、转世本身只是某种从属的、非本质的东西:最高者并不是肯定的永生,而是**涅槃**(Nirwana),是肯定者毁灭状态中的永生,或者只是一种肯定的显现者,与梵是同一的。与梵的这种同一、结合,同时就消融于这种虽然是肯定显现的、但完全在自身上没有规定的、未区分的统一中。然而在这里,始终不渝的是这样一点:意识的最高者就是这样一种主体性;这种主体性就是总体,能够独立地存在于自身中,——这就是真正独立性之表象。[425]

不在对立中的东西,是独立的,它倒可以说在克服这种对立,不是保持有限者与自身相对立,而是在自身中有这些对立,但同时在自身中得以克服,这种东西才是独立的。主体性之规定是客观的,适合于客观者、神,这种规定也是**主观意识的规定**;这种意识知自己为主体,知自己为总体、真正的独立,因此知自己是不朽的。因此,人的更高级的规定,就已为意识所领悟。

因此,这是一种非常重要的规定,是这种否定之否定,死者被杀死,恶的原则被克服。在祆教徒那里,这一原则没有被克服,而是善、奥尔穆兹德与恶、阿赫里曼相对立,而且尚未达到这种反思。只是在这里,对恶的原则的克服才被设定出来。

那么,这里就出现了我们已经认识到的已指明的规定,即这种重生者同时也被表象为已故者,他是阿蒙忒斯(Amenthe)王国中的统治者,像生者的统治者一样,因此按照法和正义也是死者们的审判者。这里首先在主观自由的规定中就出现了**权利和伦理**;与此相反,实体性的神身上则缺少二者。因此,这里就出现了一种惩罚,而且出现了**人的价值**,人按伦理、权利来规定自身。

围绕着这种普遍者,产生了**无限多的表象**,即神。奥西里斯只是这些表象中的一种,而且按照**希罗多德**的看法,甚至是后来表象的一种;然而,特别是在阿蒙忒斯王国中,作为死者的统治者,作为**塞拉皮斯**

(Serapis)①,他已把自己提升到所有其他神之上,作为人们**最感兴趣**者。

[426]　按照神职人员所述,希罗多德给出了埃及诸神的排列顺序,而且在其中可以找到奥西里斯在后来的诸神之列。但是,**宗教意识的进一步造就**也发生在某一宗教本身**之内**;因此,我们已经在印度宗教中看到,对毗湿奴和湿婆的崇拜是后来的事。在袄教徒的圣书中,密特拉被排入其他诸阿梅沙·斯朋塔(Amschadspand)神之列,并在同一阶段上与他们并驾齐驱;然而在希罗多德那里,密特拉已经被加以强调,在古罗马人的时代,所有的宗教都被带到了罗马,密特拉崇拜是主要的宗教之一,而对奥尔穆兹德的崇拜却没有获得这种意义。因此,即使在埃及人那里,奥西里斯也应该是一个后来的神;在古罗马人时代,塞拉皮斯是众所周知的,是奥西里斯的一个特殊形象,是埃及人的主要神;即使塞拉皮斯后来领悟了精神,但他仍然还是神,在他身上,**意识的总体**得到了展现。

埃及直观的**对立**也出自其深度,并成为一种**表面的**对立。提丰是**实在的恶**,而奥西里斯则是使人有生气的原则:贫瘠的荒漠属于前者,而且他被表象为热风,烈日的灼热。另一对立则是奥西里斯和伊西斯(太阳和大地)的自然对立。大地一般被认为是生殖的原则;因此,即使奥西里斯死亡,为提丰所战胜,而伊西斯(Isis)则处处寻找其骸骨:神死亡,这又是这种否定。奥西里斯的骸骨然后被埋葬,然而他本身则成为了死者王国的统治者。这是有生命的自然界的过程,是复返自身的一种必然循环运动;同一循环运动也属于精神的本性;奥西里斯的命运是同一循环运动的表现。在这里,此者重又意味着他者。

[427]　其他诸神都与奥西里斯相关联;然而,他是他们的连接点,而他们仅仅是他所表象的总体的个别环节。例如,**阿穆恩**(Amun)②是太阳的环

---

① 塞拉皮斯为希腊化时期之神,犹如阿庇斯和奥西里斯,也被视为丰饶之神和冥世之神。塞拉皮斯也被视为自然力和种种自然现象的主宰,被赋予水神的职能,又被赋予太阳神的职能。——译者注

② 阿穆恩(Amun),为古埃及神话中古老的太阳神,在底比斯为人们所敬奉。——译者注

节，其规定也属于奥西里斯。此外还有人们称为**节气神**的一系列神，因为他们与一年的自然变化有关；一年的个别阶段，如春分、夏至等等，都在节气神中被加以强调，并被拟人化。

不过，奥西里斯意味着**精神者**，不仅是自然者；他是立法者，他制定了婚姻制度，他教会了世人农耕和技艺；在这些表象中可以找到对古代一些国王的历史影射：因此，奥西里斯也包含着一些历史特征。例如，即使毗湿奴的化身也好像暗示征服锡兰就是印度的历史。犹如密特拉存在于其中的规定，被作为最有趣的规定加以强调，并变成了对密特拉崇拜的祆教一样，在这里，奥西里斯，但不是在直接的世界中，而是在**精神的**、**理智的**世界中，变成了中心点。

由以上所述可以得出，主体性在这里首先存在于表象的形式中；我们与以人的方式被表象的某一主体、即精神者有关；但他不是某一个直接的人，他的实存并没有在人的思维的**直接性**中、而是在**表象**的直接性中被设定出来。这是包含有某些环节、运动的一种内容，因此，它是主体性，但也存在于**形式**中，存在于精神性的基础中，高于自然者。这样一来，理念就被设定在表象的这一基础中，但是这种缺陷在于，它只是主体性的表象，是在其**抽象基础**中主体性之表象。普遍对立的深度尚不在其中，主体性尚未在其**绝对的普遍性**和精神性中加以理解。

存在于表象中的内容与时间并无关联，它被设定于普遍性的基础之上；某物存在于这一时间、这一空间中，——这种感性的个别性已被摈除。当万物存在于精神基础之上时，它们才通过表象而具有普遍性，尽管仅仅把少量的感性者摈除掉了，如在一所房子的表象中。因此，普遍性仅仅是外在的普遍性、共同性。

［428］

外在的普遍性在这里还是居于主导地位的东西，这与以下一点相关联：基础，即普遍性的这种表象，尚未绝对地专心致志于自身，尚未是在自身中被充满的、吸收一切的基础，因此，诸自然物就在理念上被设定出来。

只要这种主体性是**本质**，那它就是**普遍的基础**，而主体所是的历史，将同时被了解为运动、生活，被了解为**万物**、**直接世界的历史**。这样一来，

321

我们就有了这种差别,即这种普遍的主体性是基础,即使对于自然者、内在的普遍者、**自然者的实体**所是者来说也是如此。

在这种情况下,我们因此就有了两种东西,自然者和内在实体,其中,我们有了**象征者**的规定。另一基础被归因于自然的存在,直接的感性者则获得了另一实体;它本身不再是直接的,而是表象某一他者——它是其实体——,表象其**意义**。

在这种抽象的联系中,奥西里斯的历史也是自然者、即埃及自然的内在的、本质的历史。属于这种历史的,有太阳,太阳运行,尼罗河,丰饶的东西和变化的东西。因此,奥西里斯的历史就是太阳的历史:这太阳运行至其中天点(顶点),然后它就往回转,它发光、其力量变弱,但随后,它开始重新升起,——它得以重生。因此,奥西里斯意味着太阳,太阳也意味着奥西里斯;因此,太阳就被理解为这种循环运动,年度就被视为一个主体,其自身经历这些不同状态。在奥西里斯身上,自然者被理解为该象征。因此,奥西里斯就是尼罗河——它涨水,使一切富饶,洪水泛滥,并由于炎热——在这种情况下,恶的原则就表现出来——而变小、无力,然后又强大起来。年、太阳、尼罗河,都被理解为这种复返于自身的循环运动。

这样一种过程中的诸特殊方面暂时自为地被表象为独立的,被表象为一系列神,这些神表示这种循环运动的一些个别方面、环节。如果人们说,尼罗河是内在者,奥西里斯的含义是太阳、尼罗河,其他神是季节神,那么这就有其正确性。这一个是内在者,那一个是表现者、标志、示意者,这一内在者由此表明是外在的。但是,尼罗河的变化过程同时也是普遍的历史,而且,人们可以片面地认为,这一个是内在者,而那一个是表现、理解的形式。实际上是内在者的东西,就是奥西里斯、主体,就是这种复返于自身的循环运动。

象征在这种方式中是居于统治地位者:自为的内在者,它具有定在的外在方式。二者是相互不同的。内在者,即主体,在这里成为自由的、独立的,以致于内在者是不同于外在者的实体,不在与外在者的矛盾中,不是某种二元论——意义、自为的表象,与定在的感性方式相对立,在定在中构成中心。

主体性在这种规定性中已被表象为中心,与此相关联的是使表象达到**可直观性**的冲动。这样一种表象必然表现出来,而人必定从自身中制作出这种意义,以达到可直观性。直接者如果达到直观,达到直接性的方式,它就消失了,而表象则有按这种方式使自己完善起来的需要;如果表象使自己一体化,那么这种直接性就必定是一**被中介者**,必定是**人的产物**。[430]

以前,按照某一自然的、直接的方式,我们有过可直观性,直接性本身;思维中的梵,在人这样专心致志于自身时,有其实存,有其直接性的方式;或者,善就是光明,因此就在直接性之形式中,这种直接性以直接的方式存在着。

然而,当这里从**表象**出发时,这种表象就必然成为直观,直接性;但是,这是一种被中介的直观,因为它是由人所设定的直接性。它是应该成为直接性的内在者;尼罗河,一年的过程,都是一些直接的实存,但它们仅仅是内在者的象征。它们的自然历史已被概括在表象中;这种概括作为一主体的这种过程和主体本身,在自身中是这种复返的运动。这种循环就是表象所是的主体,而作为主体的东西则应该成为可直观的。

c. 崇拜

正是所描述的冲动一般地可以被视为埃及人的**崇拜**,这种无限的冲动应从事劳作,应表达什么还首先是内在的、已包含在表象中的并因此尚未被弄明白的东西。埃及人已继续劳作了数千年之久,首先整理安排好了他们的土地;但是,宗教方面的工作却是历来被创造出来的最令人惊异者,不仅在地下还是在地上都有仅只还现存于很少一些遗址中的一些艺术品,但是,对这些艺术品,所有人都因其美妙绝伦和费力精心制作而赞叹不已。它们是这个民族创造这些作品的工作、业绩;在这种创造中没有停滞状态——精神在劳作着,以使其表象成为可直观的,使之明晰,并意识到精神是内在的东西。整个民族的这种孜孜不倦的劳作是直接基于神 [431]

在这种宗教中所具有的规定性。

首先,我们记得在奥西里斯身上也有一些精神因素受到何等崇敬,例如法权、美德、投入、婚姻、艺术等等。然而,尤其特别的是,奥西里斯是死者王国的主宰,是死者的审判者。人们发现有奥西里斯被表现为审判者的无数造像,在他前面有一个书记——他向奥西里斯列举受审灵魂的行为。这个死者王国,即阿蒙忒斯的王国,构成了埃及宗教表象中的一个主要之点。犹如奥西里斯——使人复活者——与提丰——毁灭性的原则——相对立一样,以及太阳与大地相对立一样,这里也出现了**生者与死者的对立**。死者王国像生者王国一样,是一个固定的表象。如果自然的存在消失了,那么死者王国就展现出来,同一自然存在就固执不再具有自然实存的东西。

埃及人迄今还留给我们的非凡巨大的业绩,几乎都是仅仅用于死者的这样一些创作。著名的迷宫有同等数目的地上居室和地下居室,国王和神职人员的宫殿已变成瓦砾堆:他们的陵墓则经历了时光的考验而保留下来。人们发现深邃的、穿行需数小时的洞窟被凿进山崖,供放置木乃伊之用,而其墙壁布满了象形文字。然而,特别是金字塔、死者庙宇最令人赞佩,不仅是为了纪念他们,也是为了安葬他们之用和用作寄居之所。

[432] 希罗多德说过,埃及人最先说明了灵魂是**不死的**。人们会惊奇的是,虽然埃及人已相信灵魂的不死,但他们却如此非常细心地关照死者;人们会以为,如果人认为灵魂是不死的,那他就不再特别重视其遗体。唯独正是不相信灵魂不死的民族,才轻视死者的躯体,也不关心保存死者的躯体。向死者表示的敬意,完全取决于不死的表象。如果遗体陷入自然力量的控制之下,不再服从灵魂的支配,那么人至少就不想让自然有**这样一种情况**,即自然把其力量和物质必然性施加到失去灵魂的遗体——它是灵魂的高贵容器——身上,而是人或多或少都予以安置;所以与此相反,他们都试图把死者保护起来,或者他们仿佛是以自己的自由意志一样,使躯体重回大地,或者用火焚毁之。在埃及敬重死者和保存遗体的方式中,一目了然的是,人们知道把人提升到自然力量之上,所以试图将其遗体保存,

第一章 自然宗教

以免遭这种力量之害,为的是也把遗体提升至自然力量之上。各民族对死者的处理方法,完全与宗教原则有关联,而通常安葬的各种不同习俗,并非没有意味深长的联系。

然后,为了理解这一阶段上艺术的特有观点,我们必须想起,主体性在这里也许出现了,但是仅仅才是其基础,而且它的表象尚在向实体性过渡中。因此,诸本质的差别尚未被中介,也未为精神所充溢,倒不如说,它们尚混合在一起。我们可以举出好些值得注意的特征,来说明**眼前在场者和有生命者与神圣者理念的这种混合与联系**,以致不是神圣者成为眼前在场者,就是另一种情况,人的、甚至本身是动物的形态被提升为神圣的和精神的环节。希罗多德引用埃及的神话,说埃及人已为一系列成了神的法老所统治。这里已经产生了混淆,即神被了解为法老,而法老又被了解为神。此外,我们在表象法老加冕的无数艺术描写中看到,神为主持授予圣职仪式者,而法老则显现为这位神之子;因为法老本身也可以表象为阿穆恩。据说,亚历山大大帝宣布,尤皮特·阿蒙的神谕宣示所宣布他为这位神之子:这完全适合埃及的特性;埃及人关于他们的法老说过同样的话。神职人员也曾被认为是神的祭司,然而也被认为是神本身。我们还看到托勒密王朝较晚时期的许多纪念碑和碑文,在这上面,托勒密法老总是仅仅称为神之子或神本身;罗马的皇帝也是如此。

[433]

在实体性的表象与主体性相混淆时,埃及人严厉恪守对**动物的崇拜**虽然引人注目,但不再令人费解。埃及各个不同地区敬奉特殊的动物,如猫、狗、猴等等,甚至为此相互开战。这样一类动物的生命被奉若神明,而杀死这些动物就要受到严厉指责。此外,人们给这些动物安置居所和领地,并为它们收集储备食物;甚至会发生这样的事情,即在饥荒时,人们宁肯让人死掉,也不动用那些储备食物。**阿庇斯**最受崇敬,因为人们相信,这种公牛代表了奥西里斯的灵魂。在一些金字塔的棺材中,人们发现有被保存的阿庇斯之骨。这种宗教的所有形式和形态在动物弥撒中混合在一起。这种弥撒无疑属于最有害和最憎恶的事情。不过,上面我们已经在印度人的宗教方面指出,人怎么会达到敬奉某一种动物的地步。如果

[434]

325

神不被了解为精神,而是被了解为一般的力量,那么这样一种力量就是无意识的活动,也许是普遍的生命;那么,这样一种无意识的力量就表现为一种形态,首先表现为动物形态;动物本身是一种无意识者,与人的随心所欲相反,动物过着一种沉闷的寂静生活,以致它好像自身会有这种整体起作用的无意识的力量。然而,特别奇特的,且有性格特征的是以下形态:神职人员和书记在形象化描绘和绘画中常常以动物的面具出现,给木乃伊涂上防腐料也是如此;在自身下面隐藏着另一种形态的外在面具,这种双重化使得人们认识到意识不仅仅专心致志于沉闷的、动物的生命力,而且自己也知道与此分离开来并从中认识到进一步的意义。

即使在埃及的**政治**状况中,也可以找到试图使自己从直接性中摆脱出来的精神斗争;因此,历史常常谈到法老与祭司阶层的斗争,而且希罗多德也提到过最早时期的这种斗争;赫奥普斯(Cheops)[①]法老让关闭了祭司的寺院,别的法老则完全制服并开除了祭司阶层。这种对立不再带有东方的性质;我们在这里看到了人的自由意志起而反对宗教。对从属性的这种摆脱,是必须从本质上予以考虑的一个特征。

[435] 然而,精神的这种斗争及其来自于自然性的这种情况,特别以纯真的和非常直观的描写在**艺术形态**中表达出来了。例如这仅仅需要回忆一下斯芬克斯(狮身人面)雕像就可以了。就埃及的艺术作品而言,一般来说,一切都是象征性的,其中的重要性直至最小的细节;即使立柱和台阶的数目也不是按照外在的目的性计算出来的,而是,要么它意味着尼罗河水必定上涨淹没土地等等的月份,要么是其肘数[②]。埃及民族的精神其实是个**谜**。在希腊的艺术作品中,一切都是清楚明白的,一切都昭然若揭;在埃及的艺术作品中,到处都要做一项任务,它是某种外在者,由此预示出某种尚未表现出来的东西。

---

① 赫奥普斯(Cheops),为古埃及法老,约公元前 26 世纪初在位;又称"胡夫",为古埃及第四王朝第二代王;据希罗多德记载,他与其子曾实行 106 年暴政;又说,他被视为贤明的统治者。——译者注

② 长度单位,即自肘至中指尖的长度,约合 0.5 米。——译者注

第一章　自然宗教

　　然而,尽管精神就这种观点而言尚处于酝酿中并囿于模糊中,尽管宗教意识的诸本质环节,部分相互混合,部分处于这种混合中,或者宁可说为了这种混合而相互处于斗争中,但这始终是这里出现的**自由的主体性**,而且因此,这里也是这样一种特有的地方,在这里,**艺术**,进一步说是**美的艺术**,必定出现在宗教中,而且是必然的。艺术虽然也是模仿,但不只是模仿;它确实会停留在这方面:然而这样一来,它就既不是美的艺术,也不是宗教的需要。它就仅仅作为美的艺术隶属于神之概念。真正的艺术就是宗教的艺术,而这种艺术就不是需要,如果神还有某一种**自然形态**,例如太阳、河流的话;只要神的实在性和直观性具有**某一个人**或**某一种动物**的形态,如果显示的方式是**光明**,它也不是需要;如果现今人的形态虽然被略去了,真正的艺术就像在佛陀那里那样开始了,但是还实存于**想象**中,也就是说,还实存于神圣形态的想象中,例如实存于关于佛陀的**雕像**中,但是在这里同时也还实存于诸**尊师**及其后继者中。**人的形态**,按照它是**主体性之显现**这一方面,如果**神被规定为主体**,那么它就首先是必然的。如果自然性、直接性的环节被克服了,那么需要就存在于主观自我规定的概念中或存在于自由的概念中,也就是我们所处于的那种观点上。当定在的方式由内在者本身所规定时,自然的形态就不再是充分的了,同一自然形态的模仿也不充分了。所有民族,除了犹太人和伊斯兰教徒外,都有一些偶像;但这些偶像并不属于美的艺术,而仅仅是表象的拟人化,是仅仅被表象出来的、被想象出来的主体性之标志,在这里,就有这种尚未作为本质的内在规定。表象在宗教中有一种外在形式,而把被了解为属于神之本质的东西与此加以区别,则是本质的。神在印度宗教中成为了人;总体就是,精神始终现存于其中;但是,差别就在于,诸环节是否被视为属于本质的或者不属于本质的。

[436]

　　因此,如果自然性之环节被克服了,如果神作为自由的主体性而存在,而且他的显示、显现在其定在中通过出自内部的精神被规定出来,显示出精神生产的性质,那我们就必须通过美的艺术来表述需要、神。只有当神本身得设定出规定,得从其自己的内在性中设定出他显现于其中的

327

各种差别时,艺术对神的形态来说才成为必然的。

[437] 鉴于艺术的出现,特别应注意到两个环节:1.神在艺术中被表象为一**感性的可直观者**;2.作为艺术作品的神是——**由人的双手所创造的东西**。——只要这是唯一的方式,按照我们的表象,就有不符合神的理念的两种方式;因为也许我们知道,神也(然而仅仅作为消失着的环节)有了可直观性。艺术也不是我们崇拜的最后方式。然而对于还不是激情的主体性阶段(因此它本身还是直接的)来说,直接可直观的定在是合适的和必要的。在此,这就是显示方式的整体,犹如神对于自我意识来说存在着一样。

因此,这里就出现了艺术,而与此相联系的则是,神被理解为精神的主体性;精神的本性就是自己生产自身,以致定在的方式就是一种由主体所创造的定在方式,是由自己本身所设定的一种外化。主体自己设定自身、自己显示自身、自己规定自身,定在的方式是一种由精神所设定的定在方式,这都现存于艺术中。

神在其中被直观的**感性定在**,与**其概念是相符合的**,它不是**标志**,而是在每一点上都表达出从内部生产出来的、与思想、内在概念相符合的东西;然而,基本的缺陷在于,它还是感性上可直观的方式,主体设定自身所采取的这种方式,是感性的。这种缺陷之所以出现,是由于它还是**最初的主体性**,是最初的、自由的精神;它的规定是其最初的规定,而且因此,在自由中还是自然的、直接的、最初的规定,也就是说,是**自然性**、感性的**环节**。

另一种感性定在是,艺术作品是**由人生产出来的**,这一点同样也不符合我们关于神的理念。也就是说,无限的、真正精神的理念——它自为地作为这样一种存在着的主体性**生产自身**,把自身设定为他者,设定为其形态,而它首先由自身被设定出来,自由地生产。但是,它这种形态——它首先还作为自我=自我**在自身中**是**被反思的**——,也必须明确地有关于[438]**差别性**之规定,以致这种差别性仅仅是由主体性所规定的,或者,它仅仅在这种首先还是外在者的身上显现出来。另外,达到这种最初自由的是,

第一章　自然宗教

由主体所生产的形态又**复返于主体性**。因此,第一就是创世,第二就是和解,即世界在主体身上与真正的始初者和解。与我们在这一阶段上的主体性相反,**这种复返尚未现实存在**;犹如它是自在存在着的一样,在它之外,它的主体存在属于为他者而存在。理念还未出现;因为属于它的是,他者在其自身上自我反思至最初的统一。属于神圣理念过程的第二部分,在这里尚未被设定出来。如果我们把规定视为目的,那么作为目的,直观性之第一个行为还是一有限制的目的,是**这个民族**,**这个特殊的目的**;而这个目的正在成为普遍的,成为真正绝对的目的,属于这一点的是复返,同样,自然性鉴于形态正在被扬弃。因此,当扬弃自然性、目的有限制性的过程的这第二部分参加进来时,才有了理念;因此,这过程的第二部分才是普遍的目的。在这里,精神按其显示才是精神的半途,它还是片面的、有限的精神,也就是主观的精神,主观的自我意识;也就是说,精神是神的形态,是神为他者而存在的方式,艺术作品仅仅是一种完成了的、由片面精神、即主观精神所设定的艺术作品。所以,艺术作品必须由人来制作;诸神由艺术来显示为什么是一种由人做作出来的显示,这是必然的。在绝对精神的宗教中,神的形态并不是由人的精神创造出来的。

　　按照真正的理念,神本身作为自在自为存在的自我意识、精神而存在,他自己生产自身,自己显示为为他者的存在;他由于自身而是神子;然后在作为神子的形态中,现有过程的另一部分,即神爱神子,与他相同一,但也是有差别的。这形态在定在方面显现为自为的总体,但显现为已保持在爱中的一个总体;这首先就是自在自为的精神。神子关于自己的自我意识也是其关于父亲之知;儿子在父亲中有其关于己之知。相反在我们的阶段上,神的定在作为神而存在,不是**通过他**而是通过**他者**的一定在。在这里,精神还停留在半途中。艺术的这一缺陷在于,神是人创造出来的,也在宗教中被了解,在宗教中,这是最高的显示,并寻求对他加以消除,然而不是主观上的,而是按照主观的方式:诸神的雕像必须予以供奉;从黑人到希腊人都供奉诸神,也就是说,神圣的精神被用魔法招入诸神中。

[439]

329

这来自于意识,来自于有缺陷的感觉;然而,消除缺陷的手段是不包含在诸对立本身中而是从外面接近它们的一种方式。即使在天主教徒那里,也有这样一种祭祀庄严仪式,例如雕像、圣人遗物的祭祀庄严仪式等等。

在这里,艺术产生出来,这一点是必然的,而显示出来的诸环节,则是神作为艺术作品存在这一点由此产生的诸环节。然而在这里,艺术还不是自由的和纯洁的,还处在**过渡**中,**首先过渡到美的艺术**;它在这种倒转中还如此出现,以致即使一些形态也被视为自我意识,这些形态属于直接的自然,它们不是通过精神生产出来的,如太阳、动物等等。更重要的是从动物中产生出来的艺术形态,斯芬克斯的形态,即形态和动物形态的融合。人的面貌在这里来源于一种动物躯体,向我们显现出来;主体性本身还不是清楚的。所以,艺术形态还不是纯粹美的,而是或多或少是某种模仿和扭曲。这一领域中的普遍者是主体性和实体性之混合。

[440]

这一整个民族的辛劳还不是自在自为纯粹的、美的艺术,但却是达到美的艺术的渴望。美的艺术包含着这样一种规定:精神必须在自身中成为自由的,摆脱欲望,摆脱一般的自然性,摆脱对内在自然和外在自然的从属状态,必须有将自己了解为自由的、因此作为其意识的对象而存在的需要。

只要精神尚未达到自己自由思考的阶段,它就得自由地**直观**自身,在直观中面对作为自由精神的自身。精神因此以直接性的方式成为直观的对象这一点是何种产物,则取决于这一定在,其直接性完全是由精神规定的,完全具有这样一种性质:这里已表现出一种自由的精神。然而,我们正好把这一定在称为美者,在这里,所有的外在性都完全具有独特的意义,都是由作为自由者的内在者规定出来的。它是自然的质料,以致诸特征仅仅是自身中自由精神的证明。自然的环节一般都必须被克服,它仅仅有助于精神的外化、显示。

当埃及的规定中的内容是这种主体性时,就有对美的艺术的渴望——它特别在艺术作品上表现出来,同时试图过渡到形态的美。然而,只要它仅仅是渴望,那么美本身就还未在这里作为这样一种美产生出来。

所以,就出现了**意义与整个外在形态的质料的这种斗争**:它只是给外在形象打上内在精神印记的尝试、追求。金字塔是一自为的结晶体,一死者安身于其中;在要求美的艺术作品中,内在的灵魂被纳入形象的外表。在这里,它只是渴望,因为意义和表现,表象和定在,在这种差别中一般来说是相互并存的,而这种差别之所以存在,是因为主体性仅仅首先是普遍的、抽象的,即尚未具体的、充实的主体性。

[441]

因此,对我们来说,埃及宗教就存在于埃及人的诸**艺术作品**中,存在于这同一些艺术作品向我们昭示的东西中,与古代历史学家为我们已保留下来的历史的资料联系着。特别是近代,人们多次考察了埃及的遗迹,并研究了石雕以及神秘象形文字的无声语言。

如果我们承认一个民族在语言的作品中留下自己精神的长处,优越于给后世仅仅留下无声艺术作品的这样一个民族,那么我们同时就必须考虑,在埃及人这里,之所以还没有文字的文献,是因为精神尚未变得清晰,而是在斗争中酝酿着,而且像在诸艺术作品中所显现的那样,是外在的。人们虽然通过长期的研究终于在象形文字语言的辨认中取得了进展,但是部分地说,人们尚未完全达到目的,部分地说,象形文字始终还是象形文字。在诸遗迹方面,人们发现了许多用莎草纸写下的文本,并相信,在这方面有真正的宝藏,并获得一些重要的启示;然而,它们无非是一种档案,而且大多包含着关于死者所获得的某些地产或物品的买卖契约。——据此,主要是诸现有的艺术作品,它们的语言,我们必须加以辨认,而且必须从这些艺术作品中辨认出这种宗教来。

如果我们考察这些艺术作品,那么我们就发现,一切都是奇妙的和非凡的,然而,并不像印度人那里的情况那样,始终具有一定的意义。因此,我们在这里拥有**外表之直接性**以及**意义**、**思想**。我们将这一点聚集在内在者与外在者的非常巨大的斗争中;它是内在者竭力争脱出来的巨大冲动,而外在者则向我们展示出精神的这种奋斗。

[442]

形态尚未提升为自由的、美的形态,尚未精神化为明确性,感性者、即自然者尚未完全被美化为精神者,以致它只是精神者的表现,这种机体及其诸特征仅仅是一些标志,仅仅是精神者的意义。埃及的原则缺少自然者(形象的外在者)的这种明晰性;它所面临的任务始终只是自我明白,而精神的意识则首先试图作为内在者从自然性中挣脱出来。

使这种搏斗的本质完全成为直观的主要表现,我们可以在被掩饰表现出来的赛伊斯(Sais)①的女神形象中找到。她在其中被象征化了,并在其神庙的铭文("我是曾经所是者、现在所是者、且将来所是者;还没有会死者把我的面纱揭开")中明确表达出来,即自然是**一在自身中有差别者**,也就是**与其直接呈现出的现象相反的一他者**,是一个**谜**;她有某种内在的东西、隐秘的东西。但是在那个铭文中进一步写着:"我腹中的胎儿是赫利奥斯(Helios)②"。因此,这一尚被隐秘的本质表达了明朗,太阳,自身变得明朗者,精神的太阳,作为从其中生出来的**儿子**。这种明朗者就是在希腊宗教和犹太宗教所达到的明朗,在前者的艺术中和美的人的形象中达到了,在后者的客观思想中达到了。**谜被破解了**;埃及的**斯芬克斯**③,按

---

① 赛伊斯(Sais),系指女神奈特,被视为赛伊斯地区的创世女神,又被视为战神、狩猎神、水神,被视为太阳神拉之母。——译者注

② 赫利奥斯(Helios),古希腊神话中的太阳神,被视为古埃及太阳神的古希腊称谓。——译者注

③ 埃及的斯芬克斯。狮身人面像在卡夫拉金字塔的南面,距胡夫金字塔约350米。狮身人面像的形状看起来与希腊神话中的带翼狮身女怪斯芬克斯很像,因此也被西方人称为"斯芬克斯"。传统理论认为狮身人面像的头像是按照法老卡夫拉的样子雕成,作为看护卡夫拉金字塔的守护神。狮身人面像凝视前方,表情肃穆,雄伟壮观。

除了金字塔之外,最能作为埃及象征的就数守卫于三大金字塔之下的狮身人面像——斯芬克斯了。关于斯芬克斯的传说早已是家喻户晓,而有关狮身人面像的建造者究竟是谁仍然扑朔迷离。传统观点认为,狮身人面像是在4500年前由法老哈拉按自己的面貌所建,因为位于雕像两爪之间的石碑上就刻着这位法老的名号。然而,同样根据石碑记载,大约在公元前1400左右,图坦莫斯王子曾在梦中受到胡尔·乌莫·乌哈特神之托,将它的雕像从黄沙中刨了出来。照此看来,此座雕像应该是胡尔神的神像。而另外一些传说中也提到,早在胡夫法老统治的时期,狮身人面像就已经存在了。狮身人面像的真正建造时间大约在9000—7000多年前。斯芬克斯是希腊神话中以隐谜害人的怪物,埃及最大的胡夫金字塔前的狮身人面怪兽就是他。他给俄狄浦斯出的问题是:

什么东西早晨用四只脚走路,中午用两只脚走路,傍晚用三只脚走路?俄狄浦斯回答:"是人。在生命的早晨,他是个孩子,用两条腿和两只手爬行;到了生命的中午,他变成了壮年,只用两条腿走路;到了生命的傍晚,他年老体衰,必须借助拐杖走路,所以被称为三只脚"。俄狄浦斯答对了。斯芬克斯羞愧坠崖而死。"斯芬克斯之谜"常被用来比喻复杂、神秘、难以理解的问题。——译者注

照充满意义的、值得钦佩的神话,被一位希腊人杀死,谜也因此被破解了:内容就是**人**,是**自由的**、**自知的精神**。

[537]

编辑对第16卷和第17卷的说明

关于宗教哲学的讲演,黑格尔作了四次:1821年、1824年、1827年和在他去世那一年,即1831年。每一次讲演都有形式上的变化,段落划分作了修改,它反映了其思想的发挥。就黑格尔自己的笔记而言,只有第一次讲座(1821年)的草稿保存下来,在他看来,该草稿作为补充之备用,也充当第二次讲座(1824年)之草案。他的听众之一,豪普特曼·封·格里斯海姆(Hauptmann von Griesheim),从该讲座的笔记中制作出一个手稿,黑格尔后来在1827年就使用这个手稿。一位来自瑞士叫迈尔(Meyer)的先生记录下了这第三次讲座,黑格尔重新作最后一次讲座时(1831年)就是以这次讲座为依据,他的儿子卡尔·黑格尔终于从这最后一次讲座中制作出一个笔记。

当菲利普·马尔海奈克(Philipp Marheineke)在黑格尔去世后马上开始出版由"已故者朋友圈子"所搞的**全集**版本内的诸讲演时,他手头有这个笔记和其他几个手稿,其中有来自黑格尔遗作的笔记。它们于1832年作为第一版【黑格尔】全集的第Ⅺ卷和Ⅻ卷出版。1840年出版了第二版,即大大作了改变和扩充的版本,这一版主要由布鲁诺·鲍威尔负责。马尔海奈克在这一版的前言中写道:"引导我编辑第一版的基本原则是,首先局限于黑格尔关于这种科学(作为其精神的最成熟的诸文献)的最后的诸报告。与此相反,现在是作如下事情的时候了,而且成了使命:除了已经使用过的笔记本,不仅利用其他草稿的诸笔记,通过使用这些笔记能够纠正以前笔记中的许多东西,而且也主要还溯源到很少或甚至已不使用的第一个报告和黑格尔亲手写的草稿。"就新材料而言,布鲁诺·鲍威尔使用了 1821 年（v. Henning）、1824 年（Michelet, Förster）、1827 年（Droysen）、1831 年（Geyer, Reichenow, Rutenberg）讲座的笔记,而且首先使用了黑格尔的一捆遗作及其为诸讲演的个别题目亲手写的笔记,鲍威尔把这些讲演都收入了新版中。 [538]

即使由格罗克纳（Glockner）从逝世百年纪念版（第 15 和 16 卷）提供的这个第二版,在黑格尔研究中也非没有争议。特别是鲍威尔所选择的划分,和他的随心所欲,受到了抨击：思路混乱不清,材料安排任意。

所以,拉松（Lasson）在其版本（1925—1929 年）上走了另一条路：他主要依据黑格尔的原始手稿（为 1821 年的讲演所用）,马尔海奈克如此描述了该手稿的特性："虽然表面上是完整的,也就是说,延伸到整体之外,但仅仅在个别大的线条上,大多只用个别言词就被草拟出来了,纯粹只是为了这样的目的,即口头的报告就该接着发挥下去。在与形式（这种形式是由这种基本内容在已提到这些年代的诸口头报告中所采用的）形成的比较中,人们可以把那第一个草稿看作是不完善的；其中本身还有精神的奋斗,例如可以觉察出内容,也可以觉察出更为确定的形式……"。拉松通过自己的补充,也通过最初三个讲座的笔记中的一些片段,补足了这个提纲；因为在他看来,没有什么笔记可供最后的讲座之用,也没有鲍威尔手头还有的黑格尔诸记录,所以,拉松就利用鲍威尔的版本以进一步完备。他尝试把相互明显不同的讲座加以对比,这种尝试按照字母,确实编辑出可靠的文本,但是,就对黑格尔思想的发挥而言,宁可被称之为是可疑的,而且无论如何并不比鲍威尔的编辑更明显。

只要提供【黑格尔】关于宗教哲学讲演的一种真正可靠版本的任务没有解决,那么 1840 年的版本就不能认为是过时的。

1829 年,黑格尔认为**关于上帝定在诸证明的讲演**是对其逻辑讲座的补充。在遗作中有的手稿几乎是完整精心拟定出来的；如马尔海奈克所报道的那样,黑格尔于 1831—1832 年冬曾想为了付印而完成这一手稿,然而由于去世而受阻。马尔海奈克把这一手稿作为关于宗教哲学讲演的附录予以出版（全集的XII卷）,而且还为它附上了一篇未注明日期的笔记 [539]

和三个注明日期的论述(出自1827年和1831年的宗教哲学讲座)。

　　黑格尔的手稿没有保存下来。因此,拉松在其1930年的版本中只能以全集的第XII卷为依据。拉松又指责马尔海奈克以及鲍威尔在出版技术上疏忽大意,然而却在前言和后记中又前后矛盾地说他不了解手稿的情况。——在1966年的一个再版本(哲学图书第64卷)中,这16个讲演和三个附件被单独出版:它们与其说属于逻辑学,不如说属于宗教哲学。在第一个讲演的第二段中,黑格尔就已经说了对此应该说的东西:"教义(只要它是一种科学的教义)和逻辑的东西并不像事情按照我们的目的的最初映像所具有的外表那样是分开的"。这也适用于关于宗教哲学的诸讲演,所以,在这一版中也给诸讲演附上关于上帝证明的宗教哲学。

　　第16卷和第17卷的文本遵循全集第XI卷和XII卷(=W)的文本。1925—1930年的拉松版(=拉松)考虑到文本的复原。就宗教哲学的情况(在此,拉松不仅在编排上而且也在个别细节上出版一个常常有重大偏差的文本),当然这并不会涉及注意到所有的偏差或至少在有多少一致的章节的地方提供文本比较。如果这看来已提供出来的话,更确切地说,这仅仅追溯至拉松的文本,也就是说,特别追溯至黑格尔的手稿;目的始终是提供一个尽可能有意义的而且又可读的文本。

　　在第20卷中,编辑报告了关于出版的一般原则。这里仅仅作出几点提示:

　　——字词写法和加标点整个都予以标准化和现代化;

　　——较小的补充和校正部分都追溯至黑格尔的手稿,有些部分(例如纠正印刷错误,语法、句法、词序的标准化)也不是私下去做的,较重要的则在脚注中予以指明;

　　——使专有名词适合于当今的写法(例如Brahman取代Brahm,Hephaistos取代Hephästus等等);

　　——引文已(尽可能地)予以核实,并(最必要地)予以纠正;在有更大偏差时(黑格尔习惯于,特别在诸讲演中,相当自由地引用,常常只是简单予以介绍),引文没有得到改进,而是放入单括号中以取代放入双括

号中(〉……〈);

——一些段落偶尔加以总结,以便草稿中不必中断的思路更清晰些;

——本文和目录中的标题已相互一致,其带有号码和印刷字母的醒目字体已统一起来;

——编辑所添加的东西(首先考虑的是为了有助于阅读),则置于方括号([……])内,编辑的注释则放在分栏线下的脚注中;参阅这一版其他卷的注释,则通过一个箭头(→)予以标明。

重要术语德汉对照表及索引

A

Aberglaube 迷信 289,330

Absolutes 绝对者 34,109,366,396

Abstraktes 抽象者 78

Abstraktion 抽象 140,311,364,387,406

Affirmation 肯定 171,179

Affirmatives 肯定者 179,386

Akzidentelles 偶然者 172

Allgemeines 普遍者 122,141,177,187,188,231,286,330,332

Allgemeinheit 普遍性 65,68,67—68,93,321,341,342,397

alles(das All)所有(者),万有(者),一切

Anfang 开端(始),始 91,92,93

Anschauung 直观 135—138,287

Arbeit 劳动,工作 17,18,78,228,241,252,279,413

Äther 以太(或精气)

Atheiismus 无神论 57,94,99,323

aufheben(Aufhebung)扬弃 14,71—72,105,108

Aufklärung 启蒙运动,解释,弄清 37,40,121,154,210,259

B

Begierde 欲望 133,385f.

Begriff 概念 64,66—78,83,91,247,136,150,262,305—318,391,415

Besonderung 特殊化 311

bestimmt 特定的 249,252

Bestimmtheit 确定性,规定性 220—236,364,397,400

Bestimmung 规定 144,187,415

Bewegung 运动 65

Beweis 证明 162,164,307

Bewusstsein 意识 16—27,60,69,70,101,106,110,112,114—151,156—196,174,194,203,251,253,254,302—390,366,425,426

Bild 形象 139—142,144

Bildung 文化,教化 80,131,185

Böses 恶,恶事,恶的东西 77

Brahm, Brahma, Brahman 梵,梵天(大梵天) 98,340,341—345,355,358,422,424

Buddhismus 佛教 305,376ff.,384

D

Dasein 定在 33,162,251,307,399,439

338

Denken 思维 22,67,96,119,133,
151,—202,152,153,188,189,217,
306,309,328,332,357,366,391

Dialektik 辩证法,辩证进展 152—156,
159,186,349

Ding 物,事物 269,290,291,333,334,
397,401,405

Dirimieren 分离 191

Dogma 教条 45—47,47—49,48,217

Dreieinigkeit 三位一体 38,46,342f.

E

Einheit 统一 179,331,351,374,390,
395,416

Einer, der Eine, das Eine 独一者 69,
86,93,94,99,107,153,155,178,308,
329,343—344,347,351,354,35,360,
391

Eins 独一 93,107,

eins 一 140

Einsicht 洞见 56,245

Einzelnes 个别者 65

Endliches 有限者 61,107,169,178—
179,303,307,310,391

Endlichkeit 有限性 76,168,170,174—
176,176,186,192

Entäusserung 外化 126

Entfremdung 异化 407

Entsagung 断念 234f.

Entzweiung 分裂,一分为二 15,16—
27,254,265,320—390

Erkennen 认识 37,39,50,51,111,118

Ewigkeit 永恒 174—176,272,341

Existenz 实存 78,127

F

Fetisch 物神

Form 形式 45,6,113,114—151,128,
150,175,203,213,220—236,305,
397,412

Freiheit 自由 12,14,26,130,133,146,
151,186,213,216,218,221,232,237,
241,246,265,280,302,331,368,373,
390—442,391,407,410,425

fromm 笃信的,虔诚的 16,19,20,21,
22,27,29

G

Gefühl 感觉,感情 117—118,123,129,
13,174

Geist 精神 12,18,36,49,52,77,79,80,
81,85,166,197,195,205—206,252,
305,368,381,409,422,434,437,442

Gemeinschaft 共同体 129

Gemüt 心灵 24,72,73,149,223,225

Gesetz 法规,法则 227

Gesinnung 信念 127

Gewissheit 确信 115f.,116,123,188,
203f.,216f.

Glaube 信仰,相信 16,116,146,203f.,
203—220,210,211,215f.,216f.,217

Gott 上帝,神,主 11,17,32,33,40,51,
52,60,71,83,92—101,93,139,142,
153,153,157,161,162,165,166,
169—170,182,184—185,187,189—
191,193,195,197,201,202,205,207,
208,211—212,213,217—218,219—
220,221,235—236,237—239,243,
249—258,263,277,317,318,348,

339

378,380,381,417,437
Gottheit 神性 368,427
Gutes 善

H

Herrschaft 统治 104,301,322
Herz 心,心情,内心 74,131,149

I

Ich 自我 22,68,69,107,122,125,133,150,162,169,171,183,186,187,212,349,359
Idal 理想 272
Idealität 理想性 38,87,151
Idee 理念 32,52,68,71,200,201,220,246,407
Identität 同一(性) 16,144
Individulität 个体性 255
Inhalt 内容（内涵） 128,151,213,338
Insichsein 己内存在 374—376,389
Intelligenz 智力 25,245

K

Kampf 斗争 393,406,434
Kosmogonie 宇宙起源说
Kultus 崇拜 71—78,72,73,74,75,202—245,202,203,212,218,220—236,222,223,232,301—302,369,406,430
Kunst 艺术 135,136,138,262,338,430,435,439

L

Lamaismus 喇嘛教 383—385
Leben 生活,生命 223

Logik 逻辑学 159,186,305,306,310

M

Macht 力量,威力,权力 56,77,113,143,153,219,229—230,276,291,293,295,296,297—298,302,304—305,316,319,323—324,330,331—332,334,341,342,343,352—353,365,37,375,393,410,414,417,424
Mahabharata 摩诃婆罗多 373
Maβ 度,尺度 319、321、322、323
Manu 摩奴 345,347
Mensch 人 11,85,275,303,308,359,372,432
Moment 环节,契机,因素 67—68,141,146,222,252,254,255,258,274,284,287,294,296,302,304,307,311—312,314,318,334,336,340,341,355,365,369,370,38,389,391,395,396,401,407,412—413,420,423,433,437

N

Natur 自然,本性 34,63,85,105,108ff.,253,264,283,332,352,370,399,409,423,433
Natülichkeit 自然性 84,233,304
Naturreligion 自然宗教 86,255,259—442,274ff.,304,308f.,312,352,390—442,441
Negation 否定 171,179f.,312,419,420,423
Nichtiges, Nichtigkeit 虚无,无 169,254
Nichts 无,虚无 316,377
Nirwana 涅槃 387,424
Notwendigkeit 必然性 51,70,82,105—

114,113,151—202,155,265f.,371

O

Obersatz 大前提　314
Objekt 主体　62,62
Objektivität 主体性　125,146,181ff.,284,335f.,391,392
offenbar 启示的　87,88
Opfer 献祭　225,225f.

P

Pantheismus 泛神论　97f.,206ff.,302,316ff.,331,379f.
Paradies 乐园　262
Parsismus 袄教　395,402,406
Partikularität 个别性　41
Persönlichkeit 人格　204
Phantasie 幻想　331—374,332
Philosophie 哲学　14,27—42,27—32,28,30,32—35,42—45,44,45—47,49—54,51,54,58,61,97f.,100,185,269,306,381
positiv 实定的　55,60
Positives 实定者　24
Praktisches 实际的东西　202,322,358
Praxis 实践　34,218
Prinzip 原则　42,45,289
Prozess 过程　35,209,216,238,242

R

Ramajana 罗摩衍那　362
Rätsel 谜(语),秘密　409—442,416,435
Realität 实在(性)　83,410,415f.
Recht 权利,法权,法　17,66,78,129,130,133,139,160,239—240,272,371,425,431
Reflexion 反思　16,30,127,157,167—192,176—186,197,260,265,377,380
Religion 宗教　12,14,15,16—27,25f.,27,42,28,30,31,35—42,39,42—54,55,60,66—78,67,70,74,78—87,80,86,87—8887,88,91—247,102,103,105—114,106,112f.,142,145,147.,148,151,160,161,192—196,196—202,197,198,236—247,236f.,239ff.,240f.,243,249,254,255,256,259—442,259—302,259,262,272,284,285—301,301—302,303,304,308,315,319—329,319—331,322ff.,331—374,357,374—390,390—442,394,395—406,402ff.,406—409,407,442,413,426,434,441
Religionsphilosophie 宗教哲学　16—54,27—42,32—35,35—42,57,91,305

S

Satz 命题　192,238
schaffen 创造　413
Schamanen 萨满　283
Schein 映像　47,93,180,312
Schluss 推论　162,313,314
Schmerz 痛苦　406—409
Schönes 美的东西,美者　337
Schönheit 美　136,337
Seele 灵魂,心灵　72,83
Sein 存在,在　120,122,122f.,134,159,307f.,312,371
Selbstbewusstsein 自我意识　69,106,137,147,151,173,185,202,203f.,

213,285f.,287,334f.,346f.,359f.,361
Seligkeit 极乐 404
Sinnwelt 感性世界 136,141,174—176,399
Sittlichkeit 伦理,美德 67,81,129,130,139,160,234,236,240,320,368,373,374,425,431
Skeptizismus 怀疑论 349
Sollen 应该 219
Spekulation 思辨 30,192—196,195ff.,196—202
Spinozismus 斯宾诺莎主义 98,99f.
Spiritualismus 唯灵论 318
Staatsverfassung 国家宪法 237,330
Sujekt 主体 38,53,68,71,75,137f.,151,170,220,342,381,395f.,406,418,428
Subjektivität 主体(观)性 26,57,94,125,129,137,138,181ff.,186ff.,337f.,393,396
Sustantialität 实体性 337f.,379,381
Substanz 实体 71,94,109,220,255,303f.,304,316,319,375,378,381
Symbol 象征 428f.
System 体系 32—35

T

Theodizee 神正论
Theologie 神学 72,102,118,173,211f.
Tod 死亡 232,419
Totalität 总体 65,69,138,177,272,312,322,352,391f.,407,418
Trieb 冲动 88,97,13,175,177,178,346,429,430,442

U

Übergang 过渡 186,192,313ff.390
Unendliches 无限者 61,148,169,182,183,192,307f.,310,391f
Unendlichkeit 无限(性) 175
Universum 宇宙 23,113
Unmittelbares 直接者 49—54,156—166,158,259—302
Unmittelbarkeit 直接性 155,156,307,333
Unsterblichkeit 不朽(不死) 387f.,424,425
Unterschied 区别,差别 332,374,376
Urteil 判断 78—87,78

V

Verhältnis 关系 63,101—202,159
Vermittlung 中介 151—202,156—196,156—166,156,159,167—192,189,306f.,310,405,409
Vernunft 理性 35,38,40,41,56,57,116,165,186—192,196,368f.,378
Versöhnung 和解 423
Verstand 知性 17,38,42,334
Vielheit 多 177
Volksreligion 民众宗教 381
Vorstellung 表象 33,92,139—151,139,140,141,144,145,150,151,152—156,164,237,272,423f.,429

W

Wahres 真的东西,真者 30f.,92,254
Wahrhaftes 真实的东西,真实者 272
Wahrheit 真理,真 13,28,38,56,60,

118,140,146,188,378,391
Wedas 吠陀　344—346
Werden 变易　159,351
Widerspruch 矛盾　153,154
Wille 意志　17,133f.,133,173,202, 234f.,277,434
Willkür 任性,任意　238
Wirklichkeit 现实　13,63,94,237,364, 380f.
Wissen 知识,知　49—54,50,51,53, 118,157ff.,156—166,159,162,167—192,203
Wissenschaft 科学　23f.,91,262,273
Wollen 意愿　275f.,286
Wunder 奇迹　210

Z

Zauberei 巫术　254,278—285,280,283, 285—301,287f.,289,301—302,319, 389
Zufälligkeit 偶然（性）　82,145,211f., 384

人名(或神名)德汉对照表

A

Abālard　阿伯拉尔
Apis　阿庇斯
Adonis　阿多尼斯
Ahriman　阿赫里曼
Amenthes　阿蒙忒斯
Amschadspand　阿梅沙·斯朋塔
Amun　阿穆恩
Angueti-Duperron　昂克蒂尔-迪佩隆
Angakok　安伽科克
Anaxagoras　阿那克萨哥拉
Anselmus　安瑟伦
Aphorodite　阿夫罗狄忒
Athener　雅典娜

B

Bopp, Franz　博普
Brima　婆哩摩
Bruce　布鲁塞,詹姆斯
Brown　布朗

C

Cato　卡图卢斯
Cavazzi, G.A.　卡瓦奇
Colebrooke, H.Th.　科勒布鲁克

D

Dowe　道威
Dreieinheit　三相神
Dryaden　德律阿得斯

E

Eckhart, Meister　埃克哈特,迈斯特

F

Ferwer　弗拉瓦

G

Gaga　伽伽
Galla　伽拉

H

Herakles　赫拉克勒斯
Herodet　赫罗德特
Herodot　赫罗多德
Hesiod　赫西奥德
Homer　荷马

I

Indra　因陀罗

J

Jacobi 雅科比

K

Kadmon 卡蒙德,亚当
Kapuzin 卡普秦
Krischna 黑天
Kastor 卡斯托尔

L

Lao-tse 老子
Luthe 路德

M

Matth 马太
Mill, James 穆勒

N

Nala 那罗
Nymphen 宁芙女神

O

Odysseus 奥德修斯
Ormuzd 奥尔穆兹德
Osiris 奥西里斯

P

Parameschuwara 波罗弥湿婆罗
Parry 帕里
Persephone 佩尔塞福涅
Philo 斐洛
Pollux 波吕杜克斯
Ptolemaio 托勒密

R

Ross 罗斯
Rudra 楼陀罗

S

Schiwa 湿婆
Schlegel, Friedrich 施莱格尔,弗里德里希
Serapis 塞拉皮斯
Singhili 辛吉利

T

Tacitus 塔西佗
Thammus 搭模斯(塔穆兹)
Trias 三相神
Trimuurti 三相神
Turner, Samuel 特纳
Typhon 提丰

V

Voltair 伏尔泰

W

Wischnu 毗湿奴
Wischwamitra 众友仙人
Wasischtha 极裕仙人
Wilfort, Francis 威尔夫特,弗兰斯基
Wolff 沃尔夫

Z

Zend-Awesta 曾德-阿维斯陀
Zoroaster 琐罗亚斯德

组　　稿:张振明
责任编辑:安新文
封面设计:薛　宇
责任校对:杜凤侠

图书在版编目(CIP)数据

宗教哲学讲演录.1/[德]黑格尔 著,燕宏远,张国良 译.—北京:
　人民出版社,2015.5(2022.9重印)
(黑格尔著作集;16)
ISBN 978－7－01－014640－9

Ⅰ.①宗…　Ⅱ.①黑…②燕…③张…　Ⅲ.①黑格尔,G.W.F(1770～
1831)-宗教哲学-文集　Ⅳ.①B516.35 ②B920-53

中国版本图书馆 CIP 数据核字(2015)第 056369 号

宗教哲学讲演录Ⅰ
ZONGJIAO ZHEXUE JIANGYANLU Ⅰ

[德]黑格尔 著　燕宏远　张国良 译

人民出版社 出版发行
(100706　北京市东城区隆福寺街99号)

北京新华印刷有限公司印刷　新华书店经销
2015年5月第1版　2022年9月北京第2次印刷
开本:710毫米×1000毫米 1/16　印张:23.5
字数:330千字　印数:5,001-10,000册

ISBN 978－7－01－014640－9　定价:82.00元

邮购地址 100706　北京市东城区隆福寺街99号
人民东方图书销售中心　电话 (010)65250042　65289539

版权所有·侵权必究
凡购买本社图书,如有印制质量问题,我社负责调换。
服务电话:(010)65250042